Le panafricanisme, entre politique et droit

Collection « Études africaines »

dirigée par Denis Pryen et son équipe

Forte de plus de mille titres publiés à ce jour, la collection « Études africaines » fait peau neuve. Elle présentera toujours les essais généraux qui ont fait son succès, mais se déclinera désormais également par séries thématiques : droit, économie, politique, sociologie, etc.

Dernières parutions

Victor PUATI VANGU, *Les impératifs du développement industriel durable en République démocratique du Congo. Face aux exigences de l'éthique et du leadership,* 2023.
Arsène ELONGO, *Métaphore dans la culture congolaise,* 2023.
Jaribu MULIWAVYO, *Procès contre les rebelles ADF À Beni, Récit d'une tragédie politico-judiciaire*, 2023.
Dieudonné MUSA ALOKPO, *L'éducation en Afrique dans des sociétés en mutation. À partir du cas de la RD Congo*, 2023.
Ruddy KABAMBI TSHITADI, *Internationalisation de l'insécurité des eaux du bassin du Congo. Géostratégie de la sécurité*, 2023.
Émile AMOUZOU, *Littérature comparée et enseignement du français. Pour une didactique des humanités en Afrique :*
le cas de la Côte d'Ivoire, 2023.
Sena Yawo AKAKPO-NUMADO et Bilakani TONYEME (dir.), *L'école en Afrique. La fin des mythes et le début d'une nouvelle ère*, 2023.
Sabine NDZENGUE AMOA, *Justice pour l'environnement en Afrique et ailleurs. La cour internationale pour le climat (CIC)*, 2023.
Fernand Ghislain Ateba Ossendé, *Politiques et développement des industries culturelles et créatives. Vers une possible adéquation au Cameroun*, 2023.
Antoine NGUIDJOL, *Métapolitique africaine. Une contribution à la renaissance de la pensée*, 2023.
Mandiou TRAORÉ, *Le règlement des litiges commerciaux en Afrique de l'Ouest*, 2023.

Willy Jackson

Le panafricanisme, entre politique et droit

Préface de Monique Chemillier-Gendreau

L'Harmattan

Du même auteur :

Intégrations économiques internationales. Idéologies, méthodes institutionnelles et dynamiques spatiales, Paris, Classiques Garnier, 2023.

5-7, rue de l'École polytechnique, 75005 Paris
www.harmattan.fr

ISBN : 978-2-336-41026-5
EAN : 9782336410265

Pour Nathaniel et Sandrine.

Afrika o mulema.
« L'Afrique au cœur ».

PRÉFACE

Willy Jackson est un fin connaisseur des politiques d'intégration en Afrique. À avoir longtemps scruté dans ses travaux le fonctionnement des différentes Organisations régionales qui ont jalonné ce mouvement, il en vient aujourd'hui au problème de fond, la question du panafricanisme. Les origines de ce courant de pensée, son évolution, ses acquis, ses impasses, toutes les approches de la question sont au cœur de ce nouveau travail. La démarche est d'abord et avant tout historique. C'est l'ensemble du parcours effectué sur plusieurs décennies par le mouvement panafricain qui est passé ici en revue avec une très profonde exigence intellectuelle. Mais la volonté de retracer cette histoire est enrichie d'une problématique complexe et cela, à partir d'une double interrogation, l'une relative à la perspective politique et l'autre en relation avec la création normative. Sur ce dernier point, Willy Jackson qui est politiste, mais aussi juriste, analyse l'apport du mouvement panafricain au droit international en général, notamment avec ce que le panafricanisme a engendré de meilleur, c'est-à-dire cet élan émancipateur des peuples d'Afrique qui a été à l'origine du droit de la décolonisation, mais aussi de l'égalité des droits dans le monde, ainsi qu'avec le développement des Organisations régionales africaines et le droit qu'elles produisent. Derrière le formalisme du droit, l'auteur se livre à de très intéressantes analyses relatives à ces soubassements du droit dont les racines se trouvent dans les profondeurs sociales.

Mais c'est sur la dimension politique que portent les développements les plus intéressants de ce travail. Il met en lumière l'imprécision du concept de panafricanisme. Cette imprécision est d'abord géographique, car de quelle Afrique parle-t-on ? S'agit-il de l'Afrique comme continent géographique ? Mais alors on y inclut l'Afrique blanche, celle des pays arabes du Nord de ce continent et ils sont peu impliqués dans la projection vers un panafricanisme, ayant échoué eux-mêmes à renforcer leur unité dans un panarabisme. S'agit-il seulement de l'Afrique noire, mais doit-elle alors inclure les Noirs immigrés de force en Amérique, ces Afro-Américains des États-Unis mais aussi ceux d'Haïti ou des Antilles ? Alors le concept de panafricanisme n'est plus géographique, ni même politique, mais racial. Les interrogations affluent car les imprécisions sont aussi conceptuelles. Le panafricanisme est-il seulement une idée ? Peut-il ou doit-il s'accomplir dans un projet politique concret ? Le suffixe « pan » rappelle qu'il s'agit d'une totalité, mais qu'englobe-t-elle ? Et comment s'inscrit-elle dans la totalité plus large de l'humanité, celle d'un cosmopolitisme encore à venir ?

Dans la minutie de ses analyses, Willy Jackson nous montre bien la difficulté qu'il y a à faire passer une idée utopique, celle d'une communauté politique fondée sur l'histoire d'une longue aliénation, sur un rêve longtemps mûri, à l'ébauche d'une réalisation. Alors, le projet, confronté à la glaise du réel, a accouché d'institutions politiques forcément décevantes. Elles le sont pour différentes raisons. D'une part, ce sont des organisations intergouvernementales, dans lesquelles les États membres n'abdiquent que très parcimonieusement de leurs souverainetés et le projet commun n'avance donc qu'à très petits pas. D'autre part, elles sont davantage l'expression d'une volonté de gestion commune de certains problèmes que du désir de dessiner un avenir commun dans la poursuite d'un projet d'émancipation.

Ce que cet ouvrage met bien en lumière, c'est le profond paradoxe qu'il y a dans tous les mouvements d'émancipation lorsqu'ils se construisent à partir d'une communauté particulière. En effet, la revendication des droits s'exprime toujours à partir de l'idée de droits universels. Mais parle-t-on alors depuis un groupe particulier ou au nom d'une commune humanité au sein de laquelle l'on revendique des droits généralisés à tous ? Et comment articuler la communauté universelle et les groupes singuliers qui veulent préserver leurs identités ? C'est le défi sur lequel bute le panafricanisme depuis qu'il a remporté la bataille des droits mais ne sait comment gagner celle d'un projet proprement politique. Mais c'est aussi la question politique fondamentale qui est devant nous, celle d'un nouveau paradigme politique, encore tout entier à construire, dans lequel les communautés politiques s'exprimeraient à différents niveaux, permettant aux individus et aux groupes différenciés de vivre des identités multiples, tout en se rejoignant au sein d'une communauté mondiale.

Monique Chemillier-Gendreau
Professeur émérite de Droit public et de Science politique à l'Université Paris Cité

REMERCIEMENTS

Ce livre est l'aboutissement d'une réflexion entamée avec Issiaka Mandé et Kader Stéphane Dabiré sur le panafricanisme, sujet qui nous est cher en commun. Qu'ils soient remerciés pour nos échanges intenses et instructifs !

J'ai été au bénéfice des précieux conseils de Monique Chemillier-Gendreau qui, malgré ses nombreuses occupations, a bien voulu assurer la revue de ce texte et accepter de le préfacer. Je lui suis infiniment reconnaissant pour l'honneur qu'elle m'a fait d'une longue et sincère amitié, ainsi que d'une collaboration fondée sur une grande complicité intellectuelle.

Pendant deux années académiques successives (2021-2022, et 2022-2023), j'ai partagé, en tant que conférencier invité, la primeur du contenu de cet ouvrage avec les étudiants et chercheurs de la Faculté de science politique et de droit, Département de science politique, de l'Université du Québec à Montréal (UQÀM), dans le cadre du séminaire doctoral sur « Le panafricanisme et l'unité politique » animé par le professeur Issiaka Mandé. Qu'ils soient assurés de ma reconnaissance pour leur participation active et constructive lors de nos débats.

J'exprime ma profonde gratitude à Olga, mon épouse, pour sa présence, ses encouragements et ses prières. Son soutien fut constant, précieux, et utile pour mener cette œuvre à bonne fin.

ABRÉVIATIONS

ACP	Afrique, Caraïbes, Pacifique
AEF	Afrique Équatoriale Française
AFL	Acte final de Lagos
ALBA	Alliance bolivarienne pour les peuples de notre Amérique
AOF	Afrique Occidentale Française
BED	Banque Européenne de Développement
BM	Banque mondiale
BSL	Black Star Lines
BRICS	Brésil, Russie, Inde, Chine, Afrique du Sud
CADHP	Cour africaine des droits de l'homme et des peuples
CAJDH	Cour africaine de justice et des droits de l'homme
CDI	Commission du droit international (Nations unies)
CEA	Commission économique pour l'Afrique (Nations unies)
CEA	Communauté économique africaine
CEDEAO	Communauté économique des États de l'Afrique de l'Ouest
CEEAC	Communauté économique des États de l'Afrique centrale
CEMAC	Communauté économique et monétaire de l'Afrique centrale
CCJA	Cour commune de justice et d'arbitrage (OHADA)
CEE	Communauté économique européenne
CEDH	Cour européenne des droits de l'homme
CJUA	Cour de justice de l'Union africaine
CJUE	Cour de justice de l'Union européenne
CIJ	Cour internationale de justice
CIRDI	Centre international pour le règlement des différends relatifs aux investissements
CNRS	Centre national de la recherche scientifique
CNUCED	Conférence des Nations unies pour le commerce et le développement
Coll.	Collection
COREP	Comité des représentants permanents de l'Union africaine
CPI	Cour pénale internationale
CPJI	Cour permanente de justice internationale
CUADI	Commission de l'Union africaine sur le droit international
dir.	Sous la direction de

EAMA	États africains et malgaches associés
ECOSOC	Conseil économique, social et culturel des Nations unies
FAO	Organisation des Nations unies pour l'alimentation et l'agriculture
FEANF	Fédération des étudiants d'Afrique noire en France
FLN	Front de libération nationale (Algérie)
FMI	Fonds monétaire international
FED	Fonds européen de développement
GATT	Accord général sur les tarifs douaniers et le commerce
GPRA	Gouvernement provisoire de la République algérienne
IDE	Investissements directs étrangers
LENA	Ligue des États noirs d'Afrique
LCIPIN	Ligue contre l'impérialisme et pour l'indépendance nationale
LCP	League of coloured people
LGDJ	Librairie générale de droit et de jurisprudence
MAE	Ministère des Affaires étrangères (France)
NAACP	National Association for the Advancement of Coloured People
NEPAD	Nouveau partenariat pour le développement de l'Afrique (acronyme anglais)
OAMCE	Organisation africaine et malgache de coopération économique
OCAM	Organisation commune africaine et malgache
OCDE	Organisation pour la coopération et le développement en Europ
ODD	Objectifs de développement durable
OHADA	Organisation pour l'harmonisation en Afrique du droit des affaires
ONG	Organisation non gouvernementale
OMC	Organisation mondiale du commerce
OMD	Objectifs du millénaire pour le développement
OMS	Organisation mondiale de la santé
OUA	Organisation de l'unité africaine
ONU	Organisation des Nations unies
ONUDI	Organisation des Nations unies pour le développement industriel
ORD	Organe de règlement des différends (OMC)
OSC	Organisation de la société civile
OTAN	Organisation du Traité de l'Atlantique Nord
PAL	Plan d'action de Lagos
PESC	Politique étrangère et de sécurité commune

	(Union européenne)
PNUD	Programme des Nations unies pour le développement
PRA	Parti du regroupement africain
PUF	Presses universitaires de France
QPC	Question prioritaire de constitutionnalité
RASD	République arabe saharaouie démocratique
RCADI	*Recueil des cours de l'Académie de droit international*
RDA	Rassemblement démocratique africain
SDN	Société des Nations
STN	Société transnationale
TFUE	Traité sur le fonctionnement de l'Union européenne
TUE	Traité sur l'Union européenne
UA	Union africaine
UAM	Union africaine et malgache
UAMCE	Union africaine et malgache de coopération économique
UDEAC	Union douanière et économique de l'Afrique centrale
UE	Union européenne
UEMOA	Union économique et monétaire ouest-africaine
UMA	Union du Maghreb arabe
UNESCO	Organisation des Nations unies pour l'éducation, la science et la culture
UNIA	Universal Negro Improvement Association
UPC	Union des populations du Cameroun
URAC	Union des Républiques d'Afrique centrale
URSS	Union des Républiques socialistes soviétiques
WASU	West African Student's Union
ZES	Zone économique spéciale
ZLEC/ ZLECA/ ZLECAF	Zone de libre-échange continentale africaine

AVERTISSEMENT

Sauf mention contraire, j'ai moi-même assuré les traductions de l'anglais au français.

SOMMAIRE

INTRODUCTION GÉNÉRALE

LE PANAFRICANISME, UN PROJET POLITIQUE ENJEU DU DROIT INTERNATIONAL

Est-il possible de porter un regard neuf sur un sujet aussi rebattu que celui du panafricanisme ? Que dire aujourd'hui qui n'ait déjà été dit sur ce phénomène ? Appréhendé dans la pensée politique comme étant à la fois un discours et une praxis dont la visée est l'émancipation substantielle et réelle des peuples africains ayant subi, par le passé, les traumatismes du déracinement, de la déportation esclavagiste ainsi que du colonialisme, et, aujourd'hui, du néocolonialisme, le panafricanisme a-t-il encore quelque chose d'inédit à révéler ?

Le choix a été fait, dans cet ouvrage, d'ensemencer la réflexion sur le panafricanisme d'une approche qui croise politique et droit. Ce dialogue pluridisciplinaire et transversal enrichit la compréhension du panafricanisme d'une dimension cognitive et épistémologique jusqu'ici insoupçonnée.

Mais il ne s'agit pas seulement d'envisager le panafricanisme sous l'angle de la contemplation intellectuelle, de l'idéalisme éthéré. En s'interrogeant sur les fondements politiques du panafricanisme et sur son encadrement juridique, il est par-dessus tout question de sonder et d'éprouver sa capacité de transformation sociale, son pouvoir d'insémination et d'accouchement d'un nouvel horizon politique. Objet de savoir intellectuel, le panafricanisme doit aussi être vecteur de changement. Notamment pour la multitude d'hommes et de femmes en Afrique, ou ceux d'ascendance africaine disséminés ailleurs à partir de ce foyer géographique originel ; tous sont en recherche de leur identité et sont écrasés par les effets de la domination multiforme qui s'exerce sur eux. Le panafricanisme est alors avant tout une idéologie de la libération et de l'émancipation. Il faut donc qu'il cesse de n'être qu'une utopie, au sens d'irréalisabilité conféré à ce terme, et se transforme en un pensé vécu, c'est-à-dire en un être-là réalisé. D'où la question existentielle et ontologique suivante : le panafricanisme historique a-t-il véritablement contribué à l'émancipation des peuples africains ? S'il n'en est pas ainsi, alors se pose avec gravité, ici et maintenant, la problématique de l'énonciation d'une alternative crédible à la situation actuelle. La question de l'urgence d'un diagnostic sans complaisance sur le déviationnisme, les dérives et les blocages du mouvement panafricaniste est posée. Dans un monde marqué par la confrontation entre les logiques de la domination et de l'émancipation[1], le défi à relever est celui de la reconnaissance de la contemporanéité du panafricanisme comme potentiel, arme, instrument d'affranchissement et d'affirmation des peuples africains dans leur aspiration profonde et légitime à la dignité et à la liberté. Le panafricanisme est, en cela, politique.

Quelle peut, dès lors, être une approche du panafricanisme du point de vue de l'analyse du droit ? Existe-t-il une spécificité du discours juridique sur le panafricanisme qui le distingue, par exemple, de celui des autres champs disciplinaires ? Pour la clarté des développements qui vont suivre, il importe de préciser de quelle branche du droit est susceptible de relever le panafricanisme et sous quel angle j'entends par conséquent aborder l'objet de cette étude. En effet, sous l'appellation « droit » se rangent différents domaines de l'activité sociale et humaine qui constituent autant de spécialités et d'approches différenciées à l'intérieur de la discipline générique du droit. La grande distinction, toute relative par ailleurs, en raison de la complexité et de l'imbrication des faits sociaux, passe entre droit public et droit privé, qui comportent eux-mêmes des déclinaisons multiples selon que l'on se situe dans l'ordre du droit interne ou dans celui du droit international[2]. Même s'il interagit avec le droit interne en ce qu'il impacte et influence, peu ou prou, les décisions et les actes des pouvoirs publics étatiques selon leur consentement à être liés par leurs engagements internationaux, le panafricanisme ressortit par essence du droit international. Le panafricanisme est avant tout un phénomène transnational et relève, à ce titre, de la sphère du droit international. Comme suggéré par le préfixe *« pan »* auquel est accolé le substantif *« africanisme »*, le panafricanisme est étymologiquement et ontologiquement un projet totalisant, englobant, intégrateur. Il ne peut être rapporté ni être réduit à un espace territorial étatique fermé, clos sur lui-même. Il n'est pas géolocalisable dans un seul État car ce qui le caractérise, c'est sa

---

[1] Monique Chemillier-Gendreau, *Humanité et souverainetés. Essai sur la fonction du droit international,* Paris, La Découverte, 1995. ; Monique Chemillier-Gendreau, *De la guerre à la communauté universelle. Entre droit et politique,* Paris, Fayard, 2013. ; Jürgen Habermas, *Droit et démocratie. Entre faits et normes,* Paris, Gallimard, NRF Essais, 1997.

[2] Monique Chemillier-Gendreau, *Introduction générale au droit,* Paris, Eyrolles, 1990, p. 87 et suivantes.

porosité, sa dispersion territoriale, sa trans-territorialité, sa supranationalité[1]. Il se distingue, à partir d'une revendication initiale commune, par la mise en relations et l'interconnexion de tous les peuples africains, bien que disséminés sur la surface du globe et enfermés dans des frontières nationales, à cause du quadrillage étatique de la planète dont la conséquence est l'encerclement et l'assignation des populations dans des territoires étatiques bornés. Le panafricanisme est fondamentalement l'expression d'une totalité et d'une globalité. C'est donc à partir de ce substrat de l'internationalité qu'il faut l'aborder au plan du droit.

Surgissent alors les interrogations suivantes qui tissent la trame et délimitent les contours d'une problématique du panafricanisme appréhendé sous l'angle du droit international : comment le projet politique panafricain a-t-il été porté, soutenu par le droit international ? Existe-t-il un droit international du panafricanisme ? Est-il repérable par des normes juridiques identifiables ? Si elles existent, comment pénètrent-elles l'ordre juridique des États pour y produire des effets de droit ? Peut-on parler d'un ordre juridique international du panafricanisme ? Jugeant de son efficacité, ne faut-il pas plutôt, au regard du désenchantement et du déclassement des peuples africains, conclure à la disqualification et à l'incapacité du droit international à impulser une dynamique d'engendrement du panafricanisme ? Échec du panafricanisme, échec du droit ? Le droit a-t-il pour objet de faire être ce qui n'est pas, d'amener à l'existence ce qui n'existe pas ? Les difficultés du panafricanisme ne sont-elles pas un révélateur des enjeux de pouvoir autour des différents protagonistes de ce phénomène ? Enfin, comment sortir de l'impasse actuelle et envisager un processus crédible de relance des perspectives panafricaines ? Quelle serait alors la place du droit dans un tel processus de régénération ?

Ces questionnements introduisent au cœur des débats théoriques sur la définition, la fonction, le rôle et la finalité du droit. Si tous les auteurs s'accordent à penser que le droit est, a minima, une obligation de comportement, là s'arrête cependant le consensus. Différents courants de pensée s'opposent, en effet, sur l'origine de la force obligatoire de

[1] Il en va de même de tous les mouvements historiques transnationaux ayant eu ou ayant pour prétention l'unification, sous des formes diverses, de peuples disséminés dans plusieurs États : paneuropéisme, panaméricanisme, panarabisme, pangermanisme, etc.

ce droit, et sur ce qu'est le droit en soi[1]. Je ne m'attarderai pas dans les méandres et sur les subtilités de ces controverses doctrinales dans le cadre de cette étude. Qu'il suffise de dire que je me départirai d'une part, de la conception du droit en tant que produit de normes pures au mépris de la réalité sociale (positivisme juridique) et, d'autre part, du droit conçu comme étant une émanation de règles formelles abstraites qui seraient inscrites de façon immanente dans la conscience humaine (idéalisme juridique). Je privilégierai plutôt une approche dialectique[2] qui révèle une interférence du droit avec son environnement social. Dans cette perspective, la règle de droit est le dépassement, à un moment donné, de contradictions sociales qui traduisent les rapports de force apparents ou diffus dans la société[3]. Le panafricanisme, objet de droit, sera donc analysé en tenant compte des contradictions qui le traversent de part en part et qui infusent dans les relations entre acteurs de la société internationale, qu'ils y participent directement en tant que protagonistes, ou qu'ils en soient des observateurs attentifs prenant position face à ce phénomène au gré de leurs propres intérêts.

Étudié dans les disciplines comme l'histoire, la science politique, les relations internationales, et d'autres encore, le panafricanisme en soi n'a suscité que peu d'intérêt dans ses rapports avec le droit international[4]. Et quand il l'a été, c'est surtout par le biais des

---

[1] Monique Chemillier-Gendreau, *Introduction générale au droit, op. cit.* ; Charambolos Apostolidis, *Doctrines juridiques et droit international. Critique de la connaissance juridique,* Paris, Eyrolles, 1991. ; Madjid Benchikh, Robert Charvin, Francine Demichel, *Introduction critique au droit international,* Lyon, Presses universitaires de Lyon, 1986. ; Olivier Corten, François Dubuisson, Vaios Koutroulis, Anne Lagerwall, *Une introduction critique au droit international,* Bruxelles, Éditions de l'Université de Bruxelles, 2017. ; Jacques Commaille, *Á quoi nous sert le droit ?*, Paris, Éditions Gallimard, collection Essais, Folio, 2015. ; Caroline Regad, dir., *Aux limites du droit,* Paris, Mare & Martin, 2016. ; Manfred Lachs, *Le monde de la pensée en droit international. Théories et pratiques,* Paris, Economica, 1989. ; Robert Kolb, *Réflexions de philosophie du droit international. Problèmes fondamentaux du droit international public : théorie et philosophie du droit international,* Bruxelles, Bruylant, Éditions de l'Université de Bruxelles, 2003.

[2] Charles Chaumont, « Rapport sur l'institution fondamentale de l'accord entre les États », « Les méthodes d'analyse en droit international », 1ère Rencontre de Reims, *Annales de la Faculté de droit et de sciences économiques de Reims,* 1973, p. 241 et suivantes.

[3] Charambolos Apostolidis, Monique Chemillier-Gendreau, « L'apport de la méthode dialectique à la construction de l'objet juridique », *Revue du droit public et de la science politique,* 1993, p. 611 et suivantes.

[4] Á l'exception notoire de Abdulqawi A. Yusuf, *Panafricanisme et droit international,* Leiden, Boston, Académie de droit international de la Haye, Brill, Nijhoff, 2017.

organisations continentales ou régionales africaines[1] qui n'en sont cependant que des expériences particulières. Mais même dans ce cas, a surtout été privilégiée une approche descriptive et institutionnelle cherchant à dégager une théorie des organisations internationales africaines. Ce genre de positionnement n'est pas propice à enrichir la compréhension du discours du droit international sur le panafricanisme et du panafricanisme sur le droit international.

Quatre autres remarques au moins doivent aussi être faites en raison de leur impact sur le panafricanisme corrélé au droit international.

Il s'agit, premièrement, de la propension, de la tendance quasi généralisée qui consiste à réduire et à fossiliser le panafricanisme au stade où il est aujourd'hui parvenu, c'est-à-dire celui de son enracinement africain. Nombreux sont en effet les auteurs pour qui le panafricanisme est géographiquement situé, et qui font du continent africain sa terre de domiciliation, d'expression et d'accomplissement. Il s'agit alors de réaliser l'unité du continent[2], incarnée aujourd'hui encore dans la mystique exhumée des États-Unis d'Afrique. Or, on ne saurait, sans le dénaturer, circonscrire le panafricanisme à la seule construction africaine au travers des diverses expériences concrètes ou projetées d'unification régionale ou continentale. En ne tenant pas compte de la linéarité du panafricanisme en tant que mouvement

---

[1] Abdulqawi A. Yusuf, Fatsah Ouguergouz, dir., *L'Union africaine : cadre juridique et institutionnel. Manuel sur l'Organisation panafricaine,* Paris, Éditions Pedone, 2013. ; Maurice Kamto, Jean-Emmanuel Pondi, Laurent Zang, *L'O.U.A. Rétrospective et perspectives africaines,* Paris, Economica, 1990. ; Maurice Glélé-Ahanhanzo, *Introduction à l'Organisation de l'unité africaine et aux organisations régionales africaines,* Paris, LGDJ, 1986. ; Blaise Tchikaya, *Droit de l'Union africaine. Principes, institutions et jurisprudence,* Paris, LGDJ, 2019. ; Rita Kiki Edozie, Keith Gottschalk, *The African Union's. Africa : New Pan-African Initiatives in Global Governance,* Michigan, Michigan State University Press, 2014. ; Edmond Jouve, *L'Organisation de l'Unité Africaine,* Paris, PUF, 1984. ; Edmond Kwam Kouassi, *Organisations internationales africaines,* Paris, Berger-Levrault, 1987. ; Abdoul Ba, Bruno Koffi, Fethi Sahli, *L'Organisation de l'Unité Africaine. De la Charte d'Addis-Abéba à la Convention des droits de l'homme et des peuples,* Paris, Silex, 1984. ; Omar Alieu Touray, *The African Union. The First Ten Years,* Lanham, Boulder, New York, London, Rowman & Littlefield, 2016. ; Nourou Tall Saidou, *Droit des organisations internationales africaines. Théorie générale. Droit communautaire comparé. Droit de l'homme. Paix et sécurité,* Paris, L'Harmattan, 2015.

[2] Boutros Boutros-Ghali, *Les difficultés institutionnelles du panafricanisme,* Genève, Institut universitaire de hautes études internationales, collection « Conférences », N° 9, 1971, p. 5 ; Abdulqawi A. Yusuf, *Panafricanisme et droit international, op. cit.*

enraciné dans la longue durée historique[1], on risque de passer à côté de questions décisives au plan du droit international : quel est le statut juridique du panafricanisme d'avant son transfèrement en terre africaine ? À quel moment de son évolution le panafricanisme devient-il un objet du droit international ? Quel type de relations nouer avec les diasporas africaines et comment les encadrer juridiquement ?

Il est à relever, en deuxième lieu, le lien indissociable entre politique et droit international. Le droit international est, en effet, une traduction des desseins politiques des États, comme le souligne Martti Koskenniemi : « Je vais décrire le droit international comme le processus consistant à exprimer les préférences politiques en revendications juridiques et ne pouvant être séparées des conditions de contestation politique au sein desquelles elles naissent. Au lieu de voir le droit international comme strictement opposé à l'hégémonie, je vais le considérer en tant que technique hégémonique [2] ». Loin de la neutralité, la règle de droit international, comme de droit interne d'ailleurs, est donc la traduction d'un rapport de force politique. Le droit devient un moyen de légitimation ou de délégitimation du politique. C'est ainsi que Joël Rideau a pu écrire, relativement aux expériences d'intégration économique : « Le droit seul n'est rien, il n'est efficace qu'en tant qu'expression d'une volonté politique ou d'une situation économique, encore faut-il qu'il les traduise avec exactitude[3] ». Le droit, et notamment le droit international, est ainsi sommé de se reconnecter à sa fonction sociale car il n'est pas une abstraction, et c'est ce que nous rappellent aussi les auteurs américains de la mouvance des *Critical Legal Studies* qui ont du droit une conception réaliste et pragmatique[4]. Le droit apparaît comme un

[1] Colin Legum, *Le panafricanisme à l'épreuve de l'indépendance,* traduit de l'anglais par Jacqueline Hardy, Paris, Éditions Saint Paul, 1965. ; Peter Olisanwuche Esedebe, *Pan-Africanism : the idea and movement, 1776-1963,* Washington D.C., Howard University Press, 1982. ; Amzat Boukari-Yabara, *Africa Unite ! Une histoire du panafricanisme,* Paris, Éditions La Découverte, 2014. ; Philippe Decraene, *Le panafricanisme,* 2e éd., Paris, Presses universitaires de France, 1961 (Que sais-je ? 847).

[2] Martti Koskenniemi, *La politique du droit international,* Paris, Éditions Pedone, 2007, p. 294.

[3] Joël Rideau, *Les aspects juridiques de l'intégration économique / Legal Aspects of Economic Integration,* Leiden, Sijthoff, Académie de droit international de la Haye, Hague Academic of International Law, 1972, p. 25.

[4] David Kennedy, *International Legal Structures,* Baden-Baden, Nomos, 1987. ; Martti Koskenniemi, *From Apology To Utopia. The Structure of International Legal*

instrument d'imposition et d'accréditation de certaines valeurs et processus politiques par leur transformation en normes juridiques : « Cette approche du droit repose donc sur l'hypothèse selon laquelle la production normative doit être étudiée comme une décision politique dont le résultat est une loi[1] ». Cet assujétissement du droit à des fins politiques est également reconnu par Romain Yakemtchouk lorsqu'il affirme : « [...] le Droit international africain est entaché d'éléments politiques qui se manifestent aussi bien dans son processus d'élaboration que dans ses modalités d'expression...le droit est politique[2] ». Soulignant de même cette subordination du droit au politique, Pierre-Marie Dupuy et Yann Kerbat écrivent : « Le droit international comporte un ensemble de techniques et de procédures que les États utilisent pour donner à l'expression de leur volonté et à la satisfaction de leurs intérêts une expression formelle, dotée en principe de force obligatoire. Il est ainsi une technique de formalisation des volontés souveraines[3] ». Monique Chemillier-Gendreau relève aussi cette inféodation du droit au politique : « [...] le droit n'est que le bras du politique[4] », écrit-elle à ce sujet. Le droit généré par le panafricanisme sera ainsi un droit manifestant la volonté ou l'absence de volonté politique des pays engagés dans cette entreprise. Quel est le dessein politique réel visé au travers du panafricanisme et dont les règles juridiques ne sont que le véhicule ? Le panafricanisme par le droit[5] ? Existe-t-il une convergence de vues et une unanimité entre les

---

Argument, Reissue with a new Epilogue, Cambridge, Cambridge University Press, 2005. ; Martti Koskenniemi, *La politique du droit international,* Paris, *op. cit.,* ; Voir, pour une présentation de ces doctrines, Lucie Delabie, *Approches américaines du droit international. Entre unité et diversité,* Paris, Éditions Pedone, 2011. ; James Boyle, ed., *Critical Legal Studies,* Hong Kong, Singapore, Sidney, Aldershot, Dartmouth Publishing Company Limited, 1992.

[1] Jacques Commaille, Laurence Dumoulin, Cécile Robert, dir., *La juridicisation du politique,* Paris, LGDJ, Lextenso Éditions, collection « Droit et société », 2010, p. 18.

[2] Romain Yakemtchouk, *L'Afrique en droit international,* Paris, LGDJ, 1971, p. 12.

[3] Pierre-Marie Dupuy, Yann Kerbat, *Droit international public,* 14e éd., Paris, Dalloz, 2018, p. 11.

[4] Monique Chemillier-Gendreau, *Régression de la démocratie et déchainement de la violence,* Paris, Textuel, 2019, p. 17.

[5] Problématique également posée dans le cadre de la construction européenne : Julie Bailleux, *Penser l'Europe par le droit. L'invention du droit communautaire en France,* Paris, Dalloz, 2014. ; Renaud Dehousse, « L'Europe par le droit », *Critique internationale,* Année 1999, 2, p. 133-150 ; Antoine Vauchez, *L'Union par le droit. L'invention d'un programme institutionnel pour l'Europe,* Paris, Presses de la Fondation nationale des sciences politiques, 2013. ; Chahira Boutayeb, dir., *La*

différents acteurs par rapport au but politique assigné au panafricanisme ? Certes l'accord des volontés des parties, dans le cas, par exemple, d'une organisation africaine à prétention panafricaine, est-il scellé par son acte créateur et générateur, notamment le traité. Mais on sait que le volontarisme juridique se réfugie allègrement dans la quiétude du formalisme et fait l'impasse sur les contradictions et l'hétérogénéité des cocontractants. L'accord obtenu masque pour un temps les divergences, mais ne les élimine pas. Elles réapparaissent dans la confrontation du droit au temps[1]. Vient alors à l'esprit la question qui surgit dans le mouvement de l'histoire, de l'autonomisation possible du droit par rapport au dessein politique. Si le droit est, comme nous l'avons vu, l'énoncé d'une vision politique, peut-il, à un moment donné, influencer celle-ci ? S'agissant du panafricanisme, peut-on espérer assister à l'émergence d'un ordre juridique spécifique qui impulserait une dynamique politique en substitution précisément au manque de clarté du projet politique des participants à ce phénomène[2] ? Le droit peut-il être l'aiguillon d'un projet politique imprécis, masqué et failli ? Mais si la vision politique du panafricanisme est embuée et que demeure malgré tout le discours, n'est-ce pas là le signe que le panafricanisme n'est rien d'autre qu'une

---

constitution, l'Europe et le droit. Mélanges en l'honneur de Jean-Claude Masclet, Paris, Publications de la Sorbonne, 2013. ; Paul Reuter, « Communautés européennes et techniques d'unification », *Les problèmes juridiques et économiques du Marché commun,* Paris, Librairies Techniques, 1960, p. 15-25 ; Jean-Claude Masclet, Hélène Ruiz Fabri, Chahira Boutayeb, Stéphane Rodriguez, dir., *L'Union européenne. Union de droit, union des droits,* Mélanges en l'honneur du Professeur Philippe Manin, Paris, Éditions A. Pedone, 2009. ; Jean-Paul Jacqué, « Le rôle du droit dans l'intégration européenne », *Philosophie politique,* 1, 1991, p. 119- 134.

[1] François Ost, Mark Van Hoecke, dir., *Temps et droit. Le droit a-t-il pour vocation de durer ?. Time and Law. Is it the Nature of Law to Last ?* Bruxelles, Bruylant, coll. « Bibliothèque de l'Académie européenne de théorie du droit », 1998. ; Monique Chemillier-Gendreau, *Le rôle du temps dans la formation du droit international,* Institut des Hautes Études Internationales de Paris, Paris, A. Pedone, 1987. ; Monique Chemillier-Gendreau, *Humanité et souveraineté. Essai sur la fonction du droit international, op. cit.,* p. 84-88.

[2] Voir sur cet aspect, Delphine Dulong, « La science politique et l'analyse de la construction juridique de l'Europe : bilan et perspectives », *Droit et société,* n° 49, 2001, p. 707-728 ; Vlad Constantinesco, « L'Union européenne : par le droit vers le politique ? (ad augusta per augusta ? », dans Gérard Duprat, dir., *L'Union européenne. Droit, politique, démocratie,* Paris, PUF, Collection « Politique d'aujourd'hui », 1996, p. 175-189.

idéologie, non pas au sens de projet d'agir sur le réel en vue de le transformer, mais de déformation imaginaire du réel ?

Le troisième élément, me semble-t-il, qu'il faut considérer lorsque l'on étudie le panafricanisme relativement au droit international, c'est son insertion dans la société internationale, et cela, en raison même de sa nature qui en fait un phénomène internationalisé, comme souligné plus avant. Il importe donc d'apprécier le panafricanisme à l'aune de l'organisation de la société internationale, des règles et des principes de fonctionnement de celle-ci. La société internationale devenue mondiale et globale à cause de l'entrecroisement, de l'entrelacement accéléré et aujourd'hui accompli des relations humaines, économiques, sociales et culturelles est dominée par la figure de l'État auquel est associé l'attribut de la souveraineté. Ce couple indissoluble, État et souveraineté, émerge au sortir du Moyen Âge européen au moment où les principautés italiennes s'affranchissent de la double emprise de l'Empereur et du Pape[1]. Le modèle de l'État souverain connut ensuite une extension territoriale illimitée à la suite de la colonisation puis de la décolonisation. En 1945, la souveraineté devient une norme universelle inscrite dans la Charte des Nations unies (article 2, § 1). Fiction juridique par excellence au regard de l'égalité formelle attribuée à tous les États par les dispositions de ce même article de la Charte, au mépris de leur inégalité de fait actée par l'existence, au sein même de cette organisation, d'une catégorie d'États disposant, en tant que membres permanents du Conseil de sécurité, du droit de veto, la souveraineté a été définie comme étant la compétence des compétences, un pouvoir inconditionné au-dessus duquel il n'y a rien. La souveraineté est une qualité attribuée aux États par le droit international, un pouvoir qui ne se reconnaît pas de limites autres que celles qu'il se donne à lui-même. Même si elle ne fait plus sens car altérée notamment par l'interdépendance des États dans le cadre de la mondialisation[2], la souveraineté demeure aujourd'hui encore une prérogative essentielle de l'État que ne lui dispute aucune autre entité. La qualité d'État souverain est encore renforcée et sauvegardée dans le système onusien par d'autres normes inscrites dans la Charte même de l'Organisation

[1] Jacques Krynen, *L'Empire du roi. Idées et croyances politiques en France, XIIIe-XVe siècle,* Paris, Gallimard, NRF, 1993. ; Ernst Kantorowicz, *Les deux corps du roi,* Paris, NRF, Gallimard, 1989. ; François-Louis Ganshof, *Le Moyen Âge. Histoire des relations internationales,* Paris, Hachette, 1953, tome 1.

[2] Monique Chemillier-Gendreau, « Le concept de souveraineté a-t-il encore un avenir (1) ? », *Revue du droit public,* N° 5-2014, p. 1285-1311.

mondiale : intégrité territoriale et indépendance politique (article 2, § 4), non-intervention dans les affaires intérieures (article 2, § 7). Aussi les États peuvent-ils, abrités derrière la norme sécurisante et conservatrice de la souveraineté, se dérober á leurs engagements internationaux. Quel avenir pour le panafricanisme dans un tel système ? Peut-il être changé, ou tout au moins être réformé pour faire avancer la cause du panafricanisme ? L'ordre politique du panafricanisme peut-il être compatible avec l'ordre juridique international ?

Enfin, l'analyse juridique du panafricanisme est à resituer dans le contexte du système économique marchand du libéralisme forcené imposé aux États les plus faibles sous le prétexte de la mondialisation. La mise en dépendance de ces États procède d'un long processus historique d'extraversion économique, de spoliation et de capture de leurs richesses[1]. Quels sont les outils juridiques utilisés par ces derniers pour structurer leur résistance et se réapproprier leur souveraineté économique, c'est-à-dire amorcer le passage du sous-développement au développement ? De quelle efficacité ont été ces stratégies de contestation et de contournement, au moyen du droit, d'un ordre mondial inégalitaire ? Le panafricanisme a-t-il permis de faire évoluer le droit international en créant des catégories juridiques nouvelles et inédites dans la sphère des relations économiques internationales ?

Face aux questions qui ont fusé tout au long des développements qui précèdent, il me faut maintenant préciser mon hypothèse de départ. Elle sera celle de l'échec du panafricanisme, projet politique, dès lors que le droit qui prétend l'incarner, libéré des empreintes de l'idéalisme et du positivisme, est mis au défi de s'expliquer sur ses effets sociaux. Je l'argumenterai selon un schéma comportant deux articulations.

Jusqu'à présent, j'ai abordé le panafricanisme sous un angle très général et imprécis, approche qui ne se prête pas à la compréhension de ce qu'est ce phénomène. Dans un premier point, je tenterai donc de définir ce qu'est le panafricanisme, et montrerai que ce dernier reste une notion au contenu juridique et politique incertain (Première partie). Mais quelles que soient les représentations et les perceptions visant à

[1] Samir Amin, *Impérialisme et sous-développement en Afrique,* Paris, Anthropos, 1976. ; Samir Amin, *L'histoire globale. Une perspective afro-asiatique,* Paris, Les Indes savantes, 2013. ; Samir Amin, dir., *Mondialisation et accumulation,* Paris, L'Harmattan, 1993. ; Makhtar Diouf, *L'Afrique dans la mondialisation,* Paris, L'Harmattan, 2013. ; Albert Tévoedjré, *La pauvreté, richesse des peuples,* Paris, Éditions ouvrières, 1978.

expliquer ce qu'est le panafricanisme, je ferai ensuite observer que le droit international a manqué à impulser une véritable dynamique d'émancipation des peuples africains, visée politique du panafricanisme (Deuxième partie).

PREMIÈRE PARTIE

LE PANAFRICANISME, UNE NOTION AU CONTENU JURIDIQUE ET POLITIQUE INCERTAIN

De la notion de panafricanisme peut-on avoir une définition qui en exprime le sens et la quintessence et qui fasse consensus ? Que signifie le terme « panafricanisme » ? Peut-on se satisfaire de la définition courante et usuelle qu'en donne le dictionnaire qui le considère comme étant une « Doctrine qui tend à développer l'unité et la solidarité africaines[1] » ? Il faut s'astreindre à cet exercice de la définition du panafricanisme car, ne pas délimiter le sens exact des choses, c'est contribuer à la confusion de la pensée et du langage[2] ; au risque de voir l'objet ne pas être atteint en tant que visée de connaissance intelligible. Or la qualification est très importante en droit car c'est à partir de la catégorisation des faits et l'objectivation des situations qu'on peut appliquer à ceux-ci un statut et un régime juridique précis[3]. Ardue semble cependant être l'entreprise qui consiste à vouloir classer le panafricanisme parmi les invariants conceptuels, dans la catégorie des réalités intemporelles, ni changeables, ni altérables. En tant que concept, le panafricanisme doit pouvoir se distinguer par sa singularité, sa quiddité, car il est ce qu'il est, et n'est pas ce que les autres concepts sont. Il n'est cependant pas aisé, dans cet exercice de rigueur intellectuelle, de lui associer un signifiant en tant que « un unique » identique à soi, par différenciation d'avec les « autres uns ». Cette

[1] Josette Rey-Debove, Alain Rey, dir., *Le Petit Robert. Dictionnaire alphabétique et analogique de la langue française,* Paris, Le Robert, 2015, p. 1789.
[2] Nicolas Boileau dans *L'Art poétique* (1674) : « Ce que l'on conçoit bien s'énonce clairement, et les mots pour le dire arrivent aisément ».
[3] Danièle Lochak, « La race : Une catégorie juridique ? », dans *Mots : les langages du politique,* ENS Éditions, Lyon, 1992, 33 (1), p. 291-303 ; François Julien Laferrière, « L'étranger, une catégorie juridique discriminante », dans *L'étranger,* Actes des journées d'études, 16-17 février 2001, Institut de recherche sur le Maghreb contemporain, 2002, p. 13-23. ; Monique Chemillier-Gendreau, *Introduction générale au droit, op. cit.,* p. 3 ; Ségolène Barbou des Places, « La catégorie en droit des étrangers : une technique au service d'une politique de contrôle des étrangers », *Revue Asylon(s),* N° 4, mai 2008, « Institutionnalisation de la xénophobie en France » ; Ségolène Barbou des Places, « Les étrangers « saisis » par le droit : enjeux de l'édification des catégories juridiques de migrants », *Migrations et sociétés,* 2012/2 N° 128, p. 33-49 ; Daniel Mbarga Nyatte, « Sur la qualification institutionnelle de la société d'économie mixte au Cameroun : contribution à l'étude des catégories en droit administratif », *Revue juridique et politique,* 2017, N° 1, p. 101-117.

difficulté, voire cette impossibilité, à caractériser le panafricanisme est soulignée par plusieurs auteurs[1]. Malgré un usage intensif et sans doute abusif, le panafricanisme reste une notion imprécise. Il existe une réelle indétermination du panafricanisme quant à ses représentations dans la théorie juridique et la doctrine politique (Chapitre I), dans ses trajectoires historiques (Chapitre II), et dans la perception de ce qu'est l'Afrique en soi (Chapitre III).

---

[1] Tunteng Kiven, *From Pan Negroism to African Paramountcy. The Role of Kwame Nkrumah,* Montréal, Québec, Institut universitaire des Hautes études internationales, Université de Genève, Vanier Collège Press, 1979. p. 1 ; Imanuel Geiss, *The Pan-African Movement,* London, Methuen and Co Ltd, 1974, 575 p. (p.). ; Hakim Adi, Marika Sherwood, *Pan-African History. Political Figures from Africa and the Diaspora since 1787,* New York, London, 2003, p. vii ; Philippe Decraene, *op. cit.,* p. 8 ; Peter Olisanwuche Esedebe, *op. cit.,* p. 1 ; Katharina Schramm, *African Homecoming. Panafrican Ideology and Contested Heritage,* London, Left Coast Press, 2010, p. 245 ; Oruno D. Lara, *La naissance du panafricanisme. Les racines caraïbes, américaines et africaines du mouvement au XXe siècle,* Paris, Maisonneuve & Larose, 2000, p. 317.

CHAPITRE I

LE PANAFRICANISME, UNE NOTION IMPRÉCISE DANS LA THÉORIE JURIDIQUE ET DANS LA DOCTRINE POLITIQUE

On appréciera la difficulté à appréhender le panafricanisme en tant que concept dans la théorie juridique, puis dans la doctrine politique.

LE VIDE CONCEPTUEL DU PANAFRICANISME DANS LA THÉORIE JURIDIQUE

Souvent ignorée, jamais résolue, la question de la définition du panafricanisme demeure pendante aujourd'hui encore, alors même que ce phénomène est très ancien. La théorie juridique n'apporte aucune précision dans ce sens et il n'existe, à ce jour, aucun texte de droit positif qui consacre expressément et définitivement cette notion. On n'en trouve aucune définition juridique dans les textes africains. S'il est, par exemple, question de la « personnalité africaine » dans la Déclaration finale de la Conférence des États indépendants d'Afrique tenue à Accra (Ghana) en 1958, force est de constater que le terme panafricanisme n'y est pas mentionné. La Charte de l'Organisation de l'unité africaine (OUA) adoptée en 1963 est de même muette à ce sujet. Elle annonce parmi ses objectifs, la volonté des signataires de « renforcer l'unité et la solidarité des États africains », mais ne va pas plus loin. L'acte constitutif de l'Union africaine (UA), adopté le 11 juillet 2000 à Lomé (Togo) n'est pas plus explicite à ce propos. Il fait certes référence aux « générations de panafricanistes dans leur détermination à promouvoir l'unité, la solidarité, la cohésion et la coopération entre les peuples d'Afrique, et entre les États africains », reprenant ainsi presqu'intégralement la formule énoncée dans la Déclaration de Syrte (Libye) du 9 septembre 1999 qui avait amorcé la transformation de l'OUA en Union africaine ; mais elle en reste là. Dans sa prospective de l'Afrique à l'horizon 2063[1], l'Union africaine rêve de voir l'Afrique s'affirmer comme « Un continent intégré, uni sur le plan politique et

[1] Commission de l'Union africaine, *Agenda 2063. L'Afrique que nous voulons. Document-cadre,* Addis Abeba, septembre 2015.

ancré dans les idéaux du Panafricanisme et la vision de la Renaissance africaine ». Le mot panafricanisme et des termes apparentés reviennent à plusieurs reprises dans ce texte sans qu'ils ne soient jamais définis. Aussi n'est-on pas plus avancé dans la recherche d'une signification du panafricanisme. De quoi parle-t-on ? Le flou reste de rigueur. Aucun éclairage ne viendra pas non plus des textes créant les organisations régionales africaines, qu'elles soient à vocation d'intégration économique ou de simple coopération technique. Assujetties à la mondialisation depuis les années 1990, elles ont, à l'exemple de la Communauté économique et monétaire de l'Afrique centrale (CEMAC), choisi d'expurger de leurs textes fondateurs toute allusion au symbolisme et à l'imaginaire panafricain : « L'unité africaine à réaliser a été le ciment de toutes les entreprises africaines d'intégration économique. La disparition dans la CEMAC de toute référence à l'unité africaine et au panafricanisme est significatrice de la perte de l'identité historique et politique de cette organisation[1] ».

La clarification sémantique n'étant pas faite, le panafricanisme est assimilé, dans les documents officiels où il est fait allusion à ce phénomène, à plusieurs autres notions : nationalisme africain, unité africaine, renaissance africaine, intégration politique, indépendance politique, intégration économique, coopération entre États, développement économique, social et culturel des peuples africains, etc. Autrement dit, le panafricanisme reste hors de compréhension en tant que concept. Aussi est-on, confronté à cette imprécision des textes structurant les processus de construction africaine, fondé à espérer que les constitutions des États soient plus précises dans la définition du panafricanisme, d'autant que les discours officiels semblent accréditer l'idée d'un engagement militant en faveur de l'idéal panafricain. La constitution est en effet le marqueur idéologique, politique et juridique qui détermine, au plan interne, l'organisation des pouvoirs publics d'un État et, au plan externe, les principes de ses relations internationales. Quels sont, dans cette optique, les fondements du panafricanisme dans ces constitutions ? Mentionnent-elles et définissent-elles ce terme ? Il faut, là aussi, très vite déchanter. Une étude des constitutions de ces pays fait en effet apparaître une place très marginale réservée au

---

[1] Willy Jackson, « Pour une dynamique de refondation de l'intégration régionale africaine : de la mondialisation de la CEMAC à la régionalisation de l'Afrique centrale », dans Daniel Abwa, Joseph-Marie Essomba, Martin Zachary Njeuma, Charles M. de La Roncière, eds., *Dynamiques d'intégration régionale en Afrique centrale,* Tome 2, Yaoundé, Presses universitaires de Yaoundé, 2001, p. 532.

panafricanisme d'ailleurs souvent confondu avec la notion d'unité africaine, et parfois même une absence totale de référence de ce sujet dans ces lois fondamentales[1]. Ceci s'expliquerait par le choix des dirigeants africains de donner avant tout la priorité à la consolidation de leurs États, alors même que le panafricanisme serait une aspiration profonde de leurs peuples. On fera observer qu'un meilleur traitement n'est d'ailleurs pas réservé à la notion d'intégration régionale dans les constitutions des États africains[2]. Le panafricanisme, l'intégration régionale et l'unité africaine sont des notions non définies par les pouvoirs constituants africains.

Les théoriciens et les praticiens du droit qui se sont penchés sur le panafricanisme n'apportent pas non plus de contribution décisive quant à sa définition. Et pourtant, la doctrine est, au titre de l'article 38 du statut de la Cour internationale de justice (CIJ), l'une des sources reconnues du droit international. Elle est ainsi définie : « Par doctrine, on entend...les positions des auteurs, des sociétés savantes ou des organes appelés à formuler des opinions juridiques sans engager les sujets de droit (État, organisation internationale) dont ils relèvent[3] ». Ce qui n'est pas explicitement exprimé dans les textes constitutionnels et conventionnels aurait donc pu l'être par le moyen de théories juridiques élaborées par des penseurs émérites du droit. Le panafricanisme en tant que projet global, total et totalitaire parce que visant à inclure tous les Africains dans un même dessein politique n'a pas suscité, quant à sa définition, un grand intérêt dans la théorie juridique. Est-ce parce que le panafricanisme, ou ce qu'il en reste, est surtout scruté dans une perspective institutionnelle au travers des organisations régionales ou continentales africaines comme déjà souligné ? Avoir privilégié une approche descriptive au détriment d'une approche réflexive n'a pas contribué à la clarification de cette notion. Considérant l'expérience de

---

[1] Albert Mandjack, « Constitutions africaines et panafricanisme », dans Thérèse Bellè Wanguè, éd., *L'individuel et le collectif*, Chennevières-sur-Marne, 2004, p. 167-180. ; voir aussi Sylvain Nomo Mvilongo, *La formulation du panafricanisme dans la pratique conventionnelle et constitutionnelle en Afrique,* mémoire de Maîtrise en droit international, Université du Québec à Montréal, 2013.

[2] Samuel-Jacques Priso-Essawe, « L'intégration régionale dans le droit constitutionnel des pays d'Afrique sub-saharienne », dans Maurice Kamto, Stéphane Doumbè Billè, Brusil Miranda Metou, *Regards sur le droit public en Afrique. Mélanges en l'honneur du Doyen Joseph-Marie Bipoun Woum,* Paris, L'Harmattan, 2016, p. 341-361.

[3] Patrick Daillier, Mathias Forteau, Alain Pellet, *Droit international public,* 8e éd., 2009, Paris, LGDJ, p. 434.

l'OUA, Maurice Kamto, par exemple, aboutit au constat que le terme panafricanisme est aussi imprécis que celui d'unité africaine largement mentionné dans la charte de cette organisation. Il écrit fort justement à ce propos : « Mais la volonté de coopération et de solidarité ne signifie point désir d'unification. Encore le mot unité couramment employé dans la Charte peut-il être compris de différentes manières et avoir diverses implications...Il en va de même d'ailleurs du mot panafricanisme, terme polysémique, équivoque, auquel chacun a tendance à attacher une signification personnelle, sans doute trop souvent passionnelle[1] ». Mais il n'avance au final aucune proposition pour combler cette lacune définitionnelle, laissant ainsi le lecteur sur sa faim. On n'est pas plus éclairé par Blaise Tchikaya dont la tentative de définition du panafricanisme demeure teintée d'approximation et d'imprécision : « [...] le panafricanisme, quelle qu'en soit la définition, vise à asseoir une exigence africaine sur les plans matériel, personnel et institutionnel. Il constitue un socle idéologique non négligeable à la construction d'une organisation continentale pour les pays africains[2] ». Les affirmations d'Abdulqawi A. Yusuf, autre éminent juriste africain, suscitent quant à elles, étonnement et perplexité. Il déclare en effet : « Du point de vue du droit international, le changement le plus important apporté par l'adoption de la Charte de l'OUA réside dans l'introduction de la notion de panafricanisme dans un traité international comprenant certains des idéaux contemporains du mouvement comme objectifs fondamentaux d'une organisation continentale et précisant les principes juridiques et les structures institutionnelles permettant d'atteindre les objectifs sus-cités[3] ». À la lecture de cet énoncé, la question qui vient à l'esprit est la suivante : peut-on confondre des idéaux déclinés sous forme de catalogue d'intentions plus ou moins précises avec le panafricanisme dont la définition, en tant que concept juridique, devrait résulter de l'activité intellectuelle de l'esprit pensant et cogitant ? Or, comme je l'ai souligné, le mot panafricanisme ne figure pas dans ce texte. Au demeurant, l'auteur fait lui-même de manière très subtile le constat que le panafricanisme en tant que notion juridique n'existe pas, car ne procédant pas d'un ordre juridique spécifique ; il ressortit plutôt de la

---

[1] Maurice Kamto, « Les mutations institutionnelles de l'OUA », dans Maurice Kamto, Jean-Emmanuel Pondi, Laurent Zang, *op. cit.* p. 17.

[2] Blaise Tchikaya, *Droit de l'Union africaine. Principes, institutions et jurisprudences,* Paris, LGDJ, Lextenso éditions, 2019, p. 20.

[3] Abdulqawi A. Yusuf, *Panafricanisme et droit international, op. cit.,* p. 35.

banalité d'un système juridique classique et commun : « Nonobstant le fait que la plupart des principes énoncés dans la Charte de l'OUA peuvent être plus aisément rattachés au droit international traditionnel plutôt qu'aux idéaux du panafricanisme, il ne faudrait pas perdre de vue le fait que nombre de ces idéaux ont été inscrits dans le préambule de la Charte[1] ». Le panafricanisme en tant que notion juridique ne peut s'accoucher au forceps et le moins que l'on puisse dire, c'est que le raisonnement manque de rigueur, et on n'est pas plus avancé en termes de définition de ce qu'est le panafricanisme.

Les sociétés savantes africaines en matière de droit international ne sont pas non plus d'un grand apport quant à la définition du panafricanisme. On relève à ce titre que la Commission de l'Union africaine sur le droit international (CUADI) n'a pas contribué à lever l'indéfinition attachée au terme panafricanisme. Organe subsidiaire indépendant créé le 3 mai 2010, cette institution spécialisée de l'Organisation continentale ayant pour missions la codification et le développement progressif du droit international selon une perspective africaine n'a pas, au travers de son activité normative, contribué à la clarification sémantique du mot panafricanisme, problématique dont elle ne s'est jamais saisie[2]. La même remarque est valable pour d'autres sociétés savantes africaines dans le domaine du droit international : Société africaine pour le droit international, Association africaine pour le droit international, etc.

Au regard de ces lacunes par rapport à sa définition, il faut alors tirer la conclusion suivante : le panafricanisme n'est pas encore érigé en catégorie juridique. On ne peut pas lui attribuer un contenu juridique précis. Il est apparu comme une notion fonctionnelle dans un contexte précis sur lequel j'aurai à revenir, et a cheminé dans le temps de l'histoire porté par diverses interprétations et représentations. Il n'était donc pas destiné à intéresser de prime abord le droit international.

---

[1] *Ibid.*, p. 39.

[2] Blaise Tchikaya, « La Commission de l'Union africaine sur le droit international. Bilan des trois premières années », *Annuaire français de droit international,* tome 58, 2012, p. 307-317 ; Blaise Tchikaya, « Les orientations doctrinales de la Commission de l'Union africaine sur le droit international », *Revue québécoise de droit international,* 2017, 30-1, p. 113-128.

LE VIDE CONCEPTUEL DU PANAFRICANISME DANS LA DOCTRINE POLITIQUE

Qu'en est-il alors de la définition du panafricanisme dans la pensée politique ? Quelles sont les perceptions et les représentations que politologues et politistes, ainsi que d'autres spécialistes des autres champs disciplinaires en dehors des juristes, ont du panafricanisme ?

Malgré une littérature abondante, le panafricanisme demeure une notion ambiguë du débat politique, tantôt assimilé à une idéologie, tantôt à une théorie, parfois même à une doctrine. La distinction entre ces vocables est expliquée en ces termes : « Là où les théories politiques sont considérées comme des ensembles de concepts destinés à expliquer la réalité sociale et politique, les doctrines ont pour ambition ou pour effet de conduire à agir pour transformer le monde[1] ». L'idéologie, quant à elle, peut être confondue avec la doctrine dans la mesure où elle aussi a pour objet de remplacer le réel existant par l'inexistant pensé. L'idéologie, comme l'utopie, aspire à l'être.

Dans cette opacité des termes, le panafricanisme est, pour certains, une incitation forte à une rupture radicale avec l'impérialisme, le colonialisme et le néocolonialisme. Nationaliste et révolutionnaire, il a pour visée la libération du continent africain[2] de tout joug étranger ; il s'identifie alors aux positions militantes de certains leaders panafricains et à leur combat politique : « [...] le panafricanisme est strictement l'utopie politique au service de laquelle Kwame Nkrumah fut l'acteur le plus éclairé et le plus infatigable[3] ». Pour d'autres, si le panafricanisme est « une doctrine politique et socioculturelle d'origine historique qui prône l'unité des États et des peuples d'Afrique comme étant l'unique voie de leur libération effective, de leur émancipation et

[1] Frédéric Claisse, Maxime Counet, Pierre Verjans, *Inroduction aux doctrines et aux idées politiques,* Louvain-La-Neuve, De Boeck Supérieur, 2017, p. 12.

[2] Albert Moutoudou, *L'hypothèse panafricaniste,* Paris, L'Harmattan, 2015. ; Sabelo Ndlovu-Gatseni, *Empire, Global Coloniality and African Subjectivity,* Berghanh Books, 2013. ; Ngouo Woungly-Massaga, *Où va l'Afrique ? Réflexion sur une fin de siècle,* Yaoundé, Éditions Mindi D.S., Imprimerie Nationale, 2000. ; Tajudeen Abdul-Rahee, ed., *Panafricanism. Politics, Economy and Social Change in the Twenty-First Century,* Bristol, Pluto Press, 1996. ; Horace Campbell, *Pan Africanism. The Struggle Against Imperialism and Neo-Colonialism.* Documents of the Sixth Pan-African Congress with an Assessment by Horace Campbell. ; Elenga Mbuyinga, *Panafricanisme et néo-colonialisme,* Union des populations du Cameroun, 1979.

[3] Albert Moutoudou, *op. cit.,* p. 13.

de leur développement[1] », il n'est pas que cela. Il est aussi un humanisme, un universalisme et un internationalisme en ce que, s'opposant au capitalisme, à l'impérialisme et au néocolonialisme, il participe de la libération de l'humain en général ; il est alors « une doctrine de l'émancipation et de la libération de l'homme tout court. Il vise l'égalité des hommes et des peuples, la dissipation des catégories de Maître et d'esclave dans le concert des rapports internationaux[2] ». Le panafricanisme est encore appréhendé comme étant la substance même de la pensée politique africaine[3], un mouvement qui ambitionne de rassembler idéologiquement et politiquement tous les Noirs sur la base de leur identité culturelle commune, aux fins de leur libération politique et socio-économique[4]. Pour d'autres encore, « Le panafricanisme est, par essence, un mouvement d'idées et d'émotions[5] » développé au sein des populations noires meurtries par l'âpreté de l'exploitation esclavagiste. Imanuel Geiss le définit d'abord par ses manifestations : à la fois mouvement politique et intellectuel de solidarité raciale animé par les Africains et les Afro-Américains, corps d'idées basé sur l'unité culturelle et l'indépendance politique de l'Afrique, ensemble des idées et des organisations politiques ayant pour but l'unité politique de l'Afrique[6] ; mais c'est pour aussitôt reconnaître que cette définition n'est pas satisfaisante. Aussi propose-t-il une autre grille de lecture d'après laquelle le panafricanisme est, au sens étroit, un mouvement politique qui vise l'unification du continent africain et, au sens plus large, tous les mouvements culturels et intellectuels regroupant les courants de l'anticolonialisme et de la solidarité afro-asiatique. Certains voient dans le panafricanisme un mouvement de libération et une force d'intégration[7], « à la fois un projet et un engagement politique, une idéologie et un idéal qui a profondément marqué l'imaginaire et l'histoire politique et intellectuelle du

---

[1] Émile Kenmogne, « Panafricanisme et développement », dans Thérèse Bellè Wanguè, *op. cit.*, p. 183.
[2] *Ibid.*, p. 193.
[3] Phambu Ngoma-Binda, *La pensée politique africaine contemporaine,* Paris, L'Harmattan, 2013, p. 80.
[4] *Ibid.*, p. 43., p. 79.
[5] Colin Legum, *op. cit.*, p. 15.
[6] Imanuel Geiss, *op. cit.*, p. 3
[7] S.K. Asante, en collaboration avec David Chainawa, « Le panafricanisme et l'intégration régionale », dans *Histoire générale de l'Afrique. Tome 8. L'Afrique depuis 1935,* Paris, Éditions Unesco, 1998, p. 757-777 ; Edem Kodjo, David Chainaiwa, « Panafricanisme et libération », *ibid.*, p. 819-844.

XXe siècle africain[1] ». Il est aussi défini comme « l'idéologie de la démocratie et des droits de l'homme dans un cadre fédéral africain…le gouvernement des Africains par les Africains, en respectant les minorités raciales et religieuses qui désirent vivre en Afrique avec la majorité noire[2] ». Le spectre des définitions du panafricanisme dans la pensée politique est donc très élargi. Pour Edmond Kwam Kouassi, « Le panafricanisme est une idéologie qui vise à réaliser l'unité ou l'unification de tout le continent africain afin de rendre à l'homme noir dignité, considération et respect[3] ». Selon la sensibilité de ses promoteurs il a, tour à tour, revêtu les formes d'un mouvement racial, d'un mouvement culturel et d'un mouvement politique. Quant à Pierre-François Gonidec, la pluralité des perceptions de ce qu'est le panafricanisme l'amène à suggérer qu'il conviendrait mieux de parler « d'idéologies au pluriel[4] » même si, considéré au fond, son « idéal est de réaliser l'unité sur tous les plans, c'est-à-dire de réaliser une unité politique, englobant tous les aspects de la vie des sociétés africaines[5] ». Abdoulaye Wade formule, quant à lui, sa conception du panafricanisme en ces termes : « […] le panafricanisme est une aspiration des Noirs d'Afrique et de la diaspora qui s'identifient culturellement par leur appartenance à la civilisation négro-africaine ; puisant sa force dans la résistance pluriséculaire des Nègres à l'esclavage et à la colonisation, cette aspiration se projette dans une unité politique du continent sous la forme des États-Unis d'Afrique[6] ». Le dispositif institutionnel du panafricanisme tel qu'il le préconise comporte, dans le sillage de la pensée de Kwame Nkrumah, un parlement continental ainsi qu'un gouvernement continental, chaque président des États actuellement constitués devenant un simple gouverneur de son État. Pour sa part, Amzat Boukari-Yabara s'interroge sur le point de savoir si le panafricanisme est un concept philosophique ou une doctrine de l'unité politique. C'est alors qu'éludant la réponse à la question qu'il a lui-même posée, il livre sa propre définition : « Le panafricanisme est une

---

[1] Patrick P. Dramé, *L'Afrique postcoloniale en quête d'intégration. S'unir pour survivre et renaître,* Montréal, Les Presses de l'Université de Montréal, 2017, p. 11.
[2] Hubert Kamgang, *Au-delà de la Conférence nationale. Pour les États-Unis d'Afrique,* Paris, L'Harmattan, 1993, p. 159.
[3] Edmond Kwam Kouassi, *op. cit.,* p. 72.
[4] Pierre-François Gonidec, *op. cit.,* p. 287.
[5] *Ibid.,* p. 291.
[6] Abdoulaye Wade, *Un destin pour l'Afrique,* Paris, Éditions Karthala, 1989, p. 75.

énigme historique[1] », d'où certainement la difficulté qu'éprouve cet auteur à en donner, dans un premier temps, une définition précise et concise, au-delà de la généralité et du raccourci : « Dans son essence, le panafricanisme est avant tout une idée et un mouvement de l'histoire qui emprunte des pistes multiples pour rejoindre une destination finale, l'Afrique[2] ». Affinant cependant sa pensée, il donnera plus tard du panafricanisme une définition plus fine et plus satisfaisante : « Le panafricanisme pourrait ...se définir comme un mouvement de libération et de solidarité en faveur de l'Afrique et des Africains où qu'ils se trouvent[3] ». Ambitionnant en ce qui le concerne d'explorer le panafricanisme dans sa dimension à la fois historique et politique, Stéphane Kader Dabiré en arrive, au terme de son analyse de ce mouvement, à la conclusion que la définition du panafricanisme est controversée, car appréhendée simultanément comme une théorie, une idéologie et un guide pratique d'action. Le panafricanisme est, d'après la synthèse tirée de ces différents énoncés, représentatif de « l'unité des afro-descendants et des africains en référence constante à l'Afrique comme lieu d'origine voire de salvation[4] ». Il poursuit, étayant sa pensée : « ce mouvement est une énergie commune axée sur une volonté farouche de lutter contre le racisme anti-Noir au niveau mondial, en renforçant les liens de part et d'autre de l'Atlantique[5] ». Philippe Decraene s'est aussi attaché à l'étude du panafricanisme dont il ne donne pourtant aucune définition, se bornant à le classer dans la catégorie de l'utopisme, dans le sens d'irréel irréalisable, déclarant avec une pointe de condescendance : « Mythe, cadre idéal et en tant que tel destiné à n'être jamais atteint par ceux qui l'exaltent, le panafricanisme n'en constitue pas moins une des idées motrices, une des formes importantes de cette deuxième moitié de notre siècle[6] ». Aussi renvoie-t-il les adeptes du panafricanisme à leur douce rêverie et les condamne-t-il à être des Sisyphe frustrés et malheureux. Faute donc de conceptualiser le panafricanisme, il se contentera d'en décrire les

---

[1] Amzat Boukari-Yabara, *op. cit.*, p. 5.

[2] *Ibid.*, p. 5.

[3] Amzat Boukari-Yabara, *Walter Rodney, (1942-1980). Un historien engagé. Les fragments d'une histoire de la révolution panafricaine,* Paris, Présence Africaine, 2018, p. 22.

[4] Kader Stéphane Dabiré, *Le panafricanisme : analyse de l'histoire d'un mouvement fédéraliste,* Mémoire de Maîtrise en Science politique, Université du Québec à Montréal, 2017, p. 8.

[5] *Ibid.*

[6] Philippe Decraene, *op. cit.*, p. 4-5.

différentes articulations historiques et d'en citer les principaux acteurs. Pour Kiven Tunteng, le panafricanisme a été contemporain d'autres pan-mouvements (paneuropéisme, panaméricanisme, panarabisme, etc.) ayant aussi eu pour ambition de rassembler dans une communauté globale des groupes humains spécifiques. Il a d'abord été un pan-transcontinentalisme quand il exprimait une revendication raciale, sous la houlette de Du Bois, notamment ; il s'est ensuite transformé en un pan-continentalisme lorsque sous Nkrumah il est devenu porteur de l'aspiration politique d'un gouvernement continental africain. Au final, il considère que le panafricanisme est un terme agrégatif des luttes des peuples africains et de leur aspiration à la liberté : « Le concept de panafricanisme est un terme commode pour désigner les mouvements de protestation nés dans le nouveau monde – puis étendus ensuite ailleurs – et ayant comme objectif la libération raciale[1] ». Un auteur comme Fulbert Sassou Attisso établit une synonymie douteuse entre les mots panafricanisme, unité africaine et union africaine[2]. Il est difficile de le suivre dans son raisonnement par le fait qu'après avoir établi une équivalence sémantique entre « l'Unité africaine ou l'Union africaine[3]», il en vient à considérer que « les termes de panafricanisme et d'Unité africaine bien que synonymes présentent de légères différences[4] », ce qui l'amène à faire l'observation suivante : « Le panafricanisme est un mouvement, c'est-à-dire une dynamique de rassemblement et de solidarité des peuples de souches africaines, où qu'ils se trouvent. L'Unité africaine est l'idéal que poursuit le panafricanisme[5] ». Du point de vue de Peter Olisanwuche Esedebe, la définition du panafricanisme ne peut être rendue par une formule simple et ramassée. Son effort de synthétisation et de systématisation aboutit au résultat suivant : « En simplifiant quelque peu, nous pouvons dire que le panafricanisme est un phénomène politique et culturel qui considère l'Afrique, les Africains et les descendants africains à l'étranger comme un tout. Il cherche à regénérer et à unifier l'Afrique, ainsi qu'à promouvoir un sentiment d'unité parmi les peuples

---

[1] "The concept of Pan Africanism is a convenient designation for the protest movements which originated in the new world – and extended elsewhere – with the objective of racial liberation", Kiven Tunteng, *op. cit.*, p. 15.

[2] Fulbert Sassou Attisso, *De l'unité africaine de Nkrumah à l'Union africaine de Kadhafi,* Paris, L'Harmattan, 2008, p. 17.

[3] *Ibid.,* p. 61.

[4] *Ibid.,* p. 61.

[5] *Ibid.,* p. 61.

africains[1] ». Il ajoute : « Il glorifie le passé africain et inculque les valeurs africaines. Toute définition adéquate du phénomène doit inclure les aspects politiques et culturels. Comment un phénomène qui s'est institutionnalisé dans l'O.U.A. peut-il encore être considéré comme étant une utopie[2] ? ». Il considère, au final, que le panafricanisme a cessé de relever du domaine de l'irréalité dès lors qu'il s'est incarné dans l'OUA qui en est la matérialisation, l'utopie réalisée. Klah Popo, quant à lui, ne définit pas vraiment le panafricanisme ; il procède à un emprunt lexical par son appropriation du terme « yovodah » originaire du Golfe de Guinée pour désigner le crime de l'homme blanc contre le nègre, et imagine une construction architecturale et institutionnelle devant donner corps au projet politique des États-Unis d'Afrique[3]. La démarche intellectuelle de Nsame Mbongo ne consiste pas non plus à définir le terme panafricanisme ; elle est plutôt centrée sur l'élaboration d'une philosophie politique du panafricanisme qui le distancerait des micro-nationalismes et du « pseudo-panafricanisme » actuel. De son point de vue, seule la notion nouvelle de « transafricanité » est de nature à fonder un « panafricanisme conséquent », horizon nouveau pour la libération des peuples africains : « Nous proposons le concept de transafricanité pour actualiser le débat et le faire avancer, grâce à une problématique progressiste et populaire réalisable[4] », écrit-il.

Un courant de pensée alternatif s'est, quant à lui, donné pour objet de repenser le panafricanisme en révoquant tout simplement ce mot et en lui substituant d'autres désignations. Cette tendance est représentée par Justin Koné Katinan qui, ayant fait le constat de l'échec du panafricanisme historique en raison du discrédit de ses modalités de

---

[1] "With some simplification we can say that Pan-Africanism is a political and cultural phenomenon which regards Africa, Africans and African descendants abroad as a unit. It seeks to regenerate and unify Africa and promote a feeling of oneness among the people of African world", Peter Olisanwuche Esedebe, *op. cit.*, p. 3.

[2] "It seeks to regenerate and unify Africa and promote a feeling of oneness among the people of African world. It glorifies the African past and inculcates pride in African values. Any adequate definition of the phenomenon must include the political and cultural aspects. How can a phenomenon which has been institutionalized in the O.A.U. still remain utopia ?", *Ibid.*

[3] Klah Popo, *Yovodah et Panafricanisme. Résister pour survivre. S'unir pour renaître,* Paris, Anibwe Éditions, 2012., Klah Popo, *Le panafricanisme en dix questions,* Paris, Anibwe Éditions, 2016.

[4] Nsame Mbongo, *Choc des civilisations ou recomposition des peuples ? Réflexions sur les différences, les différends et les développements des communautés,* Paris, Dianoïa, 2004, p. 118.

mise en œuvre, le supplante par le terme africanisme ainsi défini : « l'africanisme, qui entend opérationnaliser le panafricanisme, se veut être une idéologie fondée sur les valeurs africaines fondamentales et transcommunautaires des sociétés africaines anciennes, restaurées à la lumière des exigences du monde contemporain, pour répondre aux défis nouveaux du continent africain. Tel que présenté, l'africanisme apparaît comme une approche de combat pour la rupture[1] ». L'africanisme n'est plus alors un ensemble de savoirs critiquables produits sur l'Afrique par les sciences occidentales[2]. Il est proprement devenu une pensée, une voie alternative du devenir politique africain. Il convient, dans cette perspective, d'abandonner les schèmes de l'idéologie panafricaine traditionnelle, socialisme et nationalisme, qui en ont été les deux faiblesses majeures ; de promouvoir en remplacement, une autre approche et d'autres valeurs : solidarité, complémentarité dans les efforts de développement, restauration institutionnelle de l'Afrique, gouvernance démocratique. Achille Mbembe émarge dans ce même lignage de remise en cause du panafricanisme. Pour lui, le panafricanisme prolifère sur le terreau de la victimisation du Noir qui clame et revendique sa différence par rapport aux autres en se repliant sur son identité singulière, alors que le monde est ondoyant, foisonnant et divers. Par son refus de sortir de soi pour embrasser l'universalité, de même que par son culte de l'authenticité raciale, le panafricanisme porterait en lui les germes de la xénophobie et du racisme : « Le panafricanisme définit en effet le natif et le citoyen en les identifiant au Noir. Le Noir ne devient pas citoyen parce qu'il est un être humain doué, comme tous les autres, de raison, mais du double fait de sa couleur et du privilège de l'autochtonie[3] ». Le panafricanisme est ancré dans le nativisme, cette « idéologie qui glorifie la différence et la diversité et qui lutte pour la sauvegarde des coutumes et des identités considérées comme menacées[4] ». Cet auteur substitue alors au mot

[1] Justin Koné Katinan, *Idéologie, conscience et combat politique en Afrique,* Paris, L'Harmattan, 2018, p. 176.

[2] Gérard Leclerc, *Anthropologie et colonialisme. Essai sur l'histoire de l'africanisme,* Paris, Fayard, 1972. ; Emmanuelle Sibeud, « Les sciences sociales à l'épreuve de la situation coloniale », *Revue d'histoire des sciences humaines,* 2004/1, N°10, p. 3-7. ; Achille Mbembe, *De la postcolonie. Essai sur l'imagination politique dans l'Afrique contemporaine,* Paris, Karthala, 2000, p. IX.

[3] Achille Mbembe, « Á propos des écritures africaines de soi », *Politique africaine,* 2000/1, N° 77, p. 28.

[4] Achille Mbembe, « Afropolitanisme », *Africultures,* 2006/1, N° 66, p. 13.

panafricanisme, le terme afropolitanisme[1] : « L'afropolitanisme n'est pas la même chose que le panafricanisme ou la négritude. L'afropolitanisme est une stylistique, une esthétique et une certaine poétique du monde. C'est une manière d'être au monde qui refuse, par principe, toute forme d'identité victimaire[2] ». Si l'on peut aisément concéder à Achille Mbembe le fait que nos appartenances et nos identités soient devenues plurielles au regard de notre immersion dans le monde globalisé, il faut néanmoins relever que sa pensée véhicule aussi le danger de la dilution de l'un dans le multiple, signe d'un désaxement identitaire et d'un floutage de la personnalité africaine devenue honteuse d'elle-même, car « De proche en proche, la dénonciation identitaire entraîne la déconstruction identitaire puis la condamnation identitaire[3] ». À surévaluer les identités vagabondes, nomades et hors sol, sous prétexte de l'universalisation du monde, on risque de sous-estimer et de passer sous silence les phénomènes de domination présents dans les rapports internationaux mais aussi intercommunautaires. L'afropolitanisme n'est pas, moins que le panafricanisme pourfendu, exposé au choc de la rencontre des identités plurielles. Il n'y a pas une harmonie sociale naturelle du seul fait de la magie d'un mot et du décret de l'intellectualisme. La rencontre avec l'autre se fait toujours dans un rapport dialectique entre acceptation et rejet de la différence, surtout lorsqu'entrent en considération des enjeux de survie économique. Ce croisement des identités différenciées peut se faire dans une relation d'inclusion pacifique ou alors de rejet sous le mode de la violence. Achille Mbembe, dans une envolée lyrique, voulait voir dans la ville de Johannesburg, en Afrique du Sud, le centre par excellence de l'afropolitanisme, le laboratoire réussi et accompli de la civilisation « arc-en-ciel », de la nouvelle modernité africaine faite de « multiples héritages raciaux, d'une économie vibrante, d'une démocratie libérale, d'une culture de la consommation qui participe directement des flux de la globalisation. Ici est en train de se créer une

---

[1] On doit en réalité ce mot à Taiye Selasi, écrivaine britannique de parents nigérian et ghanéen qui l'utilise pour la première fois en 2005 dans *Bye-Bye Babar. What is an Afropolitan ?*, essai sociologique mettant en scène une nouvelle génération d'Africains se revendiquant aussi bien de leur culture africaine d'origine que de leur appartenance à la société mondialisée.

[2] Achille Mbembe, « Afropolitanisme », *Africultures, op.cit.* p. 14.

[3] Chantal Delsol, Jean-François Mattéi, dir., *L'identité de l'Europe,* Paris, PUF, 2010, p. 7.

éthique de la tolérance[1] ». Sauf qu'il s'agit d'une simple vue de l'esprit, d'un monde idyllique, virtuel et idéel, que contredit et invalide la réalité du terrain qui renvoie plutôt des images de repli identitaire des natifs locaux et d'embrasement de la violence xénophobe à l'encontre des étrangers, africains notamment[2]. La négation de la spécificité de l'identité nègre n'élimine pas le problème de l'apparentement ethnique et racial. C'est ce que relève, en d'autres mots, Anthony Mangeon lorsqu'il affirme : « Le panafricanisme et son revers, l'afropolitanisme, peuvent donc apparaître comme des réponses contrastées à un problème qui perdure jusqu'à nos jours : celui de la ligne de couleur, plus souvent abolie dans les discours que dans les pratiques[3] ». Le miroir déformant de l'idéalité peut aboutir à une myopie, voire à une cécité du réel. Les choses ne sont plus alors perçues comme elles sont, mais comme on pense qu'elles doivent être, posture qui n'est rien d'autre que de l'affabulation. L'afropolitanisme n'est ni un universalisme, ni un cosmopolitisme. Il est assurément un nihilisme en ce qu'il œuvre à la dépossession identitaire de ce qu'est le soi de la personnalité et des valeurs africaines intrinsèques, qui sourdent du tréfonds des entrailles des peuples qui, malgré leur extrême diversité, se reconnaissent et s'identifient africains, car ayant en partage d'avoir expérimenté une histoire commune d'oppression et de domination. C'est la défense de ce fondement culturel propre, nourri de la souffrance infligée à l'homme noir au cours de l'histoire qu'exprima et traduisit précisément en son temps le terme négritude, à la fois cri de révolte, expression littéraire et poétique des peuples noirs se réclamant d'un patrimoine culturel commun pour affirmer au monde la spécificité de leur civilisation. En reléguant au chapitre de la banalité et de l'épiphénomène le vécu traumatique des peuples africains, l'afropolitanisme participe consciemment ou inconsciemment de l'entreprise d'effacement mémoriel et d'oubli de l'aliénation historique et contemporaine des peuples africains. Ce faisant, il hypothèque pour

---

[1] Achille Mbembe, « Afropolitanisme », *Africultures, op.cit.* p. 15.

[2] Human Rights Watch, *« They Have Robbed Me of My Life ». Xenophobic Violence Against Non-Nationals in South Africa,* United States of America, Human Rights Watch, September 2020.

[3] Anthony Mangeon, « Du moment panafricain » à « l'afropolitanisme contemporain ». Lectures croisées de W.E.B. Du Bois, Joseph Casely Hayford, Alain Locke et Kwame Anthony Appiah », dans Guillaume Bridet, Virginie Brinker, Sarah Burnautzki, Xavier Garnier, dir., *Dynamiques actuelles des littératures africaines. Panafricanisme, cosmopolitisme, afropolitanisme,* Paris, Karthala, 2018, p. 59.

ceux-ci toute possibilité de désaliénation et de libération, car un peuple amnésique de son passé d'humiliation ne peut concevoir pour lui-même un projet d'émancipation réelle pour son avenir. Le chemin vers la liberté commence avec une prise de conscience et une indignation contre la domination. Alors seulement peut-on se projeter vers des relations humaines diversifiées et pacifiées. Car il ne s'agit pas non plus d'essentialiser son passé pour en faire une identité d'aujourd'hui[1]. Les crimes du passé ne sont pas les crimes du présent. Dire cela ne signifie pas qu'il faut être amnésique de son histoire. Le problème fondamental est de savoir à partir de quelle génération on porte une victimisation. S'il n'y a pas, comme je l'ai dit, d'identité pure du fait notamment du brassage des humains et de leur immersion dans la mondialisation, on ne saurait pour autant encourager une dépersonnalisation et une négation des spécificités culturelles. À cette aune, la créolisation du monde, au sens d'Édouard Glissant, est une rencontre féconde des identités plurielles qui constituent, sans se renier, cette civilisation métissée, ce foisonnement qu'est le « Tout-Monde [2] ». La reconnaissance de la diversité n'est pas la négation ni l'abdication de soi. Cette théorie contestable de l'afropolitanisme puise ses racines dans le courant du postcolonialisme qui, sous le verni de l'affranchissement de la tutelle de la domination coloniale et de la re-création de savoirs authentiquement africains, contribue plutôt à la perpétuation de l'hégémonie occidentale[3]. Le postcolonialisme est, au même titre que l'afropolitanisme, une offensive philosophique, idéologique et politique contre le panafricanisme[4].

Plus fondamentalement, les résistances identitaires qui se multiplient et s'observent un peu partout dans le monde sont le signe que le nationalisme demeure une réalité vivace à l'heure proclamée du post-nationalisme. Lorsque les identités se sentent piégées, assiégées et encerclées, elles se referment dans une posture d'autodéfense, de

---

[1] Elgas, *Les bons ressentiments. Essai sur le malaise postcolonial,* Paris, Riveneuve, 2023.

[2] Édouard Glissant, *Tout-Monde,* Paris, Gallimard, 1995.

[3] Jean-Loup Amselle, *L'Occident décroché. Enquête sur les postcolonialismes,* Paris, Pluriel, 2011. ; Charles Romain Mbele, *Essai sur le postcolonialisme en tant que code de l'inégalité,* Yaoundé, Nena /Éditions Clé, 2010.

[4] Charles Romain Mbele, *Panafricanisme ou postcolonialisme. La lutte en cours en Afrique,* Paris, L'Harmattan, 2015. ; Nkolo Foé, « Les politiques de la philosophie en Afrique. Émancipation, postcolonialisme, herméneutique et gouvernance », *Diogène,* 2011/3-4, N° 235-236, p. 174-191. ; Nkolo Foé, *Le postmodernisme et le nouvel esprit du capitalisme. Sur une philosophie globale d'Empire,* Dakar, Nema/Codesria, 2008.

conservation et de préservation d'une hypothétique « pureté originelle ». Cette attitude de repli sur soi est l'envers de la rhétorique du village planétaire et de l'hybridation des cultures. C'est bien dans cette optique qu'il convient d'interpréter la désignation controversée au sein de la Commission européenne présidée par Ursula von der Leyen, d'un commissaire chargé de la protection du mode de vie européen[1]. Cette parade futile et dangereuse est censée endiguer les vagues migratoires de populations étrangères déferlant en Europe. Ce continent espère ainsi sauvegarder sa nature judéo-chrétienne de la contamination d'apports culturels étrangers considérés comme étant une menace à la préservation d'une civilisation européenne authentique. La peur de la submersion et de la dilution identitaires amène ainsi l'Europe, mais pas seulement elle, à se replier sur elle-même. Ce siècle est celui des murs, physiques ou immatériels, érigés entre les humains[2]. On ne saurait, dans la perspective d'une humanité à construire, accepter ces replis nationalistes et discriminants.

J'ai convoqué au débat un échantillon significatif de discours politiques sur le panafricanisme. Les multiplierait-on à foison qu'on ne trouverait pas pour autant une définition claire, unanime et stable de ce phénomène. Le panafricanisme, notion si souvent sollicitée aussi bien dans la pensée juridique que dans la pensée politique, se caractérise donc par l'hétérogénéité de ses formulations. Nous sommes bien en présence d'une expression dont la signification juridique et politique est indéterminée. L'histoire du mot et les trajectoires historiques du panafricanisme renseignent sur les sources de cette persistante polysémie.

---

[1] « Nous ne voulons pas d'un commissaire à la protection du mode de vie européen », tribune d'un collectif d'agents contractuels de la commission européenne », *Libération,* 2 octobre 2019.

[2] Jean-Marc Sorel, sous la direction de, *Les murs et le droit international,* Paris, Pedone, 2010. ; Charles-Philippe David, Élisabeth Vallet, dir., « Le retour des murs en relations internationales », *Études internationales,* Vol. 43, N° 1, mars 2012.

CHAPITRE II

LE PANAFRICANISME, UNE NOTION IMPRÉCISE PAR SES TRAJECTOIRES HISTORIQUES

Je voudrais montrer que l'ambigüité attachée au mot panafricanisme est ancienne et résulte des mutations historiques du mouvement panafricain lui-même. Cette « histoire vagabonde[1] » est celle d'une pensée mutante qui a vu se développer au sein de l'idéologie panafricaine des problématiques contradictoires auxquelles ont correspondu des significations différentes se superposant, ou se néantisant. Cette élasticité et cette plasticité du mot panafricanisme attestent néanmoins du foisonnement et de la confrontation des projections, des attentes, des espérances des uns et des autres à chaque période de l'évolution de ce mouvement. Les diverses définitions du panafricanisme doivent donc nécessairement être contextualisées et périodisées, car forgées dans les débats intellectuels et politiques suscités autour du courant panafricaniste. On distingue alors trois séquences historiques portées chacune par des acteurs différents ayant des visées spécifiques : à l'origine le panafricanisme est un mouvement de la société civile internationale pour la revendication des droits civiques ; il est ensuite devenu une quête d'émancipation des peuples colonisés en lutte pour leur indépendance ; il s'est enfin recentré autour des États africains pour l'unité politique continentale.

LE PANAFRICANISME, UN MOUVEMENT DE LA SOCIÉTÉ CIVILE INTERNATIONALE POUR LES DROITS CIVIQUES

Le panafricanisme n'est pas né ex-nihilo. Il est apparu comme une manifestation de révolte et comme une réponse des Noirs dans les sociétés esclavagistes des Amériques et des Caraïbes, en protestation contre le système oppresseur auquel ils étaient assujettis. Le panafricanisme a pour centralité la question de l'émancipation. Les dures conditions d'existence imposées aux Noirs ont suscité chez ces derniers une prise de conscience et un ardent désir d'affirmation identitaire, de reconnaissance tout simplement par l'Autre de leur

[1] Amzat Boukari-Yabarat, *Africa Unite, op. cit.*, p. 5.

appartenance au genre humain. Se poser en s'opposant, être reconnu en tant qu'on se connaît, telle est la racine de toute problématique d'émancipation : « L'autre, nié comme identité sociale, pose alors une revendication fondamentale. Tel est le cas de l'esclave, du peuple dominé ou du groupe exclu[1] ». Le combat des rejetés de la société pour le recouvrement de leur dignité est une démarche pour leur entrée en normalité humaine, espace et lieu symbolique de rencontre de l'Un exclu, avec l'Autre excluant, pour établir entre eux une relation d'inclusion et d'égalité dans l'acceptation des différences[2].

Au commencement du panafricanisme était le racisme, cette idéologie abjecte d'infériorisation et de sous-humanisation des peuples noirs, notamment. Cette pensée de la domination, fonds de commerce et justification de l'esclavage puis de la colonisation a prospéré en occident où elle a trouvé des fondements philosophiques, religieux, politiques et juridiques. Les fantasmes du suprémacisme blanc ont ainsi alimenté la théorie de la supériorité raciale[3] au nom de laquelle le marquis de Mirabeau pouvait déclamer : « Nos esclaves de l'Amérique sont une race d'hommes à part, distincte de notre espèce par le trait le plus ineffaçable, je veux dire la couleur, et qui conséquemment reçoit de la nature le type de son infortune[4] ». Même si la pratique de l'esclavage a de tout temps existé dans toutes les sociétés humaines anciennes, y compris africaines, on assistera à la racialisation de ce phénomène par son identification avec la peau noire. Être nègre, c'est être esclave par essence[5]. Cette théorie de la prédestination et de la prédisposition naturelle du Noir à l'esclavage, en raison de sa couleur, est également présente dans les sociétés arabo-musulmanes où elle servit de justification au commerce négrier qui y fut institutionnalisé et pratiqué sur la longue période qui s'étend du VIIe au XXe siècle[6].

---

[1] Monique Chemillier-Gendreau, *Humanité et souverainetés, op. cit.*, p. 203.

[2] Joseph-Anténor Firmin, *De l'égalité des races humaines : anthropologie positive,* Paris, Cotillon, 1885, GreatSpace Independant Publishing Platform, 2016.

[3] Joseph Arthur Comte de Gobineau, *Essai sur l'inégalité des races humaines,* Paris, Firmin Didot, 1853-1855, Hardpress Publishing, 2013.

[4] Cité par A.R., « Esclavagisme & esclavagiste (s) », dans *Encyclopédie de la colonisation française, op. cit.*, p. 265-266.

[5] Marcel Dorigny, « Esclavage », dans *Encyclopédie de la colonisation française, op. cit.*, p. 258-261.

[6] Jacques Heers, *Les négriers en terres d'Islam. La première traite des Noirs, VIIe-XVIe siècle,* Paris, Éditions Perrin, 2003. ; Murray Gordon, *L'esclavage dans le monde arabe VIIe-XXe siècle,* Paris, Tallandier, « coll. Texto », 2009. ; Olivier Pétré-Grenouilleau, *Les traites négrières. Essai d'histoire globale,* Paris, Gallimard, 2004. ;

La religion, chrétienne notamment, ne se privera pas de justifier la pratique de la traite et aussi de la colonisation. Ainsi les XIVe et XVe siècles se distinguent-ils par l'édiction de nombreuses bulles pontificales concédant aux souverains catholiques européens un droit de conquête sur des territoires lointains et inconnus, au nom de la nécessaire et salutaire conversion de leurs habitants au christianisme : c'est le cas par exemple des bulles *Dum Diversas* (1452) et *Romanus Pontifex* (1455) par lesquelles le Pape Nicolas V accordait au roi Alphonse V du Portugal le monopole de l'esclavage, de la colonisation et du commerce dans certaines régions d'Afrique ; ou encore de celle d'Alexandre VI *Inter Cœtera* (1493) attribuant les territoires du Nouveau Monde aux souverains du Portugal et de l'Espagne : « Nous vous donnons...toutes les îles et tous les continents trouvés et à trouver, découverts et à découvrir, à l'est et à l'ouest de la dite ligne, qui n'auront pas été effectivement possédés par quelque roi ou prince chrétien[1] ». L'esclavage et la colonisation sont par essence des entreprises ayant pour fondement la négation de l'homme noir et de l'Africain en particulier, auquel est déniée la qualité de sujet ontologique[2]. Il fallait donc mener à son égard une mission civilisatrice par la propagation de la foi chrétienne.

La théorie juridique ne sera pas en reste dans la légitimation de l'esclavage et de la colonisation. En effet la limitation du droit de conquête entre puissances européennes devenues souveraines après qu'elles se soient débarrassées de la double tutelle du Pape et de l'Empereur au XVe siècle est scellée par la paix de Westphalie en 1648. Jusqu'alors, les nations européennes pouvaient agrandir leurs territoires par absorption ou adjonction de celui du vaincu par le vainqueur au cours de sanglants affrontements militaires qui ont jalonné le Moyen-

---

Catherine Coquery-Vidrovitch ; « Le postulat de la suprématie blanche et de l'infériorité noire », dans Marc Ferro, dir., *Le livre noir du colonialisme. XVIe-XXIe siècle : de l'extermination à la repentance,* Paris, Laffont, 2003. ; Evelyne Camara, Isabelle Dion, Jacques Dion, *Esclaves. Regards de Blancs 1672-1913*, Archives nationales d'outre-mer / Images en Manœuvres Éditions, 2008. ; Tidiane Ndiaye, *Le génocide voilé. Enquête historique,* Paris, Gallimard, « coll. Folio, n° 6280 ».

[1] Cité dans Monique Chemillier-Gendreau, *Humanité et souverainetés ..., op. cit.,* p. 138-139.

[2] Frantz Fanon, *Les damnés de la terre,* (1961), Paris, Éditions François Maspéro, La Découverte, 2002. ; Frantz Fanon, *Peau noire, masques blancs,* (1952), Paris, Éditions du Seuil, 2015. ; Aimé Césaire, *Discours sur le colonialisme,* Paris, Présence Africaine, 2000. ; Aimé Césaire, *Cahier d'un retour au pays natal,* Paris, Présence Africaine, 2000.

Âge européen. Or, en consacrant l'adage selon lequel « Chaque prince est empereur en son royaume », les traités issus du système de Westphalie gèlent et contrarient leurs visées expansionnistes en Europe ; ils instituent en effet un principe d'équilibre et d'égalité par la reconnaissance à chaque État, quelles que soient sa taille ou sa puissance réelle, de l'exclusivité et de la plénitude des compétences à l'intérieur de son propre territoire[1]. Aussi les appétits de territoires des monarques européens vont-ils se déporter vers des contrées lointaines déclarées, selon la doctrine juridique de l'époque, *« terra nullius »*, terre sans maître, susceptibles de capture et d'appropriation par l'État qui en effectuera l'occupation. Ainsi s'expliquent les rivalités entre puissances européennes pour la conquête des terres inconnues des Amériques et d'Afrique, notamment. Ce qu'il a été convenu de désigner sous l'appellation « Grandes découvertes », véritable ruée vers les terres étrangères, est un moment tragique d'extermination parfois, des peuples autochtones et d'annihilation de leurs civilisations au prétexte qu'elles n'étaient pas calquées sur le modèle occidental. Aussi les grands royaumes africains vont-ils être démantelés et dépiécés malgré leur haut niveau d'organisation socio-politique. La description de ces pouvoirs politiques locaux africains est ainsi rendue sous le mode de la dérision : « Tout le monde sait que l'intérieur de l'Afrique est gouverné en partie par une multitude de roitelets ou chefs que nous appelons rois parce que nous confondons les mots et les choses : beaucoup ignorent que ces prétendus rois manquent souvent de nourriture, de vêtements, et de maisons pour s'abriter. Là cependant, comme en Europe, quelques chefs dominent les autres et sont parvenus á se former une espèce d'état[2] ». Il importait de faire table rase de ces modèles pour que s'installât l'ordre occidental, au prétexte de la mission civilisatrice dont s'était arrogée l'Occident.

Mais la théorie de la *terra nullius* permit également de déconsidérer et de dépersonnaliser les populations de ces territoires africains par le fait qu'il leur fut dénié, en tant qu'être humain, la qualité de sujet. Le statut juridique de l'esclave est celui d'un objet soumis à un échange marchand, à la loi de l'offre et de la demande, comme le souligne Paulin Ismard pour la Grèce antique[3]. Telle est la base juridique de l'esclavage.

---

[1] Pierre-Marie Dupuy, *Ordre juridique et désordre international,* Paris, Éditions Pedone, 2018.

[2] Cité dans *Esclaves. Regards de Blancs 1672-1913, op. cit.,* p. 99.

[3] Paulin Ismard, *La cité et ses esclaves. Institution, fictions, expériences,* Paris, Seuil, « L'univers historique », 2019.

Le *« Code noir »*, édit publié en mars 1685 en France par Louis XIV donne à cette entreprise inhumaine un fondement juridique[1]. De l'ébullition de la révolution française allait cependant surgir la « Déclaration des droits de l'Homme et du citoyen » du 26 août 1789 énonçant un principe d'égalité entre les humains en ce qu'elle proclame que « Les hommes naissent et demeurent libres et égaux en droits ». Ce texte souleva de vifs débats politiques entre partisans de son application à tous les hommes et ceux qui préconisaient l'exclusion des esclaves et des indigènes du bénéfice de ces droits proclamés[2]. Il fallut attendre le décret du 27 avril 1848 pour que l'esclavage fût définitivement aboli dans les colonies françaises, après qu'il eût été aboli une première fois en 1794 par la Convention et rétabli en 1802 par Napoléon.

Au demeurant, l'ouverture du monde sous le mode de la contrainte et des rapports de domination avait aussi été préparée par la pensée philosophique développée en occident. Il est de coutume de citer Hegel dont les thèses vont contribuer à légitimer la mise en esclavage des peuples noirs et la colonisation du continent africain à propos duquel il déclare : « L'Afrique, aussi loin que remonte l'histoire, est restée fermée, sans lien avec le reste du monde ; c'est le pays de l'or, replié sur lui-même, le pays de l'enfance, qui, au-delà de l'histoire consciente, est enveloppé dans la couleur noire de la nuit[3] ». Hegel véhicule ainsi de l'Afrique l'image d'un continent figé dans l'instant, éternellement immobile, et celle d'un peuple africain impassible, assoupi et endormi : « [...] leur condition n'est susceptible d'aucun développement, d'aucune éducation. Tels nous les voyons aujourd'hui, tels ils ont toujours été[4] ». Ainsi est posé et consacré le postulat de l'a-historicité de l'Afrique, lequel sera plus tard relayé et endossé par l'anthropologie

---

[1] Analyse critique de ce texte par Louis Sala-Molins, *Le Code noir ou le calvaire de Canaan,* Paris, PUF, 2002. ; Isabel Castro Henriques, Louis Sala-Molins, *Déraison, esclavage et droit : les fondements idéologiques et juridiques de la traite négrière et de l'esclavage,* Paris, Unesco, 2002. ; sur la codification de l'esclavage aux États-Unis, voir Alexander Tsesis, *We Shall Overcome. A Hisory of Civil Rights and the Law,* New Haven & London, Yale University Press, 2008, et particulièrement le chapitre 2, « Constitutional Republic of Equals ? ».

[2] A.R., « Droits de l'Homme & du Citoyen », dans *Encyclopédie de la colonisation française, op. cit.,* p. 113-116.

[3] G.W.F. Hegel, *La raison dans l'histoire. Introduction à la philosophie de l'histoire,* Paris, UGE, 1965, p. 247.

[4] *Ibid.*, p. 269.

coloniale[1] et par des hommes politiques contemporains[2] . Se trouve dès lors justifiée la ponction esclavagiste du continent africain par la marchandisation du corps noir.

S'il convient de relever que ce corps d'idées qui diffusent une représentation négative et dévalorisante de l'Afrique et des Africains est nourri de connaissances approximatives, partielles et donc partiales sur ce continent et ses populations, il est sans doute hautement plus important et symptomatique de signaler qu'il a été développé en parallèle avec la pensée de l'universel alors florissante en occident, pendant le siècle des Lumières notamment. Aussi l'inapplication par ce même occident au reste du monde de ses propres idées d'humanisme et de progrès fait-il apparaître ce projet prétendument universaliste pour ce qu'il est en réalité : une idéologie au service d'un projet hégémonique de domination et d'exclusion ; car la pensée de l'universel fondée en raison s'accommodait très bien, sans apparemment y percevoir aucune contradiction, de la déraison par laquelle est décrétée l'inhumanité de l'Autre considéré comme non-semblable à soi malgré son appartenance au genre humain. L'universalisme occidental est un universalisme hégémonique et négateur[3].

Razziés, kidnappés, vendus, dans le cadre de la traite transatlantique, les esclaves déportés et transplantés en terre étrangère dans le Nouveau Monde seront pour la plupart d'entre eux insérés dans les circuits de l'économie de plantation. Leur statut personnel de bien meuble appartenant à un maître les destinait à être exploités en tant que main-d'œuvre servile, ainsi qu'à subir toutes sortes d'abus et d'exactions. Il ne m'appartient pas, dans les limites de la problématique de cette étude, de m'appesantir sur les conditions de vie exécrables des Noirs dans les sociétés esclavagistes des Amériques et des Caraïbes. Elles ont largement été décrites et dénoncées sous des formes diverses : ouvrages historiographiques, témoignages biographiques, fictions littéraires

---

[1] Gérard Leclerc, *Anthropologie et colonialisme. Essai sur l'histoire de l'africanisme, op. cit.* ; Emmanuelle Sibeud, *op. cit.*

[2] Jean-Pierre Chrétien, *L'Afrique de Sarkozy. Un déni d'histoire,* Paris, Karthala, 2008.

[3] Immanuel Wallerstein, *L'universalisme européen. De la colonisation au droit d'ingérence,* New York, The New Press ; Paris, Éditions Demopolis, 2006.

poétisées ou romancées, filmographie[1], etc. De cette souffrance vécue et partagée naîtra la conscience d'appartenance et de solidarité raciales : « L'expérience commune de la discrimination basée sur la couleur de la peau et la situation dégradée découlant des injustices flagrantes se sont combinées pour faire prendre conscience aux personnes d'ascendance africaine des États-Unis et des Antilles qu'elles étaient confrontées au même problème et qu'elles devaient donc s'unir pour trouver une solution[2] ». Le panafricanisme a germé sur le terreau de la souffrance commune de ces peuples : « Elle a également suscité la volonté de libérer l'Afrique du fléau de l'impérialisme et du colonialisme[3] ». Les traits et les thèmes du mouvement panafricaniste naissant sont dès lors marqués et identifiés : lutte pour l'égalité raciale et les droits civiques, pan-négrisme, quête identitaire, filiation avec l'Afrique, terre et patrie d'origine, dénonciation du colonialisme et de l'impérialisme. La fin de la guerre d'indépendance des États-Unis n'avait pas été accompagnée du démantèlement de l'esclavage et son abolition en 1865 au sortir de la guerre de sécession n'aura pas non plus significativement et fondamentalement contribué à l'amélioration de la condition noire, particulièrement dans le Sud où elle aura plutôt eu tendance à considérablement se dégrader[4]. On va donc assister à l'exacerbation des frustrations des Noirs et à la montée en puissance concomitante de leurs revendications catégorielles portées par une élite intellectuelle et des leaders ayant inscrit dans leur agenda politique la fin de la ségrégation et de la discrimination à l'endroit de la communauté afro-américaine. Le panafricanisme originel est alors un projet d'égalité raciale défendu par plusieurs associations à l'ouvrage bien avant l'inscription sur la scène publique internationale de cette problématique. En ce sens, si la Conférence organisée à Londres les 23-25 juillet 1900 est considérée comme l'évènement fondateur du

[1] Booker T. Washington, *Up From Slavery,* New York, Dover Publications, 1995 (1901) ; Harriet Beecher Stowe, *La case de l'oncle Tom,* (1852), Paris, Le Livre de poche, 1986.

[2] "The common experience of discrimination based on skin colour, and flagrant injustices and degradation combined to make people of African descent in both the United States and the West Indies realize that they faced the same problem and must therefore unite in order to find a solution", Adekunle Ajala, *Pan-Africanism : Evolution, Progress and Prospects,* London, Andre Deutsh Limited, 1973, p. 4.

[3] "It brought about, too, the wish to redeem Africa from the scourge of imperialism and colonialism. Out of this grew the ideals of Pan-Africanism", *Ibid.*

[4] Alexander Tsesis, *op. cit.,* chapitre 3, «The Controversy about slavery», p. 45 et suivantes.

panafricanisme, il faut néanmoins souligner qu'elle n'en est que le point culminant, car se situant elle-même dans un continuum historique, véritable lame de fond expressive de l'opposition des Noirs au système esclavagiste ayant cours aux États-Unis, dans les Caraïbes, mais aussi en Europe. Révoltes et révolutions ont fortement marqué l'histoire des Africains et des Afro-descendants[1]qui ont bénéficié, dans leur combat contre l'oppression, du soutien actif, engagé et militant des sociétés philanthropiques et abolitionnistes blanches. Il faut néanmoins se garder d'assimiler purement et simplement le panafricanisme débutant à l'anticolonialisme, et aux autres formes de domination contre lesquels les Africains ont eu à résister au cours de l'histoire[2]. Le panafricanisme originel est une protestation ciblée et ne se confond pas forcément avec le nationalisme. Il a consisté en la défense des droits des Noirs dans les sociétés esclavagistes discriminantes ; à leur assurer, en d'autres termes, le bénéfice des droits civiques positifs et proclamés dont jouissaient les autres franges de la population non discriminée : « Le problème du vingtième siècle est celui de la question de couleur, la question de savoir à quel point les différences ethniques, qui se manifestent principalement par la couleur de la peau et la qualité des cheveux, peuvent justifier le refus opposé à plus de la moitié du genre humain, quant au partage intégral des droits et privilèges de la civilisation humaine[3] ». Ce sujet fut la préoccupation majeure des militants panafricanistes de la première heure. Ils y apportèrent des réponses circonstanciées et souvent opposées. Quelques-uns de ces pionniers ont pour noms : Henry Sylvester William, originaire de Trinidad, fondateur en 1897 de l'Association Africaine, avocat au barreau de Londres qui s'était distingué dans la défense des droits fonciers des Africains et qui fut l'une des chevilles ouvrières de la première conférence panafricaine de Londres ; William Edward Burghardt Du Bois, érudit métis né à Great Barrington (Massachusetts), chef du « Niagara Movement » revendiquant l'égalité des droits pour les Noirs, il prônait une coopération bienveillante avec les libéraux américains blancs de la « National Association for the Advancement of

[1] James Cyril Lionel Robert, *Histoire des révoltes panafricaines,* Paris, Éditions Amsterdam, 2018. ; *Le mouvement panafricaniste au vingtième siècle, op. cit.*, p. 26-29. ; Claire Bourhis-Mariotti et *alii,* dir., *Couleurs, esclavages, libérations coloniales 1804-1860,* Bécherel, Éditions Les Perséides, 2013.
[2] Peter Olisanwuche Esedebe, *op. cit.,* p. 5.
[3] Appel « Aux nations de l'univers », Rapport de Benito Sylvain, dans *Le mouvement panafricaniste au vingtième siècle, op. cit.,* p. 73.

Coloured People (NAACP) » et l'intégration des Afro-descendants dans la société américaine, initiateur du Congrès panafricain tenu à Paris en 1919, chantre du pan-négroïsme : « [...] si les Nègres doivent devenir un facteur dans l'histoire du monde, ce sera grâce à un mouvement pan-nègre...à travers une organisation de la race, une solidarité de la race, une unité de la race[1] », écrivait-il ; Marcus Garvey, né dans une famille pauvre de la Jamaïque, aux prises dès son enfance avec le racisme, autodidacte, journaliste militant, émigré aux États-Unis en 1916 où il crée la « Universal Negro Improvement Association (UNIA) » appendice d'un mouvement jamaïcain similaire, fondateur du journal « The Negro World », il s'oppose frontalement à Du Bois par la radicalité de son message qui prône le retour en Afrique de tous les Noirs, objectif pour lequel il créa la « Black Star Line (BSL) », compagnie de navigation maritime qui devait servir au rapatriement des Noirs en Afrique en vue de la création en Afrique de l'Ouest d'une nation africaine indépendante et économiquement viable ; Blaise Diagne, né à Gorée (Sénégal), premier député africain à siéger à la Chambre française des députés, il s'en prendra violemment à Garvey qui préconisait une rupture avec les puissances esclavagistes, lui, affichant plutôt sa préférence au maintien de liens étroits avec ces dernières : « Nous, Français d'Afrique, désirons demeurer Français, car la France nous a donné la liberté et nous a acceptés sans réserves comme ses enfants européens[2] ». Ces grandes figures du panafricanisme ont fait l'objet d'un ouvrage qui leur est consacré[3].

Il importe de souligner que le mouvement panafricaniste était maillé par une multitude d'associations militantes œuvrant au niveau des États, mais aussi à celui plus large du monde. Les revendications des populations noires pour les droits civiques étaient en effet agglomérées autour d'une nébuleuse d'organisations animées par des personnes privées constituant ce qu'il est convenu de désigner par le terme société civile : « La société civile se compose de ces associations, organisations et mouvements qui à la fois accueillent, condensent et répercutent en les amplifiant dans l'espace public politique, la résonnance que les problèmes sociaux trouvent dans les sphères de la vie privée[4] » Et encore : « Le cœur de la société civile est donc constitué par un tissu

[1] Cité dans *Le mouvement panafricaniste...*, *op. cit.*, p. 30.

[2] Cité par Pierre-François Gonidec, *L'État africain...*, *op. cit.*, p. 280.

[3] Hakim Adi, Marika Sherwood, *Pan-African History. Political Figures from Africa and The Diaspora since 1787*, *op. cit.*

[4] Jürgen Habermas, *op. cit.*, p. 394.

associatif qui institutionnalise dans le cadre d'espaces publics organisés les discussions qui se proposent de résoudre les problèmes surgis concernant les sujets d'intérêt général [1]». La notion de société civile, ancienne, éclipsée du débat public pendant une longue période, mais cependant ravivée au tournant des années 1970 [2] , est à l'intermédiation de l'État et du marché, du politique et de l'économique. Contrepoint et contrepoids de ces deux sphères, elle est véhiculaire des aspirations sociales et politiques qui, exprimées d'abord dans le cadre national, peuvent acquérir, par effet de grossissement et d'amplification, un écho mondial. La question des droits civiques relayée par les mouvements du panafricanisme débutant est une amorce et une préfiguration des revendications de même nature qui seront personnalisées bien plus tard dans la lutte des leaders afro-américains pour l'égalité raciale, dont le pasteur Martin Luther King est une figure emblématique. Ségrégation et discrimination sont des problèmes anciens et récurrents, non seulement de la société américaine, mais aussi de toutes les autres sociétés humaines qui n'ont jamais su ou voulu s'accommoder de leur multiracialité, par la tolérance complice des faits de discrimination ou par la mise en œuvre de politiques intégrationnistes et assimilationnistes négatrices des identités plurielles au motif de la lutte contre les communautarismes ethniques.

Le catalogue des droits civiques comporte, au sens de leur définition juridique, l'ensemble des « Droits que la loi confère aux citoyens[3] », et qui ne peuvent de prime abord être discriminants dès lors qu'on est investi par un ordre juridique étatique de la qualité de citoyen. Les droits civiques sont insécables. L'exclusion juridiquement organisée par un État dans le but de priver une partie de sa population de la jouissance des droits civiques contribue à la fabrique des parias de la citoyenneté et de la République, ces individus dépourvus du « droit d'avoir des droits[4] », et condamnés de ce fait à l'invisibilité dans l'espace public.

---

[1] *Ibid.*

[2] Benoît Frydman, dir., *La société civile et ses droits,* Bruxelles, Bruylant, 2004. ; François Rangeon, *Société civile : histoire d'un mot,* Paris, Inclinaison, 2014. ; Sunil Khilnani, « 'La société civile', une résurgence », *Critique internationale,* 2001/ 1 (n°10), p. 38-50. ; René Otayek, « Vu d'Afrique ». Société civile et démocratie. De l'utilité du regard décentré », *Revue internationale de politique comparée,* 2002/ 2 (Vol. 9), p. 193-212.

[3] Gérard Cornu, *Vocabulaire juridique,* 12e édition mise à jour, Paris, PUF, 2018, p. 178.

[4] Hannah Arendt, *Les origines du totalitarisme. Volume 2. L'impérialisme,* Paris, Fayard, « Points », 1982, p. 185 ; Lire aussi à ce sujet Enzo Traverso, *L'histoire*

Comme souligné par Abdulqawi A. Yusuf, « Le panafricanisme, mouvement constitué à ses débuts de personnes et d'associations issues de divers horizons et de différentes sociétés, des îles Caraïbes à l'Afrique et des États-Unis à l'Europe, mais ayant toutefois en partage une expérience et une vision a été le précurseur des organisations de la société civile d'aujourd'hui [1] ». En effet, « son objectif était non seulement de consolider l'unité et la solidarité entre les peuples africains, mais aussi de lancer une campagne au niveau international afin de garantir le respect des droits et de la dignité humaine des peuples d'Afrique et des personnes d'ascendance africaine se trouvant hors du continent[2] ». De la nécessité de fédérer les énergies pour une action plus efficace est née cette coalition internationale constituée autour de leaders et de groupements de nature privée ayant eu pour objectif prioritaire commun l'égalité des droits au sein des sociétés esclavagistes. Les participants aux différents congrès panafricains [3] organisés dans ce but étaient des représentants des peuples noirs ; ils étaient porteurs d'une espérance collective et mandataires des peuples africains opprimés pour exprimer et relayer leurs revendications au plan international. Un auteur comme Ayodele Langley rapporte par ailleurs comment le mouvement panafricaniste a été soutenu et porté par différents groupes de pression[4].

Ces congrès étaient panafricains par l'universalité des origines géographiques des délégués qui y participaient. La première Conférence panafricaine tenue à Londres les 23-25 juillet 1900 avait rassemblé des délégués « représentant les intérêts de l'Africain et de ses descendants vivant dans les diverses régions du monde[5] » ou, exprimé autrement, « hommes et femmes de la race noire en provenance du

---

comme champ de bataille. Interpréter les violences du XXe siècle, Paris, La Découverte / Poche, 2011.

[1] Abdulqawi A. Yusuf, *op. cit.*, p. 16.

[2] *Ibid.*

[3] Marika Sherwood, « Pan-African Conferences, 1900-1953 : What Did 'Pan-Africanism' Mean ? », *Journal of African Studies,* March 2012, Vol. 4, Issue 10, p. 106-126.

[4] Jabez Ayodele Langley, *Pan-Africanism and Nationalism in West Africa 1900-1945. A Study in Ideology and Social Classes,* Oxford, Clarendon Press, 1973, particulièrement le chapitre 6, « A Pan-African Pressure-Group in London », p. 243 et suivantes.

[5] Résolution de la Société anti-esclavagiste britannique, dans *Le Mouvement panafricaniste au vingtième siècle..., op. cit.*, p. 62.

monde entier[1] ». Il est aussi précisé que ce conclave avait réuni « hommes et femmes de la race noire en provenance du monde entier[2] », ou encore, qu'il était constitué « des membres (hommes et femmes) de la race africaine provenant de tous les coins du monde[3] ». L'usage des termes « race africaine », « race noire », critiquables parce que non scientifiquement fondés[4], témoigne surtout du militantisme pan-négriste de ce panafricanisme débutant. Cette diversité dans la provenance géographique des participants est rendue par la composition de l'Association Pan-Africaine constituée à l'issue de cette conférence. On retrouve également cette pluralité des lieux d'origine des conférenciers dans toutes les autres assises panafricaines qui allaient suivre. Il s'agissait donc bien à chaque fois d'une mobilisation à l'échelle internationale, et comme l'écrit Tony Martin, « Le Panafricanisme a permis de prendre conscience que l'Afrique était une communauté mondiale[5] ». Au total, ces premiers congrès apparaissent, à l'échelle des espaces transatlantiques concernés, moins importants par le nombre des participants mobilisés que par la gestation de l'idée nouvelle de rassemblement panafricain. Le concept de panafricanisme suggérait la possibilité, la virtualité de solutions concrètes à des situations elles aussi concrètes car « Le pouvoir attractif d'une notion résulte de ce qu'elle semble annoncer la résolution de contradictions qui déchirent une époque[6] ».

Mais ces congrès étaient aussi panafricains par l'universalité du thème des droits civiques placé au centre de ces rencontres et dont les compte-rendu et les rapports se font l'écho, comme dans l'extrait du document « Adresse au monde » déjà cité, ou même dans la « Déclaration des droits des peuples nègres du monde » adoptée à la Convention tenue en 1920 à New York[7]. À travers les prises de parole individuelle transparaît également cette emphase mise sur les droits

---

[1] *Ibid.,* Résolution du Comité pour la protection des races indigènes et la lutte contre le trafic d'alcool.

[2] *Ibid.,* p. 63, Résolution de la Société de protection des aborigènes.

[3] *Ibid.,* p. 63, Résolution de la Société des amis des Noirs.

[4] Collectif, *Le racisme devant la science,* Paris, Unesco/Gallimard, 1960, réédition 1973.

[5] Tony Martin, « Les fondements historiques du panafricanisme », dans Lazare Ki-Zerbo, Jean-Jacques V. Sene, *L'idéal panafricain contemporain. Fondements historiques, perspectives futures,* Dakar, Codesria, 2016, p. 41.

[6] Guy Haarscher, « La société civile et le concept d'auto-limitation », dans Benoît Frydman, dir., *La société civile et ses droits, op. cit.,* p. 148.

[7] Texte dans *Le Mouvement panafricaniste au vingtième siècle..., op. cit.,* p. 99-107.

civiques comme exigence universelle : « Aucun Noir dans n'importe quelle partie du monde ne peut être en sécurité tant qu'un homme pourra être exploité en Afrique, privé de ses droits civiques aux Antilles ou lynché aux États-Unis parce que c'est un homme de couleur[1] ». Faire front commun face à l'injustice et à l'ignominie ségrégationnistes, tel est le sens de cette apostrophe qui en appelle par conséquent à une mobilisation générale de tous les Noirs racialement discriminés quel que soit le lieu où ils se trouvent. Conséquence du problème racial globalisé, la revendication des droits civiques doit se situer au même niveau global. Elle implique une prise de conscience planétaire de la part des peuples noirs dans leur entièreté.

Ainsi, le panafricanisme originel est-il marqué par la naissance d'une société civile internationale fortement ancrée dans la défense des droits civiques des Noirs esclavagisés. À cette phase initiale du panafricanisme va succéder celle de l'irruption dans ce mouvement, des peuples colonisés se mobilisant pour l'obtention de leur indépendance.

LE PANAFRICANISME, UN MOUVEMENT DES PEUPLES COLONISÉS POUR LEUR INDÉPENDANCE

Même si la dénonciation du colonialisme est présente dès l'étape du panafricanisme naissant, par fraternité raciale des Afro-descendants avec les peuples africains continentaux, et par leur identification à la situation politique de domination coloniale en Afrique et hors de ce continent, ce thème va acquérir une redondance particulière au cours des années suivantes.

La colonisation, commencée au tournant des XVe et XVIe siècles avec les « Grandes découvertes », atteint son apogée dans la deuxième moitié du XIXe siècle quand les grandes nations européennes en quête de puissance décident de se partager le monde, non compris l'Amérique qui leur avait été fermée par la doctrine Monroe (1823) avec la formule célèbre *« L'Amérique aux Américains ! »*. Leur présence dans les autres contrées lointaines encore ouvertes à la capture et à la spoliation (Afrique, Asie, Océanie) se limitait jusqu'alors à un contact avec les zones côtières où elles avaient installé des comptoirs de commerce. Le passage à la nouvelle séquence de systématisation de la colonisation impliquait désormais une exploration plus approfondie de l'intérieur de ces territoires, prélude à leur occupation et exploitation ou « mise en

[1] William Edward Burghart Du Bois, cité dans *Le mouvement panafricaniste...*, p. 33.

valeur », selon la terminologie biaisée de l'époque. L'enjeu, dans cette phase du capitalisme industriel, est nettement économique et commercial. Aussi les puissances européennes vont-elles se livrer une concurrence acharnée pour le contrôle des matières premières, la conquête de nouveaux débouchés et les investissements des capitaux à l'extérieur[1]. Il fallut trouver des arguments juridiques pour justifier ce nouveau projet impérial de conquête. La guerre, corollaire du droit de conquête, avait été légitimée par l'invocation des notions de la guerre juste et du droit naturel. Était considérée comme guerre juste, celle que menait le prince avec les objectifs suivants : ouverture au commerce des territoires encore fermés en vertu du principe du *« jus communicationis »*, évangélisation, répression des actes de barbarie, imposition du modèle d'organisation politique européen. La guerre de conquête pouvait aussi se mener au titre du droit naturel, ensemble de préceptes moraux véhiculés par la religion et opposables à tous au nom de la justice divine.

La notion de *« terra nullius »*, déjà évoquée, et par laquelle furent justifiées les premières prises territoriales fut revisitée pour être adaptée à la situation nouvelle. La doctrine avait posé au départ que tout territoire n'appartenant pas à un prince chrétien relevait de la *« terra nullius »* et pouvait de ce fait être conquis. Dans la phase de la colonisation flamboyante, globalisée, mais concurrentielle, la théorie de la *« terra nullius »* se précise et se perfectionne : est désormais déclaré *« terra nullius »* tout territoire n'appartenant pas à un État « civilisé ». La colonisation est déclarée œuvre de civilisation participant du progrès de l'humanité tout entière[2]. Le progrès est alors apprécié sous l'angle du développement politique supposé des sociétés humaines qui doivent passer d'un état sauvage présumé à un état de civilisation consacré par la forme étatique. L'État est théorisé comme étant la norme ultime du développement politique des sociétés humaines. Il constitue le point de distinction entre barbarie et civilisation, ce qui fait dire à Pierre Clastres : « L'apparition de l'État a opéré le passage typologique entre Sauvages et Civilisés[3] ». Hegel par exemple considère que « […] l'État est le rationnel en soi et pour soi[4] », « […] l'Idée universelle en tant que

---

[1] Jean Bouvier, *Initiation au vocabulaire et aux mécanismes économiques contemporains (XIXe-XXe siècle),* 3e éd., Paris, Sedes, 1977.
[2] Louis Le Fur, *op. cit.,* p. 413.
[3] Pierre Clastres, *La société contre l'État,* Paris, Éditions de Minuit, 1974, p. 170.
[4] G.W.F. Hegel, *Principes de la philosophie du droit ou droit naturel et science de l'État en abrégé,* 1821, Paris, Vrin, 1989, p. 264.

genre et puissance absolue vis-à-vis des États individuels : l'Esprit qui se donne sa réalité effective dans le déroulement de l'histoire mondiale[1] ». À ce titre, l'État est la raison, l'universel réalisé et « [...] la destination rationnelle de l'homme est, en effet, de vivre dans un État, et si cet État n'existe pas encore, c'est une exigence de la raison de le créer[2] ». L'État est la norme finalisée, eschatologique, de l'histoire politique des sociétés humaines qu'aucune autre forme politique ne peut plus supplanter. Ce fétichisme de l'État impliquait que fussent détruits les systèmes politiques des pays africains, quelque sophistiqués et développés qu'ils soient, à l'exemple de la monarchie malgache. Il importait conséquemment de substituer à ceux-ci le modèle occidental d'organisation sociale et politique, c'est-à-dire l'État.

C'est sur ce fondement idéologique qu'est organisée la conférence de dépeçage colonial de l'Afrique qui se réunit à Berlin du 15 novembre 1884 au 26 février 1885. Sur fond de compétition et de rivalité exacerbées des puissances européennes, celle-ci allait ouvrir un nouveau chapitre par la redéfinition des modalités de conquête de nouveaux territoires en Afrique : en effet, au critère jusqu'ici suffisant de la simple découverte pour se prévaloir souverain sur un territoire sans maître, est ajouté celui de l'occupation effective accompagnée de la notification de cette prise de possession aux autres puissances[3]. À cette occasion est également réaffirmé pour les fleuves du Congo, du Niger, de la Bénoué et de leurs affluents, le principe de droit coutumier de la liberté de navigation et de passage, succédané de la liberté des mers, clef de voûte juridique du droit de conquête[4] ; est rappelé, d'autre part, le principe de la liberté commerciale[5] dans ces territoires. L'ouverture à la colonisation de l'Afrique est ainsi juridiquement acquise[6]. L'Acte de Berlin du 26 février 1885 entérine ces principes et inaugure l'ère de l'invasion par les puissances européennes du continent africain qui entre alors dans une longue période de mise en captivité et de tourmente. Ce temps de turbulence né des convoitises

---

[1] *Ibid.*, p. 264.
[2] *Ibid.*, p. 127.
[3] Acte général de la Conférence de Berlin 1885, article 34.
[4] *Ibid.*, préambule et dispositions pertinentes.
[5] *Ibid.*
[6] Joseph-Marie Bipoun Woum, « Les aspects juridiques de la Conférence de Berlin », dans Société africaine de culture, Congo (Brazzaville), Ministère des arts et de la culture, *Actes du colloque international, Centenaire de la Conférence de Berlin (1884-1885),* Paris, Présence africaine, 1987, p. 127-135.

coloniales voit la carte géographique de l'Afrique être complètement modifiée et bouleversée. Il en naîtra un continent morcelé, démembré et ciselé par l'institution de la frontière entendue comme ligne de partage des souverainetés étatiques, ici des puissances coloniales prédatrices. Les délimitations territoriales seront ainsi tracées au mépris de la conception africaine de la frontière en tant que zone de contact et d'influence. Elles se feront uniquement en fonction des intérêts de chaque pays européen, en méconnaissance totale de la pertinence ethnique ou géographique de ces découpages. Comme l'écrit Christian Potholm, « Indépendamment du fait qu'elle introduisait de nouvelles modalités linguistiques, la partition de l'Afrique dans les dernières décennies du XIXe siècle ne tenait aucun compte des unités géographiques, culturelles et dialectales ou des blocs économiques, politiques et ethniques[1] ». Aussi verra-t-on des peuples et des ethnies qui n'ont par ailleurs jamais été consultés par rapport à ce marchandage des puissances coloniales se retrouver éparpillés sur plusieurs pays. L'Afrique porte aujourd'hui encore les stigmates et les flétrissures de ce partage colonial arbitraire par la récurrence des conflits territoriaux contemporains qui ensanglantent ce continent, et qui encombrent les prétoires internationaux[2]. Pensant exorciser les risques de balkanisation politique du continent, l'OUA a contribué à fossiliser ces tracés coloniaux artificiels par son acceptation en juillet 1964 du principe de l'intangibilité des frontières *« uti possidetis juris)* héritées de la colonisation (Résolution 16.I, Le Caire, Égypte), qui avait été appliqué lors de la décolonisation du continent sud-américain. Loin d'être une avancée politique, le principe de l'intangibilité des frontières a révélé sa perversité en ce qu'il représente un recul par rapport à l'idéal du panafricanisme. À partir de son adoption en effet, les dirigeants africains ont mobilisé toute leur énergie politique à la construction et à la consolidation d'États-nations superficiels et fictifs. Par leur embrigadement dans des frontières nationales, des peuples ethniques identiques jadis éparpillés dans des territoires non bornés se trouvèrent isolés les uns les autres. On avait cessé d'être Bambara, Mandingue, Fang, etc., pour devenir Maliens, Togolais, Camerounais, Gabonais, etc. Le partage colonial de l'Afrique a eu pour conséquence la fin des vastes empires africains qui étaient alors en voie de constitution. L'*uti*

[1] Christian P. Potholm, *La politique africaine. Théories et pratiques,* Paris, Economica, 1981, p. 37.

[2] Georges Labrecque, *Les différends territoriaux en Afrique. Règlement juridictionnel,* Paris, L'Harmattan, « coll. Logiques juridiques », 2006.

possidetis juris a participé de cette sédimentation territoriale et s'est révélé être un coup porté au panafricanisme et à la possibilité d'un vaste ensemble politique africain.

Il est à noter que l'émergence d'une conscience panafricaine trouve son expression dans la résistance aux ambitions coloniales des puissances européennes en Afrique. Dans les débats qui animent alors la diaspora africaine s'expriment des prises de position marquées par l'antieuropéanisme et l'anticolonialisme, notamment lors du congrès sur l'Afrique organisé en décembre 1893 à Atlanta (Georgie, États-Unis)[1]. Les précurseurs et les initiateurs du mouvement panafricaniste étaient bien conscients que le problème noir aux États-Unis et partout ailleurs dans le monde était noué avec celui de la domination coloniale imposée aux peuples africains en Afrique. C'est dans cet esprit qu'Edward Wilmot Blyden, diplomate américano-libérien, lance son célèbre slogan *« L'Afrique aux Africains ! »*. Il s'agissait alors pour la plupart des pionniers panafricanistes d'une condamnation feutrée du colonialisme et de ses méfaits.

Les résolutions prises lors du premier congrès panafricain organisé à Paris les 19-21 février 1919 au moment où se tient la Conférence de Paix censée solder les passifs de la Première Guerre mondiale confirment l'enracinement et la nature encore réformiste de ce mouvement panafricaniste débutant qui se contentera d'une dénonciation des abus de la colonisation mais pas de son principe même. Ces propositions d'humanisation de la colonisation comprennent « l'établissement d'un code législatif international pour la protection des indigènes d'Afrique, semblable au projet de code international du travail » ; l'appel à la bienveillance de la Ligue des Nations (Société des Nations) dont un Bureau spécifique serait « chargé de surveiller l'application de ces lois pour le bien-être politique, social et économique des indigènes » ; ou encore un ensemble de principes que devront respecter les puissances coloniales pour gouverner « les indigènes d'Afrique et les peuples de descendance africaine » : l'accès des peuples africains à la terre et à ses ressources naturelles, la prise en compte du bien-être social des indigènes et la préservation du capital naturel dans toute politique d'investissement, l'abolition du travail forcé et des châtiments corporels dénoncés par Albert Londres et André

[1] Peter Olisanwuche Esedebe, *op. cit.*, p. 45.

Gide[1], l'éducation et l'inclusion politique des Africains par leur participation « aux plus hautes fonctions des États ; de façon à ce que l'Afrique finisse par être gouvernée par le consentement des africains… ». Le parrainage de ce congrès par la France, puissance coloniale, ainsi que la personnalité de Blaise Diagne qui en fut l'une des chevilles ouvrières et qui en assuma la présidence, mais dont le zèle pour la défense des intérêts français était bien connu, auront vraisemblablement contribué à adoucir la portée militante des résolutions de cette rencontre que les États-Unis avaient cherché à torpiller, par méfiance envers les représentants de sa population noire qui devaient y prendre part. Toujours est-il que les revendications qui en émanent restent sur une ligne assimilationniste et intégrationniste plutôt que révolutionnaire et de rupture avec l'ordre colonial établi.

Mais on note dans l'année suivante une inflexion du mouvement panafricaniste dans sa perception du système colonial. Le panafricanisme devient moins accommodant avec le colonialisme et se radicalise dès 1920, avec la tenue à New York du 1er au 31 août, de la convention à l'issue de laquelle fut adoptée la « Déclaration des droits des peuples nègres du monde » et qui vit Marcus Garvey être élu Président Provisoire de l'Afrique, la mère-patrie de tous les Nègres. On assiste, avec cet évènement, à une mise en accusation frontale et non plus seulement policée du système colonial. La traditionnelle dénonciation des faits de discrimination politique, économique et sociale à l'endroit des Noirs est suivie de la condamnation de la colonisation pratiquée par les nations européennes : « Nous condamnons fermement la cupidité de ces nations qui par la force ou par des voies secrètes se sont approprié les territoires et énormes richesses de l'Afrique et nous affirmons notre détermination à revendiquer les trésors et biens du vaste continent de nos ancêtres ». S'ensuit la proclamation suivante : « L'Afrique aux Africains vivant en Afrique et ailleurs ! ». Cette réappropriation de l'Afrique par le Nègre passe par l'exercice du droit des peuples à la libre détermination : « Nous croyons à l'auto-détermination de tous les peuples ». Mais le recouvrement de la liberté peut au besoin nécessiter le recours à l'insurrection et à la guerre lorsque les droits d'un peuple sont bafoués : « La guerre devient inévitable et les tentatives, par quelque moyen que

[1] Albert Londres, *Terre d'ébène,* (1929), Paris, Albin Michel, Motifs, 2011. ; André Gide, *Voyage au Congo,* (1927). Suivi de *Le retour du Tchad,* (1928), Paris, Gallimard, 1981, « coll. Idées, N° 443.

ce soit, de se libérer et de protéger ses droits ou son héritage devient légitime ». Le système international mis en place après la Première Guerre mondiale est, quant à lui, identifié comme travaillant contre les intérêts des peuples africains ; il est donc, de ce fait, l'objet d'un rejet sans équivoque : « Nous, en tant que race déclarons la Ligue des Nations nulle et vide, en ce sens qu'elle prive les Nègres de leur liberté ». L'invocation de la symbolique éthiopienne est alors à percevoir comme un ancrage identitaire à la civilisation africaine de tous les peuples noirs déculturés : « Nous adoptons l'hymne *Éthiopie, ô terre de nos Pères...* comme celui de la race nègre ». Ces prises de position radicales attestent du retournement idéologique, politique et stratégique du panafricanisme par rapport au colonialisme. Elles tranchent nettement avec les postures conciliantes de la période précédente.

Mais, en réalité, le mouvement panafricaniste est marqué par un balancement, un croisement et une superposition des logiques réformistes et radicales. C'est que le panafricanisme ne s'est jamais stabilisé autour d'une ligne politique consensuelle et définitive car il a toujours été une nébuleuse idéologique complexe, à l'unité incertaine. Ce mouvement pendulaire entre une aile conservatrice et une autre plus progressiste transparaît dans les congrès organisés par la suite.

Celui de 1921, le deuxième, se tient de façon alternée dans trois capitales : Londres, Bruxelles et Paris. De la session de Londres (28-29 août) découle un « Manifeste » qui s'apparente à une véritable distribution des prix aux puissances esclavagistes et coloniales par son appréciation sélective des politiques menées par celles-ci : condamnation vigoureuse des États-Unis accusés d'esclavagisme et de ségrégationnisme, d'enrôlement des Noirs pour leurs différentes guerres alors qu'ils sont privés des droits civiques ; bienveillante pour la France encouragée à perfectionner sa politique, notamment par « l'établissement d'un gouvernement local autonome dans les limites d'un gouvernement mondial autonome » et « en restituant aux habitants autochtones la propriété du sol ». L'Angleterre est, quant à elle, raillée pour son hypocrisie car respectant les lois et coutumes des indigènes, mais maintenant ces derniers en esclavage et leur refusant toute autonomie. La Belgique dont la politique coloniale est dictée par les intérêts des entreprises privées prédatrices est toujours réticente à associer les indigènes à leur propre gouvernement. Pour leur part, il est reconnu au Portugal et à l'Espagne de pratiquer une politique d'égalité raciale, mais constat est cependant fait que le tissu industriel de l'Afrique portugaise est sous contrôle étranger, avec le risque du rétablissement du commerce des esclaves en Afrique. Au total, le radicalisme de cette session s'observe plus dans le ton que dans la nature des revendications. La deuxième partie du congrès se tient à Bruxelles (31 août-2 septembre) et est marquée par des discussions sur l'opportunité du mouvement panafricaniste et anticolonialiste à s'arrimer à celui du communisme. Des divergences de points de vue aboutissent à une scission entre réformistes menés par Du Bois, et conservateurs conduits par Diagne. Cette session se solde par le rejet du « Manifeste de Londres » qui ne fut pas proposé au vote des délégués. Les résolutions de la rencontre de Paris (4-5 septembre) qui scelle la rupture entre Du Bois et Diagne sont de même timorées en matière de jugement du colonialisme : pas de condamnation nette de celui-ci en tant que système de domination, mais plutôt incrimination de ses pratiques et conséquemment, une série de propositions pour l'améliorer et l'adoucir : mise à l'index du racisme pseudo-scientifique, apologie de l'universalité de la démocratie, plaidoyer pour un gouvernement local sous surveillance des autorités coloniales, liberté de conscience et de religion, fin des expropriations foncières, réformes sociales (protection du travail des indigènes sous l'égide de la SDN), etc.

Le troisième congrès panafricain se tient en novembre et décembre 1923 à Londres (7-8 novembre) et Lisbonne (1er-2 décembre) et ne se distingue pas non plus par une condamnation explicite de la colonisation. Sa principale revendication politique est le droit des Africains « de participer à leur propre gouvernement ». Viennent ensuite des préconisations de natures diverses : réformes sociales (éducation primaire et supérieure, formation professionnelle), équité des procès, juste répartition de la richesse, condamnation de l'apartheid en Afrique du Sud, désarmement mondial et abolition de la guerre accompagnée, le cas échéant, du droit de légitime défense armée des Noirs en riposte à une éventuelle attaque des Blancs.

Le quatrième congrès qui se déroule à New York du 21 au 24 août 1927 est marquée par une forte représentation d'organisations sociales, étudiantes et politiques qui vont s'unir et former la Fédération panafricaine qui se transformera en 1937 en Bureau africain et international d'assistance. Lors de ce congrès est soulevée la problématique des rapports entre les mouvements panafricaniste et communiste. Sa tenue intervient après la rencontre en février à Bruxelles de la Ligue contre l'impérialisme et pour l'indépendance nationale (LCIPIN). Mais ses résolutions restent somme toute assez classiques, dans la ligne idéologique des congrès précédents : cristallisation de la revendication politique autour du droit des Nègres « à participer à leur gouvernement », préservation de leurs droits fonciers, accès à l'éducation, répartition équitable de la richesse entre Africains et Européens, non-discrimination entre « personnes civilisées…en dépit des différences de naissance, de race et de couleur ».

Mais la mouvance anticoloniale du panafricanisme va resurgir et s'affirmer au cours des années suivantes. La IIIe internationale (Comintern) s'était prononcée dans la décennie des années 1930 pour un soutien aux mouvements anticoloniaux. C'est dans ce sillage qu'apparaît et émerge la personnalité de George Padmore, originaire de Trinidad, qui devient membre du Parti communiste américain. Militant engagé, il réussit à faire la jonction de la cause panafricaniste avec les mouvements anticolonialistes et syndicaux. Le communisme exerce alors une grande attraction sur les militants panafricanistes[1], moins en raison de son potentiel en termes de revendication identitaire panafricaine qu'en raison de sa charge symbolique en matière de d'émancipation sociale[2]. Certains leaders africains, dont Padmore, questionneront cependant par la suite le marxisme sur sa capacité réelle à penser la question coloniale et à se présenter comme une voie féconde des luttes que mènent les Africains et les peuples d'ascendance africaine pour se libérer de la domination étrangère[3].

La tendance véritablement anticoloniale du panafricanisme se renforce pendant la Seconde Guerre mondiale et se nourrit de la déception et de la frustration des peuples africains qui ont payé un lourd tribut de sang pour la libération des nations occidentales. En effet, au sortir de ce conflit mondial, il était devenu évident que les puissances coloniales entendaient préserver le statu quo sur la question coloniale et qu'elles envisageaient le maintien des colonies dans le giron des empires, alors que soufflait dans le monde un vent de renouveau et de liberté. C'est dans ce contexte de raidissement des projets coloniaux qu'est organisé le cinquième congrès panafricain à Manchester en

[1] Hakim Adi, *Pan-Africanism and Communism. The Communist International, Africa and the Diaspora, 1919-1939,* Trenton London, Cape Town, Nairobi, Addis Ababa, Asmara, Ibadan, New Delhi, Africa World Press, 2013.
[2] *« Panafricanisme et communisme »,* Entretien avec Hakim Adi, réalisé par Selim Nadi, 12 janvier 2017, http://revueperiode.net, consulté le 24.08.2021.
[3] George Padmore, *Panafricanisme ou communisme ? La prochaine lutte pour l'Afrique,* traduit de l'anglais par Thomas Diop, Paris, Présence Africaine, 1960.

octobre 1945, moment crucial qui consacre l'ancrage du mouvement panafricaniste dans le combat anticolonial.

Ce cinquième congrès panafricain se tient du 13 au 21 octobre 1945 avec, en toile de fond, d'une part, une forte mobilisation des organisations panafricaines britanniques : la Fédération panafricaine (Pan-African Federation, PAF), la Ligue des peuples de couleur (League of Coloured Peoples, LCP), l'Union des étudiants ouest-africains (West African Student's Union, WASU), le « Negro Welfare Centre » de Londres ; d'autre part, la création récente de la nouvelle organisation mondiale, les Nations unies. Environ deux cents délégués venus de divers horizons prennent part à cette rencontre qui consacre l'entrée sur la scène du mouvement panafricaniste de nouvelles figures dont l'influence sera déterminante par la suite, notamment celle de Kwame Nkumah. Les résolutions adoptées à l'issue de ce congrès sont sans concession ni compromis avec le colonialisme et expriment une dénonciation vigoureuse de ce système. En matière politique, le Congrès, constatant qu'au lieu du progrès, la colonisation en Afrique de l'Ouest a plutôt été un facteur de régression du fait de l'exploitation des puissances impérialistes étrangères, rejette les formules de colonisation déguisée du type « association », « co-tutelle », « protectorat », « système des mandats », lesquelles ne servent pas les intérêts politiques des peuples de cette région. Sont dénoncés la destruction des institutions politiques démocratiques indigènes et leur remplacement par des systèmes autocratiques occidentaux, l'inadaptation et l'inanité des réformes constitutionnelles en ce qu'elles ont pour objectif de pérenniser le système esclavagiste, le modèle du gouvernement indirect perçu comme un instrument d'oppression en concurrence avec les droits des dirigeants naturels ouest-africains, le tracé des frontières artificielles en tant qu'elles sont des obstacles à l'unité politique des nations ouest-africaines. La résolution en matière économique dénonce l'exploitation systématique des ressources par les puissances impérialistes, l'entrave mise à l'initiative des indigènes dans le domaine industriel, l'accaparement des terres, le monopole des puissances financières sur les industries minières, la pratique de la monoculture cacaoyère, l'interdiction à l'exercice des libertés syndicales, l'état d'arriération sociale par l'absence de couverture des besoins fondamentaux des populations, la collusion de la religion chrétienne avec le colonialisme. Les revendications qui découlent de ce réquisitoire sans complaisance comportent l'abolition des lois foncières iniques et la distribution de la terre aux Africains, leur droit d'exploiter les ressources économiques de leurs pays, la fin de la discrimination raciale, le droit d'élire et d'être élu, la gratuité de l'éducation ainsi que des prestations scolaires et sociales, l'abolition du travail forcé et l'application du principe de l'égalité salariale.

Dans une « Déclaration aux puissances coloniales », les participants mettent en exergue la patience dont les peuples africains ont fait preuve pendant des siècles, eux qui ont dû subir violence et esclavage. Mais le désir de construire une nouvelle relation de paix avec l'Occident ne les exonère pas d'avoir, si contraints, recours à la force « dans le but de conquérir la liberté », « l'autonomie et l'indépendance de l'Afrique noire ». Aussi décrètent-ils la fin des temps de servitude, de corvée et d'exploitation capitaliste et impérialiste des peuples africains : « Nous lutterons par tous les moyens pour la liberté, la démocratie et le progrès social ».

Une autre « Déclaration aux peuples colonisés » appelle à une émancipation des colonies du joug étranger : « Toutes les colonies doivent se libérer du contrôle impérialiste étranger, qu'il soit politique ou économique ». Elles doivent avoir le libre choix de leur gouvernement, sans aucune influence ni immixtion extérieures, et être prêtes à mener un combat frontal en utilisant tous les moyens possibles à leur portée : « Le but des Puissances impérialistes est de nous exploiter. Accorder aux pays coloniaux le droit de se gouverner par eux-mêmes va à l'encontre de ce but. La lutte pour le pouvoir politique par les nations colonisées et soumises est donc la condition nécessaire et le premier pas vers l'émancipation sociale, économique et politique totale ». La mobilisation des forces sociales en vue de ce changement est nécessaire et doit se faire par « l'organisation des masses », vaste mouvement populaire autour des travailleurs, agriculteurs, professions libérales, intellectuels, agissant par des modalités multiformes pour atteindre les objectifs suivants : droits syndicaux, droits de créer des coopératives, liberté de la presse ainsi que d'association, de grève et de manifestation, d'informer et d'être informé. Ce texte programmatique se termine par ce cri de ralliement : « Peuples du monde soumis et colonisés, Unissez-vous ! ».

Si le vocabulaire utilisé par les hommes révèle la nature idéologique et politique de la cause qu'ils défendent et leur degré d'engagement, alors il faut se rendre à l'évidence de la signification qu'est la rupture lexicale entre le panafricanisme réformiste et le panafricanisme progressiste. La perception de soi, de l'Autre et du combat politique est véhiculée par les mots, outils conceptuels d'appréhension d'un contexte et de projection des fins politiques. Les manières de parler de soi en situation coloniale révèlent l'apparentement idéologique du combat panafricain. Là où les tenants du panafricanisme modéré tenaient un discours de dévaluation de soi par intériorisation des désignations et des schèmes qui traduisent la vision dégradée que l'Européen avait de l'Africain, ceux du panafricanisme progressiste utilisaient plutôt un discours de conflictualité et de revalorisation de soi. Le langage du panafricanisme modéré est celui de la déférence, de l'aplatissement et de la soumission à l'ordre colonial ; celui du panafricanisme progressiste est celui de l'effronterie, de l'impertinence et de la rupture par rapport au fait colonial. De même qu'il y a une écriture africaine de soi [1], de même y'a-t-il aussi un dire panafricain de soi. Le panafricanisme progressiste est porteur d'un projet anticapitaliste et de liberté. Le panafricaniste modéré cède au complexe du colonisé et à la tentation du compromis qui n'est que de la compromission. Il se trouve ainsi dans une situation d'ambivalence au sens donné à ce terme par Emmanuelle Jouannet se référant à Montaigne dans les *Essais* : « J'utiliserai la notion d'ambivalence pour faire référence à l'incapacité d'un individu, d'un groupe, d'une culture, à se débarrasser d'idées, de passions, ou de relations qu'ils prétendent néanmoins condamner ou nier[2] ». Le panafricaniste progressiste, lui, clame et assume avec fierté sa révolte et son désir sans concession et irrépressible de liberté. Le révolté panafricain est avant tout un révolutionnaire décomplexé.

Manchester marque trois ruptures majeures dans le mouvement panafricaniste : idéologique par l'affirmation d'une conscience politique africaine profondément et désormais ancrée dans l'anticolonialisme ; géographique par son décentrage des Amériques et sa réappropriation par les Africains d'Afrique ; dimensionnelle par sa transformation, d'un club élitaire, en un véritable mouvement des peuples. Adekunle Ajala résume assez bien ces mutations structurelles intervenues au sortir du congrès de Manchester : « À la fin du congrès, il était devenu évident que le panafricanisme, à l'origine mouvement de protestation des personnes d'origine africaine aux Antilles et aux États-Unis, s'était transformé en un instrument entre les mains des mouvements nationalistes en lutte contre la domination coloniale...Le

[1] Achille Mbembe, « Á propos des écritures africaines de soi », *Politique africaine,* 2001/1- N° 77, p. 16-43.

[2] Emmanuelle Jouannet, Hélène Ruiz-Fabri, « Les ambivalences impériales », dans Nathaniel Berman, *Passions et ambivalences : le colonialisme, le nationalisme et le droit international,* Paris, Pedone, 2008, p. 427.

panafricanisme devenait un mouvement de masse de l'Afrique au service des Africains[1] ». Par la soustraction du panafricanisme de l'influence et de la domination de la diaspora et sa prise en charge prépondérante par les organisations africaines continentales, était ainsi levé le malentendu initial et originel sur les attentes contradictoires placées dans ce mouvement par les peuples africains des deux rives de l'Atlantique : « Si les Noirs américains voyaient dans le mouvement panafricain un vecteur de leur lutte raciale, les Africains considéraient, eux, qu'il devait essentiellement être porteur de leur quête d'indépendance politique dans le continent[2] ». La migration du panafricanisme des Amériques vers le continent africain correspondrait à sa mutation du terrain racial au terrain politique. Bien que justifiée, cette réflexion gagnerait cependant à être nuancée dans une approche dialectique. Antiracisme et anticolonialisme se rejoignent en ce qu'ils sont tous deux par essence des problèmes politiques mobilisant des luttes politiques. La lutte contre le racisme est fondamentalement une lutte politique et le combat anticolonial est aussi un combat politique contre le racisme. Le problème de la ségrégation raciale se posait aussi dans les sociétés africaines coloniales, comme le montre Eza Boto (Mongo Béti) dans *Ville cruelle*[3] où cet auteur décrit, sous forme romancée et métaphorique, la situation coloniale. Les phénomènes de ségrégation urbaine et de polarité spatiale sont appréhendés dans ce récit au travers de la description d'une ville imaginée, Tanga, spatialement divisée en Tanga Sud, ville européenne, et Tanga Nord, ville indigène. Au demeurant, le système politique de l'apartheid en Afrique du Sud a démontré à souhait et de manière tragique la nocivité du colonialisme en tant qu'il est véhiculaire du racisme. Le colonialisme est en soi un ségrégationnisme.

Ces nouvelles orientations dégagées à Manchester vont être personnifiées par une génération montante de leaders africains ainsi que

---

[1] "By the end of the congress, it had become clear that Pan-Africanism was growing from a protest movement by people of African descent in the West Indies and United States into an instrument of African nationalist movements fighting colonial rule... Pan-Africanism was becoming a mass movement of Africa for the Africans", Adekunle Ajala, *op. cit.*, p. 11.

[2] "If black Americans saw the Pan-African movement as a vehicle for their racial struggle, Africans were essentially of their view that it would hasten their quest for political independence in the continent", Kiven Tunteng, *op. cit.*, p. 9.

[3] Eza Boto, *Ville cruelle,* (1920), Paris, Présence Africaine, 2000.

par des organisations politiques, syndicales et étudiantes porteuses des revendications des peuples pour leur indépendance politique.

La dynamique de ce nationalisme panafricain revisité est notamment symbolisée par la figure tutélaire de Kwame Nkrumah dont les positions anticoloniales sont exposées dans un opuscule écrit en 1945, mais publié seulement en 1962[1]. L'auteur y exprime sa révolte face à l'exploitation coloniale et à l'oppression des peuples africains et démonte les formules d'accession graduelle à l'indépendance proposées par le colonialisme libéral et déguisé (mandat, protectorat, partenariat). Il appelle plutôt les peuples colonisés à constituer un front uni et solidaire dans leur détermination d'en finir une fois pour toutes avec la puissance économique et politique des gouvernements coloniaux : « Peuples des colonies, unissez-vous : les travailleurs de tous les pays vous soutiennent[2] ». Dès lors, les objectifs assignés aux mouvements de libération sont les suivants : liberté politique ou indépendance excluant tout contrôle étranger, liberté démocratique par la souveraineté conférée au peuple, reconstruction sociale par l'amélioration des conditions économiques et sociales du peuple. Si sa perspective de l'unité africaine est circonscrite en premier lieu dans l'Afrique de l'Ouest, son idéal politique en ce domaine est néanmoins continental[3]. Dans son œuvre maîtresse, *L'Afrique doit s'unir*, il ne conçoit le Ghana, son pays d'origine, que comme la rampe de lancement de l'indépendance et de l'unité africaines. Il pourrait ainsi se constituer un noyau que viendraient rejoindre par la suite les autres pays pour constituer un gouvernement continental : « Si la majeure partie de l'Afrique était politiquement unie, il pourrait se créer une Afrique unie, grande et puissante, où les frontières territoriales qui nous restent de l'époque coloniale seraient désuètes et inutiles[4] ». Mais le combat anticolonial impliquait aussi que le panafricanisme fût soutenu par l'arme de la théorie. Ce fut l'objet du *« consciencisme »*, philosophie de la « révolution sociale[5] » et entreprise de domestication des forces antagoniques à l'ouvrage dans la société africaine pour en faire jaillir une personnalité africaine authentique : « La philosophie

---

[1] Kwame Nkrumah, *Towards Colonial Freedom. Africa in the struggle against world imperialism,* London, Panaf Books Limited, 1962.

[2] "Peoples of the Colonies, Unite : the working men of all countries are behind you" *Ibid.*, p. 43.

[3] *Ibid.,* p. X-XI.

[4] Kwame Nkrumah, *L'Afrique doit s'unir,* Paris, Payot, 1964, p. 254.

[5] Kwame Nkrumah, *Le consciencisme,* Paris, Présence Africaine, 2009, p. 98.

appelée *consciencisme* est celle qui, partant de l'état actuel de la conscience africaine, indique par quelle voie le progrès sera tiré du conflit qui agite actuellement cette conscience. Son fondement est matérialiste[1] ».

Dans cet immédiat après-Deuxième Guerre mondiale, les idées semées à Manchester vont essaimer dans le continent africain et structurer les luttes pour l'obtention de l'indépendance des territoires colonisés. C'est ainsi que Jomo Kenyatta qui avait pris part au Congrès de Manchester et qui avait même été désigné secrétaire assistant dans son comité préparatoire[2] va s'investir dans le combat politique et anticolonial pour la libération de son pays, le Kenya. Il conduira celui-ci à l'indépendance et en deviendra le premier président après une résistance nationaliste contre les autorités britanniques. Avaient également assisté à la rencontre de Manchester d'autres leaders nationalistes africains : Wallace Johnson (Sierra Leone), Peter Abrahams (Afrique du Sud), Raphael Armattoe (Togo), Hastings Banda (Malawi), qui deviendra aussi plus tard chef d'État dans son pays[3]. On fera aussi observer que George Padmore qui avait également participé à la conférence de Manchester deviendra par la suite le conseiller politique de Kwame Nkrumah dans un Ghana devenu indépendant.

Le mouvement panafricaniste reçut une impulsion décisive dans sa lutte contre le colonialisme lorsque fut adoptée la Charte des Nations unies, la nouvelle organisation universelle créée en 1945 après la Deuxième Guerre mondiale au travers de la formulation dans celle-ci, du droit des peuples à l'autodétermination (article 2, § 1). Les peuples colonisés, notamment africains, vont invoquer ce droit dont l'application aboutissait à la décolonisation, c'est-à-dire possiblement à l'indépendance, objet de leur désir. Les mouvements de libération nationale y perçurent une justification juridique et une légitimation de leur combat politique. Aussi de nombreuses guerres de libération nationale enflammèrent-elles le continent africain face au persistant refus des États coloniaux de l'appliquer. Ce fut notamment le cas au Cameroun où l'Union des populations du Cameroun (UPC), parti nationaliste dirigé par Ruben Um Nyobé, tout en plaidant devant les Nations unies pour que le peuple camerounais exerçât son droit à l'autodétermination, fut contraint de mener une lutte armée contre les

---

[1] *Ibid.*, p. 98.
[2] Adekule Ajala, *op. cit.*, p. 10.
[3] Abdulqawi A. Yusuf, *Panafricanisme et droit international, op. cit.*, p. 28.

colonialismes endurcis de la France et de la Grande Bretagne dans le cadre des systèmes du mandat, puis de la tutelle, concédés à ces puissances sur ce territoire. Des soulèvements populaires et des combats de même nature et de même finalité politique eurent lieu au Maroc et en Tunisie, pays qui arrachèrent leur indépendance à la France en 1956, mais aussi en Algérie, qui ne l'obtint qu'en 1962 après une longue lutte de libération nationale.

Partis politiques, syndicats et mouvements estudiantins africains se créèrent et se mobilisèrent pour réclamer aussi la fin de la colonisation et l'indépendance des pays africains. Cette période est donc marquée par une grande effervescence et par une intense activité de militance politique qui n'occulte pas pour autant le déchirement du courant panafricaniste par sa bipolarisation autour de deux tendances contradictoires qui divisèrent les partis politiques, Rassemblement démocratique africain (RDA) et Parti du regroupement africain (PRA), notamment. Sur le front syndical, on note en 1944 déjà, la tenue d'une conférence de l'Union des syndicats britanniques (British Trade Unions Congress)[1] à laquelle participèrent des représentants de l'Afrique et des Caraïbes. Il y fut décidé d'organiser l'année suivante une conférence de la Fédération mondiale des syndicats (World Federation of Trade Unions). L'Association africaine se saisit de cette opportunité pour convoquer le congrès de Manchester qui allait avoir une répercussion sur l'orientation idéologique du panafricanisme, comme déjà mentionné. Du côté estudiantin, les affinités de la WASU avec les idées du leader ghanéen Kwame Nkumah étaient bien connues[2], tandis que l'anticolonialisme des étudiants africains en France est exprimé par diverses organisations, et particulièrement par la Fédération des étudiants d'Afrique noire en France (FEANF), sans doute la plus politisée.

Parallèlement, dans ces années qui ont suivi la fin du deuxième conflit mondial, le panafricanisme va s'appuyer sur un vaste mouvement international de remise en cause du colonialisme par les peuples. Déjà en 1927 avait été organisé à Bruxelles un Congrès des Peuples opprimés qui pavait le chemin vers la Conférence afro-asiatique de Bandoeng (Indonésie) de 1955[3], laquelle fut le point d'orgue de la dénonciation du colonialisme et de la manifestation de la

---

[1] Adekunle Ajala, *op. cit.*, p. 10.

[2] Amzat Boukari-Yabara, *op. cit.*, p. 168 et suivantes.

[3] Odette Guitard, *Bandoung et le réveil des peuples colonisés*, Paris, Presses universitaires de France, (Que sais-je ?, n°910), 1965.

solidarité d'un groupe de pays qui allaient être désignés comme constituant le Tiers-monde[1]. Dans la même pensée, Le Caire (Égypte) abrita en 1957 la Conférence des peuples d'Asie et d'Afrique dont les résolutions finales réaffirmaient le principe de l'autodétermination, condamnaient les crimes colonialistes au Cameroun notamment, et exigeaient l'indépendance immédiate de ce pays, ainsi que du Kenya, de l'Ouganda, de Madagascar et de la Somalie. Ces rencontres afro-asiatiques étaient soutenues par l'Union soviétique qui s'engageait à aider tous les mouvements d'indépendance dans leurs luttes de libération nationale. On signalera aussi la tenue à Accra du 5 au 13 décembre 1958, de la Conférence des peuples africains encore désignée Conférence panafricaine des peuples qui, comme celle de Bandoeng, rassemblait non pas des officiels gouvernementaux, mais un aéropage de délégués d'associations diverses : partis politiques, syndicats, mouvements de libération, engagés dans la lutte pour la décolonisation totale du continent africain. Y assistèrent, en plus de Kwame Nkrumah et de George Padmore qui en furent les organisateurs, d'autres nationalistes africains [2] qui allaient marquer l'histoire du combat anticolonial et jouer, pour certains, un rôle de premier plan dans la vie politique de leurs pays dans les années suivantes. Manifestant une verve militante dans ses résolutions, la Conférence « condamne avec vigueur le colonialisme et l'impérialisme, sous toutes les formes ou manifestations que ces maux peuvent prendre », en même temps qu'elle « soutient le panafricanisme et le désir d'unité entre les peuples africains ».

Il faut faire retour aux référentiels historiques qui ont contribué à forger et à façonner une conscience collective panafricaine anticoloniale. Il y eut « Haïti où la négritude se mit debout pour la première fois[3] », par l'accession de ce pays à l'indépendance en 1804 après une guerre de libération victorieuse contre la France, puissance coloniale occupante. L'exemple haïtien est significatif de la détermination et de la capacité des Noirs à se libérer du joug de la domination coloniale et à prendre en mains leur propre destin politique. La révolution haïtienne, de dimension universelle par son impact,

---

[1] Claude Liauzu, *Aux origines des Tiers-Mondismes. Colonisés et anticolonialistes en France (1919-1939),* Paris, L'Harmattan, 1982. ; Claude Liauzu, *L'enjeu tiers-mondiste. Débats et combats,* Paris, L'Harmattan, 1987.

[2] Amzat Boukari-Yabara, *op. cit.,* p. 161.

[3] Aimé Césaire, *Cahier d'un retour au pays natal* (1939), Paris, Présence Africaine, 2000.

résonne alors comme un écho porteur de libération potentielle pour tous les peuples esclavagisés et colonisés[1]. Sa nature panafricaine est donc bien réelle, et c'est avec raison que Sadri Khiari écrit : « Le Pouvoir noir à Haïti a ouvert l'époque de la révolution décoloniale[2] ».

Mais il y eut aussi, par Ménélik II, empereur d'Éthiopie, la victoire militaire de ce pays sur l'Italie en 1896 lors de la bataille d'Adoua qui signa la fin des prétentions coloniales de cette dernière. Ce succès de l'Éthiopie a mis à nu la vulnérabilité des puissances coloniales en démontrant, comme dans le cas d'Haïti, qu'elles n'étaient pas invincibles. Auréolé de ce triomphe, l'Éthiopie a été élevée dans l'imaginaire collectif noir au statut de mythe : en effet, bien que brièvement occupée par l'Italie (1936-1941), elle n'a jamais été colonisée, mais encore a-t-elle su préserver intacte la gloire de sa civilisation millénaire. En ce sens, elle servait de modèle pour la résistance nationaliste panafricaine à la colonisation. Pour laver l'affront de la défaite d'Adoua, l'Italie fasciste commettra en 1935 une agression contre l'Éthiopie alors dirigée par l'empereur Hailé Sélassié. Ce forfait perpétré avec la bienveillante neutralité et passivité de la SDN dont l'Éthiopie était pourtant membre, suscita une forte indignation ainsi qu'une grande mobilisation des communautés panafricaines et dans les milieux anticolonialistes en général[3] : « La guerre d'Éthiopie politisa à coup sûr le panafricanisme[4] ». En effet, si avant le coup de force de l'Italie contre l'Éthiopie, certains nationalistes africains semblaient plus ou moins s'être accommodés des idées de la « mission civilisatrice » et de la « tutelle », il n'en fut plus de même après cette annexion qui cristallisa le nationalisme africain en demande d'autodétermination : « L'invasion de l'Éthiopie joua ainsi un rôle crucial dans le tournant anticolonialiste en Afrique : si le colonialisme ne pouvait se maintenir que par la rigidification 'réaliste' des principes du système, les Africains devaient remplacer leurs aspirations réformistes et souples par des demandes nationalistes univoques[5] ».

---

[1] Laënnec Hurbon, « La révolution haïtienne : une avancée postcoloniale », *Rue Descartes*, 2007 / 4 (N°58), p. 56-66.

[2] Sadri Khiari, *La contre-révolution coloniale en France. De de Gaulle à Sarkozy*, Paris, La Fabrique éditions, 2009, p. 32.

[3] Amzat Boukari-Yabara, *op. cit.*, p. 127-130.

[4] *Le mouvement panafricaniste au vingtième siècle…, op. cit.*, p. 29.

[5] Nathaniel Berman, *op. cit.*, p. 359. ; voir aussi S.K.B. Asante, *Pan-African protest : West Africa and the Italo-Ethiopian Crisis, 1934-1941*, London, Longman, 1977. ; W.E.B. Dubois, « Inter-Racial Implications of the Ethiopian Crisis : A Negro View », *Foreign Affairs*, 1935, t. 15, p. 82.

On ne saurait ne pas mentionner aussi la perception de l'Égypte ancienne dans la naissance et la structuration du nationalisme panafricain des peuples noirs en tant qu'idéologie politique de contestation de l'oppression coloniale. En effet, la résistance panafricaine à l'ordre colonial s'est abreuvée de l'image d'une Égypte éternelle et africaine, par déconstruction des savoirs européocentristes occidentaux tendant à nier la préexistence d'une civilisation noire nilotique. L'afrocentrisme en tant que corps d'idées s'est construit par appropriation de cette représentation de l'africanité de l'Égypte pharaonique. Cette théorie invite par conséquent à une relecture et à une plongée profonde dans l'histoire de l'Afrique par la redécouverte de son legs égyptien. Ce retour aux sources matricielles doit fonder l'unité culturelle et politique du monde noir ainsi que les luttes panafricaines anticoloniales. Sous cet angle, autant l'Éthiopie que l'Égypte sont célébrées en tant qu'elles participent de l'inversion et de l'effacement de la représentation dégradée et du statut de subalternité de l'Afrique véhiculés par l'imaginaire de l'homme blanc. Un détour par la grandeur passée de ce continent est donc jugé nécessaire pour positiver et galvaniser les combats politiques et identitaires contemporains. Pour les panafricanistes négro-Américains, il ne faisait pas de doute que l'Égypte ancienne, berceau d'une grande civilisation, par son degré de développement scientifique et technologique, de même que par son rayonnement politique et culturel, était noire. Ainsi, entres autres, de Edward Wilmott Blyden[1], ou de Du Bois[2], attachés à revaloriser l'histoire des Noirs, ainsi qu'à rappeler la place éminente de l'Afrique, berceau de l'humanité, dans le monde.

La pensée de Cheikh Anta Diop se construira sur ce postulat de l'africanité de la civilisation de l'Égypte ancienne[3]. Contre le négationnisme occidental, Diop oppose un essentialisme historique analysé en termes d'unité linguistique et culturelle des civilisations

---

[1] Edward Wilmott Blyden, «The Negro in Ancient History», *Methodist Quaterly Review,* January 1869, Washington, D.C., p. 71-93.

[2] William Edward Burghardt Du Bois, *The World and Africa. An Inquiry into the Part which Africa Has Played in World History,* New York, The Viking Press, 1947.

[3] Cheik Anta Diop, *Nations nègres et cultures, de l'antiquité nègre égyptienne aux problèmes culturels de l'Afrique noire,* Paris, Présence africaine, 1954, 2 volumes. ; Cheikh Anta Diop, *Antériorité des civilisations nègres : mythe ou vérité historique ?,* Paris, Présence africaine, 1967.

africaines antiques[1]. Ce substrat commun fonde, de son point de vue, le combat contre le colonialisme et la perspective politique d'un État fédéral africain[2]. On questionnera néanmoins Cheikh Anta Diop quant à la portée panafricaine de son projet politique ramené au seul contour géographique de l'Afrique noire.

On comprend, dès lors, l'importance du discours de la renaissance africaine et le rôle qui lui est assigné dans l'avènement d'une conscience noire internationale exaltant et réhabilitant la grandeur historique des peuples africains. Rapportons ces propos de Pixley Ka Isaka Seme, avocat, homme politique sud-africain et chantre en son temps de cette thématique de la régénération de l'Afrique : « Un jour meilleur se lève sur l'Afrique...la régénération de l'Afrique caractérise cette nouvelle et intense époque ! Par ce terme 'régénération', ce que je souhaite faire comprendre, c'est l'entrée [des Africains] dans une nouvelle vie, intégrant les diverses phases d'une existence plus haute et plus complexe. Le facteur fondamental qui assure leur régénération, réside dans l'éveil de la conscience de la race[3] ». Et l'auteur de poursuivre : « La grandeur ancestrale, le génie intact et la capacité de se rétablir propres à la race, sa nature irrépressible, qui a assuré la permanence [historique], constituent la plus grande source d'inspiration pour l'Africain... La régénération de l'Afrique signifie qu'une civilisation nouvelle et unique va bientôt être ajoutée dans le monde[4] ». Ce millénarisme panafricain donnera naissance à un nationalisme culturel qui conjugue la célébration de la gloire de l'Afrique ancienne avec la visée politique d'un peuple reconsidéré et restauré dans son humanité et dans sa dignité. Témoignent, entres autres, de cette fibre nationaliste les œuvres littéraires et poétiques de Jean Price-Mars (*Ainsi parle l'oncle. Essais d'anthropologie*, 1928), Claude McKay (*Banjo*, 1929), Nnamdi Azikiwe (*Renascent Africa*, 1937), Léon Gontran Damas (*Pigments*, 1937), Aimé Césaire (*Cahier d'un retour au pays natal,* 1939, *Discours sur le colonialisme,* 1950),

[1] Cheikh Anta Diop, *L'Afrique noire précoloniale,* Paris, Présence africaine, 1960. ; Cheikh Anta Diop, *L'unité culturelle de l'Afrique noire : domaines du patriarcat et du matriarcat dans l'antiquité classique,* Paris, Présence africaine, 1959.

[2] Cheikh Anta Diop, *Les fondements culturels, techniques et industriels d'un futur État fédéral d'Afrique noire,* Paris, Présence Africaine, 1960, réédité sous le titre *Les fondements économiques et culturels d'un État fédéral d'Afrique noire,* Paris, Présence Africaine, 1974.

[3] Cité dans *Le Mouvement panafricaniste au vingtième siècle..., op. cit.,* p. 71-74.

[4] *Ibid.*

Frantz Fanon (*Peau noire, masques blancs,* 1952, *Les damnés de la terre,* 1961), Léopold Sédar Senghor (*Éthiopiques*, 1956), et de Langston Hughes qui se distinguera dans le mouvement d'éveil culturel de la « Renaissance de Harlem ». Pap Ndiaye montre comment ce militantisme politico-culturel panafricain s'est aussi manifesté par la création de nombreux journaux[1] dont les lignes éditoriales traduisent néanmoins cette oscillation idéologique permanente entre un panafricanisme modéré et un panafricanisme progressiste.

Mais il y eut également les projets aboutis de rapatriement et de réinstallation en Afrique des esclaves noirs affranchis dont les nations esclavagistes, sous prétexte de philanthropie, voulaient se débarrasser[2]. Dans cette perspective débute en 1787 l'implantation à Freetown (Sierra Leone) d'anciens esclaves venus de Grande-Bretagne, et en 1847 est proclamée l'indépendance de la République du Libéria, territoire dans lequel avaient aussi été installés d'anciens esclaves Afro-Américains. Ces deux expériences offraient aux Noirs libérés l'occasion de démontrer leur aptitude à s'autogouverner au même titre que les sociétés blanches. Se réalisait ainsi l'une des revendications majeures du mouvement panafricain en ce qu'il a porté le rêve d'un retour en Afrique des populations noires déportées et celui d'une administration politique dirigée par les Africains eux-mêmes. Mais ces transfèrements en Afrique de populations anciennement esclaves relevaient aussi d'une stratégie de lutte contre le colonialisme blanc en ce qu'ils ont « favorisé l'émigration de la diaspora en Afrique comme moyen de contrecarrer l'Impérialisme européen[3] ». Ces retours en Afrique qui avaient aussi été soutenus par de nombreuses associations noires constituent une véritable colonisation inversée dans la mesure où il ne s'agissait plus, cette fois, de saigner démographiquement l'Afrique, mais d'y greffer et d'y réimplanter les descendants de ses peuples qui lui avaient été soustraits au titre de la traite négrière. Par un mouvement de la ruse de l'histoire, c'est-à-dire l'irruption de l'inattendu dans le cours programmé des choses, l'interruption du déroulé normal et linéaire des évènements, la réinstallation en terre coloniale succédait ainsi à la déportation esclavagiste du passé, même

---

[1] Pap Ndiaye, *« Présence africaine avant 'Présence Africaine'. La subjectivation politique noire en France dans l'entre-deux-guerres »,* Gradhiva, 10 / 2009, p. 64-79.
[2] Alexander Tsesis, *We Shall Overcome. A History of Civil Rights and Law, op. cit.,* p. 50-51.
[3] Tony Martin, *article cité,* p. 46.

si elle était numériquement en-deçà de la vague déferlante du « Black Exodus[1] » espéré.

Il existe donc bien une convergence d'évènements et de faits historiques qui ont contribué, d'une part, à exalter la fierté panafricaine des Noirs par référence au passé illustre des royaumes africains précoloniaux ; d'autre part, à susciter en eux une forte désapprobation lorsque ceux-ci, symboles de leur filiation panafricaine, étaient attaqués par le colonialisme. Tout cela a participé de leur prise de distance avec le système colonial. Le recours au passé et à son usage mémoriel dans l'espace public est alors sollicité pour confronter les défis du présent car, écrit Enzo Traverso, « La mémoire – à savoir les représentations collectives du passé telles qu'elles se forgent dans le présent structure les identités sociales en les inscrivant dans une continuité historique et en leur donnant un sens, c'est-à-dire un contenu et une direction[2] ». Dans un mouvement dialectique, le sujet historique dominé se positionne dans une trajectoire politique en se servant du passé pour sublimer le présent et reprogrammer le futur qui semblait compromis, car négativement prédéterminé.

En conclusion des développements qui précèdent, on fera ressortir l'idée qu'à un moment donné de son évolution historique, le panafricanisme est devenu un mouvement tendanciellement anticolonialiste porté par les peuples africains en revendication de leur indépendance. Les puissances coloniales en furent ébranlées dans leurs fondements et durent se résoudre au démantèlement de leurs empires par l'accession négociée ou arrachée de leurs possessions coloniales à la souveraineté internationale. Commençait alors une nouvelle période du panafricanisme caractérisée par la prééminence de la thématique de l'unité africaine prise en charge par les États nouveaux issus des processus de décolonisation.

LE PANAFRICANISME, UN MOUVEMENT RECENTRÉ AUTOUR DES ÉTATS AFRICAINS POUR L'UNITÉ CONTINENTALE

Si l'année 1945 avait marqué le basculement définitif du panafricanisme dans le camp de l'anticolonialisme, l'année 1958 sera

[1] Edwin S. Redkey, *Black Exodus. Black Nationalist and Back-to-Africa Movements, 1890-1910,* New Haven and London, Yale University Press, 1969.

[2] Enzo Traverso, *Le passé, mode d'emploi. Histoire, mémoire, politique,* Paris, La Fabrique Éditions, 2005, p. 14.

pour ce mouvement celle de l'inauguration d'une nouvelle phase et dynamique. Sous la houlette de Kwame Nkrumah, la « Gold Coast » avait accédé à l'indépendance le 6 mars 1957 après une lutte victorieuse contre le colonialisme britannique en prenant l'appellation « Ghana », sa dénomination précoloniale. Dès lors, Nkrumah positionna son pays pour être l'épicentre de l'unification politique de l'Afrique ; il considérait en effet que l'indépendance du Ghana n'avait de sens, à ses yeux, que si tous les territoires africains encore sous domination coloniale accédaient aussi à la souveraineté internationale. Ainsi tous les pays africains pourraient-ils s'unir et donner corps au projet politique des États-Unis d'Afrique.

C'est dans cette perspective que le leader ghanéen prit l'initiative d'organiser à Accra du 15 au 28 avril 1958 une conférence réunissant les autres États africains alors indépendants (Égypte, Éthiopie, Libéria, Libye, Maroc, Soudan, Tunisie) pour, entres autres sujets, convenir des modalités de sauvegarder et de consolider leur indépendance, et discuter des moyens d'accélérer celle des territoires africains encore dominés. Comme devait le souligner l'hôte de cette conférence, la tenue de celle-ci marquait le retour formel et solennel du panafricanisme en terre africaine : « Quand le 15 avril 1958, j'accueillis les délégués à cette conférence je sentis qu'enfin le panafricanisme s'était installé sur son véritable terrain, le continent africain[1] ». Bien que ne furent concernés par la conférence que les États africains indépendants, ses préparatifs dévoilent en coulisses d'intenses contacts avec les leaders nigérians[2], dans le souci d'associer l'Afrique encore dominée aux discussions et évolutions en cours. Des représentants d'organisations politiques engagées dans une lutte de libération nationale y participèrent aussi (Front de libération nationale, FLN ; Union des populations du Cameroun, UPC). Dans une « Déclaration finale », la Conférence proclame sa « solidarité avec les peuples dépendants d'Afrique », son engagement « à reconnaître le droit des peuples africains à l'indépendance et à l'auto-détermination ; et à prendre les mesures appropriées pour accélérer l'acquisition de ces droits ». Une résolution concernant l'avenir des territoires dépendants d'Afrique condamne le colonialisme et défend pour les États africains indépendants et les autres États membres des Nations unies un droit de surveillance des situations coloniales. Les évènements politiques de

---

[1] Kwame Nkrumah, *L'Afrique doit s'unir, op. cit.*, p. 163-164.
[2] Ajala Adekunle, *op. cit.*, p. 13-14.

certains territoires (Algérie, Togoland et Cameroun sous tutelle française) ont fait l'objet de résolutions spécifiques appelant à l'exercice par leurs peuples du droit à l'indépendance et à l'autodétermination, à l'organisation à cet effet d'élections libres et équitables, à la réalisation par les puissances tutélaires de l'indépendance qui est le but du système international de tutelle, à des négociations directes avec les mouvements en lutte. La Conférence décida de la mise en place d'une structure permanente de concertation et de coopération pour impulser la nouvelle dynamique ainsi créée ; celle-ci aurait pour missions de coordonner les problèmes d'intérêt commun, d'examiner les situations présentes et de faire des recommandations quant aux mesures à prendre pour la mise en œuvre des décisions de la conférence courante et de celles à venir, ainsi qu'à préparer l'organisation de ces futures conférences. Le conclave d'Accra décida également du principe de la rencontre, au besoin, des ministres des affaires étrangères et autres ministres pour l'examen des problèmes d'intérêt collectif, de la ritualisation de la Conférence des États africains indépendants qui devait se tenir au moins une fois tous les deux ans, celle à venir devant avoir lieu dans les deux ans à Addis Abeba sur invitation du gouvernement éthiopien acceptée.

On observe, au vu des textes produits à l'issue de cette assise, que le panafricanisme, dont il n'est fait mention dans aucun d'eux en tant que notion conceptuelle, a cessé d'être spéculatif pour devenir pragmatique. Des débats d'idées et des joutes intellectuelles qui animaient alors le mouvement, on est passé à la simple définition programmatique de la coopération interétatique commune en matière de politique étrangère, économique, sociale et culturelle. On assiste donc, avec la conférence d'Accra, à l'étatisation du panafricanisme, à sa territorialisation et à sa nationalisation. C'est que l'indépendance tant souhaitée et « âprement disputée » a été acquise non pas collectivement, mais individuellement dans le cadre de territoires nationaux. Cette tendance a été favorisée par les politiques des puissances coloniales consistant, à la veille des indépendances, à démanteler les grands ensembles territoriaux africains qu'elles avaient elles-mêmes créés. De ce point de vue, la loi-cadre Defferre de 1956 est un coup porté contre le panafricanisme car en créant des élites politiques locales soucieuses avant tout d'exister au plan national, elle a contribué à obérer toute possibilité d'un regroupement panafricain élargi. L'emprise de la forme étatique sur le panafricanisme conduit ainsi les conférenciers d'Accra à vouloir « sauvegarder l'indépendance âprement conquise, la souveraineté et l'intégrité territoriale de chacun de ses membres ». Éthéré et consensuel quand il était hors sol, c'est-à-dire sans territoire défini, le panafricanisme va buter après les indépendances sur les États territoriaux. Cet enserrement du panafricanisme dans la structure étatique malgré, par ailleurs, la proclamation des conférenciers en faveur de l'unité, est une préfiguration des divisions qui marqueront par la suite le mouvement panafricain africain quant à la forme et au contenu de l'unité continentale.

Accra marque donc un virage idéologique et politique par la reconversion du panafricanisme en un mouvement pris en charge par les États s'exprimant désormais au nom de leurs peuples. Bien que confondant et superposant de manière fort regrettable le moment de la lutte des peuples avec celui de l'immixtion des États dans le processus panafricain, Abdulqawi A. Yusuf reconnaît aussi le tournant que constitue la réunion d'Accra dans l'évolution du panafricanisme : « La Conférence d'Accra symbolisait la transformation du panafricanisme comme mouvement exclusivement non gouvernemental dirigé par des individus et des associations en un mouvement fondé sur les peuples et les États déterminés à unir le continent africain et à lutter pour son émancipation du colonialisme[1] ». Cette supplantation des peuples par les États est dans la normalité des choses en raison de la rationalité juridique qui fonde le fonctionnement de la société internationale car, une fois le droit à l'autodétermination exercé, les peuples s'effacent et se réfugient derrière la figure tutélaire de l'État. Le droit à l'autodétermination est en effet un droit pour les peuples à se constituer en États, le droit international ayant été interprété comme n'offrant pas une autre alternative pour les peuples accédant à l'indépendance que celle de se fondre et de se mouler dans une structure étatique : « Les droits politiques et économiques reconnus aux peuples coloniaux ont donc une seule finalité : leur permettre d'accéder à l'indépendance et de *rentrer dans le rang* une fois constitués en États[2] ». La vague des décolonisations africaines des années 1960, suivie de l'accession en cascades des peuples africains à l'indépendance, marque le début de l'emprise de l'État sur le mouvement panafricain dont les débats vont désormais graviter autour de la problématique de l'unité continentale ébauchée quelques années auparavant. Cette quête de l'unité emprunte

---

[1] Abdulqawi A. Yusuf, *op. cit.*, p. 80.

[2] Patrick Daillier, Mathias Forteau, Alain Pellet, *Droit international public, op. cit.*, p. 580.

des chemins tortueux et cahoteux dans la mesure où elle fait apparaître des divergences idéologiques profondes quant à la définition même de l'unité et par conséquent sur ses formes institutionnelles.

La dynamique unitaire continentale fut enclenchée au travers de diverses initiatives des États concrétisées par des rencontres intergouvernementales. Elles aboutirent, pour certaines, à des unions politiques et, pour d'autres, à des regroupements de nature fonctionnelle qui connurent des fortunes diverses[1].

C'est ainsi que le Ghana et la Guinée, qui venait d'accéder à une indépendance houleuse le 28 octobre 1958 après son « non » historique au projet de la Communauté proposée aux colonies françaises d'Afrique subsaharienne par le général de Gaulle, formèrent une Union des États de l'Afrique de l'Ouest le 23 novembre 1958. Déclarant s'inspirer des treize colonies américaines qui constituèrent le noyau des États-Unis d'Amérique, et d'autres expériences d'unification en Asie et en Europe, le Ghana et la Guinée dont les constitutions respectives prévoyaient des abandons de souveraineté en vue de la réalisation de l'unité africaine, s'engageaient par leurs présidents Nkrumah et Sékou Touré, à harmoniser leurs politiques dans les domaines de la défense, des affaires économiques et extérieures. La prochaine étape de ce processus prévoyait l'élaboration d'une constitution commune. Cette union fut rejointe par le Mali de Modibo Keita en 1960. Mais elle ne réussit pas à vraiment fonctionner et bien qu'ouverte à d'autres États africains, aucun autre pays ne la rejoignit. Aussi fut-t-elle dissoute en 1963.

La même préoccupation unitaire fut à l'origine de la conférence de Sanniquellie, ville du Libéria, où se réunirent du 15 au 19 juillet 1959 les présidents Tubman du Libéria qui en fut l'initiateur et l'hôte, Nkrumah du Ghana et Sékou Touré de la Guinée. Le menu de la rencontre comportait des discussions sur l'indépendance du Cameroun, la discrimination raciale en Afrique du Sud, les essais nucléaires au Sahara, la conférence à venir des États africains indépendants ainsi que sur la stratégie de l'unité africaine. Les présidents Nkrumah et Tubman s'opposèrent sur ce dernier point, le premier, soutenu par Sékou Touré, défendant l'idée d'une union politique immédiate, alors que le second plaidait pour une coopération fonctionnelle menant graduellement à l'union politique. Devant le raidissement des positions des uns et des

---

[1] François Borella, « Les regroupements d'États dans l'Afrique indépendante », *Annuaire français de droit international*, Année 1961/7, p. 787-807.

autres, Tubman proposa alors qu'aucune décision en cette délicate question ne fût prise avant que les pays dont les dates d'accession à l'indépendance étaient fixées ne soient effectivement devenus indépendants. La Déclaration de Sanniquellie qui clôturait ce sommet proposait la création d'une Communauté des États africains indépendants.

De la même manière et avec le même objectif de discuter des voies et moyens de réaliser l'unité africaine, fut ouverte le 15 juin 1960 à Addis Abeba la deuxième conférence des États africains indépendants dont le principe avait été acquis lors de la première à Accra en 1958 et proposé aussi à la rencontre de Sanniquellie. Devaient assister à cette deuxième conférence non seulement les États déjà indépendants, mais aussi ceux dont la date de leur accession à l'indépendance était connue. Elle enregistra la participation effective du Cameroun, de l'Éthiopie, du Ghana, de la Guinée, du Libéria, de la Libye, du Nigéria, de la Somalie, du Soudan, de la Tunisie et de la République arabe unie, ainsi que du Gouvernement provisoire de la République algérienne (GPRA). Madagascar, la Fédération du Mali et le Togo ne furent pas représentés. Si les participants s'accordèrent sur la nécessité de la libération des territoires africains encore sous domination, il y eut par contre, sur le sujet de l'unité africaine, une passe d'armes entre les partisans d'une union politique emmenés par le Ghana et la Guinée, et le front de l'opposition conduite par le Nigéria jugeant prématurée la formation d'une union supranationale des États africains, position dont se fit l'écho Maitama Sule, chef de la délégation nigériane : « Actuellement, nous, au Nigeria, ne pouvons pas nous permettre de former un gouvernement d'union avec n'importe quel État africain en renonçant à notre souveraineté[1] ». De son point de vue, l'unité africaine devait être graduelle et s'appuyer sur des coopérations fonctionnelles.

Le long chemin vers l'unité africaine va aussi transiter par la dynamique des groupes : Brazzaville, Casablanca, Monrovia, constitués dans le contexte de la guerre froide, et avec lesquels s'établit une ligne de fracture idéologique et politique de l'unité africaine : « La création des groupes de Casablanca, de Brazzaville et de Monrovia impliquait le désir des différents États africains de se définir vis-à-vis

[1] "At the moment we in Nigeria cannot afford to form union by government with any African States by surrending our sovereignty", cité par Ajala Adekunle, *op. cit.*, p. 27.

de l'Ouest et de l'Est, et d'adhérer à une conception donnée, encore qu'imprécise et fluctuante de l'unification de l'Afrique[1] ».

Qualifié de modéré, le groupe de Brazzaville est issu de deux conférences qui se tinrent à Abidjan du 24 au 26 octobre 1960 et à Brazzaville du 15 au 19 décembre de la même année. Il fut initialement constitué autour de douze pays d'Afrique noire (Cameroun, Centrafrique, Congo Brazzaville, Côte d'Ivoire, Dahomey, Gabon, Haute Volta, Madagascar, Mauritanie, Niger, Sénégal, Tchad) rejoints plus tard par le Togo. Sa création fut interprétée comme une tentative de rassemblement des pays anciennement sous domination française. Il se réunit de nouveau le 30 mars 1961 à Dakar et du 26 au 28 mars de la même année à Yaoundé. Le groupe manifesta sa volonté de créer une union politique véritable et d'accompagner celle-ci par une union économique. À cet effet fut établie au plan politique l'Union africaine et malgache (UAM) créée le 12 septembre 1961 à Tananarive autour des objectifs de solidarité, de sécurité collective, de développement, et de maintien de la paix pour lesquels fut constitué un groupe de l'UAM aux Nations unies, et adoptés une convention générale relative à la représentation diplomatique ainsi qu'un pacte de défense. Au plan économique, ce groupe donna naissance à l'Organisation africaine et malgache de coopération économique (OAMCE) instituée le 28 mars 1961 à Yaoundé. Mais la création de l'OUA amena l'UAM à resserrer ses compétences dans le domaine économique ; ainsi va naître l'Union africaine et malgache de coopération économique (UAMCE) le 30 avril 1964 à Nouakchott au Niger. Elle ne survivra pas à la querelle entre partisans d'un regroupement purement économique et ceux d'une institution ouverte aux problèmes politiques. De cette dispute naîtra une nouvelle structure dénommée Organisation commune africaine et malgache (OCAM) le 12 janvier 1965 avec des compétences politiques.

Le groupe de Casablanca procède, quant à lui, de la conférence qui se tient dans cette ville du 3 au 7 janvier 1961 autour des représentants du Ghana, de la Guinée, du Mali, du Maroc, de la République arabe unie et du Gouvernement provisoire de la République algérienne, avec en qualité d'observateur, la Libye. Il en découle une Charte africaine de Casablanca dans laquelle les participants proclament leur volonté de « faire triompher la liberté dans toute l'Afrique et de réaliser son unité ». La liquidation du colonialisme et du néocolonialisme, la fermeture des bases et le départ des troupes étrangères présentes en

[1] M. Guillaume, dans *Année africaine,* 1963, p. 87.

Afrique, la fin des interventions politiques et des pressions économiques extérieures sont parmi ses objectifs. Elle proclame aussi l'engagement des États à mener une politique internationale unique de paix et de non-alignement pour la sauvegarde de leur indépendance et de leur intégrité territoriale. Au plan institutionnel étaient prévus une Assemblée consultative africaine dans laquelle chaque État aurait un siège permanent, ainsi que quatre comités (comité politique groupant les chefs d'État ou leurs représentants chargé de la coordination et de l'unification de la politique générale, comité économique, comité culturel, Haut commandement africain commun en matière de défense commune en cas d'agression extérieure). Un Bureau de liaison avait mission d'assurer la coordination entre les différents organismes ainsi crées. Le groupe de Casablanca avait de même plaidé pour la création d'un marché commun africain, la formation d'un gouvernement continental et l'institution d'une citoyenneté africaine unique. Ses orientations étaient donc supranationales.

Le groupe de Monrovia, lui, s'est formé à l'occasion de la réunion dans cette ville du 8 au 12 mai 1961 d'une vingtaine de pays sur l'initiative d'Abubakar Tafawa Balewa, Premier ministre du Nigéria, en riposte au groupe de Casablanca qui déclina l'offre d'invitation qui lui avait été adressée. Diverses résolutions furent adoptées à l'issue de cette conférence. Elles proclamaient les principes de l'égalité absolue entre États africains, de non-ingérence dans leurs affaires intérieures, de respect de leur souveraineté. Il n'était donc pas, pour ce groupe, question d'unification immédiate de l'Afrique. La vision politique de ce courant est celle d'une Afrique constituée d'États souverains et entretenant des liens privilégiés avec les anciens colonisateurs. Une Charte de l'organisation interafricaine et malgache organisait les modalités de la coopération de ce groupe. Elle prévoyait trois institutions : la Conférence des chefs d'État et de gouvernement qui définit la politique de l'organisation et tient session au moins une fois par an ; le Conseil des ministres qui traite des questions relatives aux domaines de la coopération et qui se réunit au moins deux fois par an, et le Secrétariat général qui assure l'administration de l'organisation. La Charte avait aussi prévu la création d'une Association de coopération et de développement économique africaine et malgache.

Dans cet ordre d'idées, se tient aussi à Lagos du 25 au 30 janvier 1962 la Conférence des États africains indépendants à laquelle participèrent majoritairement les membres du groupe de Monrovia, ceux du groupe de Casablanca et la Tunisie se désistant en raison notamment de la mise à l'écart du GPRA. La conférence adopta des résolutions sur la décolonisation et discuta d'un projet de charte qui ne sera adopté qu'à la seconde conférence de Lagos en décembre 1962 réunie au niveau des ministres des Affaires étrangères. Ses objectifs se déclinent en termes de coopération politique, diplomatique, économique et de défense. Au niveau institutionnel était prévus une Assemblée des chefs d'État et de gouvernement, un Conseil des ministres, un secrétariat, ainsi qu'une commission interafricaine.

Loin d'être un atout dans la réalisation de l'unité africaine, ce foisonnement de regroupements représente des visions contrastées, dichotomiques et contradictoires de celle-ci et du panafricanisme impulsé par les États. Ces dissensions se manifesteront lors de la création de l'OUA et, par la suite, de celle de l'Union africaine.

L'OUA, regroupement continental, a été conçue comme devant réaliser une synthèse et un compromis entre les différents courants de l'unité africaine qui s'étaient cristallisés en opposition entre modérés et progressistes, entre réformistes et révolutionnaires. Sa charte constitutive est adoptée le 25 mai 1963 à Addis Abeba en présence de trente-deux chefs d'État et de gouvernement après des débats houleux entre partisans des deux tendances. Le camp des progressistes, emmenés par Kwame Nkumah et Sékou Touré continuait d'affirmer que l'unité africaine devait épouser les contours d'une union politique et économique continentale immédiate sous la forme d'un gouvernement des États-Unis d'Afrique, selon la vision exposée par le leader ghanéen dans *L'Afrique doit s'unir*. Ce gouvernement serait investi des responsabilités suivantes : politique étrangère et diplomatie communes, unification de la stratégie militaire pour une défense commune, planification économique générale à l'échelle continentale et création d'un marché commun africain, adoption d'une monnaie unique, mise en place d'une zone monétaire et d'une banque centrale africaine. Ce projet unioniste prévoyait aussi l'institution d'une nationalité africaine unique. Mais la plupart des responsables politiques africains présents à Addis Abeba n'adhérèrent pas à cette perception de l'unité africaine, lui préférant le projet moins ambitieux et plus conservateur d'une unité africaine différée et graduée, point de vue défendu notamment par les présidents Houphouet Boigny de Côte d'Ivoire, Senghor du Sénégal et par le premier ministre du Nigéria, Tafawa Balewa. Le repli sur des positions préservant l'existence des États nationaux se lit dans les principes de l'organisation énumérés à l'article 3 de sa charte qui énonce, entre autres, l'égalité souveraine de tous les États membres, la non-ingérence dans leurs affaires intérieures, le respect de la souveraineté et de l'intégrité territoriale de chacun d'eux. En d'autres termes, l'OUA par ces dispositions, entérine l'échec d'un regroupement politique continental : « [...] la charte de l'OUA consacre surtout la prééminence des exécutifs étatiques sur la politique continentale, au point de s'attirer le sobriquet de *syndicat de chefs d'État* soucieux de se protéger mutuellement contre les aléas du pouvoir [1] ». À son crédit, on portera essentiellement le succès dans la libération des territoires africains encore sous domination coloniale et la fin de l'apartheid en Afrique du Sud. Son action économique s'est traduite par l'adoption en 1980 d'une stratégie de développement continental déconnectée des mécanismes de la dépendance internationale avec le Plan d'action de Lagos (PAL) ; en 1991 fut aussi instituée la Communauté économique africaine (CEA) par le traité d'Abuja. Mais l'OUA déjà décrédibilisée dans les années 1960 par de nombreuses crises (Katanga) achève de se démonétiser au tournant des années 1990 car confrontée, d'une part, à la situation internationale marquée par l'accélération de la mondialisation, la fin du système bipolaire et la crise économique mondiale ; d'autre part, secouée au plan interne par de nombreux problèmes auxquels elle n'aura pas su trouver de solution. Aussi la question de son existence même va-t-elle se poser et ouvrir la voie à son remplacement par une autre organisation qui sera créée sous la dénomination d'Union africaine[2]. Avec cette dernière se posera également le problème demeuré latent de la divergence des points de vue sur la conception de l'unité africaine, malgré le compromis réalisé sur ce sujet par l'OUA lors de sa fondation.

L'Union africaine (UA) dont le principe de sa création fut acquis par la Déclaration de Syrte (Libye) des chefs d'État et de gouvernement de l'OUA du 9 septembre 1999 appelant à redynamiser le processus de la construction africaine a été instituée en septembre 2000 avec la signature de son Acte constitutif à Lomé (Togo). Elle ne sera cependant officiellement créée que le 2 juillet 2002 lors d'un sommet de ces dignitaires africains à Durban (Afrique du Sud). Les débats qui précédèrent sa naissance ressuscitèrent la vieille querelle non éteinte de l'unité africaine dans ses deux tendances lourdes et irréductibles entre

---

[1] Amzat Boukari-Yabara, *op. cit.*, p. 222.

[2] Tiyanjana Maluwa, « La transition de l'Organisation de l'Unité Africaine à l'Union Africaine », dans Abdulqawi A. Yusuf, Fatsah Ouguergouz, *L'Union africaine... op. cit.*, p. 35-56 ; Mwayila Tshiyembe, « Difficile gestation de l'Union africaine », *Le Monde diplomatique*, Juillet 2002.

un camp modéré et un autre progressiste[1]. C'est ainsi que s'affrontèrent autour de la problématique d'un gouvernement continental, les « unionistes-maximalistes » ou « unionistes-immédiatistes » et les « unionistes-gradualistes », selon la terminologie de Delphine Lecoutre[2]. La première mouvance constituée autour notamment de pays comme la Libye, le Sénégal, le Mali, la Guinée, le Libéria, la Sierra-Leone, plaidait pour la création immédiate d'un gouvernement des États-Unis d'Afrique avec un Président élu par un Congrès, des ministres, une armée, une monnaie, etc. Le deuxième groupe formé principalement autour de l'Afrique du Sud, de l'Ouganda, de l'Éthiopie, du Kenya, du Nigéria, de la Gambie, de l'Angola, du Lesotho, du Mozambique, de Maurice et du Cap-Vert défendait plutôt l'idée d'un processus graduel s'appuyant sur les communautés africaines existantes pour aboutir par étapes à l'unité continentale. Ce conflit de méthode dans la manière d'appréhender la construction de l'unité africaine se solda, comme à Addis Abeba en 1963, par la victoire de cette tendance conservatrice des États nationaux. En attestent les buts de l'Union africaine[3] énumérés à l'article 3 de son Acte constitutif qui mentionne l'engagement de l'organisation continentale à « réaliser une plus grande unité et solidarité entre les pays africains et entre les peuples d'Afrique », à « accélérer l'intégration politique et socio-économique du continent », mais dans le cadre de la sauvegarde et de la sanctuarisation des États constitués, en ce qu'elle déclare par ailleurs « défendre la souveraineté, l'intégrité territoriale et l'indépendance de ses États membres ». Une fois encore, l'inter-étatisme l'emportait sur le supranationalisme. Depuis lors, l'Union africaine est dévouée, d'une part, à l'amélioration des conditions de vie des populations africaines par son instrument phare, le NEPAD (acronyme anglais du Nouveau partenariat pour le développement de l'Afrique), dispositif controversé qui a réintroduit les puissances étrangères dans les problématiques de développement du continent[4] ; d'autre part, à la libéralisation du

[1] Mohammed Bedjaoui, « Bref survol historique des accomplissements vers l'unité africaine », dans Abdulqawi A. Yusuf, Fatsah Ouguergouz, *L'Union africaine... op. cit.,* p. 21-33.
[2] Delphine Lecoutre, « Vers un gouvernement de l'Union africaine ? Gradualisme et statu quo v. immédiatisme », *Politique étrangère*, 2008/3, automne, p. 629-639.
[3] Stéphane Doumbé-Billé, « L'Union Africaine : objectifs et principes », dans Abdulqawi A. Yusuf, Fatsah Ouguergouz, *L'Union africaine... op. cit.,*p. 57- 76.
[4] Tom Amadou Seck, « Leurres du Nouveau partenariat pour l'Afrique », *Le Monde diplomatique,* novembre 2004, p. 18 et 19.

commerce entre ses États membres, objectif pour lequel fut signé en 2018 à Kigali (Rwanda) un traité instituant une zone de libre-échange continentale (ZLEC[1]) entré en vigueur le 30 mai 2019. Perçu par la critique de la pensée néolibérale dominante comme étant « un afrolibéralisme caché derrière le masque du panafricanisme[2] », ou encore comme un « processus prétendu panafricaniste[3] » qui n'indique en rien « une réelle préoccupation de l'Union Africaine pour l'émancipation des peuples africains de l'exploitation et de la domination[4] », cet accord a donné lieu au lancement officiel de cette méga-zone commerciale le 7 juillet 2019 lors d'un sommet de l'Union africaine à Niamey (Niger).

On relève, au final, une inflation d'initiatives des États devenus acteurs du panafricanisme replié sur la problématique de l'unité continentale. Si les peuples africains d'Afrique étaient associés à ces débats unitaires par l'intermédiation de leurs États qui les représentaient désormais, les Afro-descendants, par contre, en avaient été exclus, ce qu'observe et déplore Olisanwuche Esedebe pour le cas de l'OUA[5]. Cet évincement d'une partie de sa composante témoigne du passage d'un panafricanisme global à un panafricanisme résiduel parce que devenu continentalisé et étatisé. Il faudra attendre l'année 2003 pour que la diaspora africaine soit reconnue par l'Union africaine comme une entité constituante du panafricanisme et élevée au statut de sixième région du continent[6]. J'aurai à revenir sur les aspects politiques de cette affiliation dans la suite de ce travail, lorsque sera abordée la question essentielle du statut juridique des différents protagonistes du mouvement panafricaniste.

Je suis parti sur l'hypothèse de la difficulté à définir le panafricanisme par ses itinéraires historiques. Au terme de cette réflexion, la conclusion qui s'impose est celle de l'épaississement du brouillage conceptuel qui entoure cette notion d'abord endossée par la société civile internationale mobilisée pour la défense des droits

---

1 Encore désignée par les sigles ZLECA et ZLECAF.

2 Jean-Christophe Servant, « La ZLEC, un afrolibéralisme caché derrière le masque du panafricanisme », *Le Monde diplomatique, Les blogs du « Diplo »,* 16 mai 2019.

3 Jean Nanga, « Zone de libre-échange continentale africaine : quel panafricanisme ? », *Imprecor.fr,* N° 655-656, septembre-octobre 2018.

4 *Ibid.*

5 Peter Olisanwuche Esedebe, *op. cit,* p. 233.

6 Protocole sur les amendements de l'Acte constitutif de l'Union africaine du 11 juillet 2003, article 3(q) ; Résolution sur la Diaspora, Doc. Assembly/AU/14(XVIII) Add.3.

civiques ; elle a ensuite traduit le combat des peuples colonisés pour leur indépendance ; au final elle a signifié la volonté des États africains en vue de la réalisation de l'unité continentale. Mais la clarté du terme panafricanisme souffre également de la difficulté liée à la représentation de ce qu'est l'Afrique en soi.

CHAPITRE III

LE PANAFRICANISME, UNE NOTION IMPRÉCISE PAR L'INDÉTERMINATION DE CE QU'EST L'AFRIQUE EN SOI

L'Afrique existe-t-elle ? C'est la question, incongrue à première vue, que se posent deux auteurs[1]. L'interrogation porte cependant moins sur l'existence d'un lieu géographique que sur la définition des contours de ce lieu, de son extensivité et de son contenu. La représentation que les grandes puissances ont de l'Afrique en fonction de leurs intérêts géopolitiques contribue à accentuer cette indétermination du pourtour géographique de ce continent[2]. L'Afrique est, en d'autres termes, un en-soi géographique confus et disputé. Mais la crise de l'identité de l'Afrique est aussi politique comme le révèlent les débats et les controverses qui accompagnent la perception de la construction et de l'intégration africaines. En ce sens, l'Afrique est un projeté politique imprécis et controversé.

L'AFRIQUE, UN EN-SOI GÉOGRAPHIQUE INDÉFINI

À la question quelque peu provocatrice quant à l'existence de l'Afrique, tout le monde peut plus ou moins s'accorder sur le fait que l'Afrique existe comme lieu-continent, comme existent également l'Amérique, l'Asie, l'Australie, ou l'Europe. Ces espaces existent parce que nommés par la géographie, la politique, l'histoire, la géopolitique, etc., et représentés sur la mappemonde par la cartographie. L'Afrique existe en tant que phénoménalité ; elle est en cela un en-soi géographique. Mais son existence phénoménale n'exclut pas une réflexion sur le contenu de son être-soi géographique. Cette problématique est déterminante pour la compréhension de ce qu'est le panafricanisme, car il se construit sur la représentation que l'on a de

---

[1] Guy Rossatanga-Rignault, Flavien Enongoué, *L'Afrique existe-t-elle ? Á propos d'un malentendu persistant sur l'identité,* Chennevières-sur-Marne, Éditions Dianoïa, Libreville, Éditions Raponda-Walker, 2006.

[2] Anne-Laure Amilhat Szary, Karine Gatelier, Herrick Mouafo, « L'Afrique vient-elle de changer de taille ? », http://www.lemonde.fr/afrique/article/2016/03/19/l-afrique-vient-elle-de-changer-de-taille_4886067_3212html, visité le 06.05.2017.

l'Afrique, comme le souligne fort justement l'écrivaine Léonora Miano : « Toute ambition panafricaine repose sur le contenu donné au nom *Afrique* par ceux qui entendent la réaliser[1] ». L'interrogation sur l'identité de l'Afrique, et par conséquent du panafricanisme, superpose deux niveaux d'analyse : celui de sa réflexivité, c'est-à-dire de la perception qu'il a de lui-même ; ensuite celui de sa décentration, soit l'appréhension que les autres ont de lui.

Il convient cependant de souligner que l'Afrique n'est pas seule confrontée au défi de la définition de son être-soi, de son intimité entendue comme l'essence d'une chose. Ce questionnement, proprement philosophique et métaphysique, s'est également présenté par exemple à l'Europe et aux Européens. La revue *Philosophie politique* a ainsi consacré son premier numéro à tenter de définir l'être de l'Europe qui n'est pas immédiatement donné par ses éléments physiques ni par son voisinage politique : « La réalité géographique de l'Europe est difficile à dessiner[2] ». Le tracé géographique indéterminé de l'Europe soulève le problème de son identité physique, car immersible dans un ensemble plus vaste qui questionne quant à la continentalité de la seule Europe : « L'Eurasie est bien un continent. Mais comment distinguer l'Europe de l'Asie, autrement dit, où se situent nos frontières orientales ? Sur le plan géophysique, elles englobent la Turquie, traversent le Caucase, et la partie occidentale de la Russie avant les monts Oural. Mais il faut compléter la géophysique par la géographie culturelle, qui n'englobe pas les mêmes territoires[3] ». N'étant pas objet de connaissance intuitive mais discursive, il faut donc l'appréhender en pensée, comme le fait par exemple Edgar Morin[4]. Métaphoriquement, il faut se faire démiurge et user de la puissance de la parole créatrice de vie pour amener à l'existence les êtres et les choses, un peu à l'exemple du récit biblique de la création du monde dans le livre de la *Genèse* où, du chaos originel surgit l'ordonnancement de l'univers. C'est dire que l'Europe est façonnée, car procédant du souffle créateur de l'intelligence humaine ; elle n'est pas un concept

[1] Léonora Miano, « De quoi l'Afrique est-il le nom », dans Achille Mbembe, Felwine Sarr, *Écrire l'Afrique-Monde,* Dakar, Jimsaan, 2017, p. 106.
[2] *Philosophie politique. Revue internationale de philosophie politique,* n°1, octobre 1991, « L'Europe », p. 7.
[3] Chantal Delsol, Jean-François Mattéi, *op. cit.,* p. 4-5.
[4] Edgar Morin, *Penser l'Europe,* Paris, Gallimard, 1987.

géographique [1]. Pour Pierre Manent, l'Europe est un indéterminé géographique ; elle n'existe qu'en tant qu'elle est politique, une « grande nation[2] ». À ce titre, l'Europe est une invention, comme l'est aussi l'Afrique[3], création occidentale autant par son nom que par les représentations qu'en avaient les occidentaux depuis l'antiquité gréco-romaine jusqu'à ce qu'il a été convenu de désigner par le terme « bibliothèque coloniale », c'est-à-dire un ensemble de savoirs produits sur elle par la pensée européenne. À cette dernière a répondu en réaction une pensée décoloniale élaborée par les intellectuels africains pour écrire et décrire leur Afrique, non plus fantasmée et imaginée parce que dépeinte du dehors, mais supposée être seule authentiquement réelle et vraie parce qu'observée et vécue du dedans. Aussi se sont-ils prêtés à l'entreprise consistant à former par la pensée un corps à l'être de l'Afrique[4].

Plusieurs perceptions de l'Afrique se superposent et aboutissent à autant de visions contrastées du panafricanisme. Le spectre de la cartographie géopolitique de l'Afrique et du panafricanisme est en effet très large. Afrique une, Afrique plurielle ? Comment a-t-il été répondu à ces interrogations dans le mouvement panafricaniste ? Comment les acteurs et les observateurs du panafricanisme, hommes politiques, penseurs, conçoivent-ils leur Afrique et leur panafricanisme ? Le panafricanisme est-il un sous-régionalisme, un régionalisme, un continentalisme, ou même un globalisme ? Comment se délimitent les espaces géographiques impliqués et sous-entendus par ces désignations ?

Le panafricanisme a, dès ses débuts, été travaillé en profondeur par la problématique de l'amplitude de son enracinement territorial. Au fur et à mesure de son évolution se précisaient aussi les perceptions et les représentations de son assise géographique. Le panafricanisme est une

---

[1] Antoine Arjakovsky, dir., *Histoire de la conscience européenne,* Paris, Salvator, 2016.

[2] Pierre Manent, *Cours familier de philosophie politique,* Paris, Gallimard, 2004, p. 107.

[3] Vumbi Yoka Mudimbe, *The Invention of Africa. Gnosis, Philosophy and the Order of Knowledge,* Bloomington and Indianapolis, Indiana University Press, 1988. ; Vumbi Yoka Mudimbe, *The Idea of Africa,* Bloomington and Indianapolis, Indiana University Press, London, James Currey, 1994. ; Valentin-Yves Mudimbe, *L'invention de l'Afrique. Gnose, philosophie et ordre de la connaissance,* Paris, Présence Africaine, 2021.

[4] Alain Mabanckou, dir., *Penser et écrire l'Afrique aujourd'hui,* Paris, Éditions du Seuil, 2017.

géopolitique. Localisé dans un premier temps dans ses foyers américain et caribéen, il avait vocation à s'étendre et à essaimer. C'est ainsi qu'effectuant le chemin inverse de celui qu'avaient emprunté les esclaves noirs lors de leur déportation[1], il atterrira en Afrique. Il est alors un globalisme par l'intensité et la densité des réseaux d'échanges matériels et immatériels englobant les deux rives de l'Atlantique et l'Europe[2]. C'est le temps de l'Afrique transnationale, ou encore, de l'Afrique diasporique selon la catégorisation proposée par Luc Sindjoun[3]. Le panafricanisme couvre alors un territoire géographique éclaté et multipolarisé, sans liant politique, c'est-à-dire non soumis à l'autorité d'un pouvoir politique centralisateur s'exerçant sur un territoire et sur une population, au sens aussi bien du droit interne que du droit international. On peut alors parler d'un panafricanisme désétatisé par l'inexistence précisément d'un État encadrant ce phénomène, État défini comme étant « une collectivité qui se compose d'un territoire et d'une population soumis à un pouvoir politique organisé » et caractérisé par la souveraineté (Commission d'arbitrage pour l'ex-Yougoslavie, avis n°1 du 29 novembre 1991).

C'est lorsque le panafricanisme essaie de se territorialiser qu'il butte véritablement sur l'indétermination géographique et spatiale de la notion d'Afrique. L'Afrique, comme les autres continents d'ailleurs, ne se donne pas en effet à voir comme un bloc homogène, monolithique. Ses diversités géographiques, politiques, et humaines conduisent en effet à la nommer au pluriel[4]. Terre de contrastes, la nomenclature de ses désignations est alors vaste pour dépeindre un continent fragmenté : Afrique noire, Afrique blanche, Afrique subsaharienne, Afrique du Nord, Afrique tropicale, etc. Il en découle forcément des déclinaisons différentes en termes de structuration du panafricanisme. Tom Mboya, homme politique et militant panafricaniste kenyan le soulignait en ces

---

[1] Catherine Coquery-Vidrovitch, *Les routes de l'esclavage. Histoire des traites africaines, VIe-XXe siècle,* Paris, Albin Michel, 2021.

[2] Aurélia Mouzet, *Moïse et la Terre promise. Le mythe et les imaginaires de l'Atlantique noir*, Paris, Classiques Garnier, coll. « Perspectives comparatiste », n° 129, 2023 ; Cécilia Emma Wilson, *Afropolis,* Paris, Les Indes savantes, 2022.

[3] Luc Sindjoun, *Sociologie des relations internationales africaines,* Paris, Karthala, 2002, p. 11.

[4] Hervé Bourges, Claude Wauthier, *Les 50 Afriques,* Paris, Seuil, 1979, 2 tomes ; Philippe Hugon, *Géopolitique de l'Afrique*, 4e édition, Paris, Armand Colin, 2016, p. 7 ; Philippe Hugon, *Afriques. Entre puissance et vulnérabilité,* Paris, Armand Colin, 2016, p. 13-14 ; Yves Lacoste, « Afriques blanches, Afriques noires », *Hérodote. Revue de géographie et de géopolitique,* 1992, N° 65-66.

termes : « Lorsqu'on parle de Pan-Africanisme, on se réfère à l'ensemble du continent et ces questions nous sont posées parfois : Comment situer les Arabes d'Afrique du Nord ? Sont-ils Africains à vos yeux ? Se tiennent-ils eux-mêmes pour cela ?[1] ».

Quel rapport le panafricanisme entretient-il avec la géographie continentale ? Le Sahara, ligne désertique, peut par exemple constituer pour certains une barrière non seulement physique, mais aussi symbolique entravant la formation d'un ensemble panafricain continental ; d'où la difficulté pour une certaine pensée de se délier et de s'évader de l'appellation « Afrique noire » et de concevoir un processus panafricain intégrateur de cette autre partie du continent[2], de cet ailleurs qu'est l'en-dehors de l'Afrique ébène supposée homogène bien qu'elle ne le soit pas en réalité. L'ambigüité lexicale entretenue consciemment ou inconsciemment peut alors donner à penser que le panafricanisme est une exclusion à l'encontre d'une composante des peuples africains continentaux. Pour d'autres par contre, le Nord et le Sud du Sahara, bien que distincts, forment deux ensembles homogènes d'une même unité géographique, l'Afrique : « Le continent constitue une entité unique. Mais cette entité comprend deux parties distinctes : une située au nord du Sahara et l'autre au sud [3] ». La forme institutionnelle du panafricanisme et de l'unité africaine procède alors de la fusion de ces deux espaces préalablement recomposés : « Ainsi de l'union de la fédération du Nord et de la fédération du Sud naîtra l'Unité africaine sous la forme et avec le pouvoir d'une confédération continentale[4] ». Cette intégration politique est rendue possible car « Le Sahara peut être considéré comme une limite géographique ; il n'est pas une frontière politique, du moins sous le rapport de la vie internationale[5] », et aussi, « Nous disons encore une fois, que le Sahara n'est pas une frontière séparant l'Afrique du Nord de l'Afrique noire, mais une ligne de communication. Ce trait d'union économique et militaire a une importance qui ne peut nous échapper aujourd'hui[6] ».

---

[1] Tom Mboya, *L'indépendance et après...* , Paris, Présence Africaine, 1967, p. 272.

[2] Marc-Louis Ropivia, *Géopolitique de l'intégration en Afrique noire,* Paris, L'Harmattan, 1994, p. 12.

[3] Mohamed Lamine Gakou, *Quelles perspectives pour l'Afrique,* Paris, L'Harmattan, 2011, p. 25.

[4] *Ibid.,* p. 26.

[5] Doudou Thiam, *La politique étrangère des États africains. Ses fondements idéologiques. Sa réalité présente. Ses perspectives d'avenir,* Paris, PUF, 1963, p. 5.

[6] Discours prononcé par son Excellence Ismaël Touré, ministre des Travaux publics, Président de la délégation de Guinée, conférence des États indépendants d'Afrique,

Tel est également le point de vue de Benaouda Lebdai qui voit aussi dans le Sahara, un lien entre les deux Afriques[1].

Mais on est fondé à se poser la question de savoir si le panarabisme revendiqué par les pays de l'au-delà du Sud Sahara est soluble dans le panafricanisme. Est-il, en d'autres termes, possible de concevoir un panafricanisme chevauchant et enjambant deux aires civilisationnelles différentes ? On ne peut, en tout cas, faire l'économie du constat de la coexistence dans certains des pays de ces deux espaces géographiques africains de populations arabes et noires, phénomène qui témoigne historiquement de leur brassage et, aujourd'hui, de leur imbrication dans le cadre d'États constitués. Le panafricanisme est interpellé quant à sa cohésion au regard de cette diversité humaine et culturelle.

Mais je voudrai aussi mettre en exergue la territorialité des concepts de la pensée politique africaine en ce qu'ils sont véhiculaires d'un imaginaire spatial du panafricanisme. Dans cet ordre d'idées, la notion d'africanité a été pensée par Senghor pour fonder et justifier en théorie l'ancrage géographique de l'Afrique du nord dans le continent africain et son arrimage à l'OUA. Aussi pouvait-il écrire : « L'africanité se veut une somme de la négritude et de l'arabité[2] ». Elle est « l'ensemble des valeurs africaines de civilisation[3] » ; elle opère une fusion des éléments arabo-berbères et négro-africains. En ce sens, elle est le sous-bassement idéologique du continentalisme africain. L'africanité n'est donc pas seulement une évocation émotionnelle de valeurs ancestrales et d'expériences historiques partagées, comme chez Nyerere[4] qui voit néanmoins dans ce concept la possibilité de féconder l'unité africaine ; ou comme chez Miano[5], qui y perçoit un instrument à la disposition d'une Afrique recentrée, ressourcée, et marchant vers un horizon politique maîtrisé. D'autres encore définissent négativement l'africanité en prônant au travers de cette notion la nécessité pour chaque Africain de se replier sur ses nombreuses ancestralités

---

Monrovia, 8 août 1959, MAE, Archives diplomatiques, Afrique-Levant, 1953-1959, Généralités, carton QONT/44, p. 22.

[1] Benaouda Lebdai, « Le Sahara : espace lien dans une Afrique en devenir, d'anthropocène à source de vie géo-culturelle », dans Achille Mbembe, Felwine Saar, dir., *Les Ateliers de la pensée. Politique des Temps. Imaginer les devenirs africains,* Paris, Dakar, Philippe Rey/Jimsaan, 2019, p. 319-335.

[2] Cité par Marc-Louis Ropivia, *op. cit.,* p. 22.

[3] Cité par Pierre-François Gonidec, *L'État africain..., op. cit.,* p. 288.

[4] Julius Kambarage Nyerere, *Socialisme, Démocratie, Unité africaine. Textes politiques,* Paris, Présence Africaine, 1970, p. 67.

[5] Léonora Miano, *op. cit.,* p. 108.

identitaires (valeurs, traditions, village, quartier, ville, groupe ethnolinguistique, pays) ; c'est la reconnaissance de ces différences et leur sublimation qui doivent fonder l'œuvre de construction continentale, du panafricanisme, en d'autres termes[1].

Dans le même genre, l'afrocentricité politique, que l'on peut définir comme étant l'intrusion dans la sphère du politique de la thèse de l'unité culturelle de l'Afrique noire dans le but de fonder et de légitimer une vision de l'unité africaine, projette aussi une dimension spatiale du panafricanisme. Principalement inspirée par Cheikh Anta Diop comme déjà vu, cette pensée de l'afrocentricité se trouve piégée par ses propres présupposés par la référence à l'Afrique noire. Elle circonscrit ainsi géographiquement le fédéralisme qui doit servir de cadre à l'unité politique de l'Afrique : « Il faut basculer définitivement l'Afrique noire sur la pente de son destin fédéral[2] ». Est ainsi prononcée l'exclusion géographique de l'Afrique blanche de cette fédération. Le panafricanisme de Cheikh Anta Diop n'est pas un continentalisme. Son panafricanisme est un fédéralisme négro-africain ou, exprimé autrement, son fédéralisme est un panafricanisme négro-africain. Cette rétraction de l'espace territorial du panafricanisme et sa contraction à l'Afrique noire est également défendue par Théophile Obenga[3], sans doute l'un des plus fervents adeptes de Cheikh Anta Diop et de l'afrocentricité. Sarah Fila-Bakabadio montre comment, dans le souci qui l'anime de recréer une Afrique intemporelle, la pensée de l'afrocentrisme aboutit à la négation de la diversité des cultures africaines et afro-descendantes[4].

On terminera ce parcours des idées politiques du panafricanisme dans ce qu'elles impliquent en termes d'imaginaire spatial de ce phénomène par l'évocation de l'afropolitanisme. J'ai déjà montré comment cette notion qui se veut être le substitut de celle du panafricanisme était immergée dans le courant du mondialisme ambiant principalement marqué par la dominance de la civilisation occidentale. L'afropolitanisme véhicule l'idée d'une Afrique submergée, atomisée, diluée, sans personnalité propre. Voulant être partout, l'Afropolitain n'est finalement nulle part, car sans ancrage territorial. Traînant avec

---

[1] Guy Rossantanga-Rignault, Flavien Énongoué, *op. cit.*, p. 88 et suivantes.

[2] Cheikh Anta Diop, *Les fondements culturels, techniques…*, *op. cit.*, p. 29.

[3] Théophile Obenga, *L'État fédéral d'Afrique noire : la seule issue,* Paris, L'Harmattan, 2012.

[4] Sarah Fila-Bakabadio, *Africa On My Mind. Histoire sociale de l'afrocentrisme aux États-Unis,* Paris, Les Indes Savantes, 2016.

lui ses identités vagabondes, il est sujet à la double conscience, cette situation décrite par Du Bois : celle des Afro-descendants en proie au mal-être parce qu'écartelés entre leur appartenance à la société américaine et leur identité africaine d'origine. Son Afrique est virtuelle, dématérialisée, irréelle. Il ne conserve d'elle que des souvenirs, des réminiscences, ou ne la connaît qu'au travers des récits, des documentaires, ou des réseaux sociaux : « Au lieu de Kwame Nkrumah et de Léopold Sédar Senghor, ils ont des blogs et des réseaux sociaux virtuels. Le panafricanisme nous a libérés de l'impérialisme politique ; les Afropolitains abhorrent ce qu'ils considèrent comme un impérialisme culturel et économique. C'est le panafricanisme du hastag, de Twitter et de Facebook[1] ». L'afropolitanisme a-territorialise le panafricanisme.

En fait, le débat sur la détermination de l'assise spatiale du panafricanisme est marqué par deux courants doctrinaux de la science politique et des relations internationales, voire de la géopolitique : le continentalisme et le régionalisme. Appliquées au panafricanisme, ces deux théories tentent l'une et l'autre de répondre à la question suivante : quel est l'optimum spatial qui permet d'atteindre l'optimum politique du panafricanisme ? S'entremêlent ainsi des considérations de nature à la fois géographique et politique dans la tentative de compréhension du panafricanisme. L'Afrique est à percevoir, au-delà de la problématique de sa phénoménalité géographique, comme un ensemble de sens et de signifiants que la pensée humaine projette sur elle. Elle est en cela un imaginé, un projeté politique qui donne lieu à des représentations différenciées.

L'AFRIQUE, UN PROJETÉ POLITIQUE CONTROVERSÉ

Si l'on considère au minimum que le panafricanisme a pour vocation de rassembler tous les États africains, alors il ne peut être que continental. Telle est bien aussi la vision de l'OUA exprimée dans l'article 1er de sa Charte qui délimite son degré d'ouverture : « Cette Organisation comprend les États africains continentaux, Madagascar et les autres îles voisines de l'Afrique » (alinéa 2). Cette continentalité de

[1] "Instead of Kwame Nkumah and Léopold Sédar Senghor, they have blogs and virtual social networks. Pan-Africanism freed us from political imperialism ; Afropolitans abhor what they see as cultural and economic imperialism. Call it the Pan-Africanism of the hastag, Twitter, and Facebook realm", Obadias Ndaba, *op. cit.*, p. 373.

l'organisation panafricaine est mentionnée aussi dans l'article 4 : « Tout État africain indépendant et souverain peut devenir membre de l'Organisation ». Quant à l'Union africaine, son Acte constitutif dispose en son article 27 alinéa 3 qu'elle est ouverte à tout État membre de l'OUA, les autres États africains pouvant y adhérer à tout moment après l'entrée en vigueur dudit Acte (article 29, alinéa 1). L'unité projetée dans la construction africaine est inscrite dans un espace territorial borné comprenant l'Afrique continentale à proprement parler, et l'Afrique insulaire. C'est ce qu'exprimait Kwame Nkrumah en ces termes : « Nous, en Afrique et dans ses îles, sommes une seule Afrique. Nous rejetons l'idée de toute division. De Tanger ou du Caire au Nord jusqu'à la ville du Cap au Sud, du cap Guardafui à l'Est jusqu'aux îles du Cap-Vert à l'Ouest, l'Afrique est une et indivisible[1] ». Pour affirmer l'unicité du territoire africain, la Commission de l'Union africaine a adopté en mai 2004 une « Déclaration de souveraineté africaine » et un « Plan stratégique » jugeant que plusieurs îles qu'elle considérait comme des territoires africains étaient sous occupation de puissances étrangères. Sont ainsi concernés et revendiqués comme faisant l'objet d'une occupation indue : Ile de la Réunion, Mayotte (France), Ceuta et Melilla, Iles Canaries (Espagne), Iles Açores et Madère (Portugal), Iles Chagos et Sainte-Hélène (Grande-Bretagne). La résolution AU/Res. 1(XXVIII) de la Conférence des chefs d'État et de Gouvernement adoptée lors de sa 28e session ordinaire du 30 au 31 janvier 2017 réaffirmait que l'archipel des Chagos y compris Diégo Garcia faisait partie intégrante de Maurice. Et dans un avis consultatif du 25 juin 2019, la Cour internationale de justice (CIJ) a jugé que la séparation des archipels de Chagos de Maurice en 1965 était illégale, et que par conséquent le Royaume-Uni de Grande-Bretagne avait l'obligation de parachever la décolonisation de ce territoire[2]. Le Président de la Commission de l'Union africaine, Moussa Faki Mahamat, s'est félicité du prononcé de cet avis dans une Déclaration du 26 juin 2019. Dans un article éclairant, Vincent Capdepuy montre comment l'Afrique prend possession d'elle-même, de sa territorialité[3]. Le continentalisme est alors une forme de nationalisme élargi à l'échelle continentale ; et le

---

[1] Kwame Nkrumah, *L'Afrique doit s'unir, op. cit.*, p. 216.

[2] CIJ, *« Effets juridiques de la séparation de l'archipel des Chagos de Maurice en 1965, avis consultatif, CIJ Recueil 2019, p. 95 ».*

[3] Vincent Capdepuy, « La Réunion, Madagascar, îles d'Afrique ? », *Revue du Cresoi,* Centre d'histoire de l'Université de la Réunion. Études des sociétés de l'Océan indien, 2011, N°14, *Tsingy,* p. 51-94.

panafricanisme, expression idéologique et politique de la volonté d'union des États africains est à insérer dans le champ de bataille des relations internationales que révèle la géopolitique : « La géopolitique n'est pas une science ni une discipline, mais simplement une méthode d'approche sociologique mettant en relation l'environnement géographique et l'action internationale des États[1] ». L'unité africaine se donne à voir comme étant un panafricanisme continentalisé. Le régionalisme appréhende autrement le processus de la construction africaine. Il s'oppose en cela au continentalisme.

À la vision maximaliste du panafricanisme continentalisé, le régionalisme substitue une construction minimaliste de ce phénomène. Les défenseurs du régionalisme soutiennent en effet que le panafricanisme doit avoir pour cadre territorial des ensembles géographiques plus ou moins vastes regroupant un nombre limité de pays. Le régionalisme est alors défini à partir de critères strictement géographiques mettant en avant la contiguïté des territoires, comme souligné par Francis Wodie : « Le régionalisme ...est essentiellement...l'expression construite de la contiguïté et des affinités géographiques ; il se fonde sur l'appartenance de ses composantes à un même ensemble géographique, somme toute à une région [2] ». L'approche géographique du régionalisme est cependant insuffisante en raison de l'indétermination du terme région : « La région en soi n'existe pas. Il n'y a que des régions conventionnelles...La région est un espace conventionnel composé d'États animés de la volonté d'œuvrer ensemble dans les domaines économique, politique et socio-culturel en vue du développement intégré de leurs populations et dans le cadre de la réalisation de l'Unité Africaine[3] ». La région géographique n'est pas la région géopolitique. Le régionalisme, compatible avec la Charte des Nations unies (articles 52 à 54), a servi de cadre à une tendance du panafricanisme. Au plan économique, plusieurs auteurs et dirigeants politiques ont par exemple soutenu qu'il était nécessaire de réaliser l'intégration économique en constituant au niveau régional des ensembles géographiques élargis, seule solution pour surmonter le

---

[1] Jacques Huntzinger, *Introduction aux relations internationales,* Paris, Le Seuil, 1987, p. 134.

[2] Francis Wodie, *Les institutions internationales régionales en Afrique Occidentale et Centrale,* Paris, LGDJ, 1970, p. 2.

[3] Cité dans Maurice Glélé Ahanhanzo, *op. cit.,* p. 52.

handicap de la petite nation économique[1] ; d'où la prolifération des organisations économiques régionales. Le même phénomène s'observe au plan politique avec la luxuriance d'institutions à base régionale. Au demeurant, le panafricanisme débutant des Pères fondateurs avait plutôt tendance à se territorialiser en Afrique de l'Ouest. Cette option pour le régionalisme a donné lieu à un panafricanisme éclaté selon les aires géographiques : centre-africain, ouest-africain, est-africain, nord-africain, sud-africain, si l'on se réfère à la subdivision de l'Afrique en cinq régions (moins la diaspora), même si celles-ci sont elles-mêmes concurrencées par un sous-régionalisme, les États se positionnant géographiquement en fonction de leurs intérêts propres et non pas forcément en considération des délimitations territoriales officielles. Ces jeux d'espaces mettent à nu la conception que les adeptes du régionalisme ont de l'unité africaine et de sa forme institutionnelle. Laissons s'exprimer Senghor revenu d'une vision continentaliste du panafricanisme : « Nous serons prudents en avançant pas à pas et par étapes. Vouloir du premier coup bâtir une fédération ou simplement une confédération...c'est, j'en ai peur, nous préparer à un échec cuisant à bref délai[2] ». Est ainsi écartée la solution de l'intégration politique immédiate préconisée dans le cadre du continentalisme. Pour les tenants de la thèse du panafricanisme régionalisé, l'Afrique des patries aboutirait automatiquement à l'unité africaine. Francis Wodie souligne à cet effet : « Qu'elles soient régionales ou continentales, les institutions internationales africaines se veulent toutes des instruments de réalisation de l'unité africaine[3] ». Sans doute. Mais le courant du régionalisme n'apporte aucune solution, ni théorique ni pratique, à la question cruciale et méthodologique jusqu'à ce jour non résolue du passage du panafricanisme régional au panafricanisme continental. Cette problématique sera abordée plus substantiellement dans la suite de cette réflexion. Mais l'éclatement de la perception politique de l'Afrique en des visions contrastées déteint sur le projet politique unitaire africain lui-même, et l'existence d'une institution comme l'UA

[1] A. G. Anguille, J. E. David, *L'Afrique sans frontières,* Monaco, Éditions Paul Bory, 1965. ; Marcel Yondo, *Dimension nationale et développement économique. Théorie, application dans l'U.D.E.A.C. (Union douanière et économique de l'Afrique centrale),* Paris, LGDJ, 1970. ; Pathé Diagne, *Pour l'unité ouest-africaine. Micro-États et intégration économique,* Paris, Éditions Anthropos, 1972.
[2] Cité par Edmond Kwam Kouassi, *op. cit.,* p. 82.
[3] Francis Wodie, *op. cit.,* p. 2.

ne saurait faire illusion à ce sujet : « L'Union africaine existe mais pas l'unité africaine[1] ».

La perception du panafricanisme à partir du seul prisme géographique est complexe et incertaine. L'Afrique telle que connue aujourd'hui est, elle-même, menacée dans son intégrité physique et sa continentalité en tant que masse uniforme. Géologues et sismologues prédisent en effet que le rift est-africain, siège d'une activité sismique, pourrait un jour donner naissance à la formation d'un océan qui séparerait alors le continent en deux[2]. Ce scénario, bien que lointain et hypothétique, obligerait alors à reconsidérer la représentation de la dimension spatiale du panafricanisme.

Dans les chapitres précédents, j'ai essayé de cerner la compréhension du panafricanisme en tant que notion. Si ce concept persiste sur une très longue période alors même que d'autres de même nature qui lui étaient contemporains ont perdu de leur résonnance, il a néanmoins été interprété différemment. La théorie juridique n'en donne pas de définition précise et il est enveloppé dans le flou d'une infinité de perceptions dans la pensée politique. Cette indétermination est renforcée par la nature fluctuante de la représentation de ce qu'est l'Afrique aux plans géographique, politique et géopolitique. Le panafricanisme en tant qu'idée véhiculaire de l'aspiration politique d'émancipation des peuples africains diasporisés et continentaux soulève aujourd'hui encore le problème de sa théorisation et celui de sa practicité. Il est apparu, à l'analyse de ses trajectoires mouvementées, comme une revendication irrépressible et intemporelle de liberté, d'égalité et d'identité inhérente au genre humain exprimée par les peuples noirs ayant, par contrainte, été placés dans des situations historiques de domination. L'atteinte de cet idéal a mobilisé dans la longue durée et sous des formes d'action diverses des acteurs autour de problématiques qui, bien que transversales, étaient spécifiques à chacun d'eux. Ainsi de la société civile internationale pour la revendication des droits civiques, des peuples colonisés pour leur indépendance, des États africains indépendants pour la réalisation de l'unité du continent africain, problématique aujourd'hui encore en chantier. En prenant en

---

[1] "The African Union exists but African unity does not", Timothy Muritah, *The African Union. Pan-Africanism, Peace building and Development,* Aldershot, England, 2008, p. vi.

[2] Nastasia Michaels, « L'Afrique est-elle en train de se séparer en deux ? », https://www.geo.fr/environnement/afrique-est-elle-en-train-de-se-separer-en-deux-rift-est-afar-mozambique-midcontinent-215265, consulté le 21.06.2023.

compte cet entrecroisement des acteurs et des objectifs dans la longue durée, on peut alors définir le panafricanisme comme étant un projet politique intemporel et transhistorique de liberté et d'émancipation des peuples africains porté successivement par la société civile internationale panafricaine pour la revendication des droits civiques, puis par les peuples africains colonisés pour leur indépendance, et enfin par les États africains pour la réalisation de l'unité du continent africain. La multiplicité et l'étirement des significations particulières du panafricanisme accréditent ainsi l'idée d'une contingence historique de ce mouvement. Ces variations dans sa définition influencent la nature de ses rapports avec le droit international.

DEUXIÈME PARTIE

L'ARTICULATION DIALECTIQUE DU PANAFRICANISME ET DU DROIT INTERNATIONAL

Analyser le panafricanisme et le droit international sous l'angle de la dialectique exige que soit pointée la contradiction majeure entre ces deux singularités. Celle-ci consiste dans le fait que le droit international est fondé sur les États alors qu'au contraire le panafricanisme transcende les États. Étudier la nature des relations entre le panafricanisme et le droit international conduit donc à aborder la question de l'apport du panafricanisme au droit international et celle de l'impact du droit international sur le panafricanisme. Quelle réalité recouvre le panafricanisme en droit international ? De quelle manière le droit international est-il influencé par le panafricanisme ?

Il importe de situer le cadre théorique et épistémologique qui constitue la trame des développements qui structurent cette réflexion. J'ai appréhendé le panafricanisme comme étant un phénomène enraciné dans la longue durée historique et j'ai relevé sa fragmentation en trois pôles mobilisant des acteurs différenciés autour de problématiques elles aussi différenciées. J'ai de même noté, pour le regretter, la tendance largement dominante de l'approche juridique du panafricanisme consistant à réduire son étude à celle des institutions internationales africaines, régionales ou continentales. Or l'analyse de ces dernières, bien que nécessaire et utile, ne saurait épuiser le tout du panafricanisme, mouvement se déployant dans une temporalité linéaire. De même que, par exemple, l'étude de l'Union européenne, organisation internationale, ne saurait se confondre avec celle du paneuropéisme en tant que visée d'étude juridique. Ce sont-là deux objets de connaissance distincts l'un de l'autre. Envisager le panafricanisme dans ses rapports avec le droit international n'est pas la même chose qu'étudier le droit des organisations interétatiques africaines qui prétendent l'incarner. Il s'agit alors, se distanciant d'une telle approche, de considérer le panafricanisme comme un processus dynamique, un mouvement historique depuis longtemps en acte, et pas seulement comme un phénomène instantané, spontané, au travers de son institutionnalisation contemporaine. Je propose, en d'autres termes, une approche non pas mutilante, partielle, mais intégrative, globale, de ce phénomène dans ses rapports avec le droit international. Dans cette perspective, l'on est amené à soulever l'interrogation suivante : à quel moment le panafricanisme devient-il un enjeu pour le droit international ? Faisant l'impasse sur la continuité historique de ce mouvement et sur sa triple temporalité révélée dans la première partie de ce travail, Abdulqawi A. Yusuf apporte sa réponse à cette question : « C'est à partir du moment où les anciennes colonies deviennent indépendantes que les résolutions adoptées dans les conférences à partir de 1900 peuvent être traduites en principes et en normes du droit international[1] ». Cette observation est certes vraie, mais elle a le défaut de passer sous silence la longue période qui précède le moment de la prise en charge du panafricanisme par les ex-colonies devenues des États indépendants. Si l'on fait ce retour au temps long et continu de l'histoire comme je le propose, alors on se trouve confronté d'une part, au problème des rapports du panafricanisme avec le droit international avant que ce phénomène ne soit capté par les États africains indépendants ; d'autre part, à celui de son articulation avec le droit international après que ces derniers en soient devenus les protagonistes. Cette distinction et cette distorsion dans la linéarité et la temporalité du mouvement panafricaniste interpellent quant au rapport des acteurs identifiés du panafricanisme avec le droit international : société civile internationale, peuples colonisés, États africains. Quel est le statut juridique de ces entités en droit international ? Cette question soulève celle de la problématique des sujets du droit international.

Pour comprendre le point de vue défendu ici, il est nécessaire de faire quelques rappels d'ordre général, relativement à la définition de ce qu'est un sujet du droit international. À cette interrogation, la théorie juridique répond ceci : « On dit d'une entité qu'elle constitue un sujet de droit lorsqu'elle est dotée par les normes d'un ordre juridique déterminé d'un ensemble de droits et d'obligations, ainsi que des capacités nécessaires à leur exercice[2] ». Tout système juridique, interne ou international, doit déterminer quels sont les droits et les obligations de chacun dans la société. C'est la notion de personnalité juridique qui permet d'attribuer la qualité de sujet du droit à une entité. Celle-ci consiste pour un individu ou pour une institution en la possibilité d'exercer des droits et d'être soumis à des obligations. Identifier la personnalité juridique, c'est déterminer quels sont les sujets de droit et

[1] Abdulqawi A. Yusuf, *Panafricanisme et droit international, op. cit.*, p. 79.

[2] Pierre-Marie Dupuy, Yann Kerbat, *Droit international public, op. cit.*, p. 27. ; voir sur cette problématique, Société française pour le droit international, *Le sujet en droit international,* colloque du Mans, Paris, Éditions A. Pedone, 2005.

quelles sont leurs compétences dans un système juridique donné[1]. Comme le droit interne, le droit international se caractérise par la diversité et la coexistence de sujets de droits différenciés, autant par leur nature que par leur statut juridique : « Les sujets de droit, dans un système juridique, ne sont pas nécessairement identiques quant à leur nature ou à l'étendue de leurs droits[2] ». Ainsi comprise, la qualité de sujet du droit international a été distribuée de façon fort limitative : d'abord à l'État souverain considéré comme seul sujet immédiat, originaire, du droit international ; ensuite à l'Organisation des Nations unies et par dérivation aux autres organisations internationales intergouvernementales[3], à titre de sujets médiats, dérivés, du droit international car n'accédant à la personnalité juridique internationale que par la volonté des États qui les créent[4]. En dehors de ces deux sujets reconnus du droit international, se pose la question controversée et débattue des autres entités en attente de consécration internationale en tant que sujets du droit, car comme le souligne Monique Chemillier-Gendreau, « L'arbitraire a présidé le plus souvent à la désignation des sujets du droit international [5] », ou encore « Les notions de personnalité et de capacité juridiques ont permis d'opérer un tri parmi les populations et les peuples du monde[6] ». Restent donc, de ce fait, en marge du système ces entités exclues que sont les individus ou particuliers, les peuples, les organisations non gouvernementales (ONG), les sociétés transnationales (STN), voire l'humanité. Ces acteurs non étatiques jouent néanmoins un rôle de plus en plus affirmé dans un système juridique international aujourd'hui en pleine évolution et dans lequel se pose dorénavant le problème de leur statut en tant que sujets actifs du droit international[7]. Il n'en demeure pas moins vrai que

---

[1] Jean Salmon, *Dictionnaire de droit international public,* Bruxelles, Bruylant, 2001. (voir les entrées « sujets de droit international », « personnalité juridique internationale », et « capacité juridique internationale »).

[2] CIJ, Avis consultatif, 11 avril 1949, *Réparation des dommages subis au service des Nations Unies », Rec. 1949,* p. 178.

[3] *Ibid.* p. 179 et suivantes.

[4] Patrick Daillier, Mathias Forteau, Alain Pellet, *Droit international public, op. cit.,* § 385 ; Pierre-Marie Dupuy, *Droit international public,* 9e éd., Paris, Dalloz, 2008, § 162-169 ; Jean Combacau, Serge Sur, *Droit international public,* 8e éd., Paris, Montchrestien, 2008, p. 714-717.

[5] Monique Chemillier-Gendreau, *Humanité et souverainetés..., op. cit.,* p. 74.

[6] *Ibid.,* p. 154.

[7] Pierre-Marie Dupuy, Yann Kerbat, *Droit international public, op. cit.,* p. 27-28. ; Joe Verhoeven, *Droit international public,* Bruxelles, Larcier, 2000, p. 265-266. ;

face à ce phénomène d'émergence et d'affirmation des acteurs privés dans la vie internationale, seuls les États souverains dont la prééminence n'est contestée par aucune autre entité constituent aujourd'hui encore les sujets par excellence du droit international.

Compte tenu de ces éclairages préliminaires, j'examinerai, à partir de la finalité visée par chacun des acteurs identifiés du panafricanisme, la nature des relations juridiques de ce mouvement avec le droit international. Cette perspective m'amène à articuler mon argumentation autour de trois temps forts : société civile, panafricanisme, droits civiques et droit international (Chapitre IV) ; peuples colonisés, panafricanisme, droit de la décolonisation et droit international (Chapitre V) ; États africains, panafricanisme, droit de l'unité africaine et droit international (Chapitre VI).

Franck Latty, « Ploutocratie et personnalité juridique internationale », dans Sarah Cassella, Lucie Delabie, dir., *Faut-il prendre le droit international au sérieux ?*, *op. cit.*, p. 77-90.

CHAPITRE IV

SOCIÉTÉ CIVILE PANAFRICAINE, PANAFRICANISME, DROITS CIVIQUES ET DROIT INTERNATIONAL

Il convient tout d'abord de faire observer que la société civile panafricaine, entité non étatique, est dépourvue d'un statut juridique international. Mais malgré cette absence de reconnaissance internationale, elle n'en a pas moins joué un rôle important dans les relations juridiques mondiales par l'internationalité des thématiques dont elle a été porteuse.

LA SOCIÉTÉ CIVILE PANAFRICAINE, ENTITÉ NON ÉTATIQUE SANS STATUT JURIDIQUE INTERNATIONAL

À l'origine, le panafricanisme a pris naissance à l'intérieur des formations sociales esclavagistes américaine et caribéenne, sous l'impulsion d'une poignée de leaders engagés dans la lutte contre la ségrégation et la discrimination raciales, c'est-à-dire pour la revendication des droits civiques. Ce moment initial a été marqué par l'émergence et la constitution au sein de chacune de ces nations de sociétés civiles locales composées de segments de populations opprimées et en lutte démocratique pour la reconnaissance de leurs droits bafoués. Émanant d'une volonté délibérée ou spontanée, formelles ou informelles, c'est-à-dire dotées ou pas d'un statut juridique, elles étaient soumises à l'ordre juridique interne des États esclavagistes au sein desquels elles opéraient[1]. Elles étaient, en d'autres termes, rattachées à des ordres juridiques nationaux. Ce mouvement panafricaniste originel démarre au sein d'États déjà constitués et reconnus en tant que tels comme des membres de la société

[1] Il est par exemple mentionné que l'Association Pan-Africaine créée après la Conférence panafricaine de Londres de 1900 est issue de la « fusion de l'ancienne association, avec la panafricaine, mieux organisée et qui possède une constitution, des statuts, un siège permanent établi aux 416, 61 et 62, Chancery Lane, ainsi qu'un Bureau qui devrait diffuser les faits et statistiques concernant les conditions de vie des noirs, partout où ils se trouvent », dans *Le Mouvement panafricaniste... op. cit.,* p. 51.

internationale des États. Les pays organisateurs et profiteurs des systèmes esclavagiste et colonialiste sont en effet formés en États depuis l'apparition de cette figure du politique au XVe siècle en Europe, suivie de son extension dans les autres parties du monde par l'effet de la colonisation puis de la décolonisation. Mais la revendication panafricaniste a vite débordé les cadres territoriaux nationaux pour atteindre une dimension globale par solidarité de sort de l'ensemble des peuples africains dominés. Ainsi s'est formée à l'époque une société civile internationale, ce terme pouvant s'appliquer à des mouvements sociaux antérieurs à ceux qu'il allait incarner parfois avec virulence dans la période contemporaine[1] : « On ne peut exclure que le terme de 'société civile internationale' ne soit qu'une terminologie plus 'moderne' pour désigner des phénomènes sociaux anciens sur lesquels l'attention de l'internationaliste a été attirée de longue date. Derrière l'engouement pour l'expression, ne se cache-t-il pas toujours et seulement, la manifestation d'une opinion publique internationale ?[2] ». La notion de société civile internationale, malgré sa prégnance contemporaine, est donc représentative de réalités sociales plus anciennes[3]. Vu sous cet angle, les mouvements associatifs qui se mobilisèrent internationalement dans les années 1900 et au-delà pour la défense des idéaux panafricanistes d'égalité raciale et de jouissance pour tous des droits civiques constituaient, à n'en pas douter, une société civile internationale : « La société civile n'est plus seulement nationale, elle est universelle parce que les problèmes affrontés débordent par nature les frontières [...] la société civile n'est plus seulement interne, elle devient internationale[4] ».

Faut-il pour autant classer ces mouvements dans la catégorie aujourd'hui consacrée des ONG ? Il semble bien qu'il doive en être ainsi si l'on considère là aussi la trans-historicité de cette forme de regroupement représentatif du phénomène associatif international :

---

[1] En témoignent, les manifestations lors des forums sociaux mondiaux (Porto Alegre, etc.) et des sommets des pays occidentaux les plus riches, (G7, etc.), des mouvements altermondialistes de contestation de la mondialisation néolibérale sur les plans politique, économique, social et environnemental.

[2] Sandra Szurek, « La société civile internationale et l'élaboration du droit international », *Rapport,* dans Habib Gherari, Sandra Szurek, dir., *L'émergence de la société civile internationale. Vers la privatisation du droit international ?,* Paris, Éditions Pedone, Cedin Paris X, Cahiers internationaux N°18, 2003, p. 49-50.

[3] Pierre-Marie Dupuy, « Le concept de société civile internationale, identification et genèse », *Rapport*, dans Habib Gherari, Sandra Szurek, dir., *ibid.,* p. 5-18.

[4] *Ibid.,* p. 10.

« Doit être considéré selon cette perspective, comme O.N.G., toute association de particuliers, distincte des divers gouvernements contemporains et réunissant des partenaires relevant de gouvernements différents[1] ». Comme les ONG actuelles, celles du panafricanisme initial étaient expressives d'intérêts transnationaux collectifs et satisfaisaient aux critères permettant de définir globalement une ONG : « Une *organisation non gouvernementale*, ou une association internationale est une institution créée par une initiative privée – ou mixte –, à l'exclusion de tout accord intergouvernemental, regroupant des personnes privées ou publiques, physiques ou morales, de nationalités diverses[2] ». Ces ONG panafricaines, éléments constitutifs de la société civile internationale[3] d'alors, contribuaient à la formation d'une opinion publique internationale, écho de leurs revendications catégorielles et corporatistes. La lutte pour les droits civiques qui les mobilisait s'identifiait alors au combat des « sans part[4] », de ce « ramassis des gens de rien[5] », autrement dit, des mis hors-la-loi et des exclus de la société, contre les États esclavagistes et colonialistes.

Traduisant et encadrant des réalités sociales anciennes, et substantiellement le panafricanisme, la société civile internationale et les ONG n'en demeurent pas moins, hier et encore aujourd'hui, dépourvues d'un statut juridique précis[6]. D'où le paradoxe au regard de leur foisonnement et de leur vitalité dans la vie internationale : reconnues comme acteurs mais non en tant que sujets du droit international[7]. Au vu de cette exclusion juridiquement organisée, quelle

---

[1] Claude Bontems, « Quelques réflexions sur les organisations internationales non gouvernementales à travers une perspective historique », dans Mario Bettati, Pierre-Marie Dupuy, *Les 0.N.G. et le Droit International,* Paris, Economica, 1986, p. 23-24.
[2] Patrick Daillier, Mathias Forteau, Alain Pellet, *op. cit.,* p. 711.
[3] La société civile internationale est constituée de différents autres groupes : entreprises privées citoyennes, mouvements religieux, fondations, associations sportives, syndicats, médias, etc.
[4] Jacques Rancière, *La mésentente,* Paris, Éditions Galilée, 1995, p. 62.
[5] *Ibid.,* p. 23.
[6] Olivier Audeoud, « Le statut de la société civile internationale, un statut pour les O.N.G. ? », *Rapport*, dans Habib Gherari, Sandra Szurek, dir., *op. cit.,* p. 23-32. ; Patrick Daillier, Mathias Forteau, Alain Pellet, *op. cit.,* p. 712-713.
[7] Pierre-Marie Dupuy, « Le concept de société civile internationale, identification et genèse », *Rapport*, dans Habib Gherari, Sandra Szurek, dir., *op. cit.,* p. 15-18. ; Marcel Merle, « Un imbroglio juridique : le 'statut' des OING, entre le droit international et les droits nationaux », dans *L'internationalité dans les institutions et le droit. Convergences et défis. Études offertes à Alain Plantey,* Paris, Éditions A. Pedone, 1995, p. 341-351.

peut, dès lors, dans une perspective panafricaniste, avoir été le rôle de la société civile et des ONG panafricaines dans le domaine des relations juridiques internationales ? Ont-elles été d'une quelconque influence dans l'élaboration et l'application des règles du droit international ?

La période concernée dans cette réflexion court du tournant des années 1900, début officiel du mouvement panafricaniste, jusqu'à l'année 1945 approximativement. C'est l'époque où naissent et fleurissent les internationales panafricaines avec la tenue de conférences et de congrès panafricains, comme mentionné dans la première partie de ce travail. Ces rencontres se déroulent néanmoins dans un paysage international encore marqué par la raréfaction du phénomène de la société civile et des ONG[1]. Ignoré par la Société des Nations qui n'en fait pas cas, ce type de regroupement ne connaîtra un essor qu'après 1945 sous l'influence notamment de la Charte des Nations unies qui ouvre la possibilité à l'un de ses organes principaux, le Conseil économique et social, de « prendre toutes dispositions utiles pour consulter les organisations non gouvernementales qui s'occupent de questions relevant de ses compétences » (article 71). Ainsi s'explique la fulgurance de leur développement à la suite et à la faveur de cette disposition. Mais le problème du cadre juridique international de cette catégorie de personnes privées qui se posait hier perdure à ce jour, comme il a été souligné. Dans cette perspective, il convient de relever qu'aucun des mouvements associatifs panafricains actifs en leur temps pour la défense des droits civiques n'avait reçu une consécration juridique au niveau transnational.

On s'interrogera donc, premièrement, sur la nature juridique des actes qu'elles ont été amenées à prendre dans le cadre de leurs activités. Pour l'essentiel, ceux-ci comportent une variété de désignations et sont adressés à des destinataires variés. On y compte :

- des mémorandums à l'exemple de celui de la conférence panafricaine de Londres des 23-25 juillet 1900 à « Sa Grâcieuse Majesté, Reine de la Grande-Bretagne et de l'Irlande, Impératrice de l'Inde et Défenseur de la foi[2] » dans le but d'attirer son attention sur « la situation alarmante des autochtones en Afrique du Sud[3] », et partout dans le monde : « Nous espérons que l'influence de Votre Majesté sera

[1] Steve Charnovitz, « Two Centuries of Participation : NGO's and International Governance », *Michigan Journal of International Law,* vol. 18, Iss. 2, 1997, p. 188 et suivantes.

[2] *Le mouvement panafricaniste au XXème siècle..., op. cit.,* p. 53.

[3] *Ibid.*, p. 54.

utilisée afin que ces maux sur lesquels nous venons d'attirer votre attention soient guéris, afin de promouvoir ainsi la véritable civilisation parmi vos sujets autochtones, ce que vos mémorialistes, par devoir, loueront toujours[1] ». Ce document parvint effectivement à la Reine Victoria qui fit part à la Conférence, par l'intermédiaire de son ministre de l'Intérieur, de sa disponibilité à examiner avec bienveillance les doléances qui lui avaient été adressées.

- des lettres témoignant d'une intense activité épistolaire : lettre circulaire de l'Association africaine annonçant la tenue de la conférence de 1900 fondatrice du panafricanisme dont « L'objectif serait de prendre les mesures nécessaires pour influencer l'opinion publique sur les conditions de vie et les lois qui régissent les autochtones dans plusieurs parties du monde, particulièrement en Afrique du Sud, en Afrique de l'Ouest, aux Antilles et aux États-Unis d'Amérique[2] » ; lettre à Monseigneur James Johnson, prélat de Lagos récemment élevé à la dignité d'évêque des colonies pour attirer son attention sur l'exclusion historique ayant « empêché notre race de jouir des progrès de la civilisation, les capacités et dons de nos hommes n'ont pas eu l'occasion de se développer[3] ». Par la mobilisation, ces parias mis au ban de l'humanité pourront « progresser au même rythme que nos frères blancs plus fortunés[4] ».

- des manifestes, « faisant appel à la justice, à la sagesse politique, à l'humanité des nations chrétiennes » ; on y ajoute une « adresse spéciale signée des congressistes soumis aux lois anglaises…envoyée à Sa Majesté Britannique, en protestation contre le cruel traitement infligé aux indigènes des colonies sud-africaines » dans le cadre de la conférence panafricaine de Londres de 1900[5], ou dans celui du deuxième congrès panafricain de Londres, Paris et Bruxelles en 1921.

- des mémoires, comme celui destiné « à l'empereur Ménélik et aux Présidents des Républiques d'Haïti et de Libéria, proclamés Grands Protecteurs de l'Association Pan-Africaine[6] », « afin d'attirer leur attention sur l'urgente nécessité de solidariser leurs intérêts et de combiner leurs efforts, au point de vue diplomatique, à l'effet de réagir

---

[1] *Ibid.* p. 54.
[2] *Ibid.,* p. 48.
[3] *Ibid.,* p. 49.
[4] *Ibid.*
[5] *Ibid.,* p. 62 et 63.
[6] *Ibid.,* p. 63.

contre la politique d'extermination et de dégradation qui prévaut en Europe à l'égard des noirs et de leurs dérivés[1] ».

- des requêtes et aide-mémoire déposés auprès du Gouvernement impérial, dans les administrations locales, auprès du Secrétaire d'État britannique pour les colonies et auprès de l'Empereur d'Allemagne dans le but de sensibiliser l'opinion publique internationale sur les conditions des autochtones soumis aux puissances européennes et américaine[2].

- des rapports, dont celui de Benito Sylvain sur la conférence de Londres de 1900 ayant rassemblé l'élite intellectuelle noire « afin d'examiner la situation faite à la race africaine sur tous les points du globe, de protester solennellement contre l'injuste mépris et l'odieux traitement dont on l'accable partout[3] », et « de créer enfin une direction centrale destinée à coordonner les efforts communs et à sauvegarder par une action méthodique et continue, les intérêts économiques, ainsi que les droits politiques et sociaux de leurs congénères exploités et opprimés[4] ».

- des discours et des plaidoiries délivrés lors des assises panafricaines, à l'exemple de ceux d'Isaka Seme[5].

- des déclarations, et en substance la Déclaration des droits des peuples nègres du monde, de la « Universal Negro Improvement Association, UNIA » de Marcus Garvey lors de ses congrès de 1914 et de 1920[6] ; de même que la Déclaration aux puissances coloniales et aussi la Déclaration aux peuples colonisés, toutes deux adoptées lors du cinquième congrès panafricain de Manchester en 1945.

- des résolutions : de la Société anti-esclavagiste britannique, du Comité pour la protection des races indigènes et la lutte contre le trafic d'alcool, de la Société de protection des aborigènes, de la Société des amis des Noirs[7] ; mais aussi celles prises par exemple lors des congrès panafricains, notamment celui de Manchester en 1945.

Il convient de s'interroger, deuxièmement, sur la portée juridique de ces actes. Sont-ils créateurs d'obligations juridiques pour les sujets et les acteurs des relations internationales ? Émanant de la société civile,

[1] *Ibid.*
[2] *Ibid.*, p. 48.
[3] *Ibid.*, p. 57.
[4] *Ibid.*
[5] *Ibid.*, p. 70.
[6] *Ibid.*, p. 87.
[7] *Ibid.*, p. 52 et 53.

entité non-sujet du droit international comme spécifié précédemment, ils ne pouvaient bien évidemment pas être dotés d'une quelconque force contraignante à l'égard des sujets reconnus du droit international, États et organisations internationales interétatiques ; ni même à l'égard des autres entités non étatiques. Mais au travers de ces actes était développé et véhiculé un discours moral accusateur des puissances esclavagistes dans leurs pratiques discriminantes contre les peuples africains. Ils sont alors chargés d'un fort symbolisme idéologique qui va imprégner et saturer la sphère des relations internationales de l'époque, et ainsi préparer les mentalités au dépassement des contradictions et des dysfonctionnements qu'ils révèlent et dénoncent. Ce discours protestataire anticipe sur le futur et vise un renversement du rapport de force entre les réalités présentes et celles projetées : là est la puissance transformatrice et révolutionnaire de l'idéologie. C'est ainsi par exemple que la culpabilisation des États-Unis par la société civile américaine et internationale lors de la guerre du Vietnam a contribué à accélérer la fin de cette tragédie par le désengagement contraint des forces américaines pourtant supérieures militairement. C'est par le même effet que la dénonciation internationale du colonialisme a débouché sur le renversement du rapport de force au sein des Nations unies où s'est dégagée peu à peu une majorité pour la fin de la colonisation. C'est toujours par l'arme du discours idéologique que les campagnes pour les droits civiques aux États-Unis ont eu gain de cause et atteint leur objectif, l'abolition des lois raciales. Il en a été de même avec la mobilisation internationale contre l'odieuse politique de l'apartheid en Afrique du Sud. Dans tous ces cas, les victoires ont d'abord été remportées par le retournement de l'opinion publique qui devient alors une alliée dans la défense de la cause pour laquelle on se bat.

Si les actes émis par les associations panafricaines avaient été reconnus comme étant juridiques, on aurait pu les ranger dans la catégorie des normes de droit déclamatoire, de « soft law », de « droit mou », ou d'autres appellations similaires, c'est-à-dire des règles sans effet pratique car inaptes à changer les situations sociales conflictuelles, contrairement à celles du droit exécutoire qui s'applique, parce que revêtus de force obligatoire présumée à l'égard de leurs destinataires[1].

---

[1] Filippa Chatzistavrou, « L'usage du 'soft law' dans le système juridique international et ses implications sémantiques et pratiques sur la notion de règle de droit », *Le Portique. Revue de philosophie et de sciences humaines,* 15 / 2005, « La loi ».

Ainsi fonctionne la règle de droit : elle s'applique si elle a pour résultat le dépassement de la contradiction sociale qu'elle a pour objet de résoudre ; elle est par contre sans effet si cette contradiction n'est pas résolue et persiste.

Il faut maintenant aborder le problème de l'interrelation du droit international avec les thématiques développées et endossées par la société civile internationale et les ONG panafricaines.

L'INTERNATIONALITÉ DES THÉMATIQUES DE LA SOCIÉTÉ CIVILE ET DES ONG PANAFRICAINES, DES DROITS CIVIQUES AUX DROITS DE L'HOMME

Cet aspect interroge quant au contenu matériel du mouvement panafricain, en se référant notamment à son discours et à ses actes tels qu'ils ont été énoncés plus haut. En effet ceux-ci doivent être considérés comme un moyen au service d'un but. Dans cette perspective, quelle en est l'intentionnalité et la finalité ? Quel est l'ordre social qu'ils visent à instaurer ? Nous avons vu que les associations du panafricanisme naissant avaient pour objet prépondérant de promouvoir les droits civiques des populations noires en combattant toutes les formes de ségrégation et de racisme dont celles-ci étaient victimes dans les sociétés esclavagistes et colonialistes ; d'où leur forte mobilisation politique à l'échelon international. Société civile et ONG ont ainsi pu diffuser à grande échelle un discours qui s'opposait à l'ordre juridique des gouvernements émetteurs d'une législation d'exclusion et tolérant des pratiques discriminantes. En ce sens, « Elles sont alors la traduction d'un conflit idéologique et/ou matériel entre les particuliers et le pouvoir public[1] ». Elles visaient, en d'autres termes, à renverser un ordre juridique établi et à le supplanter par un autre qui leur serait favorable par la prise en compte, par les pouvoirs publics, de leurs revendications et la traduction de celles-ci en normes juridiques car « la société civile a besoin des institutions de l'État pour transformer ses réclamations et ses revendications en règles de droit[2] ». La plupart des législations d'abolition de la discrimination raciale au sein des sociétés esclavagistes procèdent de l'action de cette société civile et de ces ONG

[1] Claude Bontems, *art. cit.,* p. 25.

[2] Benoît Frydman, « Habermas et la société civile contemporaine », dans Benoît Frydman, *op. cit.,* p. 140.

panafricaines, combinée avec l'engagement militant des organisations philanthropiques et abolitionnistes qui se mobilisèrent aussi pour dénoncer les lois raciales et soutenir la cause des Noirs opprimés. Mais leur action a aussi impacté de manière non négligeable l'évolution du système juridique international par le tissage de la thématique des droits civiques dont elles étaient porteuses avec celle de la mystique des droits de l'homme et des droits fondamentaux. La résonnance contemporaine des préoccupations égalitaristes et humanistes du panafricanisme débutant se dévoile dans la problématique des droits de l'homme devenue redondante après la Deuxième Guerre mondiale[1].

Au sortir de ce conflit, l'humanité découvre en effet avec stupeur les horreurs qui en ont découlé et que révèlent notamment les camps de concentration et d'extermination nazis. Se manifeste alors dans la communauté mondiale d'après-guerre la volonté de garantir au genre humain dans son ensemble le bénéfice de droits inaliénables. C'est ainsi que l'individu va se trouver placé au centre d'un système juridique universaliste de promotion et de protection des droits de l'homme. Les annonces de la Charte des Nations unies, la nouvelle organisation mondiale, en témoignent : elle proclame la « foi dans les droits fondamentaux de l'homme, dans la dignité et la valeur de la personne humaine, dans l'égalité de droits des hommes et des femmes, ainsi que des nations grandes ou petites » (préambule, alinéa 2), la volonté d'encourager « le respect des droits de l'homme et des libertés fondamentales pour tous, sans distinctions de race, de sexe, de langue ou de religion » (article 1er § 3). Mais l'énoncé d'une pensée des droits de l'homme encore balbutiante allait se préciser lorsque fut adoptée en 1948 la Déclaration universelle des Droits de l'Homme englobant « tous les membres de la famille humaine » (préambule, alinéa 1) et « considérant qu'il est essentiel que les droits de l'homme soient protégés par un régime de droit pour que l'homme ne soit pas contraint, en suprême recours, à la révolte contre la tyrannie et l'oppression » (préambule, alinéa 3). La juridicisation naissante des droits de l'homme passe aussi par la notion de crime contre l'humanité. Il faut considérer pour l'instant comme acquis, selon la pensée dominante, que c'est seulement dans le sillage de la fin de la Seconde Guerre mondiale que ce concept est apparu avec l'adoption de l'Accord de Londres du 8 août

---

[1] Jan Herman Burgers, « The Road to San Francisco : The Revival of the Human Rights Idea in the Twentieth Century », *Human Rights Quaterly,* vol. 14, N°4, (Nov. 1992), p. 447-477.

1945 portant Statut du Tribunal de Nuremberg[1]. Il s'agissait alors, au travers de ce dispositif juridique et judiciaire, de sanctionner les violations des droits de l'homme commises pendant la Deuxième Guerre mondiale et d'organiser un système de responsabilité pénale en droit international par la définition et la répression des crimes internationaux. On laissera également ignorée pour le moment la question essentielle de la jouissance réelle par l'individu de ces droits proclamés universellement, et sa dépendance paradoxale à l'État auquel incombe leur mise en œuvre par la conformation nécessaire de sa loi et de ses pratiques policières à cette obligation internationale. On se contentera de relever pour l'instant que ce corpus juridique de promotion et de protection des droits de l'homme s'enrichira des Pactes internationaux adoptés en 1966 et entrés en vigueur en 1976 : Pacte international relatif aux droits civils et politiques, et Pacte international relatifs aux droits économiques, sociaux et culturels, instruments juridiques à valeur contraignante contrairement à la Déclaration universelle à portée juridique faible car assimilée à une simple recommandation. D'autres textes internationaux complètent ce corpus initial du droit international des droits de l'homme dans des domaines spécifiques : notamment ceux portant sur l'interdiction du génocide, de la torture, des discriminations, ou d'autres sur le droit humanitaire en cas de conflits armés, sur la répression des crimes internationaux, sur les droits des femmes, des enfants, sur les minorités, les populations autochtones, etc.

Il est essentiel de souligner que la société civile internationale et les ONG panafricaines ont joué un rôle de premier plan dans ce mouvement des droits de l'homme tel qu'il s'est amorcé à la fin de ce deuxième conflit mondial. Lorsque s'achève la guerre en 1945, les revendications du mouvement panafricain pour les droits civiques vont se transformer en exigence pour les droits de l'homme : « Les leaders africains américains, emmenés par la NAACP, ont perçu une opportunité pour lancer une offensive visant à dénoncer les conditions de la ségrégation et de l'inégalité aux États-Unis. Ils avaient pour objectif non pas les droits civiques, mais les droits de l'homme[2]». Mais de quoi s'agit-il

[1] Henri Donnedieu de Vabres, « Le procès de Nuremberg devant les principes modernes du droit pénal international », *RCADI,* 1947-I, vol. 70, p. 481-581 ; voir aussi Valéry Pratt, *Nuremberg, les droits de l'homme, le cosmopolitisme. Pour une philosophie du droit international,* Lormont, Éditions Le Bord de l'Eau, 2018.

[2] "American African leaders, led by the NAACP, sensed the opportunity to launch an offensive against the conditions of segregation and inequality in the United States.

précisément lorsque l'on évoque les droits de l'homme ? Déconstruisant et démontant le mythe largement répandu et surfait de la France « patrie des droits de l'homme », Frédéric Rouvillois explique que ceux-ci peuvent être définis de deux manières. On peut, d'une part, les concevoir comme des « droits naturels », inaliénables, intangibles, que possède tout homme de par son appartenance au genre humain et qui ne sont conditionnés par aucune loi ; préexistants à tout pouvoir souverain, ils ne peuvent faire l'objet d'une remise en cause par qui que ce soit[1]. On peut, d'autre part, estimer que les droits de l'homme procèdent de la seule volonté du législateur qui accorde à l'individu la jouissance de certaines facultés et droits objectifs ; ils se confondent dans ce cas avec les libertés publiques, concept qui fait prévaloir la souveraineté du législateur sur les droits formulés et octroyés. Le dépassement de la notion de libertés publiques entachée d'arbitraire et de subjectivité étatiques s'opère par le passage à celle de droits fondamentaux « puisque les droits et libertés sont protégés contre le législateur par des normes constitutionnelles, européennes et internationales[2] ». Les libertés publiques comme les droits civiques demeurent sous l'influence et l'emprise de l'État. Les libertés fondamentales et les droits de l'homme sont dotés d'un fondement constitutionnel ou conventionnel et acquièrent de ce fait une supériorité dans la hiérarchie des normes. La revendication des droits de l'homme par le mouvement panafricain était fondée en raison car ayant pour finalités, au travers de cette thématique, d'affirmer l'appartenance au genre humain des peuples noirs opprimés, et de soustraire les droits revendiqués de l'arbitraire des législations nationales. Cette mutation du combat initial pour les droits civiques en une demande universelle pour les droits de l'homme a mobilisé la communauté panafricaine à un moment où l'humanité, sortie d'une guerre d'ampleur mondiale et désastreuse à tous points de vue, tentait de se reconstruire sur le fondement de nouvelles valeurs morales. On en conclut, dépassant l'analyse de Frédéric Rouvillois, que les droits de l'homme ne sont ni des droits naturels, ni des droits octroyés, mais des droits conquis au

---

The 'prize' they sought was not civil rights, it was human rights", Carol Anderson, *Eyes off the Prize. The United Nations and the African American Struggle for Human Rights, 1944-1955,* Cambridge University Press, 2003.

[1] Acception défendue par tout le courant du jusnaturalisme

[2] Frédéric Louvillois, *Libertés fondamentales,* 2e édition, Paris, Flammarion, « champs université », 2016, p. 20.

terme d'une mobilisation militante de divers segments de la société. Les droits n'existent que parce qu'ils sont revendiqués et ensuite assumés.

Le rôle de la NAACP fut déterminant à cet effet. On rappellera que cette puissante et influente organisation américaine de défense des droits civiques a été fondée en 1909 sur les cendres du Niagara Movement créé par William Edward Burghart Du Bois en 1905 pour la même cause. Après la guerre, les leaders de cette association considéraient qu'il était nécessaire d'articuler leur combat avec celui des droits de l'homme, car seuls à même de préserver la communauté afro-américaine de la discrimination raciale et de réparer le dommage causé par des siècles de sa mise en esclavage[1]. Elle noua à cet effet des contacts avec Eleanor Roosevelt, épouse du président américain démocrate Franklin Delano Roosevelt ainsi qu'avec Harry Truman qui avait succédé à ce dernier à la Maison Blanche en 1945. Considérée comme une « amie des Nègres », Eleanor Roosevelt fut présidente de la Commission des Nations unies chargée de rédiger la Déclaration universelle des droits de l'homme. Mais il semble cependant que bien que mobilisés et actifs au plan national dans le combat pour les droits civiques et l'égalité raciale, Eleanor Roosevelt et Harry Truman n'étaient pas pour autant prêts et préparés à porter et relayer cette cause au niveau international[2]. L'activisme et le militantisme de la NAACP allaient suppléer cette hésitation et cette tiédeur des deux leaders américains. Aussi, la NAACP qui avait parrainé une conférence coloniale en mars et avril 1945, obtint-elle le statut de consultant officiel à la conférence fondatrice de la nouvelle organisation mondiale qui se tenait à San Francisco. Mue par la volonté d'y exposer le problème des Afro-Américains et des peuples coloniaux, elle fut, forte du mandat qui lui était ainsi reconnue, amenée à enquêter à cet effet auprès de cent-cinquante et une (151) organisations pour recueillir leurs opinions sur la discrimination raciale et l'abolition du colonialisme. Ces idées furent présentées à San Francisco dans le cadre de la nouvelle organisation mondiale en cours de création ; elles traduisent le retournement et la transformation du combat pour les droits civiques en combat pour les droits de l'homme : « Vers la fin de la Seconde Guerre mondiale, la NAACP…Tout en poursuivant sa mission de défense des droits civiques, l'Association, saisissant l'opportunité offerte par la

---

[1] Carol Anderson, *op. cit.,* plus particulièrement le chapitre 1 « Beyond Civil Rights. The NAACP, the United Nations, and Redefining the Struggle for Black Equality », p. 8-57.

[2] *Ibid.,* p. 2.

création des Nations unies et la répulsion mondiale suscitée par l'l'Holocauste, a élargi sa vision et ses objectifs pour y inclure les droits de l'homme [1] ». Ce changement de perspective donna lieu à une nouvelle stratégie : « Ainsi, la NAACP, de concert avec d'autres organisations présentes à la Conférence de San Francisco, a exercé une pression énorme visant à forcer les États-Unis à accepter d'inclure les droits de l'homme dans la Charte des Nations des Unies[2] ». Ce lobbying pressant auprès des Nations unies naissantes était d'autant plus nécessaire que le projet de la charte de cette future organisation mondiale rédigé par les grandes puissances ne mentionnait pas le sujet des droits de l'homme[3]. Ce sont donc les représentants des ONG qui ont poussé à l'inscription des droits de l'homme dans la Charte des Nations unies. En ce sens, le rôle de la société civile a été déterminant dans la création et l'élaboration des règles du droit international. D'autres organisations de la société civile panafricaine en matière de défense des droits de l'homme et la visibilité de cette problématique à l'échelon universel ont été représentées à la conférence constitutive de l'Organisation des Nations unies (ONU), notamment celles pour la promotion des droits des femmes dont le combat était enraciné dans la longue durée historique[4].

Ainsi, contrairement à ce qui est généralement affirmé, la lutte pour les droits de l'homme au niveau international n'est pas concomitante ni contemporaine à la création des Nations unies en 1945. Il y'a eu un avant-discours des droits de l'homme qui trouve ses racines des siècles bien avant, dans la répression internationale du commerce des esclaves avec laquelle apparaissent, avant le processus de Nuremberg, les premiers tribunaux pénaux internationaux. Une démonstration magistrale de cette restitution de la vérité historique est faite par Jenny S. Martinez dans son livre où elle révèle l'existence de ces prétoires internationaux oubliés, ignorés et occultés : « Mais plus d'un siècle

---

[1] *Ibid.*, p. 273.

[2] *Ibid.*

[3] Jenny S. Martinez, *The Slave Trade and the Origins of International Human Rights Law,* Oxford University Press, 2011, p. 152, note 11.

[4] Dorothy B. Robins, *Experiment in Democracy : The Story of U.S. Citizen Organizations in Forging the Charter of the United Nations,* New York, Parkside Press, 1971, p. 209 ; Judith Resnik, « Sisterhood, Slavery, and Sovereignty : Transnational Antislavery Work and Women's Rights Movements in the United States During the Twentieth Century », dans Kathryn Kish Sklar, James Brewer Stewart, eds., *Women's Rights and Transatlantic Antislavery in the Era of Emancipation,* New Haven, Yale University Press, 2007, p. 19-54.

avant Nuremberg, des tribunaux internationaux en Sierra Leone, à Cuba, au Brésil et dans d'autres lieux autour de l'Atlantique se sont prononcés sur des affaires relatives au commerce des esclaves, crime originel contre l'humanité[1] ». Autour de l'année 1840, rapporte-t-elle, avait été institué, comme une brèche dans le système esclavagiste, un dispositif de mise hors-la-loi et de répression des crimes internationaux basé sur l'application de traités internationaux de protection des droits de l'homme signés par plus de vingt nations, puissances maritimes de l'époque. L'esclavage avait déjà reçu dès ce temps-là, la qualification juridique de crime international et sa répression judiciaire passait par les prétoires internationaux de défense des droits de l'homme appelés « Commissions mixtes » : « parce que composés de juges de différents pays, les tribunaux de la traite des esclaves siégeaient en permanence et appliquaient le droit international. Leurs objectifs étaient humanitaires[2] ». En ce sens, ils apparaissent comme étant précurseurs de phénomènes manifestés à la fin de la Deuxième Guerre mondiale : « L'histoire de la répression de la traite transatlantique des esclaves a des implications pour un certain nombre de débats contemporains sur le droit international. La plupart des juristes considèrent les tribunaux internationaux et le droit international des droits de l'homme comme des phénomènes postérieurs à la Seconde Guerre mondiale[3] ». L'auteur s'attache alors à rétablir une vérité historique : « Mais en fait, le mouvement d'abolition de l'esclavage au XIXe siècle a été la première campagne internationale réussie en faveur des droits de l'homme, et les traités et les tribunaux internationaux en ont été les éléments centraux[4] ». Et de poursuivre : « En effet, même l'expression 'crime contre l'humanité' – qui est devenue célèbre à cause de son utilisation lors des procès de Nuremberg des criminels de guerre nazi – a été utilisé

[1] "But more than a century before Nuremberg, international courts in Sierra Leone, Cuba, Brazil and others places around the Atlantic heard cases related to the slave trade, the original *crime against humanity*", Jenny S. Martinez, *op. cit.*, p. 6.

[2] "because they consisted of judges from different countries, the slave trade tribunals sat on a permanent, continuing basis, and they applied international law. The courts explicitly aimed to promote humanitarian objectives", *Ibid.*, p. 6.

[3] "The history of the suppression of the transatlantic slave trade has implications for a number of contemporary debates about international law. Most legal scholars view international courts and international human rights law largely as post-World War II phenomena", *Ibid.*, p. 13-14.

[4] "But in fact, the nineteenth-century slavery abolition movement was the first successful international human rights campaign, and international treaties and courts were its central features", *Ibid.*

au XIXe siècle pour décrire la traite des esclaves[1] ». Démonstration est ainsi faite de l'antériorité de la revendication des droits de l'homme par rapport à la date de création des Nations unies et de la liaison indissoluble du mouvement panafricain avec le combat contemporain pour ce sujet.

La société civile panafricaine d'Afrique s'est aussi distinguée par son intérêt pour la cause des droits de l'homme. À preuve, l'appel par un groupe de juristes africains réunis en janvier 1961 à Lagos (Nigéria) à « étudier la possibilité d'adopter une Convention africaine des droits de l'homme prévoyant notamment la création d'un tribunal approprié et des voies de recours ouvertes à toutes les personnes relevant de la justice des États signataires[2] ». Cette interpellation qui reprenait une proposition faite en 1943 par Nnamdi Azikiwe[3] ne fut pas entendue à ce moment-là par les États prioritairement attelés à la consolidation de leurs jeunes nations. Mais le panafricanisme d'Afrique intégrera plus tard cette dimension, et sa phase actuelle est marquée de l'empreinte de la thématique des droits de l'homme héritée de la longue histoire de l'antiesclavagisme et de l'anticolonialisme. En témoignent non seulement l'adhésion des États africains aux instruments internationaux de promotion et de défense des droits fondamentaux[4], mais aussi l'adoption au niveau régional africain de textes juridiques de cette nature et de même objet[5].

Si la société civile et les ONG panafricaines ont exercé une influence déterminante dans la mise en place d'un système juridique et judiciaire international de promotion et de défense des droits de l'homme, leur influence aura par contre été négligeable sinon inexistante dans l'application de ces nouvelles normes universelles. Cette dernière

---

[1] "Indeed, even the phrase *crimes against humanity* – which came to modern fame based on its use at the Nuremberg trials of Nazi war criminals – was used in the nineteenth century to describe the slave trade", *Ibid.*

[2] Congrès africain sur la primauté du droit, « Loi de Lagos », janvier 1961, par. 4, cité par Abdulqawi A. Yusuf, *Panafricanisme et droit international, op. cit.*, p. 136.

[3] Pierre-François Gonidec, « Existe-t-il un droit international africain ? », *Revue africaine de droit international et comparé (RADIC),* 5, 1993, p. 243-259 ; Nnamdi Azikiwe, « L'avenir du panafricanisme », *Présence africaine. Revue culturelle du monde noir,* N° 40, 1er trimestre 1962, p. 5-31.

[4] La plupart des constitutions des États africains se réfèrent à la Charte des Nations unies et à la Déclaration universelle des droits de l'homme. Ces États ont par ailleurs adhéré aux différentes conventions internationales de promotion et de défense des droits de l'homme.

[5] Adoption en 1981 de la Charte africaine des droits de l'homme et des peuples.

prérogative revient en effet, dans ce domaine comme dans bien d'autres saisis par les associations civiles internationales, aux seuls États souverains[1] par le moyen de leurs appareils législatif, judiciaire et policier. D'où le paradoxe des droits de l'homme certes formulés internationalement, mais dont l'application est soumise à la discrétion des États qui peuvent donc faire écran à leur jouissance par l'individu. Pointant du doigt, dans l'entre-deux-guerres et à la fin de la Deuxième Guerre mondiale, la dramatique situation des apatrides, des réfugiés et des émigrés, populations privées de droits parce que privées d'État, Hannah Arendt dénonçait ce qu'elle appelait alors « la fin des droits de l'homme[2] » ; elle déplorait ainsi le fait que le bénéfice et la mise en œuvre des droits de l'homme dépendent du bon vouloir de l'État au lieu de procéder du seul fait de l'appartenance de l'individu au genre humain. Se révèlent ainsi la faiblesse, l'incertitude et l'inefficacité de l'édifice des droits de l'homme dans la mesure où chaque texte y relatif est signé par un nombre variable d'États par l'instrument du traité qui limite le droit international à des accords interétatiques. Le traité, expression de la souveraineté de l'État, ne favorise pas l'universalisation du droit international ; il contribue plutôt à la diversification des engagements internationaux des sujets étatiques. D'où la nécessité de promouvoir un droit extracontractuel.

Il faut, en guise de conclusion, relever les deux points saillants suivants : d'une part, la place marginale de la société civile internationale panafricaine dans son rapport avec le droit international à cause de son exclusion juridiquement actée en tant que sujet des relations internationales ; d'autre part, son rôle pionnier dans la création des normes du droit international par la tresse de son exigence initiale des droits civiques avec la thématique des droits de l'homme devenue universelle à la fin de la Deuxième Guerre mondiale. Panafricanisme et droit international entretiennent ainsi, par le biais de la société civile internationale panafricaine en revendication des droits civiques puis fondamentaux, des relations certes complexes parce que non clarifiées, mais néanmoins dynamiques.

---

[1] Raymond Ranjeva, « Les organisations non gouvernementales et la mise en œuvre du droit international », *RCADI,* 1997, tome 270, p. 9-106. ; Isabelle Soumy, *L'accès des organisations non gouvernementales aux juridictions internationales,* Bruxelles, Bruylant, 2008. ; Jean Matringe, « Les effets juridiques internationaux des engagements des personnes privées », dans Société internationale pour le droit international, *Le sujet en droit international, op., cit.* p. 117-156.

[2] Hannah Arendt, *Les origines du totalitarisme..., op. cit.,* p. 272.

CHAPITRE V

PEUPLES COLONISÉS, PANAFRICANISME, DROIT DE LA DÉCOLONISATION ET DROIT INTERNATIONAL

Lorsque les peuples africains colonisés font leur entrée sur la scène du panafricanisme, c'est avec l'objectif précis de rompre le joug de la domination coloniale et d'accéder à l'indépendance. Il leur fallait pour cela déconstruire le droit international classique d'essence européenne et occidentale à la formation duquel ils n'avaient pas participé et qui avait permis leur mise en captivité et en dépendance[1]. À ce droit de la conquête et de la colonisation, dont la substance et les ressorts ont été exposés dans des développements précédents, se substituera ainsi un droit de la décolonisation. Ce droit nouveau avec visée de l'indépendance se construit et s'articule autour de la notion du droit des peuples à disposer d'eux-mêmes. La revendication par ces groupes humains de la prise en charge et de la maîtrise, par eux-mêmes, de leur destin comporte une dimension politique et une dimension économique.

LE DROIT DES PEUPLES À DISPOSER D'EUX-MÊMES, UN DROIT DE LA DÉCOLONISATION À FINALITÉ D'ÉMANCIPATION POLITIQUE

Le droit des peuples à disposer d'eux-mêmes encore désigné droit à l'autodétermination[2], est une des règles fondamentales du droit international consacrée par de nombreuses dispositions juridiques et considérée par la Cour internationale de justice comme ayant un caractère *erga omnes*, c'est-à-dire d'une norme opposable à tous[3]. Mais malgré sa reconnaissance internationale, cette norme reste néanmoins empêtrée dans de nombreuses ambiguïtés qui ne facilitent ni sa

---

[1] Ahmed Mahiou, « L'Afrique et la C.I.J. : un bref aperçu de la pratique », dans *L'Afrique et le droit international. Variations sur l'organisation internationale. En l'honneur de Raymond Ranjeva. Liber Amicorum,* Paris, Éditions A. Pedone, 2013, p. 191-204 ; Abdulqawi A. Yusuf, *Panafricanisme et droit international, op. cit.,* p. 47.

[2] Jean Salmon, dir., *Dictionnaire de droit international public, op. cit.* ; voir les entrées « Droit à l'autodétermination », p. 369, « Droit des peuples à disposer d'eux-mêmes », p. 379.

[3] CIJ, « Timor Oriental », Arrêt du 30 juin 1995, *Recueil* 1995, § 29, p. 102.

compréhension ni son application. Il convient donc de l'apprécier d'une part, au regard de ses origines historiques, de ses fondements juridiques ainsi que de son contenu ; d'autre part, de son appropriation par les peuples africains colonisés en exigence d'indépendance ; enfin, de son interprétation par le juge international.

LE DROIT DES PEUPLES À DISPOSER D'EUX-MÊMES : HISTOIRE, FONDEMENTS JURIDIQUES, CONTENU

Le droit des peuples à disposer d'eux-mêmes en tant que notion émerge de l'histoire mouvementée des collectivités humaines opprimées et en revendication de leur liberté. Il est en germe dans les luttes politiques et sociales qui ont jalonné l'histoire des sociétés humaines, et particulièrement dans la Révolution américaine de laquelle est issue la Déclaration d'indépendance du 4 juillet 1776[1] et dans la Révolution française[2] qui accouchera de la Déclaration des droits de l'homme et du citoyen de 1789. Le droit des peuples à disposer d'eux-mêmes inspirera ensuite, dans le contexte de la formation des nations européennes au XIXe siècle, le principe des nationalités entendu comme étant « l'affirmation du droit d'une nationalité opprimée à revendiquer sa liberté contre un État oppresseur[3] ». Le 8 janvier 1918, le président américain Thomas Woodrow Wilson l'évoque dans son discours en quatorze points devant le Congrès. Définissant les principes d'une paix durable après le premier conflit mondial, il y préconise « un arrangement librement débattu, dans un esprit large et absolument impartial, de toutes les revendications coloniales, basé sur la stricte observation du principe que, dans le règlement de ces questions de souveraineté, les intérêts des populations en jeu pèseront d'un même

[1] Elle déclare en substance : « Lorsque, dans le cours des évènements humains, il devient nécessaire pour un peuple de dissoudre les liens politiques qui l'unissent à un autre et de prendre parmi les puissances de la Terre, la place séparée et égale à laquelle les lois de la nature et du Dieu de la nature lui donnent droit, le respect dû à l'opinion de l'Humanité l'oblige à déclarer les causes qui le déterminent à la séparation ».
[2] Pierre-Marie Dupuy, Yann Kerbat, *Droit international public, op. cit.,* p. 49.
[3] Louis Le Fur, *Précis de droit international public, op. cit.,* p. 48. ; voir aussi Louis Le Fur, *Races, Nationalités, États,* Paris, Alcan, 1922. ; René Johannet, *Le principe des nationalités,* Paris, Librairie nationale, 1918. ; Robert Redslob, *Le principe des nationalités,* Paris, Librairie du Recueil Sirey, 1930. ; Alexandre De Stieglitz, *De l'équilibre politique. Du légitimisme et du principe des nationalités,* Tome Deuxième, Paris, A. Durand et Pedone-Lauriel Éditeurs, 1894.

poids que les revendications équitables du gouvernement dont le titre sera à définir » (5e point).

Le Pacte de la Société des Nations, première organisation à but politique et à vocation universelle, du 28 juin 1919 ne renferme cependant aucune formulation précise de ce principe, et le système des mandats qu'il institue accrédite plutôt l'idée que la colonisation est une œuvre missionnaire et d'humanité dont le but est de conduire, sous la responsabilité des nations développées, les peuples qualifiés comme arriérés à la modernité de la civilisation, selon la conception occidentale et européocentrique de ce concept (article 22 § 1 et 2). Mais il n'en demeure pas moins que le Pacte de la SDN constitue une première remise en cause du régime, en cours jusque-là, de domination internationale et d'assujettissement des peuples, dans la mesure où il institue un régime de garantie d'accès à l'indépendance, même si c'est au terme d'une période probatoire imposée à ces peuples auxquels s'appliquent alors différentes catégories de mandats (A, B, C).

C'est la Charte des Nations unies, la nouvelle organisation universelle créée en 1945 au sortir de la Seconde Guerre mondiale qui mentionne expressément le principe de la libre détermination des peuples et en fait une norme fondamentale du droit international. Ce texte énonce comme l'un des buts des Nations unies, le développement « entre les nations des relations amicales fondées sur le respect du principe de l'égalité de droits des peuples et de leur droit à disposer d'eux-mêmes » (article 1 § 2). Dans le même sillage, précision est apportée dans l'article 55 de ce texte que les Nations unies œuvrent en matière de coopération économique et sociale internationale « en vue de créer les conditions de stabilité et de bien-être nécessaires pour assurer entre les nations des relations pacifiques et amicales fondées sur le respect du principe de l'égalité des droits des peuples et de leur droit à disposer d'eux-mêmes ». Des résolutions ultérieures des Nations unies émanant principalement de l'Assemblée générale vont contribuer à inscrire le droit des peuples à disposer d'eux-mêmes dans la catégorie des normes de droit positif : résolution 1514 (XV) du 14 décembre 1960 (Déclaration sur l'octroi de l'indépendance aux pays et aux peuples coloniaux) qui affirme : « Tous les peuples ont le droit de libre détermination ; en vertu de ce droit, ils déterminent librement leur statut politique et poursuivent librement leur développement économique, social et culturel », texte dont la mise en œuvre nécessita en 1961 la création au sein des Nations unies d'un Comité spécial en charge de la décolonisation [1] ; résolution 2625 (XXV) du 24 octobre 1970 (Déclaration relative aux principes du droit international touchant les relations amicales et la coopération entre les États conformément à la Charte des Nations unies) qui reconnaît « le principe de l'égalité de droits des peuples et de leur droit à disposer d'eux-mêmes ». Puis viennent le 16 décembre 1966 deux textes à valeur contraignante, le Pacte international relatif aux droits civils et politiques, et le Pacte international relatif aux droits économiques, sociaux et culturels, dont les articles premiers sont rédigés en des termes identiques : « Tous les peuples ont le droit de disposer d'eux-mêmes. En vertu de ce droit, ils déterminent librement leur statut politique et assurent librement leur développement économique, social et culturel ». Bien que formulé explicitement, on n'a pas manqué de souligner à juste titre l'imprécision du principe d'autodétermination quant à la définition de ses bénéficiaires et quant à son contenu[2].

Mais que sont ces peuples censés faire usage de leur droit à l'autodétermination ? Existe-t-il, au regard du droit international, une définition du peuple ? Pas plus que la notion de nationalité qui avait prévalu dans les recompositions territoriales en Europe au XIXe siècle, celle de peuple n'a reçu à ce jour aucune définition claire permettant de déterminer juridiquement ce qu'est un peuple. Le terme peuple rejoint ainsi, par son indétermination, d'autres concepts du droit international pourtant largement usités : « Si l'État est une construction abstraite, si la nation est une projection idéologique, le peuple, lui, serait le substrat réel, concret, qui légitimerait l'État. Mais encore faut-il souscrire au mythe des peuples naturels. Or ce mythe ne résiste à aucune analyse scientifique et le critère du peuple se révèle tout aussi introuvable que celui de l'État[3] ». En effet, il n'y a pas une homogénéité réelle, immuable, entre les groupes humains, fussent-ils d'un même État et fussent-ils identifiables par des critères communs tels que le lien ancestral, la langue, les traditions, etc. Par ailleurs des populations présentant des caractéristiques culturelles identiques peuvent être éparpillées dans plusieurs États, signe évident de la dissociation entre la nation et l'État. La classification des collectivités humaines dans la catégorie de peuple à partir de traits physiques ou spirituels communs

---

[1] Maurice Barbier, *Le Comité de décolonisation des Nations Unies,* Paris, LGDJ, 1974.

[2] Pierre-Marie Dupuy, Yann Kerbat, *Droit international public, op. cit.*, p. 49.

[3] Monique Chemillier-Gendreau, *De la guerre à la communauté universelle..., op. cit.,* p. 126.

n'est donc pas évidente ni pertinente. C'est dans le contexte historique de la décolonisation que le mot peuple recevra une signification fonctionnelle. Il a été admis que pouvait se prévaloir de la qualité de peuple toute population placée en situation de domination coloniale et ayant de ce fait vocation à exercer son droit à l'autodétermination, comme en témoignent les nombreuses stipulations des résolutions 1514 (XV) et 2625 (XXV) précitées. Aussi le colonialisme sous toutes ses formes est-il condamné sans équivoque, et assiste-t-on à la mutation du principe des peuples à disposer d'eux-mêmes en un véritable droit des peuples à disposer d'eux-mêmes[1], c'est-à-dire une obligation faite aux puissances coloniales de décoloniser : « Les conditions historiques dans lesquelles le droit des peuples à disposer d'eux-mêmes a été appliqué dans le cadre des Nations Unies à partir du milieu des années cinquante l'ont en pratique ramené à l'exercice du droit à la décolonisation[2] ». C'est dans la revendication de son droit à l'autodétermination face au refus des puissances coloniales de décoloniser qu'un groupe humain dominé, usant au besoin de son droit de résistance[3], acquiert le statut de peuple : « un peuple se définit dans et par l'action et le sacrifice et d'aucune autre manière…le peuple témoigne de lui-même par l'action révolutionnaire, en vue de mettre fin à telle ou telle forme d'aliénation[4] ». Les modes d'expression par le peuple de son droit à disposer de lui-même, c'est-à-dire de son émancipation politique, comprennent, dans le droit des Nations unies, les formes suivantes : « La création d'un État souverain et indépendant, la libre association ou l'intégration avec un État indépendant ou l'acquisition de tout autre statut politique librement décidé par un peuple » (Résolution 2625). Sont concernés par ce statut, au sens des Nations unies, uniquement les peuples sous domination coloniale de même que ceux soumis à une

[1] Abdulqawi A. Yusuf, *Panafricanisme et droit international, op. cit.,* p. 103.

[2] Pierre-Marie Dupuy, Yann Kerbat, *Droit international public, op. cit.,* p. 48.

[3] Reconnu par l'Assemblée générale, notamment dans la résolution 2105 (XX) de 1965 qui « reconnaît la légitimité de la lutte que les peuples sous domination coloniale mènent pour l'exercice de leur droit à l'autodétermination et à l'indépendance », ou dans la résolution 2621 (XXV) de 1970 qui proclame le « droit inhérent des peuples coloniaux de lutter par tous les moyens nécessaires contre les puissances qui répriment leur aspiration à la liberté et à l'indépendance ».

[4] Charles Chaumont, cité par Pierre-François Gonidec dans *Relations internationales africaines,* Paris, LGDJ, 1996, p. 37. Voir plus largement, « La notion de peuple en droit international », dans *Réalités du droit international contemporain,* Centre d'études des relations internationales, Reims, 8-9 novembre 1975, 2e tirage 1980, p. 161.

occupation étrangère ou à un régime raciste, à l'exclusion des cas où son exercice aboutirait au démembrement d'un État existant, par détachement d'une partie de sa population en révolte contre le gouvernement central par les moyens de la guerre civile ou de la sécession. Appliqué de façon intégrale et extensive, le principe d'autodétermination aboutirait en effet à l'éclatement et à l'émiettement de la société internationale des États. Dans cette optique, est proscrite toute « action quelle qu'elle soit, qui démembrerait ou menacerait, totalement ou partiellement, l'intégrité territoriale ou l'unité politique de tout État souverain et indépendant se conduisant conformant au principe de l'égalité de droits et du droit des peuples à disposer d'eux-mêmes ...et doté ainsi d'un gouvernement représentant l'ensemble du peuple appartenant au territoire sans distinction de race, de croyance ou de couleur ». Aussi la tentative de sécession dans les années 1970 de la population ibo constitutive du Nigéria fut-t-elle condamnée au motif que le peuple nigérian dans son ensemble avait exercé son droit à l'autodétermination lors de son accession à l'indépendance en 1960, et que ce droit ne s'exerçait pas deux fois[1]. Comme l'écrit Valéry Pratt se référant au cas africain, « Le droit des peuples ...est un droit à l'indépendance mais pas à la sécession[2] ». Longtemps mis en échec par le maintien du statu quo territorial hérité de la colonisation, à l'exception de l'exemple du Bengladesh qui réussit à se détacher du Pakistan en 1971, le droit à l'autodétermination des peuples ne fut exhumé qu'après la fin de la Guerre froide par suite de l'éclatement de l'empire soviétique et ponctuellement dans d'autres situations, notamment en Afrique. Son application dans bien des contextes contemporains demeure donc très sélective comme nous le verrons par la suite.

Le peuple accède-t-il dès lors au statut de sujet du droit international ? Est-il, en d'autres termes, titulaire de droits et soumis à des obligations internationales ? Abordant cette problématique, Pierre-François Gonidec affirme que les peuples n'ont aucune personnalité

---

[1] Francis Wodie, « La sécession du Biafra et le droit international public », *RGDIP*, 1969, p. 1018-1060 ; voir aussi V. Berny, « La sécession du Katanga », *Revue juridique et politique indépendance et coopération (RJPIC)*, 1965, p. 563-573. ; Charles Leben, « Les révolutions en droit international », SFDI, Colloque de Dijon, Paris, Pedone, 1990, p. 3-48. ; Daniel Rosenberg, « Le peuple touareg, du silence à l'autodétermination », *Revue belge de droit international (RBDI)*, 1992, p. 5-39.

[2] Valéry Pratt, *Nuremberg, les droits de l'homme, le cosmopolitisme. Pour une philosophie du droit international, op. cit.*, p. 194-195.

juridique internationale, « aucune capacité juridique pour agir sur le plan international[1] » et ne sont titulaires de droit qu'en vertu de conventions internationales dont sont parties les États ou les organisations internationales. Pour Monique Chemillier-Gendreau, dépourvus de la capacité juridique sous la colonisation, les peuples n'acquièrent celle-ci que par l'interposition et l'intermédiation de l'État accédant à l'indépendance : « Seule la décolonisation une fois effective opère l'accès des peuples à la catégorie de sujets du droit international sous forme d'États souverains et permet aux individus qui les composent d'avoir dans le cadre de leur nouvelle nationalité une pleine capacité juridique[2] ». En d'autres termes, le peuple en lui-même ne peut se prévaloir de la qualité de sujet de droit international. Pour d'autres encore, si « comme sujets de droit, les peuples se définissent par les droits et obligations qui leur sont reconnus par le droit international[3] », la diversité des situations concrètes auxquelles ils sont confrontés fait que « le droit des peuples à disposer d'eux-mêmes apparaît comme un principe à contenu variable[4] ». Entité non étatique, le peuple demeure un acteur marginal et subalterne du droit international ne bénéficiant pas d'un statut universel.

L'APPROPRIATION PAR L'AFRIQUE DU DROIT DES PEUPLES À DISPOSER D'EUX-MÊMES

Comment les peuples africains se sont-ils, dès lors, approprié le droit à leur libre détermination ? On soulignera tout d'abord que ces derniers ont contribué à l'émergence et à l'adoption en droit international de la règle du droit des peuples à disposer d'eux-mêmes. Victimes de la colonisation, leur désir de liberté s'est traduit par une activité de militance exprimée lors des rencontres internationales au cours desquelles était revendiqué leur droit à l'autodétermination comme moyen d'accéder à l'indépendance : « L'un des apports récents au système international des peuples d'Afrique est d'avoir rattaché la notion d'autodétermination à celle d'indépendance. Cette indépendance acquise, les États africains devenaient souverains[5] ». Cette exigence à l'exercice du droit à l'autodétermination a été formulée lors des congrès

[1] Pierre-François Gonidec, *Relations internationales africaines, op. cit.*, p. 33.
[2] Monique Chemillier-Gendreau, *Humanité et souverainetés..., op. cit.*, p. 158.
[3] Patrick Daillier, Mathias Forteau, Alain Pellet, *Droit international public, op. cit.*, p. 579.
[4] *Ibid.*
[5] Blaise Tchikaya, *Droit de l'Union africaine..., op. cit.*, p. 43.

panafricains comme vu précédemment, mais également dans le cadre de la solidarité afro-asiatique et tiers-mondiste comme l'atteste le communiqué final de la conférence de Bandung du 18 au 24 avril 1955 à laquelle avaient participé sept pays africains (Côte de l'Or devenue Ghana, Égypte, Éthiopie, Libéria, Libye, Somalie, Soudan) qui, en substance, « déclare appuyer totalement le principe du droit des peuples et des Nations à disposer d'eux-mêmes tels qu'ils sont définis dans la Charte des Nations Unies et prendre en considération les résolutions des Nations Unies sur le droit des peuples et des Nations à disposer d'eux-mêmes, qui est la condition préalable à la jouissance totale de tous les droits fondamentaux de l'homme[1] ».

La transposition en droit international africain du principe devenu universel du droit des peuples à disposer d'eux-mêmes s'est opérée au travers de plusieurs instruments juridiques. Il convient de noter à ce propos que la Charte de l'OUA dispose dans son préambule que « les peuples ont le droit inaliénable de déterminer leur propre destin », affirmation qui engage les signataires de ce texte à vouloir « Éliminer, sous toutes ses formes, le colonialisme de l'Afrique » (article II d), traduisant ainsi leur « dévouement, sans réserve, à la cause de l'émancipation totale des territoires africains non encore indépendants » (article III 6). L'Acte constitutif de l'Union africaine, par son affiliation à la Charte de l'OUA ainsi qu'aux idéaux, principes et objectifs de cette organisation (préambule), s'inscrit dans le même mouvement d'affirmation du droit des peuples à disposer d'eux-mêmes. De la même manière, condamnant le colonialisme, le néocolonialisme, l'apartheid, ainsi que d'autres formes de domination des peuples africains, la Charte africaine des droits de l'homme et des peuples, adoptée en 1981, déclare : « Tout peuple a droit à l'existence. Tout peuple a un droit imprescriptible et inaliénable à l'autodétermination. Il détermine librement son statut politique et assure son développement économique et social selon la voie qu'il a librement choisie » (article 20). Sur la base de la reconnaissance et de l'exercice du droit des peuples à leur libre disposition, plusieurs peuples africains accédèrent effectivement à la souveraineté internationale lors des « Soleils des indépendances [2] », c'est-à-dire au moment de la vague des

[1] Communiqué final dans *Annuaire français de droit international,* Année 1955, 1, p. 723-728.

[2] Ahmadou Kourouma, *Les soleils des indépendances,* Montréal, Les Presses de l'Université de Montréal, 1968, Paris, Éditions du Seuil, 1970. Lire du même auteur, « Les fruits de l'indépendance », *Le Monde diplomatique*, mai 1985.

décolonisations des années 1960. Beaucoup d'autres continuaient cependant à être sous le joug de la domination coloniale, notamment du fait de certaines puissances coloniales comme le Portugal alléguant que ses possessions africaines d'outre-mer (Angola, Cap-Vert, Guinée-Bissau, Mozambique) faisaient partie intégrante de son territoire, argument spécieux qu'avait aussi utilisé la France dans le cas de l'Algérie, malgré la condamnation vigoureuse des Nations unies : « la politique du Portugal, qui prétend que les territoires qu'il administre sont des *territoires d'outre-mer* et font partie intégrante du Portugal métropolitain, est contraire aux principes de la Charte et aux résolutions pertinentes de l'Assemblée générale et du Conseil de sécurité[1] », ou encore : « Le territoire d'une colonie ou d'un autre territoire non autonome possède, en vertu de la Charte, un statut séparé et distinct de celui du territoire de l'État qui l'administre ; ce statut séparé et distinct en vertu de la Charte existe aussi longtemps que le peuple de la colonie ou du territoire non autonome n'exerce pas son droit à disposer de lui-même conformément à la Charte et, plus particulièrement, à ses buts et principes[2] ». C'est ainsi que s'appuyant sur le droit de résistance à l'oppression coloniale, les États africains indépendants plaidèrent en faveur d'un devoir d'assistance aux mouvements de libération dans leur lutte contre le colonialisme : « Tous les États indépendants d'Afrique ont le devoir d'appuyer dans leur lutte pour la liberté et l'indépendance les peuples d'Afrique qui n'ont pas encore accédé à l'indépendance[3] ». En conséquence de quoi l'OUA décida en 1963 de la création d'un Comité de libération des territoires africains encore dépendants. Établi en Tanzanie, cet organe doté d'un Fonds spécial alimenté par les contributions volontaires des États membres était chargé de coordonner l'aide logistique et financière allouée aux mouvements africains de libération reconnus par l'OUA. Les Nations unies allaient aussi conférer un caractère légal et légitime à l'assistance aux mouvements de libération nationale en lutte d'autodétermination chaque fois que ce droit était entravé par les puissances coloniales : « Tout État a le devoir de s'abstenir de recourir à toute mesure de coercition qui priverait les peuples...de leur droit à disposer d'eux-mêmes, de leur liberté et de leur indépendance. Lorsqu'ils réagissent et résistent à une telle mesure de

[1] CS, Résolution 180 (1963), 31 juillet 1963, S/5380.
[2] Résolution 2625 (XXV), Annexe.
[3] Résolution sur la décolonisation adoptée lors de la 1ère Conférence des chefs d'État et de gouvernement indépendants, Addis-Abeba, Éthiopie, 22-25 mai 1963, OUA doc. CIAS / Plen. 2 / Rev. 2.

coercition dans l'exercice de leur droit à disposer d'eux-mêmes, ces peuples sont en droit de rechercher et de recevoir un appui conforme aux buts et principes de la Charte[1] ». L'usage de la force dans les situations coloniales fut aussi admis : « la lutte armée pour l'autodétermination, la liberté et l'indépendance des peuples vivant sous des régimes coloniaux et racistes ou sous d'autres formes de domination étrangère, était un exemple de l'emploi légal de la force[2] », et conséquemment, « tout État a le droit, voire le devoir d'apporter un appui de toutes sortes aux fins d'assurer le respect de ce droit[3] ». Mais comment justifier en droit l'emploi de la force dans les relations internationales au regard de son interdiction par la Charte des Nations unies (article 2 § 4) ? Les États africains, de concert avec le mouvement des pays non-alignés, arguèrent que la colonisation étant un acte d'agression contraire à la Charte des Nations unies, il devait y être répondu par l'invocation du droit de légitime défense au sens de l'article 51 de ladite Charte. Il peut donc être dérogé à la règle de l'interdiction du recours à la force : « L'interdiction de l'emploi de la force ne [devrait] pas affecter le droit des peuples à se défendre contre la domination coloniale dans l'exercice de leur droit à l'autodétermination[4] », ou bien encore : « La lutte armée pour l'autodétermination, la liberté et l'indépendance des peuples vivant sous des régimes coloniaux et racistes ou sous d'autres formes de domination étrangère était un exemple de l'emploi légal de la force[5] ». Ce point de vue fut théorisé et endossé par les insurgés belligérants, à l'exemple d'Amilcar Cabral déclarant en 1966 : « …il n'y a ni ne peut y avoir de libération nationale sans l'usage de la violence libératrice de la part des forces nationalistes pour répondre à la violence criminelle des agents de l'impérialisme[6] ». La légitimité des luttes de libération nationale allait être réaffirmée par l'Assemblée générale dans sa

[1] Résolution 2625 (XXV), Annexe.
[2] « La question de la définition de l'agression », *Annuaire des Nations Unies,* 1974, p. 846.
[3] *Ibid.*
[4] Proposition des onze États non alignés, 22 mars 1966, doc. ONU. A/AC.125/L.21, cité par Abdulqawi A. Yusuf, *Panafricanisme et droit international, op. cit.,* p. 111.
[5] Position de l'Algérie, de l'Égypte, du Ghana, du Kenya et du Sénégal lors des débats sur la définition de l'agression aux Nations unies, *Annuaire des Nations unies,* 1974, p. 846, cité par Abdulqawi A. Yusuf, *Panafricanisme et droit international, op. cit.,* p. 111.
[6] Cité par Monique Chemillier-Gendreau, *Humanité et souverainetés…, op. cit.,* p. 233.

résolution 3070 du 30 novembre 1973 qui reconnaît « [...] la légitimité de la lutte des peuples pour se libérer de la domination coloniale et étrangère et de l'emprise étrangère par tous les moyens en leur pouvoir, y compris la lutte armée ». Considérées jusqu'alors par le colonisateur comme étant des guerres civiles relevant exclusivement de son droit interne, c'est-à-dire de sa seule compétence, les luttes armées de libération nationale acquirent le statut de guerre juste par application du droit des peuples à disposer d'eux-mêmes. Il s'ensuivit la nécessité de définir en droit international un statut du guérillero acté par l'adoption en 1977, sous l'égide de la Croix-Rouge, de deux protocoles additionnels aux conventions de Genève du 12 août 1949 en matière de droit humanitaire de la guerre[1]. Ces difficultés dans la mise en œuvre de la règle du droit des peuples à disposer d'eux-mêmes témoignent, au moment où elle fut édictée, des contradictions de la société internationale de l'époque. On n'oubliera pas que la Charte des Nations unies est signée en 1945 alors que de nombreux États qui y adhèrent sont des États coloniaux. La tension entre la sauvegarde des empires coloniaux et le désir de liberté des peuples est exprimée dans un rapport de force défavorable aux peuples par le maintien dans la Charte des formes de colonisation déguisée (chapitre XI relatif aux territoires non autonomes) ou de colonisation libérale (chapitre XII sur le régime international de tutelle), autant de « procédés qui ont permis d'établir des liens de dépendance[2] » coloniale. Comme l'affirme Joe Verhoeven, « Quelle que fût l'intention des auteurs de la Charte, elle n'était certainement pas d'accorder l'indépendance aux colonies de l'époque[3] ». D'où la survivance et les stigmates d'une pensée de la domination dans la Charte, malgré la formulation dans ce texte du principe novateur et révolutionnaire, pour l'époque, de l'autodétermination des peuples dont la violation a été considérée par l'Assemblée générale comme étant constitutive d'un crime international : « [...] la persistance du colonialisme sous toutes ses formes et dans toutes ses manifestations représente un crime qui constitue une violation de la Charte des Nations Unies, de la

[1] *Ibid.*, p. 234-236. Il s'agit du Protocole additionnel aux Conventions de Genève du 12 août 1949 relatif à la protection des victimes des conflits armés internationaux (Protocole I), 8 juin 1977 ; et du Protocole additionnel aux Conventions de Genève du 12 août 1949 relatif à la protection des victimes des conflits armés non internationaux (Protocole II), 8 juin 1977.

[2] Pierre-François Gonidec, *L'État africain..., op.cit.*, p. 52.

[3] Joe Verhoeven, *Droit international public, op. cit.*, p. 283.

Déclaration sur l'octroi de l'indépendance aux pays et aux peuples coloniaux et aux principes du droit international » (Résolution 2621 du 12 octobre 1970).

LE JUGE INTERNATIONAL ET LE DROIT DES PEUPLES AFRICAINS À DISPOSER D'EUX-MÊMES

Des divergences d'appréciation du droit des peuples à disposer d'eux-mêmes, surgirent des conflits qui nécessitèrent l'intervention du juge international appelé à statuer sur les différends opposant États africains aux États coloniaux d'une part, et États africains entre eux, d'autre part.

Il importe de souligner que l'accès de l'Afrique à la justice internationale a longtemps été contrarié par le fait que ce continent a longtemps été considéré comme objet et non sujet du droit international. L'Afrique ne pouvait de ce fait participer à une procédure devant les juridictions internationales. Si par exemple la Cour permanente de justice internationale (CPJI), première juridiction universelle prévue par le Pacte de la Société des Nations et créée en 1922 a eu à connaître de cas impliquant l'Afrique dans des différends opposant les nations européennes entre elles, ce fut sans la participation directe des Africains[1]. C'est avec la CIJ, organe judiciaire principal des Nations unies institué en 1945 par la Charte, que l'Afrique devient partie prenante de la justice internationale dans des litiges relatifs au droit des peuples à disposer d'eux-mêmes.

Le premier conflit de cette nature ressortit de l'affaire du Statut international du Sud-Ouest africain[2], territoire administré par l'Union sud-africaine en vertu du mandat qui lui avait été concédé par la Société des Nations. Saisie par voie consultative par l'Assemblée générale, la Cour internationale de justice était appelée à préciser le statut juridique de ce territoire après l'extinction du système des mandats et la mise en place de celui de la tutelle qui l'avait remplacé. Au regard de la Cour, la dissolution de la Société des Nations n'entraîne pas la fin des obligations internationales de la puissance mandataire tenue de rendre compte de son administration à l'ONU. Deux États africains, l'Union sud-africaine et l'Égypte, participèrent à la procédure. La Cour eut l'occasion de préciser que le mandat avait pour but le respect des droits

---

[1] Ahmed Mahiou, *« L'Afrique et la C.I.J. : un bref aperçu de la pratique », op. cit.*

[2] CIJ, « Statut international du Sud-Ouest Africain, Avis consultatif du 11 juillet 1950 », *Recueil,* 1950, p. 128.

des peuples assujettis à ce système car dans l'administration des « territoires …habités par des peuples non encore pleinement capables de se gouverner eux-mêmes, deux principes furent considérés comme étant d'importance primordiale : celui de la non annexion et celui qui proclamait que le bien-être et le développement de ces peuples formaient *une mission sacrée de civilisation*[1] ». La Cour se présentait ainsi comme le garant des droits des peuples vivant sur des territoires sous mandat. Une autre affaire relative, elle aussi, au Sud-Ouest africain permit à la Cour de réaffirmer son engagement par rapport au respect des droits des populations gouvernées selon les principes du mandat. Cette deuxième affaite met en scène l'Afrique par l'intermédiaire de l'Éthiopie et du Libéria, anciens membres de la Société des Nations, États indépendants ayant qualité de ce fait à ester en justice devant la Cour en vertu des dispositions du Statut de cette dernière qui en réserve l'accès uniquement aux États et aux organisations internationales (article 66, § 1 et 2). En 1960, ces deux États introduisent une instance contre un autre État africain, l'Afrique du Sud. Il s'agissait, en l'espèce, pour les deux demandeurs, de faire constater les nombreuses illégalités découlant de la présence de l'Afrique du Sud dans le Sud-Ouest africain ainsi que de sa politique d'apartheid qu'elle avait étendu sur ce territoire. Considérant le système des mandats et sa finalité par rapport aux peuples qui y sont assujettis, la Cour déclare : « Ce système a pour objet reconnu le bien-être et le développement de ces peuples et il s'assortit de garanties visant la protection de leurs droits[2] ». Pour autant, la Cour ne se prononça en aucun moment pour le droit des peuples à disposer d'eux-mêmes car encore marquée par la pensée occidentale qui excluait l'Afrique de la civilisation et du droit international. Aussi le peuple de ce territoire sous mandat fut ignoré dans le règlement de ce litige qui le concernait pourtant au premier chef, la Cour estimant que : « La compétence pour déterminer et modifier le statut international du Territoire du Sud-Ouest africain appartient à l'Union sud-africaine agissant avec le consentement des Nations Unies[3] ». Il faut dire que la Cour, dans cette affaire du Sud-Ouest africain qui a nécessité six décisions judiciaires dont quatre avis et deux arrêts, a brillé par ses

---

[1] *Ibid.,* p. 131.

[2] « Affaires du Sud-Ouest africain (Éthiopie c. Afrique du Sud ; Libéria c. Afrique du Sud), Exceptions préliminaires, Arrêt du 21 décembre 1962, CIJ, *Recueil,* 1962, p. 329.

[3] CIJ, « Statut international du Sud-Ouest Africain, Avis consultatif du 11 juillet 1950 », *Recueil,* 1950, p. 144.

atermoiements, se déclarant compétente une première fois en 1962 pour se rétracter ensuite en 1966 en déclarant irrecevable pour une analyse au fond la requête de l'Éthiopie et du Libéria au motif allégué qu'aucun de ces États n'avait un intérêt juridique à faire valoir devant elle *(Affaires du Sud-Ouest africain, Éthiopie c. Afrique du Sud ; Libéria c. Afrique du Sud, deuxième phase, arrêt du 18 juillet 1966, CIJ, Rec., p. 6)*. Cette interprétation restrictive de laquelle reviendra heureusement la Cour suscitera dans le monde et particulièrement en Afrique une grande déception et une méfiance à son égard[1]. Cette suspicion pour partialité de la Cour fut aussi soulevée quand elle rendit son arrêt dans l'affaire du Cameroun septentrional[2]. La question du droit des peuples à disposer d'eux-mêmes dans le cadre des unions administratives découlant des systèmes du mandat puis de la tutelle fut posée à cette occasion. Territoire anciennement sous protectorat allemand, le Cameroun fut placé à la fin de la Première Guerre mondiale sous deux mandats, celui de la France et celui du Royaume-Uni. Le Cameroun fut ensuite soumis au régime international de la tutelle à la fin de la Deuxième Guerre mondiale sous administration de ces deux puissances. Le territoire administré par le Royaume-Uni comprenait, comme au temps du mandat, une partie septentrionale et une partie méridionale. Le territoire sous tutelle du Cameroun administré par la France accède à l'indépendance le 1er janvier 1960 sous la dénomination de République du Cameroun. L'évolution du territoire sous tutelle britannique est plus chaotique : jugeant nécessaire l'organisation d'un « plébiscite en tant que libre expression de la volonté des populations », « afin de déterminer les aspirations des habitants du Territoire au sujet de leur avenir[3] », et ainsi parachever le processus d'autodétermination[4], des consultations y furent organisées selon les préconisations de l'Assemblée générale dans sa résolution 1350 (XIII) du 13 mars 1959 ; celle-ci recommandait à l'autorité administrante d'organiser, sous la surveillance de l'ONU, des plébiscites séparés dans la partie septentrionale et dans la partie

[1] Georges Fischer, « Les réactions devant l'arrêt de la Cour internationale de Justice concernant le Sud-Ouest africain », *Annuaire français de droit international,* Année 1966, 12, p. 144-154.

[2] « Affaire du Cameroun septentrional (Cameroun c. Royaume-Uni), Exceptions préliminaires, Arrêt du 2 décembre 1963, CIJ *Recueil,* 1963 », p. 15.

[3] *Ibid.,* p. 23.

[4] Marcel Merle, « Les plébiscites organisés par les Nations Unies », *Annuaire français de droit international,* 1961, 7, p. 425- 445.

méridionale du Cameroun. Ces votes donnèrent des résultats contrastés car alors que par le plébiscite du 11 février 1961 la population du Cameroun méridional décidait d'accéder à l'indépendance en s'unissant à la République du Cameroun indépendante, par celui du 12 février 1961 la population du Cameroun septentrional choisissait, elle, à une large majorité d'accéder à l'indépendance en s'unissant à la Fédération du Nigéria devenue indépendante le 1er octobre 1960. Ce résultat qui aboutissait à l'amputation d'une partie de son territoire par viciation du processus d'autodétermination des peuples fut ressentie comme un choc au Cameroun où les autorités décrétèrent le 1er juin 1961 journée de deuil national à l'occasion de l'incorporation du Cameroun septentrional à la Fédération du Nigéria. Estimant quant à elle que « les populations des deux parties du Territoire sous tutelle ayant librement exprimé, au cours d'un scrutin secret, leurs aspirations au sujet de leur avenir respectif...les décisions qu'elles ont prises par des moyens démocratiques, sous la surveillance de l'Organisation des Nations Unies doivent immédiatement être mises en œuvre [1] », l'Assemblée générale adoptait le 21 avril 1961 la résolution 1608 (XV) de levée de l'Accord de tutelle du 13 décembre 1946 relatif au Cameroun sous administration du Royaume-Uni. C'est ainsi que le Cameroun septentrional s'unit effectivement à la Fédération du Nigéria le 1er juin 1961 et le Cameroun méridional à la République du Cameroun le 1er octobre 1961. Par une requête du 30 mai 1961 auprès de la Cour internationale de justice, la République du Cameroun introduisait une instance contre le Royaume-Uni pour manquement de cet État au respect de certaines dispositions de l'Accord de tutelle, notamment en ce qu'il n'avait pas, avant la consultation populaire, procédé à la séparation administrative du Cameroun septentrional d'avec le Nigéria telle que préconisée par l'Assemblée générale, et que ce faisant les résultats du plébiscite dans la partie septentrionale du Territoire en faveur d'un rattachement au Cameroun en avaient été affectés. Refusant de se prononcer au fond dès lors que l'Assemblée générale avait acté les résultats des plébiscites et que le demandeur lui-même ne les remettait pas en cause, le juge international s'en tira par une dérobade en affirmant : « Le rôle de la Cour n'est pas le même que celui de l'Assemblée générale. L'arrêt de la Cour n'infirmerait pas les décisions de l'Assemblée générale [2]». Mais la jurisprudence de la Cour

---

[1] *Ibid.*

[2] *Ibid.*, p. 33.

a évolué par la suite dans le sens d'une interprétation et d'une pratique favorables au droit des peuples à disposer d'eux-mêmes. C'est ainsi que dans son avis consultatif du 21 juin 1971 sur la Namibie[1], la Cour adopte une interprétation dynamique et évolutive de la notion du droit des peuples à disposer d'eux-mêmes dans laquelle elle affirme que le droit des peuples s'applique sans conteste aux habitants des territoires sous mandats : « De l'avis de la Cour, la cessation du mandat et la déclaration de l'illégalité de la présence sud-africaine en Namibie sont opposables à tous les États, en ce sens qu'elles rendent illégale *erga omnes* une situation qui se prolonge en violation du droit international[2] ». Le 27 octobre 1966, le Conseil de sécurité adopte la résolution 2145 (XXI) révoquant le mandat de l'Afrique du Sud sur le territoire du Sud-Ouest africain rebaptisé Namibie en 1968, et plaçant jusqu'à son indépendance son administration sous la responsabilité des Nations unies[3]. Par la résolution 284 (1970) du 29 juillet 1970, le Conseil de sécurité, s'appuyant notamment sur sa résolution 276 (1970) du 30 janvier 1970 qui déclarait illégales la présence continue et la politique des autorités sud-africaines en Namibie, décidait de saisir la Cour internationale de justice par voie consultative en vue de tirer les conséquences juridiques de la persistance de l'illégalité entretenue par l'attitude de l'Afrique du Sud. Ce fut l'occasion pour la Cour d'affirmer que par suite des apports récents du droit international, le droit des peuples à disposer d'eux-mêmes était devenue une règle de droit coutumier : « l'évolution ultérieure du droit international à l'égard des territoires non autonomes, tel qu'il est consacré par la Charte des Nations Unies, a fait de l'autodétermination un principe applicable à tous ces territoires[4] ». Prenant en compte les résolutions pertinentes des Nations Unies, notamment la Déclaration 1514 (XV) et l'histoire politique ayant conduit à l'accession à l'indépendance de la plupart des territoires placés sous mandat, la Cour déclare devoir « prendre en considération les transformations survenues dans le demi-siècle qui a suivi et son interprétation ne peut manquer de tenir compte de

---

[1] « Conséquences juridiques pour les États de la présence continue de l'Afrique du Sud en Namibie (Sud-Ouest africain) nonobstant la résolution 276 (1970) du Conseil de sécurité, avis consultatif, CIJ *Recueil* 1971, p. 16 ».
[2] *Ibid.*, p. 56, § 126.
[3] Ioannis Prezas, *L'administration des collectivités territoriales par les Nations Unies. Étude de la substitution de l'organisation internationale à l'État dans l'exercice des pouvoirs de gouvernement,* Paris, LGDJ, Limal, Anthemis, 2012.
[4] *Ibid.*, p. 31, § 52.

l'évolution que le droit a ultérieurement connue grâce à la Charte des Nations Unies et à la coutume[1] ». Et d'ajouter : « Du fait de cette évolution il n'y a guère de doute que la 'mission sacrée de civilisation' avait pour objectif ultime l'autodétermination et l'indépendance des peuples en cause[2] ». Dans l'affaire du Sahara occidental aussi, territoire disputé par le Maroc et la Mauritanie après le départ du colonisateur espagnol, la Cour avait été saisie le 13 décembre 1974 d'une demande d'avis consultatif par l'Assemblée générale pour déterminer si le Sahara occidental était un territoire sans maître au moment de la colonisation espagnole et conséquemment quels étaient les liens juridiques de ce territoire avec le Maroc et la Mauritanie. Dans son avis du 16 octobre 1975[3], la Cour reprenant son raisonnement quant au caractère évolutif du droit des peuples à disposer d'eux-mêmes tel qu'exposé dans l'affaire de la Namibie, conclut que « le principe d'autodétermination en tant que droit des peuples et son application[4] » ont pour objectif « de mettre fin rapidement à toutes les situations coloniales[5] » ; elle décide donc de « l'application de la résolution 1514 (XV) quant à la décolonisation du Sahara occidental et en particulier l'application du principe d'autodétermination grâce à l'expression libre et authentique de la volonté des populations du territoire[6] ». On verra comment cette règle posée en droit demeure à ce jour inappliquée dans le cas d'espèce et dans bien d'autres encore.

La justice internationale fut également amenée à se prononcer sur des litiges opposant des pays africains entre eux après leur accession à l'indépendance. Ces affaires surgies principalement de différends territoriaux et frontaliers apparaissent comme autant de scories et de séquelles du droit de la décolonisation et du droit des peuples à disposer d'eux-mêmes. Nombreuses furent en effet les contestations des cadres géographiques ayant servi de support aux décolonisations africaines par application du droit des peuples à disposer d'eux-mêmes. Aussi a-t-on vu des entités territoriales dont les peuples avaient exercé leur libre détermination et devenues de ce fait des États indépendants reconnus par la société internationale contester les espaces géographiques à l'intérieur desquels s'étaient déroulé les autodéterminations. Ces

---

[1] *Ibid.*, p. 31, § 53.
[2] *Ibid.*
[3] « Sahara occidental, avis consultatif, CIJ *Recueil*, 1975, p. 12 ».
[4] *Ibid.*, p. 31, § 55.
[5] *Ibid.*
[6] *Ibid.*, p. 68, § 62.

désaccords soulignent le télescopage du droit de l'autodétermination avec d'autres règles du droit international : intégrité territoriale, *uti possidetis* ou intangibilité des frontières héritées de la colonisation, non intervention d'un État dans les affaires intérieures d'un autre État, égale souveraineté des États, entre autres.

On fera d'abord observer, comme le fait Alain Pellet, que les résolutions des Nations unies relatives au droit des peuples à disposer d'eux-mêmes contiennent des clauses territoriales restrictives en ce qu'elles délimitent l'espace géographique de l'exercice de ce droit. Ainsi par exemple, de la résolution 2625 (XXV) qui distingue et disjoint le territoire métropolitain de la puissance administrante de celui du territoire dominé et administré : « Le territoire d'une colonie ou d'un autre territoire non autonome possède, en vertu de la Charte, un statut séparé et distinct de celui du territoire de l'État qui l'administre ; ce statut séparé et distinct en vertu de la Charte existe aussi longtemps que le peuple de la colonie ou du territoire non autonome n'exerce pas son droit à disposer de lui-même conformément à la Charte et, plus particulièrement, à ses buts et principes[1] ». Il s'ensuit que le territoire dominé ayant vocation à l'autodétermination, le droit à la décolonisation n'entame pas l'intégrité territoriale de la puissance administrante comme l'avait prétendu, entre autres, le Portugal pour ses colonies africaines. En ce sens, le territoire colonial n'est pas un continuum géographique, mais plutôt un espace fragmenté et discontinu comme le reconnaît aussi la résolution 1541 (XV) de l'Assemblée générale du 15 décembre 1960 en son principe IV qui considère qu'un territoire non autonome est « un territoire géographiquement séparé et ethniquement ou culturellement distinct du pays qui l'administre ». (Principes qui doivent guider les États Membres pour déterminer si l'obligation de communiquer des renseignements, prévue à l'alinéa e de l'article 73 de la Charte, leur est applicable).

Mais qu'advient-il de la consistance d'un territoire dépendant dont le peuple a exercé son droit à l'autodétermination et qui acquiert de ce fait le statut d'État nouveau ? Il ressort des nombreuses prescriptions du droit international de la décolonisation que le droit à l'autodétermination est un droit de la territorialité : « Le droit à l'autodétermination ne consacre qu'un seul type d'identité, celle qui se

[1] Alain Pellet, « Quel avenir pour le droit des peuples à disposer d'eux-mêmes », dans Manuel Rama-Montaldo, dir., *Le droit international dans un monde en mutation. Liber Amicorum Eduardo Jimenez de Arechaga,* Montevideo, 1995, Fundación de cultura universitaria, p. 259.

rattache à un territoire défini par le colonisateur[1] », ou bien encore « L'essence même de l'autodétermination est de conférer des droits à des peuples identifiables non à partir des facteurs ethniques, culturels, historiques ou autres, mais sur la base de leur appartenance à un territoire[2] ». Dans le même sens, Alain Pellet relève aussi le caractère territorial indiscutable du droit des peuples à disposer d'eux-mêmes : « le droit d'autodisposition appartient au peuple colonial dans son ensemble et celui-ci doit l'exercer dans le cadre des frontières, ou des limites administratives coloniales[3] ». En d'autres termes, le droit international du droit des peuples à disposer d'eux-mêmes ignore le phénomène de la transfrontalité ethnique et réfute toute possibilité pour des peuples anciennement colonisés de faire usage du droit à la libre disposition sur la base de leur apparentement identitaire. Olivier Corten écrit à ce propos : « Le titre à l'indépendance renfermant en lui un titre territorial, l'un comme l'autre sont inséparables et doivent être respectés tant dans la période antérieure que postérieure à la création de l'État. La revendication d'un État nouvellement indépendant qui dépasserait les limites du territoire qui a fourni l'assise matérielle de son droit entrerait en réalité en contradiction directe avec le droit d'un autre peuple à disposer de lui-même[4] ». Les peuples et les États sont ainsi gelés et statufiés dans les limites de leurs frontières telles que connues et reconnues au moment où ils accèdent à l'indépendance et à la souveraineté internationale. Il ne peut donc exister « aucune contradiction entre droit à l'autodétermination et *uti possidetis*, pas plus que cette contradiction ne peut opposer le droit à l'autodétermination au principe de l'intégrité territoriale. Le droit à l'autodétermination,

[1] Olivier Corten, « Droit des peuples à disposer d'eux-mêmes et *uti possidetis* : deux faces d'une même médaille ? », *Revue belge de droit international (RBDI),* 1998, 1, p. 166.

[2] *Ibid.,* p. 168. Sur la conception territoriale du peuple, voir de même Olivier Corten, « Les visions des internationalistes du droit des peuples à disposer d'eux-mêmes : une approche critique », *Civitas Europa,* 2014 / 1, N° 32, p. 93-111. ; Christian Charbonneau, « Le droit des peuples à disposer d'eux-mêmes : un droit collectif à la démocratie…et rien d'autre », *Revue québécoise de droit international (RQDI),* 1995, 9, p. 111-130.

[3] Alain Pellet, « Qui a peur du droit des peuples à disposer d'eux-mêmes ? » (Le principe du droit des peuples à disposer d'eux-mêmes dans le droit international contemporain), *Critique socialiste,* « spécial Antilles Guyane : du fait national au fait colonial », 1984, p. 101.

[4] Olivier Corten, « Droit des peuples à disposer d'eux-mêmes et *uti possidetis* : deux faces d'une même médaille ? », *op. cit.,* p. 173-174.

supposant une assise matérielle délimitée, entraîne l'obligation de respecter l'intégrité de ce territoire. Il s'agit de corollaires, ce qui exclut toute possibilité de contradictions [1] ». Cette consécration de la conception territoriale du peuple et du principe de l'*uti possidetis* a eu pour effet de sacraliser l'artificialité des frontières africaines héritées de la colonisation. Comme déjà souligné, ce principe indirectement évoqué par la Charte de l'Organisation de l'unité africaine en son article 3 par lequel les États membres affirment solennellement se conformer au respect de la souveraineté et de l'intégrité territoriale de chaque État fut formellement adopté par la résolution AGH / Rés. 16 (I) lors de la première session de la conférence des chefs d'État et de gouvernement réunis au Caire en 1964. Le raisonnement doctrinal et politique est corroboré par la jurisprudence de la Cour internationale de justice. Ayant à trancher du différend frontalier entre le Burkina Faso et le Mali [2], deux États issus du processus de décolonisation, la Haute juridiction dans son arrêt de chambre a précisé que l'*uti possidetis* est un principe universel et que son application en Afrique ne remet pas en cause celui de l'autodétermination : « C'est le besoin vital de stabilité pour survivre, se développer et consolider progressivement leur indépendance dans tous les domaines qui a amené les États africains à consentir au respect des frontières coloniales, et à en tenir compte dans l'interprétation du principe de l'autodétermination des peuples [3] ». Intervenant par ailleurs dans l'affaire du différend frontalier entre le Bénin et le Niger, la Cour eut à réaffirmer que le droit applicable dans les décolonisations africaines était régi par le principe et la règle de l'intangibilité des frontières, comme l'avaient reconnu les protagonistes à l'article 6 de leur compromis *(Différend frontalier (Bénin / Niger), arrêt CIJ, Recueil 2005, p. 90* (p. 108, par. 23). De la même manière, la Cour, se prononçant dans l'affaire du Sahara occidental, et bien que reconnaissant l'existence dans le passé de liens historiques entre les populations de ce territoire et les ensembles marocain et mauritanien, affirme le droit du peuple saharaoui à l'autodétermination sur la base des frontières telles qu'elles existaient au moment de la colonisation ; elle écartait ainsi les arguments du Maroc et de la Mauritanie tendant à

[1] *Ibid.,* p. 174.
[2] « Différend frontalier, arrêt CIJ, *Recueil* 1986, p. 554 ».
[3] *Ibid.,* p. 567.

faire valoir leurs liens multiséculaires d'allégeance avec les populations de ce territoire[1].

L'exercice du droit des peuples à disposer d'eux-mêmes dans le contexte africain participe donc de la sauvegarde du principe de l'intégrité territoriale des États tel qu'énoncé par la Charte des Nations unies (article 2 § 4). Son application exclut, comme mentionné précédemment, toute possibilité formelle d'autodétermination interne qui aboutirait à la dislocation de l'unité territoriale d'un État nouveau. Le droit international de la décolonisation ne reconnaît que le droit à l'autodétermination externe s'exerçant à l'encontre des États préexistants, et ce dernier droit n'est libéré qu'en faveur des peuples assujettis « à une subjugation, à une domination et à une exploitation étrangères » (Résolution 1514). On soulignera aussi que l'intégrité territoriale induite du principe d'autodétermination entraîne comme corollaire l'interdiction faite à tout État d'intervenir dans les affaires intérieures d'un autre État, règle bien établie dans le droit international (Charte des Nations unies, article 2 § 7 ; Charte de l'OUA, article III / 2 ; Acte constitutif de l'Union africaine, article 4 g, entre autres).

Le combat des peuples africains colonisés pour leur émancipation s'est manifesté dans leur volonté et leur détermination à rompre le joug de la domination étrangère. Ils s'appuyèrent à cet effet sur le levier du droit des peuples à disposer d'eux-mêmes qui leur permit, au plan politique, de devenir des collectivités indépendantes et souveraines par mutation des peuples colonisés en États admis dans la société internationale des États. Mais l'indépendance revendiquée impliquait aussi que le combat fût mené sur le front de l'émancipation économique, autre versant du droit des peuples à disposer d'eux-mêmes.

LE DROIT DES PEUPLES À DISPOSER D'EUX-MÊMES, UN DROIT DE LA DÉCOLONISATION À FINALITÉ D'ÉMANCIPATION ÉCONOMIQUE

Le droit à l'autodétermination comporte une dimension économique indissociable de son aspect politique. Les peuples africains colonisés ont en effet pris conscience très tôt qu'une indépendance politique sans assise économique véritable n'était pas viable. Les chaînes de la

[1] Delphine Burriez, « Sahara occidental : internationalisation et institutionnalisation du conflit », *RGDIP,* Tome 21, 2017, N° 3, p. 689-726.

domination coloniale étant aussi de nature économique, il importait de mener également bataille dans ce domaine pour que la libération des peuples africains fût effective. Le panafricanisme est dès ses débuts une dénonciation virulente des conditions d'exploitation économique faites aux Noirs dans le cadre du système de prédation capitaliste aussi bien au temps de l'esclavage qu'à celui de la colonisation et, plus tard et actuellement, de la néo-colonisation. Je ne reviendrai pas sur le discours idéologique et politique de rupture d'avec la domination économique étrangère développé par les peuples coloniaux africains ; présentation en a largement été faite dans des développements précédents lorsque furent par exemple exposées les prises de position des différents militants panafricanistes s'exprimant dans le cadre de leurs rencontres. Il sera par contre très intéressant et instructif de voir comment les peuples africains assujettis se sont emparés du droit pour en faire un instrument et une arme d'émancipation économique. Seront examinées ici les règles juridiques qui se donnèrent deux objectifs majeurs : d'une part, la récupération par les peuples dominés de leurs ressources et de leurs richesses confisquées par le colonisateur pour son seul profit ; d'autre part, le développement, phénomène de transformation sociale perçu par ces mêmes peuples comme un processus d'ancrage à la modernité économique occidentale. Il conviendra alors de s'interroger sur l'efficacité réelle de ces normes juridiques à prétention de promotion de la souveraineté économique des peuples qui s'engagèrent dans la voie de la contestation d'un ordre mondial dénoncé et décrié comme étant foncièrement inégalitaire.

LA REVENDICATION PAR LES PEUPLES AFRICAINS DE LA LIBRE DISPOSITION DE LEURS RICHESSES ET DE LEURS RESSOURCES NATURELLES

Cette problématique concerne les peuples africains considérés dans les deux moments stratégiques de leur histoire : avant les indépendances, lorsqu'ils étaient soumis à la domination directe des puissances coloniales ; après leur formation en États par l'effet de leur accession à l'indépendance, étant entendu que le fait pour l'État nouvellement indépendant d'arborer des emblèmes nationaux (drapeau, hymne, etc.) n'entraîne pas en soi et de manière automatique la fin des mécanismes d'une dépendance économique enracinée dans le temps long de l'histoire. En ce sens, la revendication de l'émancipation économique est un phénomène transhistorique, linéaire et horizontal qui vise à parachever la souveraineté des peuples nouvellement affranchis. Les Nations unies et d'autres instances internationales se firent l'écho de cette volonté des peuples africains de bonifier leur indépendance politique par leur indépendance économique. Le droit international s'enrichit à cette occasion de nouvelles règles élaborées au fil du temps.

Les Nations unies jouèrent un rôle de premier plan dans ce mouvement de revendication de l'autodétermination économique dès avant que ne s'amorça le processus de décolonisation. La Charte de l'Organisation mondiale énonce dans son préambule un objectif général, celui qui consiste à « favoriser le progrès économique et social de tous les peuples » par le recours aux institutions et à la coopération internationale. Au sein de cette structure, l'Assemblée générale se distingua par une abondante activité normative ayant pour but la réappropriation et la maîtrise par les peuples des pays colonisés de leurs richesses et de leurs ressources naturelles. L'impulsion des pays afro-asiatiques fut déterminante à cet égard. Le 12 janvier 1952 est adoptée la résolution 523 (VI) intitulée « Développement économique intégré et accords commerciaux » qui sera suivie de bien d'autres portant toutes des titres expressifs : 626 (VII) du 21 décembre 1952 « Droit d'exploiter librement les richesses et les ressources naturelles » ; 637 (VII) du 16 décembre 1952 « Droit des peuples et des nations à disposer d'eux-mêmes » ; 642 (VII) du 20 décembre 1952 « Développement économique et social intégré » ; 1314 (XII) du 12 décembre 1958 « Recommandations concernant le respect, sur le plan international, du droit des peuples et des nations à disposer d'eux-mêmes », laquelle créait une commission pour la souveraineté permanente sur les ressources naturelles considérées comme un « élément fondamental du droit des peuples et des nations à disposer d'eux-mêmes ». Puis vient le 15 décembre 1960 la résolution 1515 (XV) « Respect du droit souverain de chaque État de disposer de ses richesses et de ses ressources naturelles » ; et surtout le 14 décembre 1962, la résolution 1803 (XVII) « Souveraineté permanente sur les ressources naturelles » qui fait le constat en son point 7 que « La violation des droits souverains des peuples et des nations sur leurs richesses et leurs ressources naturelles va à l'encontre de l'esprit et des principes de la Charte des Nations Unies ». On mentionnera également les résolutions 2158 (XXI) « Souveraineté permanente sur les ressources naturelles » du 25 novembre 1966 ; 2173 (XXI) « Mise en valeur des ressources naturelles » du 6 décembre 1966 ; 3202 (S-VI) du 1er mai 1974 ou « Programme d'action concernant l'instauration d'un nouvel ordre économique international », notamment son point VIII traitant de l'aide à l'exercice de la souveraineté des États sur les ressources naturelles ; 3281 (XXIX) du 12 décembre 1974 dite « Charte des droits et devoirs économiques des États » dont l'article 2, alinéa 1 dispose : « Chaque État détient et exerce librement une souveraineté entière et permanente sur toutes les richesses, ressources naturelles et activités économiques, y compris la possession et le droit de les utiliser et d'en disposer ». La force normative de ces textes avait été contestée par les pays occidentaux au motif qu'il ne s'agissait que de simples recommandations n'engageant pas les États. Mais en décembre 1966 avaient été adoptés les deux Pactes internationaux sur les droits de l'homme, actes juridiques relevant de la catégorie des traités et dotés de force obligatoire entre les parties car produisant des effets de droit à leur égard. Ces deux instruments juridiques affirment que le droit des peuples à disposer d'eux-mêmes entraîne pour ceux-ci le libre choix de leur développement économique, social et culturel et stipulent en substance : « Pour atteindre leurs fins, tous les peuples peuvent disposer librement de leurs richesses et de leurs ressources naturelles, sans préjudice des obligations qui découlent de la coopération économique internationale » (article 1 alinéa 2 commun aux deux Pactes). On fera observer que le droit à la libre disposition des richesses et des ressources naturelles est préservé, dans le cadre des Nations unies, pour les peuples non-autonomes comme l'affirme la résolution A/RES/31/7 du 5 novembre 1976 de l'Assemblée générale reconnaissant « le droit inaliénable des peuples des territoires dépendants à l'autodétermination, à l'indépendance et à la jouissance des ressources naturelles de leurs territoires, ainsi que leur droit de disposer de ces ressources au mieux de leurs intérêts ». Elle en tire une conséquence logique, l'illicéité de toute entreprise découlant de la méconnaissance de cette règle : « Toute puissance administrante ou occupante qui prive les peuples coloniaux de l'exercice de leurs droits légitimes sur leurs ressources naturelles ou fait passer des intérêts économiques et financiers étrangers avant les droits et intérêts de ces peuples viole les obligations solennelles qui incombent en vertu de la Charte des Nations Unies ». Au demeurant, le Conseil des Nations unies pour la Namibie avait adopté, par son décret N° 1 du 27 septembre 1974 [1], des dispositions relatives à la protection des ressources naturelles de ce territoire en interdisant leur exploitation sans son autorisation préalable.

[1] Texte dans Doc. off. Ass. Gén., 3e session suppl. n° 24 A/35/24, vol. 1, annexe 2.

Les avoirs générés par toute transaction en infraction de cette interdiction étaient susceptibles d'être saisis et la responsabilité des contrevenants à l'égard d'un futur gouvernement d'une Namibie indépendante pouvait de même être engagée[1].

Le basculement d'un pouvoir mondial jusqu'alors polarisé mais désormais contesté et dont le droit à l'autodétermination économique traduisait bien les enjeux se dessinait également dans plusieurs autres arènes politiques internationales du militantisme tiers-mondiste. À preuve, la tenue du 3 au 15 janvier 1966, à La Havane (Cuba) de la première Conférence de solidarité avec les Peuples d'Asie, d'Afrique et d'Amérique latine (Tricontinentale) dont la Déclaration mentionne « le droit de contrôle national sur les ressources fondamentales » comme étant un des principes de la lutte des peuples opprimés. Dans le même sillage, la Déclaration d'Alger de novembre 1967 issue de la rencontre du Groupe des 77 (G77) représentant aux Nations unies l'ensemble des Pays-non alignés stipule en son article 8 que « Tout peuple a un droit exclusif sur ses richesses et leurs ressources naturelles. Il a le droit de les récupérer s'il en a été spolié ».

Les résonnances africaines du droit à la libre disposition des richesses et des ressources naturelles apparaissent dans plusieurs textes juridiques du droit international africain relayant ou complétant cette thématique. La quête de l'indépendance économique est une donnée permanente du combat des peuples et des dirigeants africains. L'Union africaine rappelle à cet effet que les luttes héroïques des peuples et des pays africains ont eu pour objectifs majeurs « l'indépendance politique, la dignité humaine et l'émancipation économique » (Préambule de son Acte constitutif). Il convient, dans cette perspective, de définir le statut juridique des richesses et des ressources naturelles en les déclarant biens communs inaliénables, et c'est ce qui est acté par la Charte africaine des droits de l'homme et des peuples en ce qu'elle énonce dans son article 21 : « Les peuples ont la libre disposition de leurs richesses et de leurs ressources naturelles. Ce droit s'exerce dans l'intérêt exclusif des populations. En aucun cas, un peuple ne peut en être privé » (alinéa 1). Ce droit comporte pour un peuple spolié la rétrocession de ses biens ainsi qu'une juste indemnisation, l'élimination de toutes les formes d'exploitation économique étrangère, l'encouragement à une

[1] Paul Tavernier, « L'année des Nations Unies, problèmes juridiques », *AFDI*,1974, 20, p. 486-520 ; Raymond Goy, « L'indépendance de la Namibie », *AFDI,*1991, 37, p. 387-405.

coopération économique internationale équitable, notamment interafricaine. Compte tenu de l'opacité et de l'indétermination qui entoure le terme peuple en droit international, l'on est cependant fondé à se demander si ce titulaire méconnu par le droit international est en position de faire valoir ses droits proclamés et d'en bénéficier. La libre disposition des richesses et des ressources naturelles : un droit des peuples ou un droit des États ?

Les droits économiques revendiqués par les peuples africains en contestation de l'ordre mondial établi comportent aussi un objectif stratégique, le développement. La détention des richesses et des ressources naturelles constitue, à leurs yeux, la clé d'accès au progrès en matière économique. L'optimisme développementaliste dans lequel ont baigné les peuples africains, mais plus encore leurs dirigeants, a consisté pour eux à établir une équivalence entre la libre disposition des richesses et des ressources naturelles et l'amélioration quasi magique des conditions de vie des populations. Le développement apparaît ainsi comme un volet complémentaire de l'autodétermination économique.

LE DÉVELOPPEMENT, UNE NOTION SOURCE DE CONTROVERSES DOCTRINALES, SON SYMBOLISME ÉMANCIPATEUR, SA FORMULATION JURIDIQUE

Dans leur combat pour promouvoir leur développement entravé par les mécanismes de la domination économique internationale, les peuples africains s'appuyèrent sur de nouvelles règles juridiques à l'adoption desquelles ils ont largement contribué. On soulignera cependant qu'avant d'être un fait politique ou un objet juridique, le développement, concept d'origine occidentale[1], est d'abord et avant tout une notion et un phénomène économique (on parle alors d'économie du développement), comme l'est tout autant son envers, le sous-développement. Ce dernier état, caractéristique de la situation des peuples africains au moment où ils amorcèrent leur mouvement de contestation de l'ordre mondial, a donné lieu à des interprétations souvent divergentes aussi bien dans la pensée économique que dans les théories des relations internationales. Trois temps forts ont marqué ces tentatives de compréhension du sous-développement.

[1] Gilbert Rist, *Le développement. Histoire d'une croyance occidentale,* 4e édition revue et corrigée, Paris, Les Presses de la Fondation nationale des sciences politiques, 2012.

Une première mouvance est celle des économistes néo-classiques qui mettent l'accent sur la théorie des avantages comparatifs et de la dotation des facteurs pour expliquer les phénomènes du développement et du sous-développement, lesquels procéderaient l'un et l'autre du déterminisme imposé aux sociétés humaines par l'allocation naturelle des ressources, certaines de ces sociétés ayant été mieux pourvues en cette matière que d'autres. De là découle, pour les moins nanties, le sous-développement considéré comme une fatalité[1]. Allait prévaloir ensuite dans les années 1960, la thèse selon laquelle le sous-développement est un phénomène de retard des pays relevant de cette catégorie par rapport aux pays développés. Le développement est alors considéré comme un processus conduisant par paliers successifs les sociétés humaines de l'état d'arriération à l'état de progrès. Dans cette optique, les pays sous-développés le sont en raison du ralentissement de leur marche vers la modernité imputable à certains facteurs rédhibitoires : archaïsme des structures politiques et sociales, arriération scientifique et technologique, démographie galopante, colonisation, etc. Il importait donc de combler ce fossé en mettant en place des politiques de rattrapage correctrices des inégalités structurelles. S'accommodant plus ou moins de l'ordre mondial existant, ce courant modéré se contentera de revendiquer une aide internationale massive comme solution au sous-développement et considèrera que le commerce international est un instrument déclencheur du développement. Ces idées furent portées et défendues par les leaders du mouvement tiers-mondiste, notamment lors de la conférence afro-asiatique de Bandung en 1955 et à la première conférence des Nations unies pour le commerce et le développement (CNUCED) en 1964[2]. Confrontée cependant à l'écart croissant entre pays développés et ceux sous-développés, ainsi qu'à la crise économique à laquelle faisaient face ces derniers dans les années 1970, cette thèse réformiste sera contestée par les économistes radicaux. Cette

[1] Jacques Weber, « Le développement, concept, doctrine ou idéologie », dans *Le développement : idéologies et pratiques,* Paris, ORSTOM, 1983. ; Philippe Hugon, « Les trois temps de la pensée francophone en économie du développement », dans Étienne Le Roy, Olivier Dollfus, Michel Vernières, Catherine Choquet, *État des savoirs sur le développement. Trois décennies de sciences sociales en langue française,* Paris, Karthala, 1993. ; Guy Caire, « Idéologies du développement et développement de l'idéologie », *Revue Tiers-Monde,* 1974, 57, p. 5-30.

[2] Madjid Benchikh, *Droit international du sous-développement,* Paris, Berger-Levrault, 1983.

rupture épistémologique résulte du mouvement contestataire initié en Amérique latine et qui va associer l'ensemble des intellectuels critiques du système impérial dominant dans un même souci de compréhension des mécanismes de la dépendance et du développement inégal, d'accumulation au centre et de diffusion du sous-développement dans la périphérie. Dans cette école de pensée désignée sous l'appellation « Théories de la dépendance », le développement des uns entraîne à rebours le sous-développement des autres. Ces analyses du sous-développement en tant que phénomène de mise en dépendance et d'extraversion économique seront endossées par les intellectuels[1] et les responsables politiques africains. Dans ce sillage est adoptée en 1973 la Déclaration africaine sur la coopération, le développement et l'indépendance économique. Ce texte fait le constat de l'inefficacité des stratégies d'aide et de rattrapage des Nations unies pour combattre le sous-développement en Afrique. Le sous-développement, fléau endémique du continent africain, y est diagnostiqué comme résultant des « séquelles de la colonisation ou des sous-produits des relations verticales de la domination exercée sur l'Afrique par les pays développés », de « la volonté constante des pays développés de se ménager, particulièrement en Afrique des zones d'influence non seulement politiques, mais économiques ». D'où le choix politique du neutralisme économique par le refus de « l'intégration de l'Afrique à telle ou telle puissance économique étrangère ». Ce discours prône une stratégie de développement déconnectée des mécanismes de l'économie mondiale[2] et promeut plutôt l'utilisation des « immenses ressources naturelles et humaines » du continent. Le vocabulaire est alors riche de termes pour traduire ce recentrage et cette inversion des

---

[1] Osendé Afana, *L'Économie de l'Ouest-africain. Perspectives de développement,* Paris, François Maspéro, 1966. ; Samir Amin, « Underdevelopment and Dependance in Black Africa. Origins and Contemporary Forms », *The Journal of Modern Africa Studies* 10 (4), 1972 ; Samir Amin, *Impérialisme et sous-développement en Afrique,* Paris, Anthropos, 1976. ; Samir Amin, dir., *Mondialisation et accumulation,* Paris, L'Harmattan, 1993. ; Samir Amin, *L'histoire globale. Une perspective afro-asiatique,* Paris, Les Indes savantes, 2013. ; Albert Tévoedjré, *La pauvreté, richesse des peuples,* Paris, Éditions ouvrières, 1978. ; Makhtar Diouf, *Intégration économique. Perspectives africaines,* Paris, Dakar, Publisud, Nouvelles Éditions africaines, 1984 ; Makhtar Diouf, *L'Afrique dans la mondialisation,* Paris, L'Harmattan, 2002.

[2] Samir Amin, *La déconnexion. Pour sortir du système mondial,* Paris, La Découverte, 1986. ; Charles-Albert Michalet, dir., *Le défi du développement indépendant. Les conditions de la souveraineté économique dans le Tiers-Monde,* Paris, Les Éditions Rochevignes, 1983.

perspectives économiques africaines : développement endogène, développement autocentré, développement auto-entretenu, développement indépendant, etc. L'accent est ainsi mis sur la nécessité pour les pays africains de former un front uni dans l'optique d'une « transformation profonde de la situation internationale ». C'est dans ce sens que l'intégration économique régionale est encouragée en tant qu'elle favorise, d'une part, « l'harmonisation et le renforcement des positions africaines dans les relations extérieures et partant leur contribution efficace à la modification du contexte international dans un sens susceptible d'influencer l'apparition de conditions favorables au développement » ; et, d'autre part aussi, parce qu'elle est un facteur accélérateur du développement. Ce texte refondateur est précurseur de la thématique du nouvel ordre économique international consacré en 1974 par l'Assemblée générale des Nations unies[1], et qui sera ensuite développée dans d'autres tribunes (CNUCED, Non-Alignés, etc.). Des initiatives similaires suivront et attesteront de la prise de conscience par les pays africains que leur survie dépend de leur distanciation d'avec le système économique international accusé d'être la cause de blocage de leur développement. Ce discours progressiste de rupture emprunte plusieurs pistes : adoption en 1976 de la Déclaration de Kinshasa qui préconise la création d'une communauté économique africaine à l'horizon de quinze à vingt ans, de la Déclaration de Monrovia en 1979 « Sur les principes directeurs à respecter et les mesures à prendre en faveur de l'autosuffisance nationale et collective dans le développement économique et social en vue de l'instauration d'un nouvel ordre économique international », du Plan d'Action de Lagos (PAL) en 1980 et de l'Acte final de Lagos (AFL) qui lui est annexé. Construit sur la promotion d'un modèle autonome de développement pour « mettre fin à la dépendance quasi totale de l'Afrique », le PAL se démarque d'autres stratégies de la même époque préconisant plutôt une insertion accrue du Tiers-Monde et de l'Afrique dans les circuits de l'économie mondiale [2] . D'autre part, l'idée d'une communauté économique africaine aboutissait en 1991 à l'adoption du traité d'Abuja (Nigeria) qui l'a instituée. Elle vise parmi ses objectifs, « l'intégration des économies africaines en vue d'accroître l'autosuffisance économique et favoriser le développement endogène et auto-entretenu », ainsi que le

[1] Résolutions 3201 (S-VI) et 3202 (S-VI) du 1er mai 1974.

[2] Rapport Elliot Berg, *Le développement accéléré en Afrique au Sud du Sahara. Programme indicatif d'action*, Washington D.C., Banque mondiale, 1981. ; Rapport Brandt, *Nord-Sud : un programme de survie*, Paris, Gallimard, 1980.

« développement auto-suffisant » (article 4, alinéa 1/a et1/b). Des communautés économiques régionales porteuses de la même philosophie de l'endogénéité et de rupture de l'Afrique avec un ordre international spoliateur et injuste se créèrent aussi : ainsi, par exemple, de la Communauté économique des États de l'Afrique centrale (CEEAC) fondée en 1983 ; son traité se démarque des stratégies d'insertion asymétrique de l'Afrique à l'économie mondiale et énonce parmi les buts de l'organisation, celui de « réaliser l'autonomie collective » de ses États membres (article 4).

Ces réorientations idéologiques des pays africains s'inscrivent dans le vaste mouvement de reformation des relations économiques internationales par le droit. Il ne suffisait pas, en effet, d'analyser et d'expliquer les causes économiques et historiques du sous-développement. Cette étape nécessaire franchie, il fallait, dans un élan complémentaire, définir le cadre juridique du développement en tant que ce dernier était la finalité et l'objet du désir des peuples africains. Le droit au développement était né. Quelles en sont les sources textuelles ?

Le droit au développement s'inscrit dans la mouvance du nouvel ordre économique international promu par les Nations unies. Si la Charte de cette organisation fait mention dans son préambule de l'engagement des États membres « à favoriser le progrès social et instaurer de meilleures conditions de vie dans une liberté plus grande », si « le relèvement des niveaux de vie, le plein emploi et des conditions de progrès et de développement » (article 55, a) sont parmi ses objectifs, si enfin l'un de ses organes principaux, le Conseil économique et social, est déclaré compétent dans « les domaines économique, social, de la culture intellectuelle et de l'éducation, de la santé publique et autres domaines connexes » (article 62, alinéa 1), ce sont surtout les résolutions de l'Assemblée générale qui vont contribuer à former le corpus juridique du droit au développement. Venant contester et enrichir le droit international classique, le droit au développement est expressément formulé dans plusieurs résolutions de cette organisation. Le 16 septembre 1975 est adoptée la résolution 3362 (S-VII) portant « Développement et coopération économique internationale » ; prenant acte de l'injustice et de l'inégalité croissante entre pays développés et pays en développement ainsi que de la nécessité de les corriger, elle proclame que « l'objectif général du nouvel ordre économique international est d'accroître la capacité des pays en développement, individuellement et collectivement, à œuvrer à leur développement » (préambule). Le développement est donc bien la finalité du nouvel ordre économique international. Sa définition juridique est formulée dans la résolution 41/128 de l'Assemblée générale (Déclaration sur le droit au développement) du 4 décembre 1986 dans le deuxième considérant de son préambule. Il est même élevé au rang de droit de l'homme : « Le droit au développement est un droit inaliénable de l'homme...l'égalité des chances en matière de développement est une prérogative aussi bien des nations que des individus qui la composent » (Préambule et article 1er alinéa 1) ; le droit au développement participe de ce fait à la réalisation du droit des peuples à disposer d'eux-mêmes (article 1er, alinéa 2).

L'engagement des Nations unies en faveur du développement allait se concrétiser dans l'adoption de vastes programmes appelés « décennies du développement[1] ». Les échecs de ces derniers n'ont pas pour autant entamé l'optimisme développementaliste de cette organisation. Après les années 1990, d'autres initiatives marquantes verront le jour, autour notamment de la thématique de la réduction de la pauvreté : le 8 septembre 2000, l'Assemblée générale adopte la Déclaration du Millénaire (résolution 55/2) aboutissant aux Objectifs du Millénaire pour le Développement (OMD)[2] ; le 25 septembre 2015, est également adoptée la résolution 70/1 intitulée « Transformer notre monde : le Programme de développement durable à l'horizon 2030 » qui se veut « un plan d'action mondial pour les 15 prochaines années – c'est une charte pour l'humanité et pour la planète au XXIe siècle » (point 51). Ce dernier texte définit les Objectifs de développement durable (ODD) articulés autour de « 17 objectifs de développement durable assortis de 169 cibles qui sont intégrés et indissociables » (point 18).

---

[1] L. J. Wagner, « Les décennies du développement de l'ONU, 1960-1990. Réduction des rapports de domination Nord-Sud ou manifestation au grand jour de ces rapports ? », *Hypothèses,* 2013/1(16), p. 327-338. ; P. Jackson, « Un historique des Objectifs du Millénaire pour le développement : Quatre décennies d'efforts des Nations Unies pour le développement », https://www.un.org/fr/chronicle/article/un-historique-des-objectifs-du-millennaire-pour-le-developpement-quatre-decennies-defforts-des-nations-unies-pour-le-developpement, consulté le 09.11.2021.

[2] Déclinés en huit points : réduire l'extrême pauvreté et la faim ; assurer l'éducation primaire pour tous ; promouvoir l'égalité des sexes et l'autonomisation des femmes ; réduire la mortalité infantile ; améliorer la santé naturelle ; combattre le VIH/sida, le paludisme et d'autres maladies ; assurer un environnement durable ; mettre en place un partenariat mondial pour le développement.

On n'a pas manqué de faire observer que le droit au développement est d'origine africaine. Selon Fatsah Ouguergouz, ce concept a été mis en avant pour la première fois en octobre 1967 dans le cadre de la conférence économique du Groupe des 77. Mohammed Bedjaoui en fait allusion dans une allocution à l'Académie de droit international de la Haye en 1969 : « La coopération économique doit être l'expression d'un nouveau droit international qui impose aux États les plus riches l'obligation de contribuer au développement des pays les plus défavorisés, dans l'esprit de la solidarité humaine, loin de toute idée d'exploitation[1] ». Keba Mbaye développe ensuite le concept lors d'une conférence prononcée en 1972 à l'Institut international des droits de l'homme en établissant une analogie entre le droit au développement et les droits de l'homme dont la réalisation incombe autant aux États qu'à la communauté internationale[2].

Le droit au développement a reçu une consécration juridique en droit international africain puisque mentionné par exemple dans la charte africaine des droits de l'homme et des peuples qui en fait un droit des peuples qui crée des obligations à l'égard des États : « Tous les peuples ont droit à leur développement économique, social et culturel, dans le respect strict de leur liberté et de leur identité, et à la jouissance égale du patrimoine commun de l'humanité. Les États ont le devoir, séparément ou en coopération, d'assurer l'exercice du droit au développement » (article 22). La question s'est posée de savoir quelle expression est la mieux appropriée en matière d'encadrement juridique du développement, certains auteurs utilisant l'expression « droit du développement[3] » au lieu de celle de « droit au développement ». René-Jean Dupuy explique à ce sujet que le premier terme renvoie à un droit des moyens, alors que le deuxième est un droit de la finalité[4]. En ce

---

[1] Mohammed Bedjaoui, « Pour un nouveau droit social international », *Annuaire des anciens auditeurs de l'Académie de droit international,* 1969, Vol. 39, p. 29., cité par Abdulqawi A. Yusuf, *Panafricanisme et droit international, op. cit.,* p. 170.

[2] Keba Mbaye, « Le droit au développement comme un droit de l'homme. Leçon inaugurale », 3e session d'enseignement ». Texte de cette leçon dans *Revue des droits de l'homme,* vol. 3, 1972, p. 505-534. ; voir aussi Keba Mbaye, « Le développement et les droits de l'homme », *Revue sénégalaise de droit,* 1977, N° 22, p. 37.

[3] Alain Pellet, *Le droit international du développement,* Paris, PUF (Que sais-je ?), 1978. ; Monique Chemillier-Gendreau, *Humanité et souverainetés..., op. cit.,* p. 227.

[4] René-Jean Dupuy, *Le droit au développement au plan international,* Colloque, La Haye, 16-18 octobre 1979 / *The Right to Development at the International Level,* Workshop, The Hague, Sijthoff and Noordhoff, 1980. ; voir aussi Batyah Sierpinski,

sens, le droit au développement est un droit objectivable. Finalement, c'est le vocable de droit au développement qui a prévalu tant dans les milieux académiques que dans les cercles diplomatiques, notamment aux Nations unies à travers ses résolutions. Mais cette querelle lexicale n'est pas vraiment significative dans la mesure où les buts ne sont atteints qu'au travers des moyens mobilisés pour ces fins.

S'il est un droit contribuant à la souveraineté des peuples, alors le droit au développement va nécessairement de pair avec le droit pour ces peuples de choisir librement leur système politique, économique et social. La coexistence pacifique dans la société internationale de plusieurs formes d'organisation sociale se traduit en droit par la tolérance et la reconnaissance de plusieurs voies de développement, comme l'atteste la résolution 3171 (XXVIII) du 17 décembre 1973 qui réaffirme avec solennité « le principe inviolable selon lequel chaque pays a le droit d'adopter le système économique et social jugé le plus favorable à son développement ». Capitalisme, socialisme et tiers-mondisme formaient alors le substantiel des idéologies mondiales dans ces années soixante-dix et pouvaient ensemble collaborer sur la base de « l'équité et l'égalité souveraine, l'interdépendance, l'intérêt commun et la coopération de tous les États, quel que soit leur système économique et social » pour atteindre les buts énoncés par la Charte des devoirs économiques des États, tels que mentionnés dans la résolution 3281 (XXIX) du 12 décembre 1974.

On aurait tort cependant de réduire le développement à son aspect strictement économique. Il est bien plus que cela. Le développement est un processus intégral de transformation sociale et d'amélioration optimale et continue de la condition humaine. Aux termes de la résolution 41/128, sa définition juridique est la suivante : « Le développement est un processus global, économique, social, culturel et politique, qui vise à améliorer sans cesse le bien-être de l'ensemble de la population et de tous les individus, sur la base de leur participation active, libre et significative au développement et au partage équitable des bienfaits qui en découlent » (Préambule). Au-delà du nouvel ordre économique international dont il est partie intégrante et qu'il contribue à mettre en œuvre, le développement participe de l'extensivité des droits fondamentaux et des droits de l'homme : « Tous les droits de l'homme et toutes les libertés fondamentales sont indivisibles et

---

Hélène Tourard, « Les trente ans du droit au développement de l'ONU ou l'inaccessible quête », *RGDIP,* Tome 122, N° 1, 2018, p. 55-86.

interdépendantes ; la réalisation, la promotion et la protection des droits civils, politiques, économiques, sociaux et culturels, doivent bénéficier d'une attention égale et être envisagées avec une égale urgence » (article 6, alinéa 2). Le droit international africain intègre cette transversalité et cette pluridimensionnalité du développement. La Charte de Banjul (Gambie) ou Charte africaine des droits de l'homme et des peuples affirme à cet effet l'indissociabilité des différents aspects du développement en déclarant « qu'il est désormais essentiel d'accorder une attention particulière au droit au développement ; que les droits civils et politiques sont indissociables des droits économiques, sociaux et culturels, tant dans leur conception que dans leur universalité, et que la satisfaction des droits économiques, sociaux et culturels garantit la jouissance des droits civils et politiques » (Préambule). La globalité du développement procède, en d'autres termes, de la somme de tous les développements catégoriels. C'est en cela que le développement est un phénomène inclusif, total, équilibré, prenant en charge non seulement tous les secteurs de l'activité sociale, mais aussi toutes les catégories sociales et humaines dans son processus. Cette prise en compte du caractère global du développement a donné lieu à l'adoption par les pays africains de conventions dans des domaines spécifiques portant élargissement et approfondissement du champ matériel du développement. On ne peut ici en faire une recension exhaustive. On signalera cependant qu'en matière de démocratie, fut adoptée le 30 janvier 2007 la Charte africaine de la démocratie, des élections et de la gouvernance : équivalent de la Déclaration du NEPAD sur la démocratie, la gouvernance politique, économique et d'entreprise adoptée le 8 juillet 2002 à Durban (Afrique du Sud), elle institue notamment une procédure de sanction en cas de changement anticonstitutionnel de gouvernement (chapitre VIII, articles 23 à 26) et une étroite collaboration entre les États, la Commission de l'Union africaine et les communautés économiques régionales dans la mise en œuvre de ses objectifs. Dans le domaine de la protection de l'environnement a correspondu la Convention africaine sur la conservation de la nature et des ressources naturelles adoptée à Alger le 15 septembre 1968 et révisée le 11 juillet 2003 à Maputo (Mozambique) [1] : elle engage les États signataires à « assurer la

---

[1] Stéphane Doumbé-Billé, « La nouvelle Convention africaine de Maputo sur la conservation de la nature et des ressources naturelles », *Revue juridique de l'environnement,* 2005, N° 1, p. 5-17.

conservation, l'utilisation et le développement des sols, des eaux, de la flore, et des ressources en faune » (article 2). Les préoccupations environnementales sont de même au cœur de la Convention de Bamako du 30 janvier 1991 sur l'interdiction d'importer en Afrique des déchets dangereux et sur le contrôle des mouvements transfrontaliers et la question des déchets dangereux produits en Afrique [1] ; ce texte constitue, par anticipation, la réponse africaine au scandale de l'exportation par des entreprises occidentales des déchets de leurs usines en Afrique, à l'exemple tragique de la société hollandaise « Trafigura » dont le déversement en septembre 2006 à Abidjan de déchets toxiques transportés par le navire Probo Koala avait causé la mort de plusieurs personnes. Par ailleurs, la nécessité de promouvoir un développement associatif, impulsé à partir de la base, par la mobilisation de toutes les forces vives de la population a abouti à l'approbation, le 27 juin 2014 à Malabo (Guinée Équatoriale), d'une Charte africaine des valeurs et principes de la décentralisation, de la gouvernance locale et du développement local ; dans une perspective de développement durable, elle enjoint les États parties à approfondir la démocratie participative à « tous les niveaux sous-nationaux » (Préambule), en partage et en complémentarité avec les gouvernements centraux (article 11). D'autres domaines ont donné lieu à des conventions traduisant la préoccupation des pays africains pour une conception intégrale du développement se réalisant dans une approche sectorielle. Ainsi, par exemple, de la protection des enfants avec la Charte africaine des droits et du bien-être de l'enfant adoptée le 1er juillet 1990 à Addis Abeba (Éthiopie), de l'élimination des discriminations à l'égard de la femme avec le Protocole à la Charte africaine des droits de l'homme et des peuples relatifs aux droits des femmes adopté le 11 juillet 2003 à Maputo (Mozambique).

Ainsi donc, plusieurs règles juridiques nouvelles encadrent le développement, objet de fantasme des peuples africains obnubilés par la modernité occidentale. Catalogués comme « pays sous-développés », terme qualificatif d'un état permanent de stagnation et de fatalité, ou « pays en voie de développement », ou même « pays en développement », désignations donnant l'illusion d'une marche entamée vers le développement considéré comme un objectif

[1] Fatsah Ouguergouz, « La Convention de Bamako sur l'interdiction d'importer en Afrique des déchets dangereux et sur le contrôle des mouvements transfrontaliers et la question des déchets dangereux produits en Afrique », *AFDI,* 1992, 38, p. 871-884.

eschatologique commun des sociétés humaines, les peuples africains crurent, au même titre que ceux de l'ensemble composite du Tiers-monde, que la réécriture et la réinvention du droit leur permettrait de changer à leur avantage les règles du système économique international et de donner ainsi à leur émancipation formelle un contenu substantiel. L'émancipation économique par le droit ? Les stratégies de résistance et de rupture, conçues dans le feu des luttes nationalistes et dans l'euphorie des accessions à l'indépendance, suscitèrent une grande espérance parmi les peuples nouvellement affranchis ; mais cette ferveur n'allait pas tarder à se transformer en désillusion, par pugnacité d'un adversaire certes vacillant, mais toujours décidé à rester le maître du jeu des affaires du monde.

L'EFFICACITÉ CONTESTABLE DES RÈGLES JURIDIQUES AYANT PRÉSIDÉ À L'OBJECTIF D'ÉMANCIPATION ÉCONOMIQUE DES PEUPLES AFRICAINS

Nous avons vu que le droit de la décolonisation économique, élément intrinsèque du droit des peuples à disposer d'eux-mêmes, se décompose en droit de libre disposition par les peuples de leurs richesses et de leurs ressources naturelles, ainsi que du droit au développement. Tout cet ensemble de prescrits juridiques se donne pour finalité l'émancipation économique des peuples colonisés, notamment africains, qui s'en approprièrent. Le droit du nouvel ordre économique international est un droit finalisé. Il faut donc en évaluer les effets concrets car on ne peut séparer les règles juridiques de leurs effets sociaux, à moins de se revendiquer du positivisme juridique. Avant de procéder à un examen de son contenu et de confronter chacune de ses déclinaisons au réel, il importe au préalable de relever que le droit du nouvel ordre économique mondial est un droit de la coopération internationale.

LE NOUVEL ORDRE ÉCONOMIQUE MONDIAL, UN DROIT DE LA COOPÉRATION INTERNATIONALE REVISITÉE

Dans un monde marqué par la diversité des systèmes politiques et sociaux et voué à la paix, raison d'être et objectif suprême des Nations unies, la coopération entre les nations et les peuples est un principe essentiel. Parmi les objectifs de l'Organisation universelle figure, selon sa Charte, celui qui consiste à « Réaliser la coopération internationale en résolvant les problèmes internationaux d'ordre économique, social, intellectuel ou d'ordre humanitaire » (article 1, § 3) ; l'ONU ambitionne de ce fait à « Être un centre où s'harmonisent les efforts des nations vers ces fins » (article 1, § 4). L'article 13 investit pour sa part l'Assemblée générale d'une responsabilité particulière en matière de coopération internationale, sujet pour lequel est consacré entièrement le chapitre IX précisément intitulé « Coopération économique et sociale internationale » (articles 55 à 60) et dont le Conseil économique et social, un des organes principaux, se trouve chargé (articles 61 à 72). La nécessité de la coopération internationale en tant que manifestation de la solidarité entre peuples est de même affirmée par la conférence afro-asiatique de Bandung dont le communiqué final comporte une section dédiée à la « Coopération économique » entre pays de ce bloc politique, celle-ci n'excluant pas toutefois « le caractère désirable ou la nécessité d'une coopération avec les pays en dehors de la zone afro-asiatique, y compris les investissements étrangers ». Malgré son anticolonialisme et son refus proclamé de s'inféoder à l'un ou l'autre des camps issus de la guerre froide, l'afro-asiatisme laissait ouverte la porte à une collaboration internationale indifférenciée avec tous les pays. De la même manière, la Charte de l'OUA dont l'un des objectifs consiste à « Éliminer, sous toutes ses formes, le colonialisme de l'Afrique » (article II, 1, d) souligne aussi l'engagement des États membres à « Favoriser la coopération internationale, en tenant dûment compte de la Charte des Nations Unies et de la Déclaration universelle des Droits de l'Homme » (article II, 1, d). À sa suite, l'Acte constitutif de l'Union africaine se prononcera, quelques décennies plus tard et en des termes identiques, sur l'impérieuse nécessité de la coopération internationale en tant qu'un des objectifs de l'organisation (article 3, e).

Mais cet appel à la coopération internationale doit cependant être restitué dans le contexte revendicatif des pays dominés y percevant un élément essentiel dans leur lutte contre leur assujettissement à un système économique international jugé foncièrement inégalitaire et verrouillé, comme le constatent les Nations unies elles-mêmes : « Il s'est révélé impossible de réaliser un développement harmonieux et équilibré de la communauté internationale dans l'ordre économique international actuel [1] ». La coopération internationale doit donc contribuer à corriger les dysfonctionnements de l'ordre économique classique. En ce sens, elle est une exigence de justice internationale réparatrice des inégalités structurelles entre pays développés et pays

[1] *Ibid.*, point 1.

sous-développés. Ce courant doctrinal prônait l'instauration d'un nouveau type de relations entre partenaires inégaux par l'adoption dans le domaine économique de règles juridiques inédites dérogatoires du droit international commun. La nouvelle coopération internationale revue et corrigée n'est plus alors pensée comme étant un devoir moral de charité des pays riches et nantis envers des pays indigents et mendiants, mais comme un véritable droit de l'indépendance économique au profit des pays sous-développés. L'aide au développement devenue une obligation d'aide s'entend, dès lors, comme une « assistance active aux pays en voie de développement, sans aucune condition d'ordre politique ou militaire[1] ». Les États africains au travers du Plan d'Action de Lagos exigeront que par l'aide des pays développés, il leur soit rendu justice en réparation des conséquences désastreuses sur leurs économies des mécanismes de la domination internationale : « les États membres considèrent comme leur dû la contribution massive et appropriée que les pays développés doivent apporter à l'œuvre du développement du Continent africain dont le succès constitue la condition même de la poursuite du développement des pays avancés et la préservation de la paix dans le monde » (point 55). Les pays développés sont, en d'autres termes, débiteurs des pays africains et sont sommés de s'acquitter de leur dette historique envers ces derniers, par nécessité de leur propre développement et du maintien de la paix mondiale. Coopération et interdépendance sont indissociables.

Dans cette logique, l'Assemblée générale des Nations unies a adopté le 15 décembre 1960 la résolution 1515 (XV), « Action concertée en vue du développement économique des pays économiquement peu développés », dans laquelle elle réaffirme que « l'un des premiers devoirs des Nations Unies est d'accélérer le progrès économique et social des pays peu développés, contribuant ainsi à sauvegarder leur indépendance et à supprimer l'écart entre les niveaux de vie des pays très développés et des pays peu développés ». En conséquence de quoi la résolution 1522 (XV) du 15 décembre 1960 portant « Amélioration du courant des capitaux et de l'assistance technique aux pays en voie de développement », prenant acte « de l'écart grandissant entre les niveaux de vie des pays économiquement développés et ceux des pays peu développés, et de la nécessité d'y remédier par une action coopérative internationale », estime nécessaire de soutenir les efforts

[1] *Ibid.*, point 4/k.

internes des pays sous-développés par l'aide extérieure qui doit être portée à « 1 pour cent environ du total des revenus nationaux des pays économiquement avancés ». Dans l'engouement de l'idéologie développementaliste des années 1960 marquées aux Nations unies par une abondante activité normative de l'Assemblée générale[1], vont se créer dans la foulée de nouveaux organes subsidiaires entièrement voués à la promotion du développement dans leurs domaines respectifs : la Conférence des Nations unies pour le commerce et le développement (CNUCED) voit le jour en 1964 sous la férule des États latino-américains et afro-asiatiques, suivie du Programme des Nations unies pour le développement (PNUD) en 1965, de l'Organisation des Nations unies pour le développement industriel (ONUDI) en 1966. Prenant conscience de ce que l'indépendance politique sans équivalent économique est une coquille vide, les États nouveaux issus des processus de décolonisation vont se servir de ces tribunes pour marteler ce discours contestataire et revendicatif en s'appuyant sur leur inégalité de développement, handicap structurel qui ne peut être surmonté qu'en leur appliquant des exceptionnalités, des « inégalités compensatrices » du droit international économique. Le progrès en matière de développement passe nécessairement par une restructuration des mécanismes de l'économie mondiale. La deuxième CNUCED qui se tient à New Delhi (Inde) en 1968 établit le principe de l'adoption d'un système généralisé de préférences (SGP) en dérogation de la clause classique de la nation la plus favorisée qui veut qu'un avantage accordé à un partenaire commercial le soit aussi à tous les autres. Ce système de préférences commerciales « sans réciprocité ni discrimination, en faveur des pays en voie de développement, y compris les mesures spéciales en faveur des pays en voie de développement les moins avancés » est adopté en 1971 dans le cadre de l'Accord général sur les

---

[1] Activité normative attestée notamment par les nombreuses résolutions du 19 décembre 1961 : 1710 (XVI) : « Décennie des Nations unies pour le développement : programme de coopération économique internationale » ; 1707 (XVI) : « Le commerce international, principal instrument du développement économique » ; 1708 (XVI) : « Planification en vue du développement économique » ; 1711 (XVI) : « Réaffirmation de la résolution 1522 (XV) de l'Assemblée générale relative à l'accélération du courant des capitaux et de l'assistance technique aux pays en voie de développement » ; 1712 (XVI) : « Action des Nations unies dans le domaine du développement industriel » ; 1717 (XVI) : « Développement de l'éducation en Afrique » ; 1718 (XVI) : « Développement économique en Afrique » ; 1719 (XVI) : « Accroissement démographique et développement économique » ; 1720 (XVI) : « Souveraineté permanente sur les ressources naturelles ».

tarifs douaniers et le commerce (GATT) et par l'Union européenne. Il est depuis mis en œuvre par de nombreux pays ainsi que par l'Organisation mondiale du commerce (OMC) et reconnu par les accords de Lomé associant les pays d'Afrique, des Caraïbes et du Pacifique (ACP) avec l'Union européenne.

Pour l'essentiel ces règles d'un nouvel ordre économique international eurent pour ambition d'opérer un recentrage de la « coopération économique, commerciale, financière et technique sur une base essentiellement préférentielle[1] ». Il importe d'évaluer leurs résultats dans ces domaines.

COMMERCE INTERNATIONAL, AIDE FINANCIÈRE AU DÉVELOPPEMENT, DROIT DES INVESTISSEMENTS, TRANSFERT DES TECHNOLOGIES

Le commerce international fut l'objet d'une attention particulière de la part des pays en voie de développement. Certes avaient-ils obtenu que leur soient appliquées des inégalités compensatrices en exemption de la clause de réciprocité et consacrèrent-ils ainsi la règle de la dualité des normes. Mais ces concessions le furent avec l'acceptation de l'idée que les échanges mondiaux devaient être régis par le libre jeu des forces du marché. La théorie des coûts comparatifs condamnait les pays en développement à une économie basée essentiellement sur l'exportation des matières premières agricoles ou minières dont la fluctuation des prix fixés par les pays importateurs contribuait à la détérioration des termes de l'échange. Les pays africains tentèrent sans grand succès de briser ce cercle vicieux. Pour ne s'en tenir qu'au PAL, ils manifestèrent la volonté de « mettre fin à la dépendance quasi totale de l'Afrique ou l'ère des exportations des matières premières » (point 14 ii). Ils ambitionnèrent aussi d'exercer un contrôle du commerce extérieur par « Établissement d'un nouveau cadre d'échanges commerciaux au niveau international y compris la conclusion d'accords sur de nouveaux principes et règles gouvernant, entres autres, les ajustements structurels, les traitements préférentiels consentis aux pays en développement ainsi que l'élimination des mesures protectionnistes destinés à entraver l'accès des produits manufacturés et semi-manufacturés en provenance des pays en développement sur les marchés des pays développés » (point 251/d). Il était également prévu d'instaurer une « Règlementation

[1] Résolution 3201 (S-VI), « Déclaration concernant l'instauration d'un nouvel ordre économique international », Assemblée générale, 1er mai 1974, point 4/s.

du fonctionnement des sociétés transnationales dans la région afin, en particulier, d'éliminer toutes les formes de pratiques commerciales restrictives ainsi que de contrôler la fixation des prix de transfert » (point 251/e). Par ailleurs est préconisée, d'une part, une diversification des partenaires commerciaux et, d'autre part, une participation accrue aux négociations économiques internationales à l'effet d'instaurer un nouvel ordre économique en Afrique et à l'échelle mondiale (point 256/b). Il s'agit, selon les termes de l'Annexe III portant « Résolution sur la participation de l'Afrique aux négociations internationales », de mettre fin à la « spéculation à la baisse opérée par les intermédiaires sur nos produits de base qui sont actuellement nos seules ressources de revenus en devises ». Ces préconisations s'accompagnent de mesures en matière de commerce intra-africain, dans la perspective d'un marché commun continental en complément et au-delà des marchés régionaux. D'où les vertus attribuées à l'intégration économique régionale qui est à encourager, dans la lignée de la coopération Sud-Sud. Les expériences dans ce domaine furent cependant décevantes car elles ne réussirent pas à enclencher une dynamique de développement régional et à rompre les liens de dépendance qui étranglent les économies des pays africains[1]. Leur commerce intrarégional est par exemple resté tendanciellement insignifiant, représentant en pourcentage pour les différents regroupements régionaux des chiffres qui témoignent de l'échec de la stratégie de l'intégration par les marchés[2]. Mais il s'agit d'une orientation générale des échanges commerciaux des pays africains, notamment subsahariens, marqués à la baisse avec le reste du monde[3]. Cette marginalisation de l'Afrique dans les flux mondiaux de

---

[1] Willy Jackson, « La marche contrariée vers l'union économique », *Le Monde diplomatique,* mars 1996. ; Willy Jackson, « Intégration régionale africaine, mondialisation et dépendance », dans Unesco, *Histoire générale de l'Afrique,* tome IX, sous presse.

[2] Ils représentaient en 2013 pour la CEMAC 1,6% des exportations et 3,1% des importations ; 7,5% et 10% pour la CEDEAO ; 6,9% et 5,8% pour la COMESA ; 11,7% et 14,8% pour la SADC ; 13,5% et 10% pour l'UEMOA ; 3,3% et 3,9% pour l'UMA, Ngattai-Lam Merdan, *« Échanges commerciaux et intégration régionale : cas de la CEMAC »,* http://www.croset-td.org/2015/09, consulté le 22.06.2016.

[3] La part de l'Afrique subsaharienne dans les exportations mondiales est la suivante : 3,3% en 1950, 2,9% en 1960, 2,4% en 1970, 2,5% en 1980, 1,2% en 1990, 1% en 1993, 0,8% en 1996. La part de ses importations est la suivante pour les mêmes années : 3,1%, 3%, 2,3%, 2,2%, 1,1%, 1,1%, 0,9%. *Nations Unies, Manuel de statistiques du commerce international et du développement 1996/1997*, New York, Genève, Nations Unies, 1999, p. 23 et 25.

marchandises a été l'un des arguments invoqués par les théoriciens d'une économie de marché ouverte (Rapport Berg) pour justifier l'arrimage accéléré de l'Afrique à l'économie mondiale, et par les partisans du repli économique (PAL) pour, au contraire, encourager la création de regroupements régionaux déconnectés des mécanismes mondiaux de la dépendance.

L'Afrique escomptait aussi obtenir pour son développement, un « transfert massif de ressources » financières comme mentionné dans le PAL (point 73/a). Il est vrai qu'entre-temps avait été précisée une répartition de l'aide financière préconisée pour le développement des pays pauvres : au moins 0,7% représentant la part de l'aide publique du 1% global exigé aux pays riches. Ce pourcentage de 1% devait, aux termes de la résolution 2626 (XXV) de l'Assemblée générale du 24 octobre 1970 dite « Stratégie internationale du développement pour la deuxième Décennie des Nations Unies pour le développement » être atteint en 1972, et au plus tard en 1975. La Déclaration du Millénaire pour le développement (A/RES/55/2) du 8 septembre 2000 comportant les Objectifs du Millénaire pour le Développement (OMD) affiche des objectifs tout aussi ambitieux qui devaient être réalisés en 2015. Elle engageait les nations à se mobiliser en faveur d'un partenariat mondial pour éliminer l'extrême pauvreté autour de huit clusters cibles[1]. Pour autant, aucun des objectifs chiffrés n'a été atteint par les pays développés comme l'attestent les différents rapports des organismes internationaux : PNUD, OCDE (Organisation de coopération et de développement économique), etc. Profitant du rapport de force entre partenaires inégaux qui leur est favorable, mais aussi de l'absence de contrainte des normes juridiques encadrant l'aide au développement, de même que du flou quant à ses destinataires et à son utilisation, très peu nombreux sont les pays qui peuvent se prévaloir et s'enorgueillir d'avoir rempli leurs obligations en cette matière. La participation des États révèle en effet une diversité de situations contrastées en défaveur de certains des plus grands d'entre eux (France : 0,63% ; Japon : 0,30% ; États-Unis : 0,20%)[2], ce qui fait dire à Maurice Flory : « Quelle que soit la progression de l'idée d'un droit des pays pauvres à une aide de la communauté internationale par des mécanismes bi-ou multilatéraux, cela n'aboutit pas encore à mettre à la charge des pays

[1] Pauvreté et faim ; éducation primaire ; égalité des sexes et autonomisation des femmes ; mortalité infantile ; santé maternelle ; VIH/sida, paludisme et autres maladies ; environnement ; partenariat mondial pour le développement.

[2] Monique Chemillier-Gendreau, *Humanité et souverainetés..., op.cit.,* p. 257-259.

riches une obligation contraignante[1] ». Au vu des impasses juridiques rendant impossible un droit compensateur des inégalités de développement[2], il reste pour les pays riches et les pays pauvres un espace de concertation où s'élabore un droit international de l'aide et de la coopération.

Emboîtant le pas aux énonciations des résolutions des Nations unies en la matière, ils s'engagèrent aussi dans la voie étroite et risquée de la reformulation du droit des investissements étrangers, ceux-ci étant considérés comme « l'un des aspects de l'interdépendance économique qui marque très profondément l'économie mondiale contemporaine et sur lequel doit être fondé le 'nouvel ordre économique international'[3] ». Redéfinir le statut juridique des investissements étrangers comportait un enjeu de taille : sauvegarder les intérêts de l'Afrique et, pour chacun de ses pays, exercer sa souveraineté sur ses ressources naturelles (PAL, point 71) ; d'où la nécessité du contrôle des activités des sociétés transnationales (PAL, points 69/k et 73/d). La radicalité de leur position amena quelques-uns des pays à opérer des nationalisations (Algérie en 1967 et Libye en 1971 pour leurs ressources pétrolières, Congo en 1967 et Mauritanie en 1974 pour leurs mines de cuivre). Nombreux furent cependant ceux qui préférèrent plutôt faire bon accueil aux investissements étrangers à cause de leurs besoins en capitaux, en technologie et en main-d'œuvre qualifiée, autant de facteurs dont ils étaient dépourvus. Par conséquent furent adoptés des codes d'investissement nationaux et régionaux favorables aux activités des entreprises étrangères, tendance accentuée à partir des années 1990 qui, comme nous l'avons vu, consacrèrent l'échec de la stratégie de développement autonome des pays africains. Mais même avec cette libéralisation du cadre juridique du droit des affaires, les investissements étrangers directs (IED) en Afrique ne représentent qu'une part infime des flux financiers mondiaux, soit seulement 3,5% en 2018 selon la CNUCED, même s'ils avaient augmenté de 11% pour atteindre la somme totale de 46 milliards de dollars[4] dans un contexte de fléchissement général du marché des investissements internationaux.

---

[1] Maurice Flory, *Droit international du développement,* Paris, PUF, 1977, p. 56-57.
[2] Zehor Zeghdoudi-Durand, *Le partenariat en droit international du développement,* Thèse pour le Doctorat en droit public, Université d'Avignon, École doctorale Culture et Patrimoine, Faculté de droit, économie, gestion, 2013.
[3] *Ibid.,* p. 70.
[4] CNUCED, *Rapport sur l'investissement dans le monde. Les zones économiques spéciales. Repères et vue d'ensemble,* Genève, Nations Unies, 2019, p. 9.

Mais qu'ils aient fait le choix de la nationalisation ou de l'accueil des investissements étrangers, les pays africains ne tardèrent cependant pas à se retrouver dans l'engrenage de conflits aigus, tant les intérêts des parties étaient divergents. Et le recours à la justice internationale ne leur fut pas toujours favorable, comme l'atteste la jurisprudence contrastée des tribunaux arbitraux, et notamment du Centre international pour le règlement des différends relatifs aux investissements (CIRDI)[1]. Dans un environnement mondial caractérisé par le reflux des transferts financiers[2], et qui voit s'exacerber la concurrence des États demandeurs ou pourvoyeurs, les IED ont tendance à se localiser dans des zones économiques spéciales (ZES). Ces petites enclaves géographiques à ambition d'industrialisation des pays d'accueil sont dotées en infrastructures par les pouvoirs publics dans le but d'y attraire les capitaux étrangers par des incitations fiscales et règlementaires[3]. Aucune règle juridique contraignante n'impose cependant aux investisseurs l'obligation de développer les pays récipiendaires de leurs transferts financiers. Il est vrai que l'affaissement des résistances des pays hôtes et leur ouverture forcée aux injonctions du capital financier international à partir des années 1990 a laissé libre cours au déploiement

---

[1] Walid Ben Hamida, Jean-Baptiste Harelimana, Achille Ngwanza, *Un demi-siècle africain au CIRDI. Regards rétrospectifs et prospectifs,* Paris, LGDJ, « Collection Droits africains », 2019. ; Gaston Kenfack Douajni, dir., *L'État africain dans l'arbitrage international,* Presses universitaires de Pau et des Pays de l'Adour, PUPPA, 2018. ; Gaston Kenfack Douajni, dir., *L'arbitrage en matière commerciale et des investissements en Afrique,* Presses universitaires de Pau et des Pays de l'Adour, PUPPA, 2017. ; Papa Abdoulaye Diop, *La protection internationale des investissements étrangers en Afrique de l'Ouest : espace CEDEAO (Communauté économique des États de l'Afrique de l'Ouest),* Thèse de Doctorat en Droit, Université Côte d'Azur, 2018. ; René Ilongo Mulala, *Droit et pratique de l'arbitrage dans l'espace OHADA,* Paris, VA Éditions, 2019.

[2] Sous l'effet notamment de la Covid-19, les flux mondiaux d'investissement direct étranger (IDE) avaient plongé de 35% en 2020, passant de 1500 milliards de dollars en 2019 à 1000 milliards de dollars ; voir Nations unies, CNUCED, *Rapport sur l'investissement dans le monde 2021,* Nations unies, Genève, 21 juin 2021, https://unctad.org.

[3] Thierry Pairault, *« Des nids pour le phénix : l'Afrique et les zones économiques spéciales 'chinoises' »,* 2nd Workshop en économie du développement : « Politiques publiques de développement dans les pays d'Afrique subsaharienne », Université du Luxembourg, Association Tiers-Monde, Université Alassane Ouattara, mars 2019, Côte d'Ivoire, halshs 02047370 ; Observatoire Europe-Afrique, *« Analyse d'un échantillon de 15 zones économiques spéciales en Afrique »,* 30 juin 2017, 19 p. ; Deborah Bräutigam, Tang Xiaoyang, « Shenzen africain : les zones économiques spéciales de la Chine en Afrique », *Outre-Terre,* 2011/4 (n° 30), p. 133-149.

sans limites du capitalisme mondial. Tout se joue dans l'opacité qui caractérise le fonctionnement des sociétés transnationales dont certaines ont une puissance financière bien supérieure à celles des États où elles mènent leurs activités. On ne s'étonnera donc pas que les rares initiatives des pays africains pour imposer des normes de développement durable à la finance internationale n'aient généré que du « droit sans force », selon l'expression de Monique Chemillier-Gendreau[1]. Si par exemple le Code panafricain des investissements adopté par l'Union africaine en 2016 a pour finalité de concilier l'objectif de développement durable des États avec la responsabilité sociale des entreprises (RSE) étrangères, sa faiblesse juridique transparaît dans certaines de ses dispositions qui le réduisent à un simple « instrument d'orientation » (Préambule et article 2)[2]. Aussi risque-t-il d'être relégué, comme tant d'autres textes, dans la catégorie des discours incantatoires. On ajoutera que le redéploiement actuel des investissements internationaux vers les terres agricoles africaines en l'absence de normes internationales protectrices de l'intérêt public en la matière est empreint de néocolonialisme, car résonnant comme une survivance du concept de *terra nullius* qui permit la prise des territoires africains[3].

Un autre domaine où les pays anciennement dominés ambitionnèrent instaurer une coopération internationale rénovée et réorientée avec les

---

[1] Monique Chemillier-Gendreau, *Humanité et souverainetés…, op. cit.,* p. 263.

[2] Serrurier Enguerrand, « Le Code panafricain des investissements, modèle imparfait d'un droit international économique au service du développement durable ». *NGABAN-DIBOLEL, Revue africaine de responsabilité sociale et management durable,* 2019, volume 1, numéro 1, en ligne, consulté le 14.05.2020. ; Jean-Baptiste Harelimana, « Le « Code panafricain d'investissement : concilier la protection des investissements avec la promotion du développement durable dans la zone de libre-échange continentale (ZLEC), *Instittut Afrique Monde Working Papers,* 3, 2017, p. 1-34 ; Mbengue Makane Moïse, Schacherer Stéphanie, « The 'Africanization' of International Investment Law : The Pan-African Investment Code and the Reform of the International Investment Regime », *The Journal of World Investment and Trade,* 18 (3), 2017, p. 414-448. ; Lahra Liberti, « Investissements et droits de l'homme », *Global Forum on International Investment,* 27-28 March 2008, p. 791-852.

[3] Monique Chemillier-Gendreau, « Retour sur une question controversée. La notion de *terra nullius* à l'origine des conquêtes coloniales et ses résonnances contemporaines », dans *L'Afrique et le droit international…, op. cit.,* p. 461-470 ; Florence Brondeau, « Les investissements étrangers à l'assaut des terres agricoles africaines. Réflexions sur le dernier avatar des politiques agricoles post coloniales », *EchoGeo,* 14, septembre-novembre 2010, https://doi.org/10.4000/echogeo.12008, consulté le 15.05.2020.

pays développés au moyen du droit fut celui de l'assistance technique et du transfert des technologies. Sortis pour la plupart d'entre eux exsangues d'une longue période de colonisation de laquelle ils n'héritèrent ni cadres suffisamment formés ni infrastructures, ils réclamèrent que là aussi leur fût appliqué un traitement préférentiel pour rattraper leur retard scientifique et technologique, et ainsi faire face aux innombrables défis de leur développement. Ils martelèrent ce discours revendicatif d'un particularisme compensateur dans les instances internationales et poussèrent à l'adoption de règles juridiques allant dans ce sens et s'inscrivant dans le mouvement développementaliste de redéfinition de l'ordre économique international. La résolution 3202 (S-VI) institua dans son point IV le principe de l'adoption d'un code international de conduite en matière de transfert des technologies des pays développés vers les pays en voie de développement. Celui-ci suggérait les mesures suivantes : prise en compte des besoins des pays en développement, leur accès privilégié aux technologies modernes, adaptation des pratiques commerciales en matière de transfert des technologies, intensification de la recherche-développement en vue de la promotion des technologies endogènes, etc. Mais la thématique du transfert des technologies s'est trouvée confrontée à l'épineux problème du droit de la propriété industrielle. Celui-ci était régi par les dispositions de la convention de Paris du 20 mars 1883 qui permettait de sauvegarder les droits du détenteur d'un brevet. Aussi le projet de code dont les pays en voie de développement voulaient faire un accord multilatéral contraignant ne prospéra-t-il point à cause du désaccord relatif aux dispositions sur les pratiques abusives, les règles applicables, le choix de la juridiction, la gestion du savoir-faire, les transferts entre la filiale et la société-mère, etc. La très forte opposition des pays occidentaux à ce projet aboutit à son abandon en 1985. Mais les pays en développement réussirent à faire inscrire le transfert des technologies dans d'autres textes juridiques, à l'exemple de la résolution 3281 (XXIX) appelant, dans l'optique de l'accélération du développement économique et social de chaque État, les pays développés à « faciliter l'accès des pays en voie de développement aux réalisations de la science et de la technique modernes, le transfert des techniques et la création de techniques autochtones dans l'intérêt des pays en voie de développement, sous des formes et conformément à des procédures qui soient adaptées à leur économie et à leurs besoins » (article 13, alinéa 2). Plusieurs initiatives de ce genre proliférèrent et aboutirent à l'adoption de nombreux instruments juridiques internationaux bilatéraux ou multilatéraux[1]. Le 10 décembre 1982 fut aussi conclue à Montego Bay (Jamaïque) la convention des Nations unies sur le droit de la mer qui énonce des règles sur le transfert des technologies marines relatives à l'exploitation de la Zone, espace maritime déclaré patrimoine commun de l'humanité. Elle enjoint les États les plus avancés à transférer leurs technologies à l'Autorité internationale des fonds marins (l'Autorité) et sa filiale l'Entreprise. Ces deux organes sont chargés de la gestion des activités d'exploitation dans cet espace maritime au bénéfice de l'ensemble des pays signataires de la convention (articles 144 et 266 à 276). De nouvelles règles relatives au transfert des technologies furent également inscrites dans des accords internationaux, notamment dans la partie IV du GATT sur le commerce et le développement, et dans l'OMC au travers des droits de propriété intellectuelle touchant au commerce (ADPIC) et de l'Accord sur les subventions et mesures compensatoires (ASMC). Reconnaissant dans le PAL l'importance de la science et de la technologie dans le développement de leurs pays (point 120), les élites politiques africaines se saisirent de la problématique du transfert des technologies. Elles plaidèrent pour une « acquisition de technologie au moindre coût compte tenu des facteurs du coût social et de la dotation en ressources » (point 73/b) et affirmèrent avec hardiesse et bravade que « les inventions, les brevets et le savoir-faire technique devront être mis par les pays industrialisés, à la disposition des pays du Groupe des 77 sans frais, comme contribution définitive par les pays développés au développement industriel de ces pays » (point 73/c). Elles s'inscrivirent de même dans une démarche de revendication « d'un code de conduite international sur le transfert de technologie ainsi qu'un code de conduite des sociétés transnationales préservant les intérêts des États membres (point 73/f), sur fond d'un « redéploiement industriel à l'échelle mondiale » (point 73/f) qui permettrait « l'accès plus libre aux marchés des pays développés pour les produits industriels en provenance des États membres grâce à la suppression des barrières tarifaires et non tarifaires protectionnistes » (point 73/g). Ces prétentions que porta pendant un moment le discours sur un nouvel ordre économique international furent balayées par la vague de l'ultralibéralisme qui

[1] Nations Unies, CNUCED, Conseil du Commerce et du Développement, *Accords internationaux pour le transfert de la technologie : meilleures pratiques en matière d'accès et mesures visant à encourager le transfert de technologie en vue de renforcer les capacités dans les pays en développement, en particulier dans les pays les moins avancés,* TD/B/COM.2/EM.9/2, Genève, 27 juin 2001.

déferla sur l'économie mondiale à partir des années 1980. Les règles de transfert des technologies furent dès lors assujetties au dogme de la compétitivité et de la non-discrimination, critères particulièrement défavorables aux pays sous-développés et africains en particulier. C'est dans ce contexte qu'il faut interpréter l'adoption par la Commission de l'Union européenne du règlement CE n° 772/2004 du 7 avril 2004, lui-même remplacé le 21 mars 2014 par le règlement CE n° 316/2014. Ces deux instruments juridiques imposent des mesures restrictives en matière de transfert de technologie en exigeant que les accords de ce type respectent les règles de la libre concurrence. Le déséquilibre par l'inexistence dans ce domaine d'une réglementation internationale adaptée est d'autant plus accentué par le dommage causé aux pays africains et sous-développés en raison du transfert inverse de leurs connaissances et technologies vers les pays développés. Témoignent de cette situation, d'une part, la fuite des cerveaux et des compétences vers les pays riches[1] ; d'autre part, de la spoliation, par les industries pharmaceutiques des pays occidentaux, des savoirs traditionnels des sociétés africaines dans le domaine médicinal[2]. Le transfert des technologies demeure soumis aux lois de l'économie marchande à cause des retombées commerciales et financières induites par la détention des brevets[3]. C'est ce qui explique la forte concurrence que se livrent aussi bien les États que les firmes multinationales du Nord dans la recherche de vaccins contre les grandes pandémies mondiales, à l'exemple récent mais non unique de la Covid-19. Dans cette course folle à la rentabilité qui se fait au détriment du bien commun universel, l'Afrique est bien démunie et marginalisée par sa faible compétitivité et implication en matière de recherche-développement moderne. Aussi

---

[1] Willy Jackson, « Mondialisation, exode des compétences et développement des capacités en Afrique », dans CEA/CRDI/OIM, *Brain Drain and Capacity Building in Africa / Exode des compétences et développement des capacités en Afrique,* 2000, p. 52-61.

[2] Choraline Dumesnil, « Les savoirs traditionnels médicaux pillés par le droit des brevets ? », *Revue internationale de droit économique,* 2013/3 (t. XXVI), p. 321-343. ; A.S.G. Amari, B.J. Kablan, J.Y. Pabst, « Mondialisation et protection des droits de propriété intellectuelle des détentions de savoirs en matière de pharmacopée traditionnelle africaine », *Ethnopharmacologia,* N° 42, décembre 2008, p. 20-28 ; Nilce Ekandzi, *La protection des savoirs traditionnels médicaux par le droit de la propriété intellectuelle dans l'espace OAPI,* Thèse de doctorat en droit privé, Paris 2, 2017.

[3] Gaëlle Krikorian, *Des Big Pharma aux Communs. Petit vadémécum critique de l'économie des produits pharmaceutiques,* Montréal, Lux Éditions, 2022.

peine-t-elle à faire accepter à la communauté scientifique mondiale, comme réponse possible aux fléaux qui menacent l'humanité tout entière, ses propres solutions endogènes tirées de la richesse de sa pharmacopée traditionnelle. Alors risque d'être étouffé et sans effet pratique, le message d'alerte du Secrétaire général de l'ONU, Antonio Gutteres, se faisant l'écho de l'appel de l'Organisation mondiale de la santé (OMS) à plus de solidarité internationale en faveur de l'Afrique : « Les pays d'Afrique doivent bénéficier du même accès rapide, équitable et abordable à tout vaccin et traitement à venir, qui doivent être considérés comme des biens publics mondiaux[1] ». Cette incitation à la solidarité internationale a donné lieu à l'initiative COVAX, dispositif de livraison gratuite de vaccins aux pays les plus démunis mis en place par l'Organisation mondiale de la santé (OMS) dans le cadre de la lutte contre la Covid-19. On soulignera néanmoins que ce dispositif peine à se concrétiser, tant sont énormes les enjeux économiques et financiers autour des pandémies mondiales.

Mais c'est l'ensemble du droit international économique de l'ordre ancien vacillant et régi par les mécanismes de l'économie de marché que les pays africains et, avec eux, tous les autres du camp tiers-mondiste, eurent la prétention de changer pour instaurer de nouvelles relations de coopération basées sur l'interdépendance et la solidarité entre les nations. Cette refonte voulue des relations économiques internationales supposait néanmoins résolue, dans un rapport dialectique, la conciliation de la souveraineté et de l'indépendance revendiquées à pleins poumons par les peuples anciennement colonisés, avec la nécessité de la coopération et de l'interdépendance des peuples dans un monde irrémédiablement ouvert[2].

Cette dichotomie est manifeste et non résolue dans les textes africains inspirés par une philosophie politique progressiste prônant la rupture avec l'ordre international dominant ; ainsi en est-il par exemple du PAL. Malgré ses accents martiens contre les stratégies de développement des Nations unies pour l'Afrique et sa vitupération contre « les pays développés dans leur tentative persistante d'amener les pays en développement à renoncer à leur revendication légitime d'un Nouvel Ordre Économique International juste et équitable » (point

---

[1] Propos sur https://www.francetvinfo.fr/sante/maladie/coronavirus/coronavirus-des-millions-de-personnes-menacees-de-pauvrete-extreme-en-afrique-selon-lonu, consulté le 20.05.2020.

[2] Michel Virally, « La Charte des droits et devoirs économiques des États », *AFDI*, 1974, 20, p. 57-77.

59), il affirme contradictoirement que « L'Afrique doit cultiver la vertu de l'autosuffisance. Ceci ne signifie pas que le Continent doit faire fi de toutes les contributions extérieures » (point 14, iii) ou, encore, dans le domaine industriel : « Les États membres entendent déployer leurs efforts en relation avec le reste de la Communauté internationale dont la coopération sous toutes les formes est indispensable à leur propre action » (point 54), même s'il est par ailleurs affirmé que cette sollicitation de l'aide extérieure doit être considérée comme un appoint à l'effort interne, principal moteur du développement.

Cette contradiction forte entre, d'une part, la revendication de la souveraineté et, d'autre part, le recours contraint à la libéralité des pays occidentaux, témoigne de l'impuissance des pays africains à instaurer au niveau mondial de nouvelles relations économiques dont ils seraient sinon les maîtres du jeu, du moins joueurs à égalité avec les autres participants.

Il faut essayer de conclure. Ce qui vient d'être décrit dans les développements précédents apparaît comme un catalogue non exhaustif des domaines où les règles du droit international, à l'initiative des pays sous-développés et africains en particulier, échouèrent à faire naître un nouvel ordre économique entre les nations. L'ambition fut grande et la déception d'autant plus. Les peuples africains, identifiés d'abord par leur lutte politique contre le colonialisme, puis par leur conversion en États lorsqu'ils accédèrent à l'indépendance, ne réussirent jamais à inverser par la superstructure juridique le rapport de force qui leur était défavorable au niveau de l'infrastructure économique. Au tournant des années 1990 leur revendication d'une émancipation économique avait elle-même changé de nature au regard de l'apaisement des conflits idéologiques de l'époque antérieure, par le triomphe du libéralisme sur les contre-modèles socialiste et tiers-mondiste. Ayant renoncé au discours radical de rupture qui avait structuré leur combat anticolonialiste, ils se convertirent dès lors à une stratégie d'accommodement et de soumission au capitalisme mondialisé. Il n'existe donc pas un apport original et révolutionnaire du panafricanisme par rapport à ces problématiques du commerce, des investissements, du transfert des technologies et du développement. Si par l'exercice du droit à l'autodétermination les peuples africains réussirent à obtenir leur souveraineté politique, il n'en fut pas de même dans le domaine économique où la finalité d'émancipation ne fut pas atteinte comme en témoignent, aujourd'hui encore, la perpétuation de l'insertion de l'Afrique dans des liens de dépendance ainsi que la dégradation persistante et accentuée des conditions de vie de ses populations. Il faut donc conclure à une réussite partielle de l'objectif que s'était assigné le panafricanisme pris en relais par les peuples africains. Le droit international de la décolonisation fut d'une efficacité toute relative au regard de son double dessein proclamé et du résultat final obtenu.

Mais plus fondamentalement, il faut faire observer qu'il existe une contradiction insurmontable entre le droit des peuples africains à disposer d'eux-mêmes et le panafricanisme. Ce droit a en effet été revendiqué et appliqué par des peuples préalablement divisés et encartés par la suite dans le carcan d'États-nations fictifs. Il a de ce fait rendu difficile le panafricanisme, en tant que celui-ci est une revendication politique transnationale.

CHAPITRE VI

ÉTATS AFRICAINS, PANAFRICANISME, DROIT DE L'UNITÉ AFRICAINE ET DROIT INTERNATIONAL

Devenus acteurs du panafricanisme, les États africains se donnèrent pour objectif la réalisation de l'unité continentale fragmentée par les multiples démembrements territoriaux opérés par les puissances colonisatrices. Celles-ci avaient en effet morcelé ce continent et en avaient dessiné les contours au gré de leurs intérêts propres. Mais quelle unité était à reconstituer ? L'Afrique précoloniale formait-elle une entité géographique et politique unie ? Les grands empires africains précoloniaux (Ghana, Mali, Songhaï, Bornou, Kongo, etc.) présageaient-ils d'une évolution vers une possible unification continentale ? Laissant de côté ce débat existentiel qui interroge l'histoire et interpelle les historiens[1], il s'agira plus modestement de voir si les États africains rassemblés dans l'OUA puis dans l'UA ont contribué à la naissance et à la consolidation d'un droit participant à la réalisation du projet politique d'unification continentale dont ils étaient porteurs. On verra que le droit international de l'unité africaine est empêtré dans de multiples contradictions qui soulèvent la question de son existence même, en tant que corps de règles structuré, autonome et cohérent[2]. On appréciera ensuite comment ce dessein politique de l'unité africaine a été perçu par la société internationale et son droit.

L'EXISTENCE CONTRARIÉE DU DROIT DE L'UNITÉ AFRICAINE

Les États africains prenant en charge le panafricanisme ont très tôt exprimé, de manière forte et non équivoque, leur volonté de faire de l'Afrique un continent uni. Cette revendication de l'unité a été, comme nous l'avons vu, une constante du discours des leaders politiques qui conduisirent leurs pays à l'indépendance. Cette exigence de l'unité fut reprise par tous les autres qui vinrent après ces pionniers et eurent à

[1] Joseph Ki-Zerbo, *Histoire de l'Afrique noire. D'hier à demain,* Paris, Hatier, 1972.
[2] Pierre-François Gonidec, « Existe-t-il un droit international africain ? », *op. cit.* ; Serge-François Sobze, « Existe-t-il un ordre juridique africain ? », *Revue Juridique et Politique, RPJ,* N° 2, 2017, p. 151-191.

assumer des responsabilités en tant que chefs d'État ou de gouvernement de leurs pays respectifs. Mais la contradiction était au cœur de ce projet-là, entre la souveraineté des sujets étatiques et l'horizon politique d'un « en-commun ». Les normes juridiques permirent-elles de dépasser cet antagonisme et de faire évoluer les États vers une finalité à laquelle ils avaient donné leur consentement ? Les ambiguïtés inhérentes au dessein unitaire africain sont présentes dans les instruments juridiques ayant créé les organisations politiques continentales. Il en découle un édifice juridique tout autant empreint d'ambiguïté et mis en difficulté de réaliser son objet social, l'unité.

LES AMBIGUÏTÉS IDÉOLOGIQUES ET DOCTRINALES DANS LA CHARTE DE L'OUA ET DANS L'ACTE CONSTITUTIF DE L'UA

Le repli du projet unitaire africain, d'une vision continentaliste à réalisation immédiate vers une conception fragmentée à réalisation différée, est acté en 1963 à la création de l'OUA et confirmé lors de la supplantation de cette organisation par l'UA en 2002. Le maigre compromis réalisé alors par les États fortement opposés entre eux n'aura pas suffi à taire la querelle de l'unité africaine resurgie et manifestée à chacun de ces deux moments historiques de la construction africaine. Les contradictions idéologiques et doctrinales entre les deux conceptions de l'unité africaine, loin de s'apaiser, n'ont pas cessé de s'aiguiser et de s'exprimer en sourdine depuis la prise en charge du panafricanisme par les États africains. Si on a pu affirmer que cette opposition avait été nourrie par les clivages idéologiques hérités de la guerre froide lorsque se crée l'OUA, ce critère n'est plus d'aucun secours pour expliquer la permanence de l'affrontement des pays africains par rapport à leur devenir unitaire commun, à partir du moment où ces divisions n'existaient plus à la naissance de l'UA. Les États africains s'étaient en effet tous déjà ralliés aux préceptes de la régulation capitaliste du monde. C'est la nature même de l'unité africaine envisagée par les États qui est alors à questionner, autant dans sa forme institutionnelle que dans sa substance.

Après leur accession à l'indépendance, les États africains résolurent de former entre eux une organisation continentale dans laquelle ils seraient tous regroupés pour donner corps à leur désir d'unité ressenti comme une aspiration profonde de leurs peuples. Ce projet équivoque en raison des itinéraires politiques et des choix idéologiques divergents des États devait aboutir à la construction d'une unité organique et formelle entre eux. Mais jaloux de leur souveraineté chèrement acquise, ils n'étaient cependant pas enclins à abdiquer la moindre parcelle de cet attribut du pouvoir. D'un traité à l'autre, les approximations et les incohérences du projet politique unitaire africain se révèlent dans les imprécisions du langage. Au terme « unité » appliqué à l'OUA, on a substitué le mot « union » dans l'UA. Or les deux expressions ne sont pas interchangeables. L'unité, nous dit le dictionnaire, est le « caractère de ce qui est un[1] », ou encore le « caractère de ce qui n'a pas de parties, ne peut être divisé[2] » ; alors que l'union se définit comme étant la « relation qui existe entre deux ou plusieurs êtres (personnes ou choses) considérés comme formant un ensemble organique (que ce soit sous un ou plusieurs rapports)[3] ». La précision suivante est alors apportée pour différencier ces deux notions : « Alors qu'unité est statique et désigne un caractère...union est plutôt dynamique et désigne les relations résultant d'un processus[4] ». L'unité suppose un état de fait, une réalité ; l'union un processus, une intentionnalité. Dans l'unité, les différentes parties du tout ont fusionné et ne forment plus qu'un seul ensemble cohérent ; dans l'union au contraire, les différentes parties subsistent dans le tout avec leurs individualités, même si par ailleurs elles visent des objectifs communs. On suppose que les Pères fondateurs étaient pleinement conscients de ces nuances lexicales et sémantiques qui traduisent des options différentes de philosophie politique. L'acronyme OUA signifie « Organisation *de* l'unité africaine », et non pas « Organisation *pour* l'unité africaine[5] ». Il s'ensuit que dans cette première appellation, l'unité est considérée comme une finalité déjà atteinte, un être-là déjà réalisé qu'il fallait sans doute consolider, et non pas comme une virtualité à présentifier. On ne peut postuler ce qu'on a déjà. On fait juste le constat qu'on le possède déjà. La deuxième formulation suggère par contre l'idée d'une tension vers un but, une dynamique en procès et en mouvement. Ces nuances dans la perception du processus unitaire africain interrogent quant à la conscience que l'OUA et l'UA ont d'elles-mêmes, de leur être. L'OUA et l'UA ont-

[1] *Le Grand Robert de la langue française. Dictionnaire alphabétique et analogique de la langue française* de Paul Robert, deuxième édition entièrement revue et enrichie par Alain Rey, Tome IX Suc-Z, Paris, Dictionnaire Le Robert, 1996, p. 590.
[2] *Ibid.*
[3] *Ibid.*, p. 586.
[4] *Ibid.*
[5] Maurice Kamto, « Les mutations institutionnelles de l'OUA », dans Maurice Kamto et *alii*, *L'OUA. Rétrospective et perspectives*, *op. cit.*, p. 15.

elles l'intelligibilité de leur nature que révèlent leurs projets ? Au vu de leurs désignations, y'a-t-il alors un recul de l'UA par rapport à l'OUA en matière de projet unitaire africain ? La question a effectivement été posée quant à la capacité de l'UA à incarner la visée de l'unité africaine[1]. Il n'est pas inintéressant de convoquer à ce débat sur les problématiques de l'unité et de l'union les leaders africains. Kwame Nkrumah, le plus illustre et le plus engagé d'entre eux, utilise peu le mot union auquel il confère une signification précise : « Le premier pas vers une union politique africaine a été franchi le 23 novembre 1958 lorsque le Ghana et la République de Guinée se sont unis pour former le noyau d'une Union des États africains[2] ». Le leader charismatique ghanéen emploie le terme union pour désigner les formes institutionnelles que peut revêtir l'unité africaine. L'union au sens de Nkrumah est la matrice institutionnelle de l'unité : « Notre objectif c'est l'union africaine dès maintenant. Il n'y a pas de temps à perdre. Nous devons nous unir dès maintenant ou périr[3] ». L'unité vise à reconstituer le fondement culturel commun des peuples africains avant la dislocation de celui-ci par l'intrusion du colonisateur, et c'est en cela qu'elle se différencie de l'union qui est, quant à elle, la forme organique d'un avenir unitaire en puissance. En ce sens, « L'unité est la situation de ce qui, à l'origine, est UN. L'histoire, en l'altérant, peut le diviser et il s'agit alors de refaire l'unité perdue. L'union, au contraire, est le résultat d'une démarche volontariste, elle rassemble, elle fédère des choses qui par nature étaient séparées, différentes[4] ». Les problématiques de l'unité et de l'union ne sont pas identiques. L'unité vise à reconstruire un substrat identitaire commun par le moyen de la structure organisationnelle de l'union. La démarche de Cheikh Anta Diop consiste également à problématiser l'unité politique de l'Afrique

[1] Yves Ekoue Amaïzo, dir., *L'Union africaine freine-t-elle l'unité des Africains ? Retrouver la confiance entre les dirigeants et le peuple-citoyen,* Paris, L'Harmattan, Éditions Menaibuc, coll. « Interdépendance africaine », 2005.

[2] "The first step towards African political union was taken on 23 November 1958 when Ghana and the Republic of Guinea united to form a nucleus for a Union of African States", Kwame Nkrumah, *L'Afrique doit s'unir, op. cit.,* p. 142.

[3] "Our objective is African Union now. There is no time to waste. We must unite now or perish.", Kwame Nkrumah, *Revolutionary Path,* London, Panaf Books Ltd, 1973, p. 233-234, traduction de Lanciné Kaba, *Nkrumah et le rêve de l'unité africaine,* Paris, Dakar, Éditions Chaka, 1991, p.169.

[4] Julien Yapi Akué, *Simon Bolivar, Kwame Nkrumah et la problématique contemporaine de l'unité continentale des pays latino-américains et africains,* Thèse de Doctorat en espagnol, Université de Limoges, Université de Cocody, 2009, p. 37.

autour d'une africanité ontologique reconstituée par le biais institutionnel de la Fédération qui en devient l'expression politique. L'unité et l'union ne sont pas superposables malgré la regrettable confusion entretenue à ce sujet[1], car il peut très bien y avoir union sans unité comme dans le cas d'une coalition circonstanciée de partis politiques pour la conquête du pouvoir[2]. L'irréductibilité de ces deux concepts conduit par exemple à s'interroger sur l'unité de l'Union européenne[3], organisation considérée comme la plus aboutie en matière de construction communautaire transnationale. Malgré son avance sur les autres structures de même type, l'UE n'est ni une fédération ni même une confédération, ce qui fait dire à Nicolas Leron : « L'Europe n'est pas un État-continent, à la différence des États-Unis, de la Chine, de la Russie, de l'Inde ou du Brésil[4] ». Elle est une simple organisation interétatique sans doute originale dans l'ordonnancement des regroupements régionaux existants. Mais elle a échoué à être dès le départ une communauté politique qui était en germe dans le traité du 27 mai 1952 créant la Communauté européenne de défense (CED) qui sera retoqué le 30 août 1954 suite au rejet de sa ratification par le Parlement français. Ses évolutions futures par étapes amèneront cependant ses populations à la conscience d'un destin commun[5]. Le concept d'union peut, par la vertu de la dialectique, se transformer en une réelle volonté d'aboutir à une unité dont les contours seront alors à préciser. On passerait ainsi de la « co-existence » (exister avec) à la « co-fusion » (fusionner avec), de l'état d'être-avec, à celui d'être-un avec.

Qu'en est-il de l'OUA et de l'Union africaine ? J'ai relevé que ces deux expériences de regroupement panafricain avaient pour ambition de réaliser une unité organique continentale, une « Communauté (*Commonwealth*) d'États africains libres », ou encore « une

---

[1] Ndongo Aboubakari Sidi, *Quelle voie africaine de l'Union ?,* Mémoire pour l'obtention du diplôme de Master en théorie du droit, Académie européenne de théorie du droit, Facultés universitaires katholieike, Universiteit Saint-Louis, Bruxelles Brussel, 2001. En ligne.

[2] Danielle Tartakowsky, Alain Bergounioux, dir., *L'union sans unité : le programme commun de la gauche, 1963-1968,* Rennes, Presses universitaires de Rennes, 2012.

[3] Atelier doctoral, Centre de droit européen, Université Panthéon-Assas Paris II, 27 septembre 2017. Actes dans Claude Blumann, Fabrice Picod, *Annuaire de droit de l'Union européenne 2017,* Éditions Panthéon-Assas, 2019.

[4] Nicolas Leron, *Souveraineté, l'obsession des nations,* Éditions Bouquin, 2022, p. 19.

[5] Monique Chemillier-Gendreau, *Régression de la démocratie et déchainement de la violence, op. cit.,* p. 117-118.

communauté unique pour tous les peuples d'Afrique avec pour objectif, la naissance des États-Unis d'Afrique », selon la terminologie du communiqué de la Conférence des peuples africains tenue à Accra (Ghana) du 5 au 13 décembre 1958. Ce continentalisme formel est visé par les traités de ces organisations. Par la mention dans l'OUA, comme déjà souligné, de sa composition : « Cette Organisation comprend les États africains continentaux, Madagascar et les autres îles voisines de l'Afrique » (article I/2) et de son degré d'ouverture qui conditionne l'adhésion à celle-ci : « Tout État africain indépendant peut devenir membre de l'Organisation » (article IV). Il s'agit bien d'un régionalisme continentalisé qui est aussi proclamé dans l'Acte constitutif de l'UA (article 29, alinéa 1) et par filiation de ses cinquante-trois signataires, chefs d'État et de gouvernement, à la philosophie politique de l'OUA. La délimitation géographique de ces deux organisations est bien la même, continentale. L'OUA et l'UA représentent à ce jour les seuls exemples de regroupements politiques ayant rassemblé à l'échelle d'un continent tous les États qui le composent. Ce continentalisme organique et formel est renforcé par le retour du Maroc dans la grande famille politique africaine dont il s'était retiré le 12 novembre 1984 en protestation contre l'admission de la République arabe sahraouie démocratique (RASD) au sein de l'OUA, mais qu'il a fini par rejoindre le 30 janvier 2017 en réintégrant l'UA. Ces deux organisations continentales ont, toutes deux, vocation à incarner l'espérance unitaire des Africains[1]. Mais, pour autant, leur forme institutionnelle ne laisse aucun doute quant à leur nature : il s'agit d'organisations interétatiques garantissant la survie individuelle de tous leurs membres comme États souverains [2]. Contribuent à cette individualisation étatique l'affirmation de leur intégrité territoriale et de leur indépendance[3], renforcées par les règles du respect des frontières héritées de la colonisation[4], ainsi que de la non-ingérence dans leurs affaires intérieures[5]. Elles ont été fondées par des traités multilatéraux négociés et signés par des plénipotentiaires au cours de conférences

---

[1] Charte de l'OUA, particulièrement article II, 1/a ; Acte constitutif de l'UA, notamment article 3/a.

[2] Charte de l'OUA, articles II, 1/c, et III/1 ; Acte constitutif de l'UA, articles 3/b et 4/a.

[3] Charte de l'OUA, article II, 1/c ; Acte constitutif de l'UA, article 3/b.

[4] Charte de l'OUA, article III/c, mais plus explicitement la résolution 16 I adoptée le 22 juillet 1964 au Caire ; Acte constitutif de l'UA, article 4/b.

[5] Charte de l'OUA, article III, 2 ; Acte constitutif de l'UA, article 4/g.

constitutives, traités ensuite ratifiés par les gouvernements selon leurs procédures internes pour exprimer leur consentement à être liés. Ces traités entrent en vigueur d'après les dispositions qu'ils définissent. Ces étapes respectent ainsi la démarche classique du droit des traités et de création des organisations internationales intergouvernementales. L'OUA puis l'UA ne forment ni une fédération, ni une confédération, formes d'associations politiques établies par l'instrument juridique de la constitution, acte de droit interne. À visée continentale mais fondée sur la pluralité des sujets étatiques, le regroupement panafricain se trouve confronté à la dialectique du multiple et de l'un, d'autant que le multiple a tendance à se démultiplier. En effet l'éclatement de certains États existants dont les unités décomposées deviennent à leur tour des États[1] vient allonger la liste déjà longue de la société africaine des États. L'Afrique compte aujourd'hui cinquante-cinq (55) États, sur les cent-quatre-vingt-treize (193) des Nations unies. Ce dépeçage par le bas des unités étatiques constituées alimente le pluralisme susceptible de contrarier toute perspective d'édification par le haut d'une entité africaine unie et soudée.

Le continentalisme organique et formel de l'OUA puis de l'UA dessine les contours d'un entre-soi africain. En effet, le verrou que constitue l'élément géographique comme critère d'adhésion à ces organisations ruine toute possibilité d'intégration en leur sein d'un État hors continent. C'est ce que témoigne à suffisance l'exemple de la relation de dépit amoureux qu'Haïti, État caribéen et première République noire, entretient avec l'Union africaine. En 2012, Haïti obtient le statut d'observateur puis devient la même année membre associé de l'organisation. En janvier 2014, lors du vingt-deuxième sommet de l'UA à Addis-Abeba, Haïti exprime le vœu d'en devenir membre plénier. Bien qu'alléguant de son africanité, sa demande est cependant rejetée en 2016 au motif de sa non appartenance à l'espace géographique africain[2]. Cette décision avait été motivée par l'article 29 alinéa 1 sus-évoqué de l'Acte constitutif de cette organisation qui

---

[1] Exemples de l'Érythrée détachée de l'Éthiopie, du Soudan du Sud constitué après séparation d'avec le Soudan ; mais aussi du Somaliland ayant proclamé son indépendance en 1991 par détachement de la Somalie, même si celle-ci n'est pas reconnue par la communauté internationale.

[2] Communiqué de presse N° 180/2016 du 17 mai 2016 (en anglais) de l'Union africaine. Voir aussi Christo Merisma, Hamidou Bah, *« Haïti dans l'Union africaine : un rêve évanoui ? »*, https://www.lepoint.fr/afrique/haiti-dans-l-unionafricaine-un-reve-evanoui-21-09-2016-2070161_3826.php, consulté le 05.07.2023.

dispose en substance : « Tout État africain peut, à tout moment après l'entrée en vigueur du présent Acte, notifier au Président de la Commission son intention d'adhérer au présent Acte et d'être admis comme membre de l'Union ». Ce refus d'admettre Haïti dans l'UA en tant que membre à part entière soulève le problème des relations de l'Afrique avec les nations africaines diasporiques et des contours de la forme institutionnelle des futurs États-Unis d'Afrique, pour autant que ce projet controversé puisse un jour devenir une réalité. Quels en seraient alors les contours ? Est-il possible de concevoir une Grande Afrique qui éclaterait et déborderait les limites géographiques continentales ? Elle pourrait s'inspirer de l'exemple du Conseil de l'Europe dont l'Assemblée parlementaire a défini la notion d'État européen. Faisant le constat que les frontières de l'Europe ne sont pas définies en droit international, elle propose que la qualité d'État européen s'applique aux « États dont le territoire national est situé en totalité ou en partie sur le continent européen et dont la culture est étroitement liée à la culture européenne[1] ». En mettant l'accent sur les valeurs communes (démocratie, droits de l'homme, culture), cette recommandation indique que l'élément géographique ne devrait pas être le seul critère d'adhésion à cette organisation pour ne « pas tirer un nouveau rideau de fer derrière ces États qui risquerait d'empêcher l'expansion des valeurs fondamentales du Conseil de l'Europe vers d'autres pays[2] ». Il y'a là des niches de solutions institutionnelles pour l'intégration dans le processus de l'unité africaine des nations diasporiques et des diasporas africaines. Concernant ces dernières populations, l'Union africaine en a fait l'un de ses objectifs dans le Protocole sur les amendements de son Acte constitutif du 11 juillet 2003, déclarant en substance « Inviter et encourager la participation effective des Africains de la diaspora en tant que partie importante de notre continent, à la construction de l'Union africaine » (article 3/q). Cette dernière que l'UA considère comme la sixième région du continent est pour l'heure confinée au sein de la Direction des Organisations des Citoyens et de la Diaspora (acronyme anglais CIDO), structure d'inclusion des mouvements de la société civile africaine et de la diaspora africaine dans les programmes de l'UA.

---

[1] Recommandation 1247 (1994) du 4 octobre 1994 de l'Assemblée parlementaire du Conseil de l'Europe au Conseil des ministres, relative à l'élargissement du Conseil de l'Europe.

[2] *Ibid.*

Il convient cependant de souligner que le continentalisme organique et formel déclaré de l'OUA et de l'UA est contrarié et mis en échec sur au moins deux plans.

À celui tout d'abord de la survivance des formes insidieuses de colonialisme par l'occupation, aujourd'hui encore, de certains territoires africains comme les îles Chagos par le Royaume-Uni à qui la CIJ a ordonné de mener à terme la décolonisation de ce territoire par application du droit des peuples à disposer d'eux-mêmes. Mais tel est aussi le cas problématique de Mayotte, île revendiquée par les Comores, que la France a intégrée dans son territoire ultra-marin. Mais aussi des îles Éparses de l'océan Indien que se disputent la France et Madagascar. Ces cas litigieux parmi d'autres déjà signalés augurent de belles empoignades diplomatiques, juridiques et judiciaires dans la prétention et l'exigence de l'Afrique à recouvrer l'intégralité de ces espaces qu'elle considère comme faisant partie intégrante de son territoire. Mais en-a-t-elle la volonté et les moyens ?

Un deuxième écueil au continentalisme organique et formel de l'OUA puis de l'UA réside dans l'incohérence de la méthode choisie pour réaliser l'unité africaine. L'option retenue a été de faire dériver celle-ci des organisations régionales et sous-régionales dont la création à foison complique et rend impossible le passage à une étape qualitative supérieure. Reproduisant jusqu'à la caricature l'exemple de la construction européenne [1], les États africains crurent que leur intégration politique découlerait de leur intégration économique préalable. Pourtant, ce modèle conçu ailleurs n'est pas non plus opératoire dans sa terre d'origine comme l'attestent les difficultés de la construction européenne bloquée par les nationalismes étatiques qui invalident les prétentions du projet initial : « [...] L'union politique ne naît pas de l'union économique, les sentiers historiques menant à la première sont encore incertains et impénétrables. Ce processus de l'intégration et l'expérience qu'on en a, apportent jusqu'alors le témoignage que l'État national est un phénomène trop puissant pour

[1] Notamment par l'homonymie de leurs appellations : Maurice Kamto, « La communauté économique des États de l'Afrique centrale (C.E.E.A.C) : une communauté de plus ? », *AFDI,* 1987, p. 839-862. ; Alioune Sall, « Aspects institutionnels de l'intégration en Afrique de l'Ouest », dans Catherine Flaesch-Mougin, Joël Lebullenger, dir., *Regards croisés sur les intégrations régionales : Europe, Amérique, Afrique,* Bruxelles, Bruylant, 2010, p. 159-183.

être facilement éliminé par les intégrations[1] », et aussi : « Ce n'est pas l'absence de l'union économique qui bloque le chemin de l'union politique : la contradiction réelle essentielle se révèle sur le plan de l'État national représentant une entité socio-historique, et celui de l'union économique[2] ». Il faut enfoncer le clou dans cette évocation de l'inconsistance théorique et pratique du modèle européen, et Pierre Maillet d'écrire à ce propos : « On escomptait que l'intégration économique pousserait à l'unification politique…on sait maintenant par l'expérience que l'unification politique ne résultera pas automatiquement de l'intégration économique limitée au grand marché…l'unification requiert une certaine structure économique intégrée plurinationale[3] ». Une révolution copernicienne au niveau de la pensée voudrait alors que le raisonnement fût inversé : « L'union économique n'est pas une étape sur la voie de l'union politique, mais une conséquence possible et désirable de cette dernière. Une union économique…peut être amenée par une union politique déjà réalisée sur un niveau d'internationalisme dont les sociétés nationales existantes paraissent encore très éloignées[4] ». Faisant aussi le constat de l'échec historique de la méthode d'unification européenne, Justine Lacroix écrit : « L'expérience de plus d'un demi-siècle d'intégration a montré que l'unification des économies et des sociétés ne suffit pas à engendrer une conscience commune. En dépit de l'interdépendance objective croissante des pays européens, les affiliations subjective, symbolique et politique sont restées, pour l'essentiel, attachées au plan national[5] ». Combien ces assertions paraissent aujourd'hui encore d'actualité et de bon sens, et bousculent-elles la pensée dominante de l'intégration ! Celle-ci demeure marquée par l'empreinte de Bela Balassa, représentant éminent, à l'intérieur de la théorie de l'intégration des marchés, de la tendance libérale dont le but est d'abolir les restrictions aux échanges. La libéralisation totale de celles-ci y est évolutive et est atteinte par le passage des formes d'institutionnalisation primaires à

---

[1] Imre Vajda, « Intégration, union économique et État national », *Revue Tiers-Monde,* tome X, N° 37, janvier-mars 1969, p. 27.

[2] *Ibid.*

[3] Pierre Maillet, « Un second souffle pour l'Europe », *Revue du Marché commun,* n° spécial « Le trentième anniversaire du traité de Rome : réalisations effectives ou en gestation », N° 307, mai-juin 1987, p. 41.

[4] Imre Vajda, *op. cit.,* p. 41.

[5] Justine Lacroix, *L'Europe en procès. Quel patriotisme au-delà des nationalismes ?,* Paris, Les Éditions du cerf, 2004, p. 211.

celles plus abouties : zone de libre-échange, union douanière, marché commun, union économique, intégration économique totale [1]. Ce schéma institutionnel d'une intégration graduelle et linéaire qui aboutirait au final à l'intégration politique [2] a également, par mimétisme, inspiré les expériences africaines en ce domaine. L'échec de ce modèle en Europe[3] exige que les intégrations africaines soient refondées sur d'autres paramètres et présupposés théoriques. Cet aspect sera considéré dans la suite de mon propos.

Des développements qui précèdent, on peut tirer la conclusion que le projet politique de l'unité africaine est freiné dans sa réalisation par la forte opposition entre, d'une part, son continentalisme organique et formel affiché et, d'autre part, la souveraineté des États. Aussi les ambiguïtés idéologiques et doctrinales dans la Charte de l'OUA et dans l'Acte constitutif de l'UA apparaissent-elles comme le résultat d'un marchandage permanent entre les États. Dans ce contexte, l'on est fondé à se demander si le consensus mou obtenu par ces derniers sur la forme institutionnelle de l'unité, par-delà leur opposition de fond quant à leurs conceptions particulières de celle-ci, pouvait engendrer un droit de l'unité africaine contribuant à la réalisation de sa finalité sociale. La question juridique à examiner est donc celle-ci : le droit participe-t-il à la légitimation du projet politique de l'unité africaine ? Contribue-t-il à l'unification vers une communauté politique supérieure de l'ensemble des États africains régis par ce droit ? Je soutiendrai l'idée que l'échec de l'unité organique et formelle par la garantie du maintien des États individuels que permet le concept de souveraineté a plongé le droit de l'unité africaine dans une profonde crise.

LA CRISE DU DROIT DE L'UNITÉ AFRICAINE, EXPRESSION DE LA CONTRADICTION PERSISTANTE ENTRE SOUVERAINETÉ DES ÉTATS ET PROJET POLITIQUE UNITAIRE CONTINENTALISÉ

L'Afrique se distingue par un pluralisme prononcé, en raison du nombre particulièrement élevé des États qui la composent et de l'hétérogénéité de leurs formations sociales, ainsi que de leurs trajectoires historiques et politiques individuelles. Attribut des États, la

---

[1] Bela Balassa, *The Theory of Economic Integration,* Homewood, Richard D. Irwin, Inc., 1961.

[2] Willy Jackson, *Intégrations économiques internationales. Idéologies, méthodes institutionnelles et dynamiques spatiales,* Paris, Classiques Garnier, 2023.

[3] Nicolas Jabko, *L'Europe par le marché ? Histoire d'une stratégie improbable,* Paris, Presses de Sciences Po, 2009.

souveraineté, définie comme étant un pouvoir inconditionné et absolu au-dessus duquel il n'y a rien, contribue à la consolidation de ces particularismes. Il convient donc de rechercher à travers le système juridique du droit de l'unité africaine comment la souveraineté a pour effet d'entraver précisément le développement de cette unité. L'emprise indéniable de la souveraineté sur le droit de l'unité africaine sera appréciée au triple plan de l'inégalité des acteurs de ce droit favorable à l'État, de l'élaboration de ses normes et de ses procédures.

L'ÉTAT SOUVERAIN, SUJET ET ACTEUR PRÉPONDÉRANT DU DROIT DE L'UNITÉ AFRICAINE

Les sujets juridiques de l'unité africaine sont les États qui se sont regroupés dans l'OUA et l'UA, institutions internationales qu'ils ont créées dans le but de réaliser leur objectif commun. En ce sens, l'État préexiste à l'organisation internationale. J'ai relevé plus avant que seuls les États et les organisations internationales étaient pourvus de la personnalité juridique qui leur confère la qualité de sujet de droit dans l'ordre international. Mais uniquement l'État est doté de la souveraineté. Le projet unitaire africain est une initiative des États. Leur primauté est marquée à chacune des étapes de concrétisation du processus unitaire (négociation, signature[1], ratification[2], entrée en vigueur[3] des traités), de son adaptation[4] et du retrait de celui-ci[5]. Cette mainmisse de l'État sur le déroulement du dessein unitaire laisse sur le côté les autres entités en tant que l'amplitude de leur implication dans cette entreprise est conditionnée par la volonté de l'État. Ces acteurs marginaux qui peuvent être classés en plusieurs catégories connaissent des fortunes diverses. On y trouve les peuples au profit desquels les États déclarent agir, bien qu'aucune identité juridique spécifique ne leur soit reconnue ; au contraire note-t-on leur subalternité par rapport à l'État. Ils ne bénéficient d'aucune représentation dans les institutions définies par la Charte de l'OUA (article VII). Celle-ci est marquée par

---

[1] Charte OUA, article XXIV ; Acte constitutif UA, article 27.
[2] Charte OUA, article XXIV ; Acte constitutif UA, article 27.
[3] Charte OUA, article XXV ; Acte constitutif UA, article 28.
[4] Dispositions relatives à l'amendement et à la révision des traités : Traité OUA, article XXXIII ; Acte constitutif UA, article 32.
[5] Traité OUA, article XXXII ; Acte constitutif UA, article 31 : mais la cessation de la qualité de membre n'est plus possible dans l'UA car cet article 31 a été supprimé dans le Protocole sur les amendements de l'Acte constitutif de l'UA du 11 juillet 2003 en son article 12.

la prépondérance des représentants gouvernementaux à tous les niveaux : politique (Conférence des chefs d'État et de gouvernement, Conseil des ministres) ; administratif (Secrétariat général dont le titulaire et ses adjoints sont désignés par les États) ; technique (Commissions spécialisées, particulièrement la Commission économique et sociale composée comme toutes les autres de ministres ou de plénipotentiaires) ; du règlement des différends avec la création, par un protocole additif, d'un organe dont la composition et le fonctionnement sont approuvés par la Conférence des chefs d'État et de gouvernement. C'est seulement en 1981 avec l'adoption de la Charte africaine des droits de l'homme et des peuples que ces derniers seront intégrés dans l'ordonnancement juridique de l'OUA et, par succession, à celui de l'UA. Cette reconnaissance tardive ne leur confère pas pour autant un statut d'égalité avec les États. Et la notion de peuple n'y est pas définie, pas plus qu'elle ne l'est dans la Charte africaine de la démocratie et des élections, adoptée en 2007. L'Acte constitutif de l'UA représente une avancée certaine à l'égard de la problématique des acteurs non étatiques, même si son préambule se perd dans une énumération hasardeuse de nouvelles entités dont la catégorisation juridique demeure cependant indéterminée : « société civile, en particulier les femmes, les jeunes et le secteur privé, afin de renforcer la solidarité et la cohésion entre nos peuples ». Cette mobilisation vise à « instaurer un partenariat entre les gouvernements » et ces corps sociaux dans la perspective d'une « Afrique unie et forte ». L'attention particulière portée à la cause des femmes pour leur participation effective dans le processus décisionnel panafricain est réitérée dans le Protocole amendant l'Acte constitutif de l'UA (article 3/i). L'inclusion de ces groupes dans la dynamique unitaire marque une évolution positive qui se traduit dans le dispositif institutionnel de l'UA par l'existence aux côtés des organes gouvernementaux[1] d'un Parlement panafricain créé « en vue d'assurer la pleine participation des peuples africains au développement et à l'intégration économique du continent[2] » ; de même est-il institué un Conseil économique, social et

[1] Acte constitutif : Conférence de l'Union à composition des chefs d'État et de gouvernement ou de leurs représentants, articles 5/a, 6, 7, 8, 9 ; Conseil exécutif à composition des ministres, articles 5/b, 10, 11, 12, 13 ; Comité des représentants permanents à composition des plénipotentiaires des États, articles 5/f et 21 ; Comités techniques spécialisés à composition des ministres ou hauts fonctionnaires, articles 5/g, 14, 15, 16.
[2] Acte constitutif, article 17, alinéa 1.

culturel, « organe consultatif composé des représentants des différentes couches socio-professionnelles des États membres de l'Union[1] ». La revue des entités non étatiques dans l'UA révèle différentes catégories traditionnellement ignorées par le droit international : peuples, individus, organisations non gouvernementales, auxquelles il faut ajouter la spécificité de la diaspora africaine, alors que ne sont pas mentionnées les sociétés transnationales, acteurs puissants susceptibles d'éroder la souveraineté des États. La détention et la distribution du pouvoir sont un enjeu au cœur de la problématique des acteurs et des sujets de droit. On observe à ce propos aussi bien dans l'OUA que dans l'UA un déséquilibre au détriment des acteurs non étatiques. Les États exercent une domination sur le système, notamment par leur personnalité juridique plénière de laquelle découle le pouvoir qu'ils ont de circonscrire les compétences des organisations internationales dont ils sont membres, celles-ci ne jouissant alors que d'une personnalité juridique limitée à leur spécialité. Les compétences implicites[2] qu'elles peuvent être amenées à exercer ne les élèvent pas pour autant à la dimension des États. La souveraineté dont jouissent ces derniers y fait écran. Le poids de la souveraineté dans la désignation des sujets de droit et dans l'assignation à chacun de ses attributions a pour conséquence de limiter le rôle, la capacité d'initiative et d'action des acteurs non étatiques dans le processus de la construction africaine. Cette marginalisation contribue au déficit du droit de l'unité africaine alors réduit à être un droit essentiellement interétatique.

L'ÉLABORATION DES NORMES DU DROIT DE L'UNITÉ AFRICAINE : DES RÈGLES PARTICIPANT DE LA PRÉÉMINENCE DE L'ÉTAT SOUVERAIN

Le droit est fait de normes. En droit international, la norme dominante est le traité. Celui-ci est défini comme étant un accord bilatéral ou plurilatéral par lequel un ou plusieurs sujets de droit international poursuivant un but licite s'obligent mutuellement. Les États sont les principaux producteurs de ce droit, et c'est bien par des

---

[1] Acte constitutif, article 22, alinéa 1.

[2] CPJI, « Compétence de l'Organisation internationale du travail pour réglementer accessoirement le travail personnel du patron », *Recueil des avis consultatifs,* série B, Avis N° 13, 23 juillet 1926, p. 18.

traités multilatéraux qu'ont été fondées l'OUA et l'UA [1]. Ces instruments juridiques entre États consentants créent des obligations entre eux, et seulement entre eux, car « Un traité ne crée ni obligations, ni droits pour un État tiers sans son consentement » (Convention de Vienne du 29 mai 1969 sur le droit des traités, article 34). C'est le principe de l'effet relatif des traités. La souveraineté est bien au cœur de ce système normatif, autant par l'effet relatif du traité que par la nature contractuelle de celui-ci. Le traité est au sommet de la hiérarchie des actes des organisations internationales, la théorie des sources distinguant plusieurs catégories de normes : de droit primaire ou originaire (traités de base ayant créé les organisations, traités de révision de celles-ci, protocoles et annexes aux traités, traités d'adhésion) ; de droit dérivé comportant l'ensemble des actes pris par les organes des institutions en application des attributions que leur confère le droit primaire ; de droit conventionnel constitué des accords conclus par les organisations avec un ou plusieurs pays tiers ou avec les organisations internationales, ainsi que des conventions entre États membres pour la mise en œuvre des traités ; de droit jurisprudentiel ou droit prétorien recouvrant les jugements des juridictions communautaires et nationales en règlement des différends nés de l'interprétation et de l'application des traités. L'édifice ainsi conçu représente un ordre juridique, c'est-à-dire un « ensemble organisé et structuré de normes juridiques possédant ses propres sources, doté d'organes et procédures aptes à les émettre, à les interpréter ainsi qu'à en faire constater et sanctionner, le cas échéant, les violations[2] ». On verra si cette typologie normative est applicable au système juridique de l'unité africaine [3] et quelle est la portée de ces actes dans l'ordonnancement du système juridique du droit de l'unité africaine.

---

[1] Ce type de norme peut revêtir plusieurs autres dénominations : acte, charte, convention, accord, protocole, au sens de l'article 1/a de la Convention de Vienne de 1969 sur le droit des traités qui dispose en substance : « L'expression 'traité' s'entend d'un accord international conclu par écrit entre États et régi par le droit international, qu'il soit consigné dans un document unique ou dans deux ou plusieurs instruments connexes, et quelle que soit sa dénomination particulière ».

[2] Guy Isaac, *Droit communautaire général,* Paris, Masson, 1983, p. 105.

[3] Olufemi Amao, *African Union Law. The Emergence of a Sui Generis Legal Order,* Routledge, 2018. ; Olufemi Amao, Michèle Olivier, Konstantinos D., Magliveras, eds., *The Emergent African Union Law. Conceptualization, Delimitation and Application,* Oxford University Press, USA, 2022.

Le traité, norme de source primaire participant de la consécration de l'État

Le droit primaire, constitué des traités et des conventions rendues nécessaires pour leur application est, d'un point de vue hiérarchique, situé au sommet de la pyramide normative du système juridique africain, comme d'ailleurs dans celui de tout ordre juridique communautaire. Il peut être assimilé à la Constitution qui est la norme suprême dans un ordre juridique interne. Le désir de pousser aussi loin que possible son intégration a conduit l'Europe à une confusion entre les deux notions, avec le Traité établissant une Constitution pour l'Europe[1]. Comme déjà souligné, les États ont la maîtrise du processus conduisant à la négociation, à l'adoption, à l'application, à l'adaptation et à l'extinction de tels actes. Dans chacune de ces étapes est manifestée la souveraineté de l'État. Les traités OUA et UA sont des traités multilatéraux semi-ouverts, c'est-à-dire signés au départ par un nombre restreint d'États fondateurs qui peuvent cependant être rejoints plus tard, grâce à la procédure de l'adhésion, par d'autres États qualifiés d'admis[2], selon la terminologie du droit international. L'admission d'un nouvel État est soumise à la décision des États membres acquise à la majorité simple après transmission à eux, par le Secrétaire général de l'OUA ou par le Président de la Commission de l'UA, de la demande de l'État candidat. Ces derniers reçoivent ensuite notification de la décision de chaque État membre. Après avoir reçu le nombre de voix requis pour l'admission, la décision est transmise ensuite à l'État intéressé par chacun de ces deux intermédiaires pour chaque organisation[3]. On observe d'une organisation à l'autre un changement des conditions mises à l'adhésion : les critères d'indépendance et de souveraineté qui étaient martelés dans la Charte de l'OUA (articles IV, XXIV alinéa 1, XXVIII alinéa 1) ne sont plus mentionnés dans l'Acte constitutif de l'UA qui se contente de l'africanité de l'État candidat comme élément suffisant pour intégrer l'organisation. De cet ensemble de données on tire la conclusion que l'État souverain exerce un monopole exclusif sur la procédure d'admission de nouveaux membres

---

[1] Éric L'Helgoualc'h, « Le Traité établissant une constitution pour l'Europe : une étape dans la dynamique constitutionnelle européenne », *Les Cahiers européens de Sciences Po,* n° 4, 2005.

[2] Traité OUA : articles IV, XXIV alinéa 1, XXVIII alinéa 1. Traité UA, article 29 alinéa 1.

[3] Traité OUA, article XXVIII alinéa 2 ; traité UA, article 29, alinéa.

à l'organisation panafricaine. La crise ouverte par l'admission de la RASD à l'OUA est explicite à ce propos : Edem Kodjo, le Secrétaire général, s'était prononcé en faveur de celle-ci en dépit de l'opposition du Maroc. La Conférence des Chefs d'État avait ensuite tranché en se déclarant seule compétente pour admettre un État au sein de l'organisation[1]. Le refus de l'admission d'Haïti à l'UA atteste de la même réalité de l'emprise de l'État. Celle-ci, avons-nous dit, transparaît dans le linéaire du processus conventionnel par l'omniprésence des représentants de l'État. Les constitutions de certains pays attribuent d'ailleurs expressément pouvoir au chef de l'État, autorité suprême de celui-ci, d'intervenir directement dans la procédure de l'engagement international. C'est lui qui, constitutionnellement, négocie et ratifie les traités. La ratification, acte formel par lequel un État exprime son consentement à être lié par un engagement conventionnel international, conditionne l'entrée en vigueur du traité. Elle est obtenue en tenant compte des dispositions constitutionnelles de l'État et de la nature du traité qui peut être en forme simplifiée ou en forme solennelle. Les traités OUA et UA entrent en vigueur selon les modalités suivantes : pour l'OUA, dès réception par le gouvernement de l'Éthiopie, des instruments de ratification des deux tiers des États signataires (article XXV) ; pour l'UA, trente jours après dépôt par les deux tiers des membres de l'OUA de leurs instruments de ratification (article 28), et trente jours après dépôt de leurs instruments de ratification par la majorité des deux tiers des États membres, pour ce qui concerne le Protocole sur les amendements de l'Acte constitutif (article 13). Nous voyons bien là que l'État souverain est au centre de toute cette procédure. L'entrée en vigueur du texte adopté en conférence peut être retardée faute pour celui-ci d'avoir obtenu le nombre requis de ratifications ; le traité peut même ne pas du tout entrer en vigueur et rejoindre ainsi la catégorie des traités morts nés, par défaut de consentement de ses signataires ne menant pas jusqu'à la ratification la procédure de leur engagement. Il faut ajouter à cela que même en ratifiant un traité ou en y adhérant, l'État dispose de la faculté d'émettre des réserves conditionnant son consentement à être lié par celui-ci en mentionnant que certaines de ses dispositions ne lui seront pas opposables. Cette possibilité n'est néanmoins pas formellement indiquée dans les traités ayant créé l'OUA et l'UA, ni dans le Protocole

---

[1] Pierre-François Gonidec, *Les organisations internationales africaines. Étude comparative,* Paris, L'Harmattan, 2004, p. 108 et suivantes.

portant amendement de ce dernier. La pratique des réserves dans ces deux organisations découle donc des dispositions pertinentes du droit international général en ce domaine (Convention de Vienne sur le droit des traités, articles 19 à 23). Pour rendre compte du caractère aléatoire que fait peser la souveraineté sur le droit de l'unité africaine, on se référera à l'exemple du Protocole relatif à la Charte africaine des droits de l'homme et des peuples portant création d'une Cour africaine des droits de l'homme et des peuples. Les cinquante-cinq États africains ont signé ce texte adopté le 10 juin 1998, mais seulement trente l'ont ratifié à ce jour, et seulement huit d'entre eux (Burkina Faso, Côte d'Ivoire, Gambie, Ghana, Malawi, Mali, Tanzanie, Tunisie) avaient accepté la déclaration de compétence de ses articles 5 et 34 § 6, nécessaire pour que les individus et les ONG puissent saisir directement cette instance. Le Rwanda s'en est retiré en février 2016, le Bénin le 16 mars 2020, suivi de la Côte d'Ivoire le 29 avril, et l'acceptation de la Tanzanie est soumise à la réserve que soient au préalable épuisés les recours de droit interne. Aussi la souveraineté contribue-t-elle au relativisme juridique dans la mesure où elle participe de la diversification des engagements internationaux et du blocage du projet unitaire africain. Car comment espérer réaliser l'unité africaine si le droit qui l'incarne est marqué par la disparité des engagements juridiques des États ? Comment des droits substantiels, à l'exemple des droits de l'homme et des peuples, peuvent-ils être au bénéfice de tous, si persiste l'inégalité d'accès direct des individus à la juridiction compétente créée à cet effet ? Ces dérobades des États font mentir les stipulations des traités les engageant à ne pas mettre en péril l'objectif commun par des comportements individualistes. Dans ce sens, le traité instituant la Communauté économique africaine (CEA) qui fait partie intégrante de l'OUA comporte un engagement général invitant les États membres à « orienter leurs efforts pour réunir les conditions favorables au développement de la Communauté et à la réalisation de ses objectifs, notamment par l'harmonisation de leurs stratégies et politiques. Ils s'abstiennent de prendre une quelconque mesure unilatérale susceptible d'en compromettre la réalisation » (article 5/1). Dans cette perspective, il leur est rappelé de se conformer au principe du « respect du système juridique de la Communauté » (article 3/e). De la même manière, le Protocole amendant l'Acte constitutif de l'UA déclame le principe suivant : « Abstention pour tout État membre de conclure des traités ou alliances qui sont incompatibles avec les principes et les objectifs de l'Union » (article 4/q). Le non-respect de ces injonctions par les États abrités derrière le bouclier de leur souveraineté ruine toute possibilité d'un droit commun contribuant à l'atteinte de l'objectif de l'unité africaine.

Les actes unilatéraux de l'OUA et de l'UA, normes de source dérivée soumises au pouvoir des États

L'OUA et l'UA ont prévu des institutions au moyen desquelles elles agissent pour réaliser l'objectif de l'unité africaine. Ces organes ont été habilités par les traités à émettre des actes juridiques qualifiés d'actes unilatéraux, en tant que ces derniers sont imputables à ces seules organisations internationales, sujets de droit international distincts des États de qui elles doivent leur existence. Ces règles de droit ont pour base juridique les traités qui déterminent leurs conditions d'adoption et leur champ d'application. C'est en cela qu'ils constituent des actes dérivés du droit primaire. Ces normes sont commandées par le principe de spécialité qui veut que chaque organisation internationale soit dominée par une spécialité prévue dans sa charte. Même très large, la finalité n'est jamais générale. Sont producteurs de ce droit les différents organes établis par les traités. Ce sont, selon leur nature, des organes exécutifs, administratifs, de représentation populaire, etc. Quelle forme revêtent leurs actes ? Quels en sont les destinataires et quels sont leurs effets juridiques ?

Les actes unilatéraux des organes exécutifs de l'OUA et de l'UA

L'architecture institutionnelle de l'OUA et de l'UA laisse apparaître deux catégories d'organes exécutifs : à l'échelon des chefs d'État et de gouvernement, ainsi qu'à celui des ministres.

La Conférence des chefs d'État et de gouvernement est l'organe suprême de chacune de ces organisations (Charte de l'OUA, article VIII ; Acte constitutif de l'UA, article 6/2). Aucune des deux ne mentionne explicitement la nature de leurs actes juridiques, contrastant ainsi par exemple avec la clarté du traité instituant la Communauté économique des États de l'Afrique centrale (CEEAC) qui cite précisément les actes au moyen desquels agit la Conférence des chefs d'État et de gouvernement de cette organisation, les destinataires et le pouvoir normatif de ces actes[1]. En l'absence de stipulations claires en la matière dans les textes fondateurs de l'OUA et de l'UA, la forme de leurs actes doit être déduite de la description des rapports établis entre les différentes institutions. La Conférence des chefs d'État et de gouvernement dans chacune de ces organisations agit par décision. Les conditions de validité de cette norme sont précisées : quorum des deux tiers des États membres pour les deux organisations[2], adoption à la majorité des deux tiers pour l'OUA[3] et par consensus ou à la majorité des deux tiers pour l'UA[4] ; et, pour les deux organisations, la majorité simple lorsque sont concernées les décisions de procédure[5]. La décision est adressée aux organes hiérarchiquement inférieurs et responsables, de ce fait, devant les chefs d'État et de gouvernement selon les stipulations des traités : Conseil des ministres dans l'OUA (article XIII/1) et Conseil exécutif dans l'UA (article 13/2). La décision tire de la position hiérarchique de l'organe qui l'a émise sa force juridique obligatoire. Ainsi est-il mentionné dans la Charte de l'OUA que « Le Conseil des ministres exécute les décisions de la Conférence » (article XIII/2), et dans l'Acte constitutif de l'UA que le Conseil exécutif est chargé de « contrôler la mise en œuvre des politiques arrêtées par la Conférence » (article 13/2). On observe cependant que la décision n'est pas contraignante car soumise à l'appréciation des États membres, selon le Règlement intérieur de la Conférence des chefs d'État et de gouvernement de l'UA (article 34/1/c). L'organe constitué par les chefs d'État et de gouvernement utilise aussi le mot « directive » qui désigne une catégorie d'actes unilatéraux des organisations internationales, sans qu'on puisse toutefois lui attribuer sa valeur habituelle. Ainsi en est-il dans l'OUA dont la Charte, décline une des missions du Conseil des ministres en ces termes : « Il met en œuvre la coopération interafricaine selon les directives des Chefs d'État et de Gouvernement » (article XIII/3). De la même manière, la Conférence des chefs d'État et de gouvernement de l'UA est, dans l'exercice de ses pouvoirs et attributions, amenée à « Donner des directives au Conseil exécutif sur la gestion des conflits, des situations de guerre et autres situations d'urgence ainsi que sur la restauration de la paix » (article 9/g du traité).

[1] Traité instituant la Communauté économique des États de l'Afrique centrale (CEEAC), article 11.

[2] Traité OUA, article X/4 ; traité UA, article 7/2.

[3] Traité OUA, article X/2.

[4] Traité UA, article 7/1.

[5] Traité OUA, article X/3 ; Traité UA, article 7/1.

Dans ces deux contextes, il semble bien que le terme « directive » recouvre moins la connotation d'un acte juridique formel que celle d'une instruction émanant d'une autorité politique sur le comportement à tenir devant une situation donnée. Faute d'établir cette distinction, on peut être amené à faire des amalgames auxquelles cèdent certains auteurs, par une interprétation extensive, parce textuelle, et non pas strictement juridique du terme directive[1]. Cette confusion est due au fait que les traités ne définissent pas de manière formelle et exacte la typologie des actes par lesquels les organisations qu'ils ont créées doivent agir. Mais au sens du Règlement intérieur de la Conférence des chefs d'État et de gouvernement de l'UA, la directive, acte juridique, s'adresse aux États membres, aux institutions et aux particuliers (article 33). Elle comporte pour les États l'obligation d'atteindre les objectifs visés, mais en leur laissant toutefois le choix et la forme de sa mise en œuvre. Le Règlement intérieur de la Conférence des Chefs d'État et de gouvernement de l'UA fait aussi mention du règlement comme acte juridique. Cette forme d'acte doit être respectée dans tous les États membres (article 33/1/1) à peine des sanctions prévues à cet effet (article 33/1/2) à l'article 23. Le règlement produit des effets juridiques contraignants à l'égard des États membres, des organes de l'Union et des communautés économiques régionales après trente jours à compter de la date de sa publication au journal officiel de l'Union. Au terme de son Règlement intérieur, la Conférence des chefs d'État et de gouvernement de l'UA peut émettre d'autres types d'actes à effet juridique non contraignant : recommandations, déclarations, résolutions, avis (article 33/1/3).

Les actes unilatéraux des organes exécutifs de l'échelon ministériel comportent dans l'OUA les résolutions prises à la majorité simple des membres du Conseil des ministres (article XIV/2 du traité), le quorum étant constitué des deux tiers de ses membres (article XIV/3) ; et dans l'UA les résolutions, nécessitant un quorum des deux tiers de tous les États membres (article 11/2) et prises par consensus ou, à défaut, à la majorité des deux tiers des États membres, sauf celles relatives aux procédures acquises, elles, à la majorité simple (article 11/1). Le Règlement intérieur du Conseil exécutif de l'UA habilite cet organe à agir par le moyen du règlement applicable au bout de trente jours après

[1] Abdalla Elabidi, *L'évaluation de l'Union africaine par rapport à l'Union européenne (Comme un modèle de régulation juridique internationale). Étude comparative,* Thèse de Doctorat en Droit public, Université d'Auvergne-Clermont Ferrand I, 2015, p. 375-376.

sa publication au journal officiel de l'Union ou à la date qu'il mentionne (article 35/1). Il contraint les États membres, les organes de l'Union, ainsi que les communautés économiques régionales (article 35/2), à charge pour les États de prendre des mesures pour leur application. Le même texte autorise le Conseil exécutif à agir par décision (article 34/1/c), règle non dotée de pouvoir obligatoire, contrairement au règlement et à la directive qui en sont pourvues. Le même texte cite aussi la recommandation et la déclaration parmi les actes que peut prendre le Conseil exécutif pour en souligner le caractère non contraignant.

Les actes unilatéraux des organes administratifs de l'OUA et de l'UA

Les organes administratifs, Secrétariat général pour l'OUA et Commission pour l'UA, exercent un pouvoir normatif insignifiant, de par leur position de subalternité par rapport aux organes intergouvernementaux, et notamment de la Conférence des chefs d'État et de gouvernement. Aux termes de la Charte, le Secrétaire général de l'OUA « est désigné par la Conférence des Chefs d'État et de Gouvernement. Il dirige les services du Secrétariat » (article XVI). Il peut lui être associé « un ou plusieurs Secrétaires généraux adjoints » (article XVII). Élu au scrutin secret pour une période de quatre ans, il est rééligible et responsable devant la Conférence qui peut le révoquer (article 36 du Règlement intérieur de la Conférence). Il ne participe pas statutairement aux séances des autres organes de l'OUA. Il est en fait confiné dans un rôle exclusivement administratif qui lui laisse peu de place à toute initiative personnelle. Cette position inconfortable a été expérimentée par tous les Secrétaires généraux de l'OUA, et particulièrement par le Camerounais Nzo Ekangaki. Élu le 14 juin 1972, il avait pris l'initiative de conclure en février 1974 un accord au nom de l'OUA avec la Lonrho, une société pétrolière anglo-rhodésienne. Il fut poussé à la démission en mai 1974, laquelle fut acceptée le 12 juin de la même année lors de la onzième conférence des chefs d'État tenue à Mogadiscio (Somalie). Il fut après de nombreuses tractations remplacé par un autre Camerounais, William Étéki Mboumoua. Toujours dans le même genre, nous rappellerons les déboires d'un autre Secrétaire général, Edem Kodjo, outrepassant son rôle purement administratif par la décision politique qu'il avait prise d'admettre la RASD à l'OUA. La hiérarchisation de la structure de l'OUA au profit de la Conférence éclipse la capacité normative du Secrétariat général, et contribue à l'objectif réel de cette organisation : la consolidation des États membres [1] . Au-dessus de lui plane le spectre des autorités intergouvernementales desquelles il doit obtenir l'approbation pour toute action, ainsi qu'il est précisé dans cette disposition de la Charte : « Le Secrétaire général peut accepter, au nom de l'Organisation, tous dons, donations ou legs faits à l'Organisation, sous réserve de l'approbation du Conseil des Ministres » (article XXX). Tout au plus peut-on dire que le Secrétaire général de l'OUA est amené, dans l'exercice de ses fonctions, à prendre des actes dits autonormateurs destinés à régir le bon fonctionnement interne de l'administration dont il a la charge (nomination et affectation du personnel subalterne ou préparation du budget de l'organisation soumis aux termes de l'article XXIII de la Charte à l'approbation du Conseil des ministres) et les opposer aux actes hétéronormateurs qu'il n'a pas le pouvoir de prendre et qui s'adressent, eux, à des sujets de droit autonomes vis-à-vis de l'organisation (autres organisations, États membres ou non membres). On en conclut donc à un pouvoir réduit sinon inexistant du Secrétaire général de l'OUA qui se traduit par son incapacité à émettre des actes juridiques ; qu'en est-il de la Commission de l'Union africaine ? La situation est sensiblement la même. Aux termes de l'Acte constitutif, la Commission est le « Secrétariat de l'Union » (articles 1 et 20/1). Elle comprend un Président, un ou des vice-présidents, ainsi que des commissaires ; ils sont assistés d'un personnel pour le bon fonctionnement de la Commission (article 20/2). Comme dans l'OUA, le système juridique de l'UA ne permet pas à l'organe administratif, la Commission, de participer au processus normatif, la prise de décision étant dévolue aux organes intergouvernementaux qui l'exercent dans les conditions que j'ai décrites plus haut.

Les actes unilatéraux des organes de représentation populaire

On peut ranger dans cette catégorie, d'une part, les organes de représentation des peuples au moyen d'un parlement communautaire et, d'autre part, les organes de représentation de la société civile.

Marquée par une conception fortement gouvernementale du regroupement panafricain, l'OUA n'avait pas été dotée d'un organe parlementaire, contrairement à l'UA qui en est pourvue, aux termes de

[1] François Borella, « Le système juridique de l'O.U.A. », *AFDI,* 1971, 17, p. 233-253.

son Acte constitutif, sous l'appellation de Parlement panafricain (articles 5/c et 17). Déjà, avait été adopté le 2 mars 2001 à Syrte (Libye) un protocole au traité instituant la Communauté économique africaine (CEA) relatif au Parlement panafricain qui confirmait la création de cet organe. Un autre protocole à l'Acte constitutif de l'Union africaine relatif au Parlement panafricain fut adopté le 27 juin à Malabo (Guinée équatoriale) ; il assure la pérennité de l'ancien organe institué sous l'égide de la CEA (article 2). Le Parlement panafricain s'assigne pour objectif de « donner une voix aux peuples et à la diaspora africaines » (article 3/a). Composé de membres des parlements nationaux ou de tout autre organe délibérant, il est l'organe législatif de l'UA (article 8/1). Au plan de ses pouvoirs, il est complètement assujetti à la Conférence qui définit les sujets et domaines sur lesquels il peut proposer des projets de lois-types (article 8/a). De sa propre initiative, il peut faire des propositions sur des domaines et sujets, et soumettre des projets de lois-types à la Conférence pour examen et approbation (article 8/6). Il peut de même formuler des recommandations après examen des autres organes de l'Union, Conférence et Conseil (article 8/2). On voit bien là que le Parlement panafricain n'a aucune initiative propre parce que complètement inféodé à l'exécutif panafricain, et les actes qu'il peut être amené à édicter ne sont revêtus d'aucune force de contrainte obligeant les États membres et à fortiori les autres organes de l'Union. Cette situation de subordination du Parlement panafricain fait mentir le principe de la séparation des pouvoirs rappelé pourtant avec force dans la Charte africaine de la démocratie, des élections et de la gouvernance (article 3/5). Peut-on moins exiger au plan interafricain que ce qui est posé comme essentiel au niveau interne de chaque État ?

L'OUA n'avait pas non plus envisagé une quelconque reconnaissance et représentation des organisations de la société civile (OSC). Sa charte mentionne bien l'existence d'une Commission économique et sociale (article XX/1) qui ne doit pas faire illusion. Il ne s'agit pas d'une représentation d'organismes consulaires, ni de celle des intérêts corporatifs de segments de la vie économique et sociale. La Commission économique et sociale de l'OUA est un organe spécialisé parmi tant d'autres dont la composition révèle la nature intergouvernementale, car ne comprenant que les ministres compétents ou tous autres ministres ou plénipotentiaires désignés à cet effet par leur gouvernement (article XXI). Rompant avec cette intergouvernementalité marquée, et s'inspirant d'autres expériences, l'UA a innové et institué dans son Acte constitutif un Conseil économique, social et culturel (article 5/h), « organe consultatif composé des représentants des différentes couches socio-professionnelles des États membres de l'Union » (article 22/1). Ses attributions, ses pouvoirs, sa composition et son organisation sont déterminés par la Conférence (article 22/2) qui a adopté ses statuts en juillet 2004. Ceux-ci définissent parmi les objectifs du Conseil économique, social et culturel (ECOSOCC), celui de « Promouvoir un dialogue permanent entre toutes les composantes de population africaine sur des questions concernant l'avenir de l'Afrique » (article 2/1), ou encore « Promouvoir la participation de la société civile africaine à la mise en œuvre des politiques et programmes de l'Union » (article 2/2). L'éventail des catégories des OSC qui la composent est très large (article 3). Elle comprend au total cent-cinquante organisations ainsi réparties : deux de chaque État membre de l'Union, dix au niveau régional, huit au niveau continental, vingt de la diaspora des différents continents, six nommés par la Commission en consultation avec les États membres (article 4). Dans leur désignation, les principes suivants doivent être respectés : parité entre les genres, et attribution des sièges à 50 % des jeunes de dix-huit à trente-cinq ans. Les membres de l'ECOSOCC exercent un mandat de quatre ans renouvelable une seule fois (article 5/5). Cette instance comprend une structure assez complexe comportant une assemblée générale, un comité permanent, des groupes sectoriels, et un comité de vérification des pouvoirs (article 8). L'ECOSOCC émet des avis (article 7/1) sur les objectifs, principes, politiques et programmes de l'Union, entreprend sur initiative des autres organes de l'Union (article 7/2) ou sur sa propre initiative (article 7/3), des études et soumet les recommandations appropriées. Par ailleurs, l'assemblée générale, organe représentatif de tous les membres et de prise de décision, émet des avis consultatifs et soumet des rapports ainsi que des propositions sur le budget et les activités de l'ECOSOCC (articles 9/2/b et 9/2/c). Si la création de l'ECOSOCC est une avancée indéniable dans la représentation et l'association des populations africaines dans le processus de construction communautaire, il n'en demeure pas moins cependant que sa nature d'organe consultatif dont les actes juridiques n'ont aucune force contraignante à l'égard des États membres ainsi qu'à celui des autres organes de l'Union accentue la suprématie de l'État souverain qui s'observe aussi au niveau des procédures pour le règlement des conflits.

Les actes conventionnels des États membres

Il y a peu à dire sur le droit conventionnel en tant que source du droit de l'unité africaine. L'œuvre d'unification continentale nécessite la signature de conventions sur des aspects qui n'ont pu être appréhendés dans le détail par les traités fondateurs. Les traités instituant l'OUA et l'UA constituent alors des traités-cadres qui doivent être complétés et précisés par des conventions entre États membres d'une part, et d'autres conclues avec des tiers, d'autre part.

Au titre des conventions entre États membres, il convient de distinguer celles conclues entre ces derniers et les organisations (accord de siège, accord sur les privilèges et les immunités diplomatiques, etc.) ; de mentionner celles qui peuvent être conclues entre les institutions communautaires pour nécessité de coopération entre elles ; de signaler enfin celles établies entre États membres pour l'application des dispositions des traités touchant à tel ou tel domaine particulier, libre circulation par exemple.

Les conventions avec des tiers témoignent de la vitalité des organisations dans l'ordre des relations internationales. Ainsi peuvent-elles être amenées à conclure des accords pour leur représentation auprès des États étrangers ou des organisations internationales interétatiques régionales ou universelles étrangères. Ces accords internationaux de l'OUA et de l'UA sont le prolongement juridique de leur volonté et de la nécessité qu'elles ont de développer leurs relations politiques, économiques, sociales, avec les pays non membres et d'autres organisations internationales. Je reviendrai sur cet aspect lorsqu'il s'agira d'évoquer le positionnement du panafricanisme dans l'ordre international.

La valeur juridique de ces actes conventionnels et leur force de contrainte sont affectées par le volontarisme de l'État, marque de sa souveraineté. Son consentement régit tout le processus contractuel par lequel il accepte de se lier par un engagement international et de se l'appliquer. Le droit international a certes posé la règle d'origine morale *« Pacta sunt servanda »*, selon laquelle les parties à un accord ne sauraient déroger aux obligations découlant de celui-ci, ainsi que stipulé à l'article 26 de la Convention de Vienne sur le droit des traités : « Tout traité en vigueur lie les parties et doit être exécuté par elles de bonne foi ». Mais en pratique il est difficile dans le cadre des relations contractuelles largement dominantes dans les rapports internationaux d'invoquer comme opposable à un État, une convention à laquelle il n'aurait pas souscrite. Sa souveraineté y fait barrage et le droit des conventions signées par l'OUA et l'UA ne déroge pas à cette réalité.

Les actes juridictionnels : inexistence dans l'OUA, à la différence de l'UA

Les actes juridictionnels, comme source du droit de l'unité africaine, émanent des juridictions établies par les traités et les conventions subséquentes. Ils constituent à terme la jurisprudence communautaire, ensemble des décisions rendues par ces juridictions. Celle-ci, pour autant qu'elle existe, contribue à la compréhension du droit de l'unité africaine et permet d'en contrôler le respect. Cette source de droit est donc très importante dans la réalisation du projet unitaire africain. La situation est cependant très inégale à cet effet entre l'OUA et l'UA.

La condition particulière de l'OUA quant à l'existence de règles de source jurisprudentielle est résumée par François Borella en ces termes : « Rechercher si le système juridique de l'O.U.A. comporte un corps de juges pour le sanctionner semble sans intérêt. La réponse est évidemment négative ; il n'existe pas d'organe comparable à la Cour de Justice des Communautés Européennes ou à la Cour Internationale de Justice[1] ». La première organisation à vocation d'unité africaine n'avait pas en effet prévu dans sa Charte un organe juridictionnel. Elle avait établi un système politique et diplomatique, plutôt que juridique et judiciaire, de règlement des conflits qui pourraient naître de l'interprétation et de l'application du traité (articles III/4 et XIX).

L'UA a par contre institué par son Acte constitutif un organe juridictionnel, la Cour de justice de l'Union (articles 5/1/d et 18), dont les statuts, la composition et les pouvoirs ont été définis dans le Protocole y afférent adopté le 11 juillet 2003 à Maputo (Mozambique) lors de la deuxième session ordinaire de la Conférence des chefs d'État et de gouvernement de l'Union. Aux termes de ce Protocole, « La Cour est l'organe judiciaire principal de l'Union » (article 2/2). Elle est composée de onze juges ressortissants des États parties (article 3/1), nombre qui peut au besoin être révisé par la Conférence (article 3/2). Elle ne peut comprendre plus d'un juge du même État partie (article 3/4) et chaque région est représentée par au moins deux juges (article 3/6). Elle garantit le pluralisme juridique en son sein par la « représentation des principales traditions judiciaires » (article 3/5). Les

[1] François Borella, « Le système juridique de l'O.U.A. », *op. cit,* p. 247.

juges dont l'indépendance est assurée conformément au droit international (article 13/a) bénéficient de privilèges et immunités (article 14). Ils sont élus pour une période de six ans et leur mandat est renouvelable une fois (article 8) ; cependant, le mandat de cinq juges élus lors de la première élection se termine au bout de quatre ans, le renouvellement de la Cour étant ensuite acquis par tirage au sort du Président de la Conférence lors de la première élection (article 8). Les juges prêtent serment avant leur entrée en fonction (article 9). Le Président et le Vice-Président de la Cour exercent un mandat de trois ans renouvelable une seule fois (article 10).

La Cour exerce, au sens de l'article 19 de son protocole, une compétence et une juridiction sur tous les différends et requêtes dont elle est saisie conformément à l'Acte et au Protocole concernant : l'interprétation et l'application de l'Acte ; l'interprétation, l'application ou la validité des traités de l'Union et de tous les instruments juridiques subsidiaires adoptés dans le cadre de l'Union ; toute question de droit international ; tous actes, décisions, règlements et directives des organes de l'Union ; toutes questions prévues dans tout autre accord que les États parties pourraient conclure entre eux, ou avec l'Union et qui donne compétence à la Cour ; l'existence de tout fait qui, s'il est établi, constituerait une rupture d'une obligation envers un État partie de l'Union ; la nature ou l'étendue de la réparation due pour la rupture d'un engagement ; tout autre litige pour lequel elle reçoit compétence de la Conférence.

Comme l'article 38 du Statut de la Cour internationale de justice déterminant les sources de droit sur lesquelles se base cette juridiction pour trancher des différends dont elle a à connaître, la Cour de justice de l'Union africaine a défini les sources juridiques qui fondent sa compétence juridictionnelle. L'article 20 de son Protocole énonce que la Cour, qui a pour mission de régler conformément au droit international les différends dont elle est saisie, applique comme sources de droit : l'Acte ; les traités internationaux, généraux ou spéciaux, établissant des règles expressément reconnues par les États en litiges ; la coutume internationale, comme preuve d'une pratique générale, acceptée comme étant le droit ; les principes généraux de droit reconnus universellement ou par les États africains ; les décisions judiciaires et la doctrine des publicistes les plus qualifiés des différentes nations ainsi que les règlements, les directives et les décisions de l'Union comme moyen auxiliaire de détermination des règles de droit, sous réserve de l'article 37 du Protocole rendant obligatoires les arrêts de la Cour pour les parties en litige et dans le cas concerné ; la faculté de la Cour de statuer *ex-aequo et bono* est préservée, pour autant que les parties soient d'accord.

Aux termes de l'article 34, la Cour prend ses décisions à la majorité des juges présents (alinéa 1), la voix du Président de séance étant prépondérante en cas de partage de voix (alinéa 2). L'article 37 dispose, quant à lui, que « Les arrêts de la Cour sont obligatoires pour les parties en litige et dans le cas qui a été décidé ». Cette belle formulation semble augurer d'un édifice juridique auquel se soumettraient volontiers tous les justiciables, et d'une Afrique dont l'unité se construirait par le droit. Existe-t-il cependant, et réellement, une transcendance du droit telle que le projet politique de l'unité africaine en découle automatiquement ? L'unité africaine est-elle possible par le droit ? Question essentielle à laquelle il sera répondu dans la suite de cet exposé.

Mais le système juridictionnel africain était caractérisé par sa fragmentation en deux institutions judicaires continentales, l'une spécialisée, la Cour africaine des droits de l'homme et des peuples (CADHP[1]) et l'autre générale, la Cour de justice de l'Union africaine (CJUA). Aussi le besoin de procéder à une rationalisation de cet ensemble polarisé, auquel se superposent des cours de justice à compétence régionale[2], aboutit-il à la fusion de ces deux instances en une juridiction unique sur fond d'intenses tractations politiques. Ainsi naissait la Cour africaine de justice et des droits de l'homme (CAJDH) par le Protocole du 1er juillet 2008 adopté lors de la onzième session de la Conférence des chefs d'État et de gouvernement de l'Union africaine tenue à Sharm El-Sheikh (Égypte)[3].

En guise de conclusion, on soulignera que le droit de l'unité africaine est fondé sur plusieurs normes (traités, actes unilatéraux, conventions

---

[1] Guillaume Le Floch, dir., *La Cour africaine des droits de l'homme et des peuples,* Paris, Éditions A. Pedone, 2023.

[2] Cour de justice de la Communauté économique et monétaire de l'Afrique centrale (CEMAC), Cour de justice de l'Union économique et monétaire de l'Afrique de l'Ouest (UEMOA), etc. Lire Émile-Derlin Kemfouet Kengny, *Les juridictions des organisations d'intégration économique en Afrique,* Paris, LGDJ, Lextenso éditions, 2018. ; sur la prolifération de la régionalisation juridictionnelle, notamment en Afrique, et le phénomène de concurrence qui en découle, voir Laurence Burgogue-Larsen, « Le fait régional dans la juridictionnalisation du droit international ». La juridictionnalisation du droit international, p. 203-264, 2003. hal-017443274.

[3] Barsac Tessa, *La Cour africaine de justice et des droits de l'homme,* Paris, Éditions Pedone, « Perspectives internationales », N° 32, 2012.

des États membres, actes juridictionnels) dont la prétention est de former un ordre juridique. De l'ensemble des situations évoquées, on conclut cependant que les actes des organes exécutifs dérogent au principe de l'effet direct tel que défini par la jurisprudence européenne *(arrêt Van Gend en Loos, 5 février 1963)* et de primauté du droit communautaire *(arrêt Costa/ENEL, 15 juillet 1964)*. La Cour de justice des communautés européennes de Luxembourg avait alors jugé que les traités communautaires avaient créé un ordre juridique propre et que par leur adhésion aux communautés, les États membres avaient consenti à s'y soumettre[1]. Dès lors, une fois régulièrement adoptés et publiés, les actes décisoires communautaires sont, d'une part, directement opposables à toutes les autorités publiques, administratives et juridictionnelles et, d'autre part, ont une autorité supérieure à celle des règles constitutionnelles, législatives et administratives des États membres. Il subsiste cependant un risque de conflit entre le principe de la primauté du droit communautaire et son application dans l'ordre juridique interne des États membres[2].

Il convient, dans l'entremêlement des actes émis par les organes administratifs de l'OUA et de l'UA, d'en proposer une synthèse cohérente en les rapprochant de la nomenclature de celles connues en droit international général. Aux Nations unies par exemple, la distinction est à faire entre la décision et la recommandation, englobées toutes deux sous le terme générique de résolution. La décision produit des effets juridiques directs et crée une obligation juridique pour l'organe ou l'État qui en est le destinataire ; mais elle peut être affectée dans sa mise en œuvre si elle tombe dans la catégorie du droit déclamatoire et non pas dans celle du droit exécutoire. Quant à la recommandation, elle n'a pas d'effet juridique direct et n'en produit qu'indirectement. La distinction de ces actes a ainsi été établie : « Il convient d'adopter le mot résolution comme terme générique visant

---

[1] Une décision du Tribunal constitutionnel polonais en date du 7 octobre 2021 a remis en cause la primauté du droit européen sur le droit national, provoquant ainsi une crise ouverte avec les instances européennes. Lire Pierre Haski, « Entre la Pologne et l'Union européenne, le contresens du 'Polexit ' », https://www.franceinter.fr/emissions/geopolitique/geopolitique-du-vendredi-22-octobre-2021, consulté le 23.10.2021.

[2] Jean Rossetto, « La primauté du droit communautaire selon les juridictions françaises. À propos des relations entre le droit communautaire et le droit constitutionnel national », dans Jean Rossetto, Abdelkhaleq Berramdane, dir., *Regards sur le droit de l'Union européenne après l'échec du traité constitutionnel,* Tours, Presses universitaires François Rabelais, p. 71-90.

tout acte émanant d'un organe collectif, d'une organisation internationale, de réserver le mot décision pour désigner les actes obligatoires, les recommandations étant au contraire non créatrices de droit[1] ».

Concernant les modes d'adoption des actes unilatéraux des organes exécutifs de l'OUA et de l'UA, nous avons vu qu'ils s'appuyaient sur la règle de la majorité simple ou qualifiée aux deux tiers ou encore sur le consensus. Le choix de cette dernière procédure témoignerait de la volonté des États membres de trouver une voie moyenne entre la règle de la majorité porteuse de supranationalité et celle de l'unanimité marquée par le diktat des souverainetés nationales. Censé neutraliser les effets pervers des deux premiers modes de décision, le système du consensus est cependant lui-même porteur de contradictions qu'il réussit à masquer à grand peine : « Il présente le grave inconvénient de traduire en général un compromis sur un désaccord ; l'unanimité de façade qu'il semble préserver cache le plus souvent une coalition d'insatisfaits[2] ».

Les conflits des intérêts nationaux, même feutrés et assourdis, qui dominent la sphère politique déteignent sur le système juridique et institutionnel de l'unité africaine. La hiérarchisation des règles de droit instaure une véritable dictature du traité, source principale et quasi exclusive du droit international, sur les autres normes ainsi subalternisées, car dites secondaires. La diversification des statuts des actes juridiques et leur force de contrainte inégale et contrastée, à l'intérieur même de cette catégorie de sources dérivées, n'est pas non plus de nature à exprimer le besoin d'un droit uniforme quant à son efficacité et à sa finalité. Le concept de souveraineté que partagent en commun les États membres, en permettant d'opérer un tri entre les entités participant à l'élaboration des règles, rend impossible l'existence d'un droit égal pour tous, d'application générale, obligatoire et inconditionnée. Le volontarisme de l'État sur les procédures condamne ainsi le droit de l'unité africaine à être un droit d'application incertaine.

---

[1] Hubert Thierry, Jean Combacau, Serge Sur, Charles Vallée, *Droit international public,* 4e édition, Paris, Éditions Montchrestien, 1984, p. 330.
[2] *Ibid.,* p. 514.

Le droit n'est pas fait que de l'édiction des normes. Il est aussi fait de l'application de celles-ci au travers de procédures. Le respect des règles de droit est un élément essentiel qui permet au juge de déterminer les responsabilités et de sanctionner lorsque surviennent des conflits et des dénis de justice. Ces procédures impliquent qu'il existe « au minimum un mécanisme de règlement pacifique des conflits faisant intervenir l'application du corps de règles et pas seulement des procédures diplomatiques et politiques. Ce mécanisme permet en effet de fonder une jurisprudence, c'est-à-dire de donner vie cohérente à l'ordre juridique par l'application du corps de règles par le corps des juges [1] ». Le règlement des différends entre États parties quant à l'interprétation et à l'application des règles communes du droit unitaire africain suppose donc l'intervention d'instances désignées à cet effet. Ces organes peuvent être de nature politique et diplomatique, solution institutionnelle au final peu satisfaisante, ou alors de nature juridictionnelle avec la création d'un organe indépendant rendant des décisions de justice frappées du sceau et du magistère du droit. Mais la juridictionnalisation souhaitable du droit de l'unité africaine souffre à cet égard de deux faiblesses majeures : d'une part, de la mainmise des États sur les procédures de règlement des conflits ; d'autre part, du consentement préalable de l'État, dans presque tous les cas, au déclenchement de la procédure d'accès des acteurs non souverains au prétoire.

La mainmise des États sur les procédures de règlement des conflits

La situation dans l'OUA était caractérisée, dans le domaine du règlement des conflits entre États membres quant à l'interprétation et à l'application du droit, par l'inexistence d'une juridiction communautaire. Aucun organe de ce genre n'avait été prévu dans le traité de cette organisation qui avait clairement fait le choix d'un « règlement pacifique des différends, par voie de négociations, de médiation, de conciliation ou d'arbitrage » (article 3/4). Cet

[1] François Borella, « Le système juridique de l'O.U.A. », *op. cit.*, p. 247.

engagement est réitéré à l'article 19 avec notamment la création d'une « Commission de médiation, de conciliation et d'arbitrage ». Sa composition et son fonctionnement sont fixés par un protocole distinct faisant partie intégrante de la Charte de l'Organisation panafricaine. Son adoption requérait l'approbation de la Conférence des Chefs d'État et de gouvernement, soulignant ainsi le poids de la forme contractuelle garante du volontarisme et de la souveraineté de l'État dans la procédure de l'élaboration des normes. Le terme arbitrage, utilisé dans les formulations suscitées, ne doit pas faire illusion quant à son sens. Il n'a pas ici la signification courante que lui attribue le droit international, à savoir un moyen juridictionnel de règlement des conflits. Il implique alors dans ce dernier contexte la désignation d'un organe indépendant des parties[1]. La procédure telle que décrite dans l'OUA est une technique de conciliation par laquelle un organe particulier d'une institution internationale se voit attribuer une compétence en matière de règlement des différends. Cette mission est généralement dévolue aux organes politiques ou exécutifs : c'est bien le cas dans l'OUA ; mais aussi dans la Ligue des États arabes, par une disposition de son Pacte dans ce sens (article 5), ou encore dans l'ancienne Union douanière et économique de l'Afrique centrale (UDEAC) dont le traité investissait le Conseil des chefs d'État d'une compétence spécifique dans ce domaine : « Il arbitre les différends qui peuvent surgir entre les États membres en ce qui concerne l'application du présent traité » (article 7). La procédure de la conciliation se traduit par une activité diplomatique dont le but est d'aplanir les divergences et de rapprocher des positions apparemment irréconciliables. Rien ne garantit le succès de telles tractations, les parties en litige étant libres d'accepter ou de ne pas accepter les solutions de sortie de crise qui leur sont proposées. Et c'est précisément dans son aspect non contraignant que réside pour les États l'intérêt de la conciliation : « La souplesse de la conciliation qui permet à un organe impartial de se prononcer dans un différend sans lier les parties, laisse penser que cette procédure peut séduire les gouvernements qui redoutent de s'engager dans des voies plus contraignantes[2] ». Un usage abondant de cette procédure a été fait par l'OUA pour tenter de résoudre les conflits interafricains. La méfiance des États envers les organes juridiques et judiciaires s'y prêtait. Une Commission des juristes africains avait été instituée en janvier 1964 à

---

[1] Hubert Thierry et *alii, op. cit.*, p. 574 et suivantes.
[2] *Ibid.*, p. 578.

Lagos (Nigéria) ; après son échec, elle fut remplacée par une Commission des juristes de l'OUA qui élargissait les domaines de compétence de cette dernière. Intégrée dans l'OUA en tant qu'organe spécialisé, elle avait, par la convention qui l'a créée, reçu mandat « d'examiner les problèmes juridiques d'intérêt commun et ceux qui pourront lui être soumis par tout État membre ou par l'OUA et de faire des recommandations utiles à ce sujet ». Sa composition est significative de l'emprise des États sur le processus de justiciabilité des différends, puisque chaque gouvernement africain y était représenté par « une délégation conduite par le Ministre compétent, un autre Ministre, ou un plénipotentiaire, assisté d'experts[1] ». Toujours dans la même logique de défiance du politique par rapport au règlement juridique des différends, le Protocole du 21 juillet 1964 du Caire instituait la Commission de médiation, de conciliation et d'arbitrage telle que prévue par la Charte de l'OUA. Elle fut déclarée partie intégrante de l'organisation continentale par la Conférence des chefs d'État qui élisait ses vingt-et-un-membres. Ces derniers exerçaient un mandat de cinq ans qui pouvait cependant être écourté par la Conférence « pour cause d'incapacité à remplir leurs fonctions ou pour faute grave[2] ». Sa compétence facultative est liée à l'acceptation préalable des parties, mais la Commission pouvait cependant être saisie par une partie au litige, par le Conseil des ministres ou par la Conférence des chefs d'État. Mohammed Bedjaoui souligne la préférence des États africains à soumettre leurs conflits à des instances politiques, notamment par la création à profusion de commissions spéciales *ad hoc*[3]. Le recours par les pays africains à la médiation comme mode de règlement de leurs différends fut largement sollicité sans que cela aboutisse à des résultats probants[4], même après constat de l'échec de cette procédure et tentative de la réformer[5]. Il faut, en dernier ressort, relever que l'absence de la juridictionnalisation des conflits dans l'OUA par le recours privilégié à

[1] Doc. O.U.A., JUR/3, Annexe 1, cité par Mohammed Bedjaoui, « Le règlement pacifique des différends africains », *AFDI,* 1972, 18, p. 85-99.
[2] *Ibid.*
[3] *Ibid.,* p. 90.
[4] François Borella, « Le système juridique de l'O.U.A. », *op. cit.,* ; Maria Magdalena Kenig, « Le règlement des différends entre les États africains », *Verfassung und Recht in Ubersee / Law and Politics in Africa, Asia and Latin America,* Vol. 19, N° 1 (1986), p. 75-91. ; Jean-Pierre Quéneudec, *La Commission de médiation, de conciliation et d'arbitrage de l'O.U.A.,* Paris, Pedone, 1966.
[5] Pierre Vellas, « La révision des procédures de règlement des conflits dans le cadre de l'Organisation de l'unité africaine », *RBDI,* 1978-1979. 1, p. 157-166.

la diplomatie et à la conciliation conforte la tendance des États membres à sauvegarder leur souveraineté en se mettant à l'abri de décisions judiciaires supranationales contraignantes. Comme le souligne Kéba Mbaye, « Il faut se souvenir que le droit africain traditionnel fait une place peu importante à la procédure contentieuse. Le droit processuel africain est essentiellement conciliatoire[1] ». Démarche politique et non pas juridique, la conciliation participe de l'appauvrissement du droit de l'unité africaine puisque non sanctionnée par des actes de droit jurisprudentiel. La situation paraît tout autre dans l'UA, du moins formellement.

Nous avons vu que le règlement des conflits dans l'UA procède de la compétence d'une juridiction permanente, la Cour de justice de l'Union africaine (CJUA) qui est devenue par fusion avec la Cour africaine des droits de l'homme et des peuples (CADHP), la Cour africaine de justice et des droits de l'homme (CAJDH). On aurait espéré qu'avec cette dernière s'opère un relâchement de l'emprise des États par rapport à sa saisine. Mais force est de constater que tel n'est malheureusement pas le cas, dans la mesure où les États restent maîtres des procédures qui s'appliquent à eux. Avec la CJUA déjà, la saisine de la Cour était conditionnée au consentement de l'État, par son adhésion préalable à son protocole (articles 18/1/a et 18/3). Par ailleurs l'accès des tierces parties au prétoire était assujetti aux conditions définies par la Conférence (article 18/2), organe interétatique. Ces dispositions consacrent la rupture du principe d'universalité d'accès à la Cour, transformant ainsi « l'Union en organisation à géométrie variable, tous ses États membres n'étant pas obligatoirement parties au Statut de son organe judiciaire. On peut probablement y voir la rémanence des États à l'encontre du mode judiciaire de règlement des différends[2] ». La nouvelle cour fusionnée est de même marquée du volontarisme de l'État par la nécessité de vérifier son consentement au déclenchement de toute procédure pouvant être intentée contre lui. Son Statut annexé au Protocole la créant stipule en effet que peuvent ester devant elle, entre autres, « les États parties au présent Statut » (article 29/1/a), et que « La Cour n'est pas ouverte aux États non membres de l'Union. Elle n'a pas non plus compétence pour connaître d'un différend impliquant un État membre non partie au présent Statut » (article 29/2). La souveraineté entraîne comme conséquence l'incompétence des juridictions

[1] Kéba Mbaye, *Les droits de l'homme en Afrique,* Paris, Pedone, 1992, p. 266.
[2] Tessa Barsac, *op. cit.,* p. 41.

internationales si les États n'ont pas manifesté leur consentement à être attraits devant elles. Font cependant exception à cette règle, d'une part, la Cour européenne des droits de l'homme (CEDH) dont la compétence est obligatoire à l'égard de tous les États membres du Conseil de l'Europe parties à ses différents protocoles ; d'autre part, l'Organe de Règlement des Différends (ORD) de l'Organisation mondiale du commerce (OMC), organe quasi-judiciaire à la justice duquel les États ne peuvent échapper. Mais le système tel qu'il est conçu demeure largement dominé par l'acquiescement préalable de l'État à toute procédure à son encontre. Tel est bien le cas avec la Cour internationale de justice (CIJ), pourtant « organe judiciaire principal » des Nations unies. Sa compétence peut résulter de la conclusion par les États d'un compromis de juridiction par lequel ils déclarent accepter la juridiction de la Cour pour une affaire spécifique. Elle peut également émaner de clauses générales par lesquelles les États s'engagent dans un traité à soumettre à la Cour les différends qui pourraient naître de l'interprétation et de l'application de celui-ci. La compétence de la CIJ peut enfin découler de la signature par chacun des États concernés par un différend de la clause facultative de juridiction obligatoire. Quel qu'en soit le cas, la compétence de la Cour en matière contentieuse est fondée sur l'acceptabilité des États auxquels elle est ouverte. Sa jurisprudence est constante sur ce point : « La juridiction de la Cour dépend de la volonté des parties[1] », ou bien encore « La Cour ne peut exercer sa juridiction à l'égard d'un État si ce n'est avec le consentement de ce dernier[2] ». Quant à la Cour pénale internationale (CPI) créée pour réprimer les crimes internationaux, certains des États du monde, dont les plus grands d'entre eux (Chine, États-Unis, Russie), n'ont pas adhéré à son Statut et ne sont donc pas soumis à sa juridiction, même si celui-ci prévoit que la compétence de la Cour peut être élargie dans certains cas (article 12) et que le Procureur peut être saisi par le Conseil de sécurité (article 13). Ainsi les États se mettent-ils dans les deux hypothèses à l'abri de poursuites judiciaires pour des faits pouvant leur être imputables en raison de la violation de leurs obligations internationales, et la contrepartie en découlant pour eux de réparer les dommages et préjudices résultant d'un fait internationalement illicite. Tout ordre juridique prévoit en effet que des conséquences légales soient attachées à la violation de la règle de droit car « la responsabilité

[1] CPJI, « Affaire des droits des minorités en Haute-Silésie », *Série A*, n° 15, p. 22.
[2] CIJ, « Affaire de l'or monétaire », *Recueil*, 1954, p. 32.

est le corollaire nécessaire du droit[1] ». L'ordre juridique international caractérisé par l'égale souveraineté des États ne déroge pas à ces principes de responsabilité et de réparation, comme le reconnaît en son article 31 le Projet à valeur coutumière des articles de la Commission du droit international (CDI)[2], mais aussi la jurisprudence : « C'est un principe de droit international que la violation d'un engagement entraîne l'obligation de réparer dans une forme adéquate[3] ». Or la souveraineté, parce qu'elle permet à l'État non consentant d'échapper au juge, autorise bien des abus et des dénis en matière de justiciabilité internationale. Elle permet ainsi le règne de l'impunité dans de nombreuses situations dramatiques causées par les États. On en conclut que la justice n'est pas universelle, ni au niveau mondial ni au niveau régional africain.

Elle l'est d'autant moins que l'exécution des décisions de justice dépend de la volonté des États, malgré qu'il soit reconnu à celles-ci un caractère contraignant à l'égard des parties au litige[4] et pour le cas concerné, et qu'elles entraînent l'obligation pour ces dernières de les appliquer [5]. La procédure d'infraction pour sanctionner les manquements d'un État membre pour non-exécution des arrêts rendus par les Cours est du seul recours de celles-ci. Le Protocole de la CJUA énonce à cet effet : « Dans le cas où une partie n'aura pas exécuté un arrêt, la Cour peut sur requête de l'une ou l'autre partie, porter l'affaire devant la Conférence qui peut décider des mesures à prendre pour donner effet à l'arrêt » (article 52/1). Une disposition de la CAJDH va dans le même sens (article 46/4 du Statut). Mais en cas de manquement, seule la Conférence, retour de la souveraineté, « peut imposer des sanctions en vertu des dispositions du paragraphe 2 de l'article 23 de l'Acte » constitutif de l'UA (Protocole CJUA, article 52/2 ; Statut CAJDH, article 46/5). Les sanctions prévues au titre de l'article précité comportent restriction des communications et des transports de l'État membre défaillant avec les autres États membres, de même que toute autre mesure jugée nécessaire par la Conférence en matière politique et économique. En vérité, la Conférence et l'Union n'ont pas de véritable pouvoir en matière d'imposition des sanctions. Le vocabulaire utilisé

---

[1] Roberto Ago, « Le délit international », *RCADI,* 1939, II, p. 49.

[2] Adopté par l'Assemblée générale le 12 décembre 2001 et annexé à la résolution 56/83.

[3] CPJI, Arrêt « Usine de Chorzow », *Série A,* n° 9, p. 21, compétence, 26 juillet 1927.

[4] Protocole CJUA, articles 37 et 38 ; Statut de la CAJDH, article 46/1.

[5] Protocole CJUA, article 51 ; Statut de la CAJDH, article 46/3.

est d'ailleurs expressif du caractère velléitaire que ces deux institutions judiciaires entendent faire de la prérogative qui leur est reconnue en matière de sanction des manquements des États membres : ainsi au mot « doit » expressif d'un commandement impératif a été préféré le terme « peut » évoquant une simple possibilité, ce qui est le contraire d'une injonction juridique entraînant une obligation de comportement. Ceci laisse supposer que l'application des décisions de justice est susceptible d'engendrer de l'insécurité juridique car soumise à la volonté des États et à leurs juridictions nationales, y compris en droit privé. Un auteur comme Modi Kobo Bebey soutient par exemple que la création en 1998, dans le cadre de l'Organisation pour l'harmonisation en Afrique du droit des affaires (OHADA), de la Cour commune de justice et d'arbitrage (CCJA) a été motivée par la méfiance des milieux d'affaires à l'égard des institutions judiciaires de certains États et la nécessité alors ressentie d'une juridiction indépendante des juridictions étatiques[1]. Mais la fragilité du système judiciaire par refus des États d'appliquer les décisions judiciaires n'est pas que l'apanage des pays africains. Au niveau universel, et pour ne s'en tenir qu'à deux exemples, les États-Unis ont refusé d'exécuter l'arrêt de la CIJ qui les condamnait à payer des réparations au Nicaragua pour leur soutien à « la contra », guérilla antisandiniste contre ce pays opérant depuis le Honduras[2] ; et Israël a poursuivi et achevé la construction du mur de séparation dans les territoires palestiniens occupés au mépris de la condamnation vigoureuse de cet ouvrage par la CIJ, de la reconnaissance de la responsabilité internationale de cet État, et de l'injonction qui lui a été faite d'en cesser la poursuite et de dédommager les personnes physiques ou morales du fait des préjudices qu'elles auraient subies à cause de l'édification de ce mur[3].

[1] H. D. Modi Kobo Bebey, « L'harmonisation du droit des affaires en Afrique : regards sous l'angle de la théorie générale du droit », 19 p. *En ligne.* Consulté le 22.06.2020.

[2] CIJ, « Affaire des activités militaires et paramilitaires au Nicaragua et contre celui-ci », arrêt du 27 juin 1986, *Recueil,* 1986, p. 14 et suivantes.

[3] CIJ, « Conséquences juridiques de l'édification d'un mur dans le territoire palestinien occupé », Avis consultatif, 9 juillet 2004, *Recueil,* 2004, p. 136.

Le consentement préalable de l'État à l'accès des acteurs non souverains au prétoire

L'accès à la justice pour tous est un principe démocratique fondamental et une condition essentielle pour défendre et faire valoir les libertés et les droits fondamentaux proclamés lorsqu'ils sont violés. Ce droit est tellement important qu'il a reçu une consécration dans divers instruments juridiques nationaux et internationaux. L'expression « accès à la justice » est expressément mentionnée dans le Traité sur le Fonctionnement de l'Union Européenne (TFUE)[1] modificatif, avec le Traité sur l'Union européenne (TUE), des traités européens antérieurs. Mais bien que non utilisée pendant longtemps en terminologie juridique, cette notion est évoquée dans plusieurs textes internationaux. Par la référence au niveau régional européen du droit à un procès équitable[2] et du droit à un recours effectif[3]. La Cour européenne des droits de l'homme (CEDH) et la Cour de justice de l'Union européenne (CJUE) lui ont donné consistance dans leurs jurisprudences respectives[4]. Au plan universel, elle est inscrite dans la Déclaration universelle des droits de l'homme de 1948 (articles 8 et 10), ainsi que dans le Pacte international relatif aux droits civils et politiques de 1966 (article 14, § 1 et 3). À l'échelon régional africain, le droit d'accès à la justice a reçu reconnaissance dans la Charte africaine des droits de l'homme et des peuples (article 7/1), dans la Charte africaine de la démocratie, des élections et de la gouvernance (article 10/3), ainsi que dans le Protocole à la Charte africaine des droits de l'homme et des peuples relatif aux droits des femmes, par la promotion du principe de l'égal accès des hommes et des femmes à la justice et à la protection devant la loi (article 8), tandis qu'il est classé par la Commission

---

[1] « L'Union facilite l'accès à la justice, notamment par le principe de reconnaissance mutuelle des décisions judiciaires et extrajudiciaires en matière civile », article 67 paragraphe 4.

[2] Convention européenne des droits de l'homme ou Convention de sauvegarde des droits de l'homme et des libertés fondamentales du 4 novembre 1950, entrée en vigueur le 3 septembre 1953, article 6.

[3] *Ibid.,* article 13, et article 47 de la Charte des droits fondamentaux de l'Union européenne pour ces deux concepts.

[4] Jérémie Van Meerbeeck, dir., *L'accès à la justice,* Liège, Anthemis, Commission Université Paris, Université de Liège, LGDJ, 2017.

africaine des droits de l'homme et des peuples dans les principes généraux applicables à toute procédure judiciaire[1].

Mais il ne faut pas faire preuve de naïveté quant à l'accès réel et inconditionnel des citoyens justiciables aux tribunaux, aussi bien en droit international qu'en droit interne. En France par exemple, la saisine du Conseil constitutionnel, gardienne des libertés publiques et juge de la conformité des lois avec la constitution, n'est pas à la portée des citoyens qui ne peuvent y accéder qu'indirectement au travers de la procédure de la question prioritaire de constitutionnalité (QPC)[2]. La saisine du Conseil constitutionnel n'est directe que pour le Président de la République, le Premier ministre, le Président de l'Assemblée nationale, du Sénat ou un groupe de soixante députés ou sénateurs. Cette restriction à l'accès de certaines catégories aux tribunaux est bien plus marquée en droit international où la souveraineté permet aux États de refuser de se voir attraire au prétoire, mais aussi de fermer celui-ci ou d'en limiter l'entrée aux entités non étatiques.

Les juridictions internationales africaines sont confrontées à ce problème de l'exclusion des entités non souveraines de leurs arènes. Le Protocole de la CJUA énumère dans une longue liste les entités pouvant se présenter devant elle, dans l'exercice de sa compétence *ratione personae*[3]. Ce dispositif exclut la possibilité de requêtes individuelles et laisse transparaître une prééminence marquée des États pris individuellement ou regroupés au sein de la Conférence. Les stipulations des instruments juridiques ayant donné naissance à la CAJDH vont dans le même sens. Son Statut reprend à son compte les entités admises à ester devant la Cour citées dans le Protocole de la CJUA, en en excluant cependant la catégorie des tierces personnes (article 29), qui « désigne toute autre partie que le demandeur ou le défendeur » (Règlement intérieur de la Commission africaine des droits

---

[1] Directives et principes sur le droit à un procès équitable et à l'assistance judiciaire en Afrique, « droit d'accès aux services judiciaires », points A/1 et K/a.

[2] Possibilité offerte lors d'un procès devant une juridiction judiciaire ou administrative de contester la loi qui est appliquée si l'on estime qu'elle est contraire aux droits et libertés garantis par la Constitution. La procédure de la QPC interrompt le cours de l'affaire jusqu'à l'examen par la Cour constitutionnelle, si toutes les conditions sont réunies, de la loi contestée pour savoir si celle-ci ne doit plus être appliquée.

[3] États parties au Protocole ; Conférence, Parlement et autres organes de l'Union autorisés par la Conférence ; un membre du personnel de la Commission de l'Union, sur recours, dans un litige et dans les limites et conditions définies par les Statut et Règlement du personnel de l'Union ; tierces personnes, sous conditions définies par la Conférence, et consentement de l'État partie.

de l'homme et des peuples, article 2, définitions). La prise en compte de ce groupe spécifique aurait pu ouvrir la voie à la saisine de la Cour par les personnes physiques et morales, ainsi que par les juridictions nationales sur le modèle de la CJUE. Le Protocole portant création de la CAJDH est d'ailleurs explicite quant à la dépendance des entités non souveraines, individus et ONG, à la volonté des États relativement à leur accès au prétoire : « Tout État partie, au moment de la signature ou du dépôt de son instrument de ratification ou d'adhésion, ou à toute autre période après l'entrée en vigueur du Protocole peut faire une déclaration acceptant la compétence de la Cour pour recevoir les requêtes énoncées à l'article 30 (f) et concernant un État partie qui n'a pas fait cette déclaration » (article 8/a). Les instances qui pourraient être introduites auprès de la Cour par les entités visées dans cet article sont relatives à la violation des droits de l'homme garantis par différents instruments juridiques internationaux[1]. La possibilité d'actionner le droit de recours individuel est soumise à l'acceptation préalable de l'État partie ayant fait déclaration d'acceptation de la compétence de la Cour. Celle-ci ne peut intervenir autrement. Cette impossibilité de la CAJDH à recevoir directement les requêtes individuelles sans le nécessaire consentement des États est de même vérifiée dans la CADHP. Une telle autorisation est requise pour que la Cour puisse agir. Le protocole l'ayant instituée dénombre les entités qui ont qualité à la saisir directement (article 5/1, et 5/2)[2], sans qu'aucune autre formalité ou condition ne leur soient imposées. Par contre, la possibilité pour les individus et les ONG de se présenter devant elle est soumise à condition, comme stipulé dans l'article 5/3 : « La Cour peut permettre aux individus ainsi qu'aux organisations non-gouvernementales (ONG) dotées du statut d'observateur auprès de la Commission d'introduire des requêtes directement devant elle conformément à l'article 34 (6) de ce Protocole ». L'article 34/6 susmentionné énonce comme condition d'accessibilité des citoyens et des ONG au prétoire de la Cour que tout État partie au Protocole dont ils seraient ressortissants souscrive à une

[1] Charte africaine des droits de l'homme et des peuples, Charte africaine des droits et du bien-être de l'enfant, Protocole à la Charte africaine des droits de l'homme et des peuples relatifs aux droits de la femme en Afrique, tout autre instrument juridique pertinent relatif aux droits de l'homme auxquels sont parties les États concernés.

[2] Commission ; État partie qui a saisi la Commission ; État partie contre lequel une plaine a été introduite ; État partie dont le ressortissant est victime d'une violation des droits de l'homme ; organisations inter-gouvernementales africaines ; État partie estimant avoir un intérêt dans une affaire.

déclaration de compétence spéciale et facultative, faute de quoi « La Cour ne reçoit aucune requête en application de l'article 5 (3) intéressant un État partie qui n'a pas fait une telle déclaration ». Ainsi existe-t-il entre les États et les acteurs non souverains une réelle inégalité des régimes permettant la saisine de la Cour. Celle-ci peut en référer à la Commission avec qui elle partage la compétence de connaître des requêtes (article 6/3) pour recevoir son avis quant à la recevabilité d'une instance introduite en application de l'article 5 (3). Le poids de la souveraineté sur les procédures l'emporte au final sur la défense des droits de l'homme. Autant l'attitude des États, peu nombreux à avoir déposé une déclaration de compétence de la Cour comme je l'ai souligné par ailleurs, que la pratique jurisprudentielle de celle-ci, témoignent de la volonté d'exclure les acteurs non souverains de la procédure d'accès au tribunal, les empêchant ainsi de défendre et de faire valoir leurs droits pourtant consignés dans des conventions internationales. Le retrait des États de la clause de déclaration de compétence de la Cour à laquelle ils avaient adhérée atteste de leur défiance envers l'accès direct des citoyens à cette juridiction.

Le 21 novembre 2019, la Tanzanie, pays hôte de la CADHP, particulièrement visé par les décisions de la Cour, dépose auprès de la Commission de l'UA l'instrument de retrait de la Déclaration qu'elle avait faite en vertu de l'article 34 (6) du Protocole. La décision de la Tanzanie intervenait après que la Cour eut déclaré sa compétence, malgré le prononcé de décisions rendues par les juridictions nationales de ce pays, pour examiner des requêtes introduites devant elle par des ressortissants tanzaniens qui alléguaient de la violation de leurs droits[1]. La Cour a eu à préciser que le retrait de la déclaration prévue à l'article 34 (6) ne prenant effet qu'après douze mois à compter de sa date de

---

[1] CADHP, *« Affaire Alex Thomas c. République-Unie de Tanzanie »*. Requête N° 005/2013. Arrêt du 20/11/2015, paragraphe 130. ; CADHP, *« Affaire Peter Joseph Chacha c. République-Unie de Tanzanie »*. Requête N° 003/2012. Arrêt du 28/3/2014, paragraphe 114. Tout en affirmant qu'elle n'est pas une instance d'appel des décisions rendues par les juridictions nationales, la Cour n'écarte pas pour autant sa compétence pour apprécier si les procédures devant les juridictions nationales répondent aux normes internationales établies par la Charte ou par les autres instruments applicables des droits de l'homme auxquels l'État défendeur est partie. Voir CADHP, *« Affaire Ernest Francis Mtingwi c. République du Malawi »*. Requête N° 001/2003. Décision du 15/3/2013 : « La Cour n'a pas compétence d'appel pour recevoir et examiner des recours portant sur des questions tranchées par des juridictions internes, régionales ou par d'autres Cours », paragraphe 14.

notification, elle ne saurait avoir d'effet rétroactif et aucune incidence sur les affaires pendantes devant la Cour au moment de son dépôt[1].

Le Rwanda aussi a notifié le 29 février 2016 son retrait de la déclaration de compétence qu'elle avait faite le 11 mai 2013. La Cour en a été informée le 3 mars 2013 et avait indiqué dans une ordonnance du 3 juin 2016 que le retrait du Rwanda prendrait effet le 1er mars 2017, alors que ce pays demandait un retrait avec effet immédiat. Comme suite, le Rwanda faisait parvenir au Greffe de la Cour une lettre lui rappelant son retrait de la déclaration faite en vertu de l'article 34 (6) du Protocole et l'informant qu'il ne participerait désormais plus à aucune procédure devant la Cour et l'invitait par voie de conséquence à s'abstenir de lui transmettre toute information relative aux affaires le concernant. Depuis lors, les arrêts concernant le Rwanda ont été rendus par défaut, conformément à l'article 55 du Règlement[2]. La décision de retrait du Rwanda avait été provoquée par la dénonciation par la Cour de la révision de la constitution rwandaise, procédure qui permettait au Président Kagamé de se porter candidat pour un troisième mandat.

De la même manière le Bénin, devenu État partie à la Charte africaine des droits de l'homme et des peuples le 21 octobre 1986 et au Protocole portant création d'une Cour africaine des droits de l'homme et des peuples le 22 août 2014 avait déposé le 8 février 2016 la déclaration prévue par l'article 34 (6) par laquelle il acceptait la compétence de la Cour pour connaître des requêtes émanant des individus et des ONG. Mais le 25 mars 2020 cet État se rétracte et retire la déclaration qu'il avait faite en vertu de l'article 34 (6) du Protocole. Le contexte de ce retrait est à rappeler. Une instance avait été introduite auprès de la Cour contre l'État du Bénin par Sébastien Germain Marie Aïkoue[3], administrateur résident à Paris sous le statut de réfugié politique et chef du parti Union sociale libérale (USL), formation politique opposée au régime du Président Patrice Talon. Le requérant qui était sous l'effet d'une condamnation à une peine d'emprisonnement de vingt ans alléguait la violation de son droit à prendre part à la direction des affaires publiques de son pays et du droit à la vie, contestant par ailleurs la régularité des élections législatives du

---

[1] CADHP, *« Affaire Ghati Mwita c. République-Unie de Tanzanie »*. Requête N° 012/2019. Ordonnance (Mesures provisoire), 9 avril 2020.

[2] CADHP, *« Affaire Ingabire Victoire Umuhoza c. République du Rwanda »*. Requête N° 003/2014. Décision du 03/06/2019, paragraphe 67.

[3] CADHP, *« Affaire Sébastien Germain Marie Aïkoue c. République du Bénin »*. Ordonnance portant mesure provisoire, 17 août 2020.

28 avril 2019 et l'adoption nuitamment et clandestinement par l'Assemblée nationale qui en était issue de plusieurs lois. Il arguait aussi que sa non-participation à l'élection des conseillers communaux et municipaux prévue pour le 17 mai 2020 lui causerait un préjudice irréparable. Se fondant sur sa compétence *prima facie*, la Cour à cette occasion « Ordonne à l'État défendeur de surseoir à la tenue de l'élection des conseillers municipaux et communaux prévue le 17 mai jusqu'à ce que la Cour rende une décision de fond[1] ». Cette affaire faisait suite à une autre dans laquelle le Bénin avait été attrait au prétoire par Komi Koutche, homme politique et ancien ministre des finances accusé de malversations dans sa gestion des deniers publics. Exilé et sous mandat d'arrêt international, ce dernier exigeait, entres autres, de la Cour que son parti politique participe aux élections législatives du 28 avril 2019. Bien que n'ayant pas fait suite à la plupart des prétentions du requérant, la Cour avait ordonné à l'État béninois de surseoir à la demande d'annulation de son passeport jusqu'au prononcé, par elle, de sa décision définitive[2]. Le Bénin accusa à cette occasion la juridiction continentale d'outrepasser ses compétences et de bouleverser par ses dernières décisions l'ordre juridictionnel interne de ses États parties.

La Côte d'Ivoire, partie à la Charte africaine des droits de l'homme et des peuples le 31 mars 1992 et au Protocole le 25 janvier 2004 avait déposé quant à elle le 23 juillet 2013 la déclaration prévue à l'article 34 (6) permettant à la Cour de recevoir des requêtes émanant des individus et des ONG. Mais le 29 avril 2020, cet État retire sa compétence à la Cour en cette matière dans les circonstances suivantes. Guillaume Kigbafori Soro, ancien allié politique du Président de la République, Alassane Ouattara, avait introduit un recours auprès de la Cour en protestation contre le mandat d'arrêt délivré contre lui, après qu'il ait fait l'objet d'une plainte en date du 20 décembre 2019. Celle-ci émanait du Procureur de la République près le Tribunal de Première Instance d'Abidjan Plateau, lui-même saisi par l'agent judiciaire pour détournement de deniers publics réputé commis par le requérant en 2017. En indication de mesures provisoires, la Cour avait alors demandé à la Cote d'Ivoire de surseoir à l'exécution du mandat d'arrêt

[1] *Ibid.,* Dispositif, paragraphe 4. Voir à ce sujet : http://www.french.xinhuanet.com/afrique/2020.04/28/c_139014537.htm, consulté le 25.06.2020.

[2] CADHP, *« Affaire Komi Koutche c. République du Bénin »*. Requête N° 020/2019. Ordonnance portant mesure provisoire (2 décembre 2019).

conte le requérant et de surseoir de même à l'exécution des mandats de dépôt décernés contre les autres demandeurs[1].

Il ressort clairement de tous les cas examinés ci-dessus que les raisons à l'origine du renoncement par les États de la compétence de la Cour en application de l'article 34 (6) de son Protocole sont essentiellement politiques. Comme le souligne Arsène Nene Bi, « Ces différentes motivations montrent que ces États retirent leur déclaration de compétence de la Cour Africaine par défiance et en guise de représailles[2] ». Les États, particulièrement jaloux de leur souveraineté, acceptent mal que celle-ci soit limitée par l'intrusion des juridictions supranationales dans leurs affaires internes. Et le fait que seulement cinq États africains sur cinquante-cinq soient liés par la clause facultative de juridiction engendre une situation de très faible justiciabilité internationale. La jurisprudence de la Cour conforte largement les États dans leur volonté de limiter l'accès des catégories non souveraines à elle.

Chaque fois qu'elle est saisie d'une requête, la Cour vérifie d'abord, pratique constante de sa part, si elle est compétente ; excepté toutefois pour les cas où elle doit prendre des mesures provisoires qui ne nécessitent pas la mise en jeu de sa compétence au fond, sa compétence *prima facie* étant alors suffisante : « Lorsqu'elle est saisie d'une requête, la Cour procède à un examen préliminaire de sa compétence sur la base des articles 3, 5 (3) et 34 (6) du Protocole mais n'a pas besoin, en matière de mesures provisoires, de vérifier qu'elle a compétence au fond, mais simplement qu'elle a compétence prima facie[3] ». Habilité à en user[4], la procédure des mesures provisoires permet à la Cour de répondre à des situations d'urgence et d'extrême gravité qui pourraient sans cela aboutir à des résultats irréversibles :

---

[1] CADHP, *« Affaire Guillaume Kigbafori Soro et autres c. République de Côte d'Ivoire »*. Requête N° 012/2020. Ordonnance (Mesures provisoires), 22 avril 2020.

[2] https://www.information.tv5monde.com/afrique/justice-il-faut-repenser-le-système-africain-des-droits-humains-359001, visité le 17.06.2020.

[3] *« Affaire Sébastien Germain Marie Aïkoue c. République du Bénin ... »*, paragraphe 18, p. 5. ; voir aussi *« Affaire Ingabire Victoire Umuhoza c. République du Rwanda ... »*, paragraphe 13, p. 4 et paragraphe 14.

[4] Au sens des articles 27 (2) du Protocole et 51 (1) du Règlement, les mesures provisoires sont permises à la Cour « dans les cas d'extrême gravité ou d'urgence et lorsqu'il s'avère nécessaire d'éviter des dommages irréparables à des personnes », mais aussi « qu'elle estime devoir être adoptées dans l'intérêt des parties ou de la justice ».

exécution d'une peine de mort[1], poursuite d'un processus électoral contesté[2], peine privative de liberté[3], risque de massacre généralisé d'une population[4], etc.

Dans l'examen de sa compétence en rapport avec les dispositions du Protocole permettant l'accès direct des individus et des ONG à son prétoire, la Cour doit au préalable constater le consentement de l'État contre lequel est introduite une instance. Elle le fait en demandant au Greffe de vérifier auprès de la Commission de l'UA si l'État partie a déposé auprès d'elle la déclaration d'acceptation de la compétence de la Cour nécessaire à l'examen des recours individuels. Si un tel accord n'existe pas, la requête portée devant elle est systématiquement rejetée, car comme le rappelle le juge Fatsah Ouguergouz dans une opinion individuelle, « Le consentement d'un État partie est la seule condition à la juridiction de la Cour en matière de requêtes individuelles[5] ». Aussi la Cour a-t-elle eu à se déclarer incompétente dans plusieurs affaires concernant des particuliers pour défaut d'autorisation des États défendeurs à celle-ci pour connaître des requêtes diligentées contre eux, car précise la Haute juridiction, « la saisine directe de la Cour par un individu est subordonnée au dépôt par l'État défendeur d'une déclaration spéciale autorisant une telle saisine [6] ».

---

[1] *« Affaire Ingabire Victoire Umuhoza c. République du Rwanda ... ».*

[2] *« Affaire Sébastien Germain Marie Aïkoue c. République du Bénin ... ».*

[3] *« Affaire Guillaume Kigbafori Soro et autres c. République de Côte d'Ivoire... ».*

[4] CADHP, *« Affaire Commission africaine des droits de l'homme et des peuples c. Libye ».* Requête N° 002/2013. Ordonnance du 15/03/2013 (Mesures provisoires).

[5] CADHP, *« Affaire Michelot Yogogombaye c. République du Sénégal ».* Requête N° 001/2008. Arrêt du 15.12.2009, paragraphe 31, p. 7.

[6] CADHP, *« Affaire Ekwalla Moundi Alexandre c. République du Cameroun et République fédérale du Nigéria ».* Requête N° 008/2011. Décision. Le demandeur alléguait la violation par ces deux États des droits de l'homme protégés par les articles 3, 5, 7 et 13 (3) de la Charte africaine des droits de l'homme et des peuples. Or ni le Cameroun ni le Nigéria n'avaient déposé la déclaration, et le Cameroun n'avait même pas ratifié le Protocole ; CADHP, *« Affaire Femi Falana c. Commission africaine des droits de l'homme et des peuples ».* Requête N° 019/2015. Ordonnance, paragraphe 8. Le demandeur, agissant en son nom propre et à celui des victimes de violations des droits de l'homme au Burundi lors des manifestations contre la décision du Président Nkurunziza de briguer un troisième mandat, demandait à la Cour de suppléer au manquement de la Commission africaine des droits de l'homme et des peuples qui n'avait pas saisi la Cour de sa plainte. ; CADHP, *« Affaire Soufiane Ababou c. République algérienne démocratique et populaire ».* Requête N° 002/2011. Décision du 16.06.2011, paragraphe 8. La plaignante dénonçait son incorporation forcée au sein de l'armée algérienne ; CADHP, *« Affaire Delta International Investments SA, M. AGL DE LANGE et Mme Delange c. République Sud-Africaine ».* Requête N°

D'autres affaires n'ont pas prospéré devant la Cour pour défaut de compétence de celle-ci lorsque le demandeur est une ONG n'ayant pas statut d'observateur auprès de la Commission africaine des droits de l'homme et des peuples, condition requise pour que la Cour connaisse des requêtes émanant de ce type d'organisation (article 5 /3 du Protocole sur la Charte africaine des droits de l'homme et des peuples)[1]. Des fois aussi, la Cour a dû prononcer sa compétence malgré la récusation de celle-ci par un État défendeur au motif que le protocole n'est pas intégré dans sa législation interne, que les griefs soulevés dans la requête ne ressortissent pas des droits de l'homme, et que ses juridictions internes dont la compétence s'étend aux droits de l'homme décident en dernier ressort, excluant ainsi tout réexamen de leurs décisions. Il s'agit dans le cas d'espèce d'une requête contre le Ghana[2] à qui la Cour a répondu que sa compétence était fondée sur le fait que l'article 3 du Protocole n'exige que la ratification et non pas l'approbation du Protocole par l'État : « l'intégration ou non du Protocole dans la législation interne de l'État défendeur est sans importance, car il reste lié par les dispositions du Protocole, qu'il a ratifié de son plein gré[3] ». Mais la reconnaissance par la Cour de sa compétence dans une affaire n'entraîne pas nécessairement la recevabilité de celle-ci, car peut être opposé aux demandeurs

---

002/2012. Décision du 30.03.2012. Les demandeurs alléguaient des actes de torture, la violation de leurs droits à la dignité, aux biens, à l'information, à la vie privée, ainsi que la discrimination, autant de faits contraires à la constitution de la République Sud-Africaine et à la Charte africaine des droits de l'homme et des peuples. ; CADHP, *« Affaire Daniel Amare et Mulugeta Amare c. République du Mozambique et Mozambique Airlines »*. Requête N° 005/2011. Décision du 16.06.2011. Les plaignants dénonçaient des exactions et des abus commis à leur encontre par des agents de l'immigration du Mozambique au cours d'un vol aérien particulièrement mouvementé. ; CADHP, *« Affaire Michelot Yogogombaye c. République du Sénégal »* précitée, dans laquelle le requérant demandait l'arrêt de la procédure dirigée contre Hissein Habré, ex-chef d'État tchadien réfugié à Dakar et dans laquelle il est apparu après vérification de la Cour que le Sénégal n'avait pas fait la déclaration de compétence contrairement aux affirmations du demandeur.

[1] CADHP, *« Affaire Association juristes d'Afrique centrale pour la bonne gouvernance c. République de Côte d'Ivoire »*. Requête N° 006/2011. Décision du 16 juin 2011. Cette association ayant son siège à Douala (Cameroun) avait saisi la Cour pour violation par la Côte d'Ivoire des articles 2, 4, 5 et 6 de la Charte africaine des droits de l'homme et des peuples à la suite de la crise post-électorale qu'a connue ce pays en 2011.

[2] CADHP, *« Affaire Alfred Agbesi Woyome c. République du Ghana »*. Requête N° 001/2017. Arrêt (Fond et Réparations), 28 juin 2019.

[3] *Ibid.*, communiqué de presse, résumé de l'arrêt, p. 2.

l'argument du non épuisement des recours internes[1]. La question de la compétence de la Cour est aussi discutée lorsqu'elle estime ne pas être la juridiction appropriée pour juger du recours d'un défendeur, notamment lorsque la requête de celui-ci se fonde uniquement sur une rupture de contrat, fait pour lequel le renvoi à un tribunal administratif est préconisé[2].

On observe néanmoins le caractère novateur de la Cour par la non-limitation de sa saisine aux seuls ressortissants d'un État partie. La Cour étend en effet sa compétence *rationae personae* à tout individu ayant intérêt à agir, en ouvrant la possibilité à quiconque, en son nom propre, ou pour le compte de quelqu'un d'autre, d'introduire une requête auprès d'elle par le moyen d'une *actio popularis*[3], quitte à déclarer ensuite n'avoir pas compétence pour connaître de celle-ci [4]. La Cour européenne des droits de l'homme marquée uniquement par la reconnaissance d'un préjudice personnel et direct n'offre pas une telle garantie.

Pour autant, la juridiction continentale reste dominée par l'exclusion des entités non souveraines de son prétoire. Les procédures devant elle dépendent du consentement des États. L'article 34 (6) et toutes les autres dispositions qui encadrent sa compétence personnelle ne lui permettent pas de pleinement exercer sa compétence matérielle. Alors a été soulevée la question de la pertinence de cet article 34 (6) quant à l'écueil qu'il constitue pour l'accès des individus à la Cour et, conséquemment, l'impossibilité dans laquelle ils se trouvent de défendre leurs droits garantis par les conventions internationales. Cette remise en cause du bien-fondé de cette disposition a été discutée dans

---

[1] CADHP, *« Affaire Alfred Agbesi Woyome c. République du Ghana »,...* ; CADHP, *« Affaire Collectif des Anciens Travailleurs du Laboratoire ALS c. République du Mali »*. Requête N° 042/2016. L'épuisement des recours internes avant saisine des institutions supranationales est aussi imposé par la Commission africaine des droits de l'homme et des peuples (article 50 de la Charte africaine des droits de l'homme et des peuples), ainsi que par la Cour européenne des droits de l'homme (article 35 de la CESDH) dont la saisine n'est possible que six mois après rendu de la décision finale.

[2] CADHP, *« Affaire Efoua Mbozo'o Samuel c. Parlement africain »*. Requête N° 010/2011. Décision, 13 septembre 2011.

[3] François Voeffray, *L'actio popularis ou la défense de l'intérêt collectif devant les juridictions internationales,* Genève, PUF, 2004.

[4] CADHP, *« Affaire Femi Falana c. Commission africaine des droits de l'homme et des peuples »...* ; CADHP, *« Affaire Association juristes d'Afrique centrale pour la bonne gouvernance c. République de Côte d'Ivoire »*.

l'*Affaire Denis Atabong Atemnkeng c. Union africaine*[1] déjà évoquée. Le plaignant, de nationalité camerounaise et membre du personnel de la Commission de l'Union africaine, avait intenté une action contre l'UA devant la Cour, en arguant de l'incompatibilité de l'article 34 (6) du Protocole relatif à la Charte africaine des droits de l'homme et des peuples portant création d'une Cour africaine des droits de l'homme et des peuples avec l'Acte constitutif de l'UA ainsi qu'avec ladite Charte. Il soutenait que cet article constitue une entrave à la justice et à l'état de droit en ce qu'il empêche l'accès à la justice d'une partie de la population africaine et ne permet pas la mise en œuvre de la responsabilité des auteurs des violations des droits de l'homme. Pour cette raison, affirmait le requérant, cet article devait être déclaré nul et sans effet. La cour s'est déclarée incompétente en rappelant d'une part qu'elle n'examinait que les requêtes émanant des individus dont les États autorisaient un accès direct à la Cour[2] ; d'autre part, que l'UA contre laquelle avait été introduit le recours n'est pas une entité étatique et n'est, de ce fait, partie ni à la Charte ni au Protocole[3]. Deux conceptions philosophiques des droits de l'homme se sont opposées dans cette affaire. Celle de la majorité des six juges sur neuf attachés à une interprétation et à une application strictement textuelle des dispositions des instruments juridiques, quitte à accepter que celles-ci constituent un obstacle à un examen au fond des griefs de violation des droits de l'homme ; et celle des trois juges dissidents arguant de l'universalité, de l'inconditionnalité de ceux-ci, et de l'obligation des États à les protéger et à en faire bénéficier chaque individu sans restriction. Considérant que les droits de l'homme relèvent de la catégorie du droit impératif général, *jus cogens*, les juges Sophia A.B. Akuffo, Bernard M. Ngoepe et Elsie N. Thompson, reprenant la position qu'ils avaient déjà adoptée dans l'*Affaire Femi Falana c. Union africaine*, déclarent en substance : « Nous partageons le point de vue du requérant dans son argumentation que l'article 34 (6) du protocole relatif à la Charte africaine des droits de l'homme et des peuples (le Protocole) est incompatible avec le Protocole lui-même et

---

[1] CADHP, *« Affaire Denis Atabong Atemnkeng c. Union africaine »*. Requête N° 014/2001. Jugement, 15 mars 2013.

[2] *Ibid.,* paragraphe 36.

[3] *Ibid.,* paragraphes 39 et 40. L'argument de la non adhésion aux instruments juridiques de l'UA par elle-même et ses organes comme motif d'incompétence de la Cour avait déjà été utilisé dans *« Affaire Efoua Mbozo'o Samuel c. Parlement africain »*.

est incompatible avec la Charte africaine des droits de l'homme et des peuples (la Charte))[1] ». Et de poursuivre : « Les États parties ont le devoir de veiller à ce que les peuples d'Afrique aient accès à la protection judiciaire de leurs droits et cela ne peut être réalisé avec l'obstacle que constitue l'article 34 (6) du Protocole. Le droit d'accès à la Cour est un élément essentiel en matière de protection des droits de l'homme. En assurant l'accès à la Cour, la Cour est compétente pour écarter tout obstacle[2] ». Le pouvoir judiciaire de la Cour est limité par le tri sélectif qu'elle doit faire quant aux entités pouvant se présenter devant elle. Sa crédibilité en matière de justiciabilité internationale réside finalement dans l'usage qu'elle fera de sa compétence personnelle. Ayant compétence selon l'article 3 paragraphe 2 du Protocole pour décider de sa propre compétence en cas de désaccord sur celle-ci[3], on sera particulièrement attentif à observer si elle adopte une attitude progressiste permettant l'ouverture de son prétoire aux catégories ignorées par le droit international. On rappellera que la CIJ avait emprunté un tel chemin en permettant à la Palestine, entité au statut international contesté, de se joindre à la procédure de l'avis consultatif sur les *« Conséquences juridiques de l'édification d'un mur dans le territoire palestinien occupé »*, alors que ne peuvent normalement se présenter devant elle que des États[4]. Une telle extension aux acteurs non souverains du droit de comparaitre permettrait de voir s'exprimer dans un cadre juridictionnel africain les peuples privés de leurs droits, à l'exemple du peuple sahraoui. Elle constituerait aussi un signal fort pour les sociétés transnationales, grands responsables des dommages causés à l'environnement dont la mise en accusation devant les juridictions nationales ne trouve pas toujours des réponses adéquates.

Les éléments exposés dans les développements précédents révèlent, en conclusion, une situation d'inégale accessibilité aux juridictions supranationales africaines par la mainmise des États sur les procédures et le conditionnement de la participation des acteurs non souverains à

---

[1] CADHP, *« Affaire Denis Atabong Atemnkeng c. Union africaine »*. Requête N° 014/2001. Décision sur la compétence, 15 mars 2013.

[2] *Ibid.*

[3] « En cas de contestation sur le point de savoir si la Cour est compétente, la Cour décide. », Protocole portant création d'une Cour africaine des droits de l'homme et des peuples, article 3/2.

[4] Statut de la CIJ, article 34, paragraphe 1 : « Seuls les États ont qualité pour se présenter devant la Cour ».

celles-ci à l'autorisation préalable de ces mêmes États. La problématique de l'émancipation, question centrale au regard du dessein politique du panafricanisme, se trouve ainsi quelque peu entravée par un système juridique et judiciaire ne favorisant pas le plein épanouissement des libertés individuelles. Pour qu'il prospère, le panafricanisme doit franchir le pas décisif de l'intégration juridique et judiciaire. On est loin du compte, et l'UA aujourd'hui, autant que l'OUA hier, ne peut se prévaloir d'une quelconque avancée significative dans ce domaine : « Pour le moment, l'UA ne semble pas dotée d'un système juridique capable de produire un droit communautaire. Les États membres qui composent ses organes décisionnels ne sont pas prêts politiquement à créer ce droit et ne détiennent pas les dispositions constitutionnelles nécessaires à leur réception dans le dispositif juridique interne[1] ». Reste à voir comment le projet politique d'unité continentale, révolutionnaire par son potentiel d'émancipation des relations internationales de dépendance dans lesquelles l'Afrique a été confinée depuis sa rencontre avec les puissances coloniales, a été accueilli par la société internationale et son droit.

L'UNITÉ AFRICAINE DANS L'ORDRE DE LA SOCIÉTÉ INTERNATIONALE ET DE SON DROIT

La démarche consistera à situer l'unité africaine, projet politique global des États africains regroupés dans l'OUA puis dans l'UA, dans son environnement international. On se souviendra que le panafricanisme parvenu à son stade de prise en mains par les États est une doctrine de mise en œuvre concrète de l'unité africaine. Mais alors même que l'OUA et l'UA, entités juridiques intergouvernementales ayant vocation à incarner cette unité, ont été étudiées dans leurs rapports avec le droit international, l'unité africaine en soi n'a pas bénéficié d'une telle attention relativement à son articulation avec le système international. Comme je l'ai déjà souligné, étudier une organisation qui incarne un objet n'est pas étudier l'objet lui-même. Il faut distinguer, d'une part, les études consacrées à l'OUA et à l'UA consistant à relever

[1] Stéphane Dujardin, *L'Union africaine : un ordre juridique panafricain refondé par les États en quête de nations,* Thèse de Droit public, Université Paris I Panthéon-Sorbonne, 2006, p. 325.

les singularités de ces organisations[1] par comparaison avec les autres ordres juridiques communautaires, notamment celui de l'Europe ; d'autre part, la nature des relations entre l'unité africaine, projet finalisé, téléologique, eschatologique de la construction africaine, avec le système juridique international. L'unité africaine est, dans ce sens, un sujet idéologique, politique et philosophique. Quels sont alors ses rapports avec le système international et le droit qui régit celui-ci ? Quelles interactions entre ce sujet-là, l'unité africaine, et ce système-là, celui du droit international ? Les mécanismes de fonctionnement de la société internationale permettent-ils l'expression concrète de l'aspiration à l'unité africaine ? Nous verrons que l'unité africaine est un projet politique combattu par la société internationale et entravé par le droit international. Cette forte opposition extérieure, combinée avec les contradictions du projet politique unitaire lui-même, interroge quant à une possible cohérence de vues des pays africains dans le champ des relations internationales.

L'UNITÉ AFRICAINE, UN PROJET POLITIQUE ENTRAVÉ PAR LA SOCIÉTÉ INTERNATIONALE ET SON DROIT

Les rapports internationaux sont marqués par le désir de puissance des États. Il se livre entre ces derniers une rude compétition pour le pouvoir. La pensée de la domination est au cœur de ce système. Elle pousse les États à identifier des ennemis ou à se les fabriquer pour ensuite les affaiblir au besoin par la guerre victorieuse *(hard power)* ou alors, subtilement mais non moins efficacement, par le maintien des potentiels concurrents à la détention de la puissance dans des liens diffus de subalternité et de sujétion *(soft power)*. Dans ce contexte, toute contre-idéologie potentiellement porteuse d'émancipation est à combattre, surtout si elle est le produit et l'expression de la volonté de pays anciennement sous domination coloniale, comme le furent les pays africains. Le colonisateur, contraint malgré lui à desserrer le joug politique de ses possessions africaines n'était pas prêt à voir celles-ci échapper à son influence ni même à accepter son éviction de la scène africaine : « …l'Afrique tente maintenant de s'organiser pour retirer à l'Europe ou plutôt au monde blanc, non seulement le monopole de la domination en Afrique, mais aussi celui de l'initiative et du choix des

[1] Particularisme institutionnel, juridique, normatif, etc.

moyens en faveur d'un affranchissement de cette domination[1] ». Or l'idée de l'unité africaine martelée par les États nouveaux accédant à l'indépendance menaçait fortement la situation de domination hégémonique dont jouissaient jusqu'alors leurs anciens maîtres résolus, en riposte, à perpétuer l'ordre ancien, au besoin par des stratégies de contournement de la colonisation directe : « ...Si à la recherche de solutions proprement africaines, nous n'opposons pas une politique nettement définie d'association parallèlement menée par la France et la Grande-Bretagne, il est à craindre que ne se désagrègent les systèmes que nous avons mis en place[2] ». La société internationale des États marqua donc une forte hostilité à l'égard de l'unité africaine. La clé et l'explication de cette animosité sont à rechercher dans l'enjeu géopolitique que représente l'Afrique pour les grandes puissances. Cette attitude négative fut un obstacle à l'émergence de l'unité africaine en tant que catégorie juridique.

L'HOSTILITÉ DE LA SOCIÉTÉ INTERNATIONALE À L'ÉGARD DU PROJET D'UNITÉ AFRICAINE

Prenant conscience de la faiblesse de leurs États pris individuellement, les leaders africains prônèrent l'unité comme moyen de survie collective dans un monde marqué par la propension des uns à la domination des autres. La thématique de l'unité est alors une mystique de la résistance et de la libération, et c'est en cela qu'elle entre en conflit avec les visées expansionnistes et hégémonistes des forces impériales, ainsi que souligné par Amilcar Cabral : « Chaque fois que l'impérialisme entreprend une phase décisive pour sa survivance économique dans une région vitale du continent, les fondements de l'unité africaine sont secoués[3] ». Le néocolonialisme, stade auquel est parvenu l'impérialisme occidental [4] et qui est la perpétuation du colonialisme sous d'autres formes et par d'autres moyens, ensemence les pays africains des germes de la division ; il convient donc de le dénoncer et de le combattre, au risque de laisser se perpétuer la

[1] MAE, Afrique-Levant/Afrique, Généralités, 1953-1959. Relations multilatérales, entretiens de Londres du 25 octobre 1954, p. 4, Carton 49QONT/51.

[2] *Ibid.*

[3] Amilcar Cabral, *Unité et lutte II,* Paris, Éditions Maspéro, 1975, p. 237-245, cité dans *Le Mouvement panafricaniste..., op. cit.,* p. 278.

[4] Kwame Nkumah, *Neo-Colonialism : The Last Stage of Imperialism,* London, Heinemann, 1965, 280 p. ; traduction française, *Le néocolonialisme. Dernier stade de l'impérialisme,* Paris, Présence Africaine, 1973.

balkanisation de l'Afrique. Patrice Lumumba appelle à cette nécessaire prise de conscience en ces termes : « Nous connaissons l'objectif de l'Occident. Hier, il nous divisait au niveau des tribus, des clans, des chefferies. Aujourd'hui, parce que l'Afrique se libère, il veut nous diviser au niveau des États. Il veut créer des blocs antagonistes, des satellites, et à partir de cet état de guerre froide, accentuer les divisions afin de maintenir sa tutelle éternelle[1]». Le néocolonialisme et l'unité africaine sont, de ce point de vue, intrinsèquement incompatibles. Autrement dit, l'unité africaine commande que le néocolonialisme soit combattu frontalement et vaincu car, rappelle Osendé Afana, « Seule la liquidation du néo-colonialisme permettra d'unir tout le continent sous un gouvernement unique au service des peuples africains[2] ».

Mais si dans l'après-Deuxième Guerre mondiale le colonialisme était fortement bousculé, l'idée de l'empire n'avait pas, elle, pour autant disparu. Les puissances occidentales usèrent de nombreux subterfuges pour conserver leurs possessions coloniales, et ainsi contrecarrer l'aspiration unitaire des Africains par la neutralisation et la prise de contrôle du projet panafricain, tel que cela apparaît dans les discussions franco-britanniques soulignant « la nécessité en période de guerre froide, d'assurer en Afrique les arrières de l'alliance atlantique. Et si l'on considère par exemple, le mouvement *pan-africain*, le danger des développements actuels est qu'ils paraissent s'effectuer trop vite (l'évolution est souhaitable, non les orientations brusques)[3] ». Le danger est alors « qu'ils risquent si l'on n'y prend garde, de puiser toute leur raison d'être et leur élan dans une sorte de sentiment raciste, dans une haine universelle contre les blancs qui risque d'aboutir finalement à l'élimination de toute présence européenne en Afrique Occidentale, et même en Afrique en général[4] ». Il convenait donc de domestiquer et d'anesthésier le mouvement panafricain révolutionnaire et de lui opposer au besoin un panafricanisme conciliant avec les intérêts coloniaux : « Ce péril ne peut être conjuré que si l'évolution est suffisamment influencée par les blancs c'est-à-dire si elle demeure lente

---

[1] Patrice Lumumba, « Discours d'ouverture à la Conférence panafricaine de Léopoldville », 25 août 1960, cité dans *Le Mouvement panafricaniste..., op. cit.,* p. 310.

[2] Osendé Afana, *op. cit.,* p. 283.

[3] « Note d'ensemble sur la confrontation des politiques coloniales », 25 mai 1952, p. 5, MAE, Archives diplomatiques, Afrique-Levant, 1953-1959, Généralités, carton 49QONT/45.

[4] *Ibid.*

et graduelle et si la volonté persiste de la contrôler, de l'orienter plutôt que de la laisser aller et se dérouler en vertu de ses caractéristiques internes [1] », « lesquelles sont d'ailleurs largement sollicitées et déformées par certains agitateurs autochtones dont l'action aurait souvent besoin d'être contrebalancée par celles de leaders favorables au maintien de liens réels et solides avec les actuelles métropoles[2] ». L'épouvantail du péril noir était commode pour raviver l'idée de la domination dressant race contre race.

Faisant le constat de leur déclassement en termes de pouvoir mondial[3], et menacées par la pénétration islamiste en Afrique[4], les puissances coloniales en perte de vitesse conçurent des modèles d'association dans lesquels elles voulurent encarter leurs anciens territoires et ainsi les empêcher d'accéder à l'indépendance. Ces formules de regroupement, à l'exemple de celle de l'Union Française, comportaient un enjeu de puissance pour la métropole qui avait pris conscience que sa place et son influence dans le monde se jouaient en Afrique : « Il n'est sans doute plus nécessaire de souligner aujourd'hui, l'importance primordiale pour notre pays, des problèmes d'Outre-mer. Si la France peut encore actuellement prétendre au titre de puissance mondiale, voire de puissance tout court, c'est uniquement grâce aux vastes territoires dont l'ensemble groupé jadis sous le nom d'Empire colonial, a reçu aujourd'hui le titre moderne et prometteur d'Union

---

[1] *Ibid.*

[2] *Ibid.*

[3] « Depuis la fin de la 2è guerre mondiale une évidente nécessité s'impose à la France et à la Grande-Bretagne : celle de prendre une claire conscience de la similitude que présentent leurs destins dans les questions d'Outre-Mer, spécialement en Afrique, et de l'intérêt vital qu'elles auraient à concerter sinon harmoniser leur action. Leur position générale dans le monde s'est affaiblie depuis 1939, et, à l'intérieur du monde occidental, elles sont les deux principales nations à connaître des soucis particuliers nés du problème de l'évolution rapide des peuples dits 'coloniaux' ou ex-coloniaux, problème qui se manifeste, de façon intermittente par des agitations internes, et de façon permanente par des interventions extérieures d'une opinion internationale cristallisée dans l'Organisation des Nations Unies », MAE, Afrique-Levant, Généralités, Liaisons franco-britanniques, Note au sujet des entretiens annuels entre le Secrétaire d'État britannique aux Colonies et le Ministre de la France d'Outre-Mer, Annexe A, carton 49QONT/51.

[4] « Note sur diverses questions d'actualité en Afrique » : « Note sur la pénétration islamiste en Afrique noire », 28 février 1959, MAE, Archives diplomatiques, Afrique-Levant, 1952-1970, carton 49QONT/54 ; « Note A/s Pénétration islamique en Afrique Noire », MAE, Archives diplomatiques, Direction Générale des Affaires politiques, Sous-Direction d'Afrique, Washington, 1951, carton 49QONT/54.

Française[1] ». Après son échec, le projet de l'Union Française fut remplacé par celui, tout aussi similaire et pernicieux, par l'hypothèque qu'il faisait peser sur le panafricanisme, de la Communauté Française. Aussi allait-il également être brocardé par les nationalistes africains comme contribuant à la division du continent[2]. Ces regroupements néocoloniaux, mal perçus aux Nations unies[3] faisaient partie de la stratégie de repositionnement et de mutation du colonialisme français. Ils attestent de la survivance de l'idée impériale. Les glissements lexicaux successifs apparaissent alors comme une ruse consistant à maquiller par des habits neufs l'idée de la domination[4]. Aujourd'hui encore se perpétue la perception de l'Afrique en tant que miroir de la

---

[1] MAE, Archives diplomatiques, Série K Afrique 1944-1952, Dossier 49QO/37, Questions coloniales françaises – Union Française, « Note pour le Ministre », Paris, le 1er octobre 1948.

[2] « Ce qui est en jeu aujourd'hui dans notre partie de l'Afrique, c'est l'avenir du mouvement africain pour l'indépendance et l'unité. Il est évident que ce que veut l'Afrique, c'est d'être indépendante. Contre cela le colonialisme essaye d'imposer un néo-colonialisme dont l'objectif est d'asphyxier le mouvement pour l'indépendance. Parmi les formes qu'il a prises, nous pouvons mentionner la Communauté Française qui vise à supprimer tous les attributs de la souveraineté dans les territoires africains et à étouffer l'aspiration à l'indépendance. Un autre exemple en est ce que nous appellerons le système de 'l'indépendance téléguidée'. En apparence, il accorde l'indépendance alors que son objectif réel est d'instituer un régime agréable au colonialisme, mais ne représentant en rien son peuple. C'est à une situation du genre de celle qui se produit au Cameroun que nous faisons allusion. », discours prononcé par Son Excellence M'hammed Yazid, Président de la Délégation du Gouvernement Provisoire de la République Algérienne, à la séance inaugurale de la Conférence des États indépendants d'Afrique tenue au Capitol Hill, Monrovia, Libéria, 4 août 1959, publié par le Service libérien d'information, sous la Haute Autorité du Département d'État, p. 29. ; MAE, Afrique-Levant, 1953-1959, Généralités, carton QONT/44.

[3] Ministère des Affaires étrangères, Archives diplomatiques, Série K Afrique 1944-1952, Dossier 49QO/37, Questions coloniales françaises – Union Française, Lettre N° 427/24 CT de M. Léon Pignon, Gouverneur Général, Représentant de la France au Conseil de Tutelles des Nations-Unies, à Son Excellence Robert Schuman, Ministre des Affaires étrangères, New York, le 29 avril 1952.

[4] Voir, sur ce sujet des aménagements constitutionnels visant à adapter le colonialisme pour sauver les empires coloniaux des puissances occidentales, l'étude du Foreign Policy Association, *« Empires en marche : Projets coloniaux de la Grande-Bretagne, de la France et des Pays-Bas »,* par Vernon Mc Kay, Foreign Policy Reports, New York, 1er mai 1947, MAE, K. Afrique, 1944-1952, Généralités, carton 49QO/54, « Les États-Unis et les questions coloniales ».

grandeur et de la puissance de l'Occident, et particulièrement de la France[1].

Il est intéressant d'analyser le positionnement des puissances occidentales par rapport aux différentes tendances du mouvement panafricaniste et à leurs conceptions respectives de l'unité africaine. Celui-ci se distingue, comme je l'ai souligné, en une aile progressiste et une autre conservatrice, aussi désignés groupes de Casablanca et de Monrovia, représentant respectivement les « Africains révolutionnaires » et les « Africains réformistes », selon la terminologie du ministère français des Affaires étrangères[2]. Comme on le sait, le groupe de Casablanca, viscéralement anticolonialiste et anti-impérialiste, militait ouvertement pour l'unité immédiate de l'Afrique sous la forme des États-Unis d'Afrique ; celui de Monrovia, pro-occidental, prônait au contraire un panafricanisme timoré ménageant la souveraineté des États individuels et censé déboucher par étapes à l'unité africaine. L'indépendance et l'unité continentale étant devenues pour ces deux groupes, quoiqu'avec de fortes nuances, les forces agissantes et les perspectives du devenir politique africain, il s'agissait de savoir lequel représentait le moindre mal pour le néocolonialisme impénitent. Si on observe en général une forte détestation du panafricanisme par les puissances occidentales, néanmoins note-t-on une bienveillante tolérance pour le groupe de Monrovia, comme en atteste cette appréciation de l'ambassadeur de France au Libéria sur la conférence des chefs d'État et chefs de gouvernement africains tenue en 1961 dans la capitale de ce pays : « La Conférence de Monrovia a été un incontestable succès pour l'Occident et une importante victoire des états modérés africains sur les extrémistes du bloc de Casablanca…Au cours de ces cinq journées, le nationalisme africain a eu maintes occasions de s'affirmer. Il n'a jamais été accompagné de cet anti-colonialisme agressif si souvent présent dans les réunions de ce

---

[1] Sénat, *L'Afrique est notre avenir*. Rapport n° 104 (2013/2014) de MM. Jeanny Lorgeoux et Jean-Marie Bockel, fait au nom de la commission des affaires étrangères, de la défense et des forces armées, déposé le 29 octobre 2013, 501 p. ; Hubert Védrine, Lionel Zinsou, Tidjane Thiam, Jean-Michel Severino, Hakim El Karoui, *Un partenariat pour l'avenir : 15 propositions pour une nouvelle dynamique économique entre la France et l'Afrique,* Rapport au Ministre de l'Économie et des Finances, décembre 2013.

[2] « Note a/s : Les lignes de force politiques interafricaines après les conférences de Lagos et du Caire (juin 1962) », N° DAM/1, Bordereau N° 78/DAM 1, Paris le 13 août 1962. MAE, Direction des Affaires africaines et malgaches (DAM), carton 1089INVA/366.

genre[1] ». Le caractère quasi jubilatoire de ce commentaire en dit long sur le positionnement idéologique de son émetteur et, bien évidemment, de l'État dont il est le représentant. Mais la méfiance générale de la France par rapport au mouvement panafricaniste amena ce pays à manifester sa désapprobation suite au message adressé par Douglas Dillon, Secrétaire d'État américain au Président Tubman du Libéria, hôte de cette conférence panafricaine que Paris jugeait par ailleurs favorable à ses intérêts. Ce dernier y apportait son soutien aux aspirations légitimes des peuples africains[2]. Il faut dire que les États-Unis, pays issu lui-même d'un processus de décolonisation, bien que ce fût au profit des colons et non pas des populations autochtones, étaient particulièrement engagés dans le combat anticolonialiste, au grand déplaisir des puissances européennes : « Ce n'est pas une nouveauté de dire que le « colonialisme » européen a toujours été considéré avec une sorte de répulsion aux États-Unis. La guerre n'a pas atténué ce sentiment, tout au contraire[3] ».

Dans leur lutte contre le nationalisme panafricain, les gouvernements occidentaux adoptèrent comme ligne de conduite l'interdiction des réunions panafricaines de la mouvance progressiste et, si impossible, leur noyautage par des personnalités africaines favorables au maintien de liens étroits avec les capitales coloniales. Du 16 au 19 septembre 1958 se tint à Mwanza (Kenya) une conférence réunissant vingt-et-un (21) délégués de partis politiques africains du Kenya, de l'Uganda, du Tanganyika, de Zanzibar et du Nyassaland à l'issue de laquelle fut créé le Mouvement de Libération Panafricain d'Afrique Orientale et Centrale. Les participants à cette rencontre assignaient comme objectifs à la nouvelle organisation l'accession

[1] Lettre N° 127/AL du 29 mai 1961 de Gabriel Morand, Ambassadeur de France au Libéria, à son Excellence Monsieur le Ministre des Affaires étrangères, A/S Conférence des Chefs d'État et Chefs de Gouvernement africains, pp. 20 et 21, MAE, Archives diplomatiques, Direction des Affaires africaines et malgaches, DAM, Généralités, 1959-1979, carton 1089 INVA/365.

[2] Télégramme N° 8859/60 du 12 août 1959, et télégramme du 7 août 1959, MAE, Archives diplomatiques, Afrique-Levant, 1953-1959, Généralités, carton QONT/44.

[3] Réponse du 17 février 1945 du Ministre des Colonies à une lettre du Gouverneur du Cameroun Français, Douala, 30 juin 1945, MAE, K Afrique, 1944-1952, Généralités, carton 49QO/37., p. 3. ; voir de même sur ce sujet la lettre N° 1017 du 10 octobre 1956 de Monsieur Gaston Defferre, ministre de la France d'Outre-Mer, à Monsieur le ministre des Affaires étrangères, objet : « Anticolonialisme aux États-Unis et à l'Organisation des Nations Unies », MAE, Archives diplomatiques, Afrique-Levant, 1953-1959, Généralités, carton 49QONT/52.

simultanée de leurs territoires à l'indépendance, et la formation entre ces derniers d'une grande fédération, à l'image de celle qu'avaient envisagée les Britanniques. Les thèmes de cette conférence avaient de quoi inquiéter les autorités coloniales qui y décélèrent une préfiguration de l'orientation qu'allait prendre la réunion à venir d'Accra réunissant les peuples africains : « On comprend que les autorités britanniques cherchent à circonscrire l'incendie que certains délégués s'apprêtent à allumer à la conférence d'Accra et qu'elles aient obtenu que les Africains l'aident à la combattre par le contre-feu d'un *panafricanisme* réduit aux proportions de ce groupe de Territoires – appelés à l'indépendance, certes – mais déjà plus ou moins unis et disposés à le rester sous l'égide de l'Angleterre[1] ». De la même manière, le pouvoir colonial français marqua son inquiétude par rapport à la tenue à Accra de la conférence des partis politiques africains : « La conférence risque de constituer une dangereuse tribune pour les adversaires de la communauté franco-africaine[2] ». Aussi fallait-il « Tout faire pour que cette Conférence soit le moins possible nuisible à notre action politique en Afrique[3] ». Il importait donc pour en diluer l'impact, de la canaliser en y invitant des délégués représentant la tendance modérée de l'opinion publique de l'Afrique Noire française. Malgré leurs divergences en ce domaine, les concertations franco-britanniques sur leurs politiques coloniales respectives révèlent un accord des deux puissances sur la nécessité de neutraliser les conférences panafricaines considérées contraires à leurs intérêts. Ainsi, si la délégation britannique, faute de pouvoir interdire la tenue du congrès panafricain de 1952, en était réduite à espérer qu'il n'aurait pas lieu cette année-là, les deux délégations avaient de concert conçu une stratégie consistant à empêcher les délégués jugés radicaux d'y participer et à favoriser la représentation à celui-ci de personnalités plus accommodantes : « Les autorités britanniques et françaises continueront à faire tout leur

---

[1] MAE, Archives diplomatiques, Lettre N° 202/AL, Nairobi, 26 septembre 1958, de Pierre Meyer, Consul général de France à Nairobi, à Son Excellence Monsieur le ministre des Affaires étrangères, carton 49QONT/45, Afrique-Levant, Généralités, 1953-1959.

[2] MAE, Archives diplomatiques, Lettre N° 5466 GD/Y, du Ministre de la France d'Outre-Mer, à Monsieur le Ministre des Affaires étrangères, 15 juillet 1958, objet : Conférence des partis africains à Accra, carton 49QONT/43.

[3] MAE, Archives diplomatiques, Lettre N° 156 AP/3, du Ministre de la France d'Outre-Mer, à Messieurs les Hauts-Commissaires de la République et Messieurs les Chefs des Territoires, 8 août 1958, objet : Conférence des partis africains d'Accra, carton 49QONT/43.

possible pour dissuader les éléments africains de s'associer à l'organisation de ce Congrès. Il est décidé que s'il a lieu malgré tout, le Gouvernement français sera tenu pleinement informé et que les deux Gouvernements se consulteront à la fois quant aux dispositions qu'il sera possible de prendre pour restreindre les déplacements des personnes déléguées au Congrès et quant aux mesures positives à envisager pour neutraliser ou atténuer les effets du congrès, particulièrement en encourageant à y participer des personnes bien disposées à l'égard des deux Administrations[1] ».

Lorsqu'il est devenu évident que la marche vers l'indépendance des pays africains était irréversible, le colonisateur a une fois de plus adapté sa stratégie d'empêchement de concrétisation de l'aspiration unitaire des Africains. Alors il a créé des blocs régionaux dont l'élément fédérateur était la langue du colonisateur. Ceux-ci ont été perçus comme étant des stratagèmes destinés à contrecarrer l'idéal de l'unité africaine et il convenait, à ce titre, de les fustiger en tant qu'ils étaient des moyens déguisés de perpétuation de la domination néocoloniale : « Tous ces regroupements régionaux auraient pu jeter les bases réalistes de l'unité du continent. Malheureusement, les impérialistes, fidèles à eux-mêmes, déploient tous les efforts pour entraver la réalisation de cette unité révolutionnaire de notre continent[2] ». L'unité africaine a vocation à s'imposer comme contre-modèle de ces regroupements néocoloniaux linguistiques, mais aussi comme contre-exemple des formules d'association verticale et asymétrique proposées aux Africains par les anciens colonisateurs. Laissons s'exprimer Kwame Nkrumah à ce propos : « Nous sommes des Africains et rien que des Africains, et nous ne pouvons poursuivre notre intérêt qu'en nous unissant dans le cadre d'une Communauté africaine. Ni le Commonwealth ni une Communauté franco-africaine ne peuvent le remplacer[3] ». D'où l'option, en politique étrangère, du « neutralisme positif », selon la formule de Patrice Lumumba, doctrine consistant à se situer à égale

---

[1]MAE, Archives diplomatiques, « Discussions Ministérielles Franco-Britanniques sur la politique coloniale en Afrique », Londres 31 mars 1952, Annexe B, Ordre du jour-article 4-Problèmes politiques spécifiques, a)-le congrès Pan-Africain de 1952, carton 49QONT/51.

[2] Oséndé Afana, *L'économie de l'Ouest africain. Perspectives de développement*, Paris, Éditions Maspero, 1966, p. 282-283, cité dans *Le Mouvement panafricaniste...*, *op. cit.*, p. 283.

[3] Kwamé Nkrumah, *L'Afrique doit s'unir*, *op. cit.*, cité dans *Le Mouvement panafricaniste...*, *op. cit.*, p. 354.

distance des camps occidental et communiste et à faire prévaloir d'abord les intérêts africains : « Il n'y a pas pour nous de bloc occidental ou communiste, mais des nations dont l'attitude vis-à-vis de l'Afrique nous dictera la nôtre. Nous refusons d'être le terrain des intrigues internationales, le foyer et l'enjeu des *guerres froides*[1] ». L'unité africaine est en somme la garantie de l'indépendance de l'Afrique dans un monde bipolarisé. On comprend dès lors que la division de l'Afrique selon les clivages idéologiques des grandes puissances ait été suscitée et encouragée par ces dernières dans le but de se réserver des zones d'influence respectives dans le continent. Nombreuses furent à cet effet les interventions militaires étrangères où les deux superpuissances (États-Unis, Union soviétique) et leurs alliés s'affrontèrent par procuration dans les pays africains lors des guerres de libération nationale (Angola, Mozambique, Guinée-Bissau, etc.)[2]. Dans cet état de belligérance de la période de la Guerre froide, l'ancien Zaïre devait, dans la géopolitique occidentale, servir de point d'arrêt à la progression du communisme en Afrique subsaharienne[3]. Dans une note confidentielle de l'Organisation du Traité de l'Atlantique Nord (OTAN), la Grande-Bretagne se faisait l'écho de la politique de préservation de l'Afrique contre la contagion de l'épouvantail communiste : « Les objectifs occidentaux restent les mêmes : (a) essayer de faire en sorte que les pays africains restent aussi stables que possible sur le plan politique et économique (b) essayer de faire en sorte qu'ils ne s'alignent pas sur des pays communistes, bien qu'il ne soit pas nécessaire qu'ils s'alignent délibérément sur les pays du camp occidental[4] ».

L'unité africaine fut de même torpillée lorsque le colonisateur disloqua à la veille des indépendances les regroupements territoriaux

[1] Patrice Lumumba, *op. cit.,* p. 310.

[2] Zaki Laïdi, *Les contraintes d'une rivalité. Les superpuissances et l'Afrique (1960-1985),* Paris, La Découverte, 1986.

[3] « La fiction zaïroise », série d'articles publiés dans *Le Monde diplomatique,* mai 1977, et plus particulièrement celui de Claude Julien, « Les trois grands mérites de l'intervention française », p. 10.

[4] "Western aims remains as before : (a) to try to ensure that African countries should remain as politically and economically stable as possible (b) to try to ensure that they should not align themselves with any Communist countries, although it is not necessary that they should deliberately align themselves with the West", Nato Confidential. Expert Working Group on Africa. The Situation in Africa, Novembrer, 1968. United Kingdom Contribution. », MAE, DAM (Direction des Affaires africaines et malgaches), Généralités, 1959-1979, 1089INVA/428, p. 2.

qu'il avait pourtant lui-même initiés. La loi-cadre Defferre de 1956 y contribua beaucoup dans l'espace francophone. Stratégie redoutable qui, en flattant l'ego des leaders politiques locaux, aboutit à l'accession séparée des pays africains à la souveraineté internationale. Interrogé sur l'échec de sa génération par rapport à la réalisation de l'unité africaine, Cheikh Hamidou Kane, l'auteur du célèbre roman philosophique *L'aventure ambigüe*, pointe du doigt la trahison des hommes politiques africains qui ont accepté de jouer le jeu de la division orchestré par le colonisateur : « Le colonisateur a bien manœuvré, par le retournement de leaders comme Félix Houphouet Boigny à qui les Français avaient promis la présidence d'une Côte d'Ivoire autonome. Il a reçu les premiers honneurs à Paris en acceptant un strapontin de ministre d'État [1] ». Et de poursuivre : « Puis, en octroyant l'indépendance séparément aux treize territoires membres de l'AOF [...] et de l'AEF [...], le colonisateur a fait disparaître des ensembles qui auraient pu servir de base à l'édification des États-Unis d'Afrique. Les Africains se sont laissés prendre au piège[2] ».

Par la suite, aucune des tentatives africaines postcoloniales d'unification politique ne prospéra[3]. L'idée d'unification continentale ayant été combattue et étouffée par le colonisateur, les diverses expériences à prétention de regroupement politique se firent sur la base de rassemblements régionaux qui s'accommodaient de l'existence individuelle des États y participant. La persistance et la superposition d'unités étatiques autonomes empêcha la constitution d'un corps

---

[1] Cheikh Hamidou Kane, « L'Afrique n'existe plus, elle a été dépossédée de son espace », *Le Monde Afrique,* 31 août 2018, propos recueillis par Coumba Kane, https://www.lemonde.fr/afrique/article/2018/08/31/cheikh-hamidou-kane-l-afrique-n-existe-plus-elle-a-ete-depossedee-de-son-espace-_5348682_3212.html, consulté le 30.06.2020.

[2] *Ibid.*

[3] Philippe Decraene, « Indépendance et regroupements politiques en Afrique au Sud du Sahara », *Revue française de science politique,* 1960, 10-4, p. 850-879. ; Salim Chena, « Le Maghreb après les indépendances : (re) définition, (re) composition, (re) construction », *L'espace géopolitique, 181, 2012-3,* Revue en ligne de géographie politique et de géopolitique, https://doi.org/10.400/espacepolitique.2519, consulté le 22.07.2020. ; Jean-Claude Santucci, « L'unification maghrébine : réalisations institutionnelles et obstacles politiques », *Annuaire de l'Afrique du Nord,* Paris, Éditions du CNRS, 1971, p. 129-156 ; Maurice Flory, « Problématique institutionnelle de l'unité maghrébine », *Annuaire de l'Afrique du Nord,* Paris, Éditions du CNRS, 1971, p. 157-161 ; Roger Le Tourneau, « Tendances unitaires du Maghreb jusqu'en 1962. Aperçu historique », *Annuaire de l'Afrique du Nord,* Paris, Éditions du CNRS, 1971, p. 3-8.

politique trans-étatique uni, fut-ce même à l'échelon régional. La contradiction était trop forte entre la nécessité ressentie de l'unité collective et la tentation individualiste du repli national.

Les recompositions de l'espace politique dans l'ancienne AEF à la veille des indépendances des quatre États de ce noyau témoignent de ce déchirement. Conscient de la non-viabilité et de l'enjeu géopolitique d'une accession séparée à la souveraineté internationale, le colonisateur entreprit, paradoxalement à sa politique antérieure de démantèlement systématique de ses ensembles coloniaux, de pousser à l'unification politique de cette partie de l'Afrique centrale. Le Général de Gaulle, Président de la Communauté, y tenait : « Il est du plus haut intérêt de sauvegarder sous des formes appropriées l'unité de ce groupement...S'ils demeurent dispersés on risque de voir tels d'entre eux attirés vers une orbite étrangère. Votre action doit donc tendre à détourner les quatre États d'adopter des attitudes isolées[1] ». Et de préciser ses instructions dans ce sens : « Bref, pour aider l'ancienne Afrique Équatoriale à se maintenir dans l'ensemble français il importe aujourd'hui de l'engager à l'unité, plutôt que de contrarier grâce à sa dispersion, une évolution politique qui, de toute manière, entraînera ses populations vers le concept de l'affranchissement[2] ». À l'issue d'une conférence des Premiers ministres d'Afrique équatoriale tenue à Bangui le 22 février 1960, ce projet téléguidé par la France d'une *« Refédération »*, selon le mot de Monsieur Lisette, Ministre Conseiller de la Communauté[3], reçut l'assentiment de l'Abbé Fulbert Youlou du Congo qui escomptait bien, en en devenant la figure de proue, endosser le manteau de leadership régional. Il fut par contre modérément apprécié par les autres protagonistes, notamment David Dacko de Centrafrique et Tombalbaye du Tchad, alors que Léon Mba du Gabon s'y opposait farouchement, lui préférant la formule d'une coopération fonctionnelle : « En effet, étant donné les sentiments profonds de la majorité des États ou tout au moins du Gabon, l'unité actuellement

[1] « Instructions pour le Haut-Commissaire Général à Brazzaville », par le Président de la Communauté, Paris, le 19 février, 1960, MAE, Archives diplomatiques, Direction des Affaires africaines et malgaches, Généralités, 1959-1979, carton 1089 INVA/198.

[2] *Ibid.*

[3] Lettre du 5 mars 1960, MAE, Archives diplomatiques, Direction des Affaires africaines et malgaches, Généralités, 1959-1979, carton 1089 INVA/198.

réalisable ne peut être que très légère et surtout d'ordre économique[1] ». Pour aplanir les dissensions apparues lors de leur réunion du 22 février, les quatre chefs d'État furent reçus le 4 juillet 1960 en audience à Paris par le Président de la Communauté[2] pour discuter de l'accession de leur pays à la souveraineté internationale, groupés au sein d'une union, et du processus de transfert des compétences. Un comité technique d'étude assisté d'un jurisconsulte français mis à sa disposition tint réunion à cet effet le 2 mai à Paris. L'attitude peu conciliante et tranchée du Gabon à cette rencontre est rapportée en ces termes : « Les délégués du Gabon, s'ils confirmaient leur désir de coopérer dans le domaine économique et technique, se refusaient par contre à admettre l'existence d'une autorité politique confédérale unique de l'Union ; ils déclaraient alors assister aux travaux du Comité à titre de simples observateurs[3] ». À ce projet fédéraliste de l'Union des Républiques d'Afrique Centrale (URAC), le Gabon opposa un contre-projet qui marquait son refus de s'associer à toute union empiétant sur ses prérogatives de souveraineté par l'abandon de ses compétences diplomatiques et par l'adoption de symboles identitaires communs (nationalité, drapeau, hymne). La scission au sein de ce groupe est entérinée le 17 mai 1960, date à laquelle est adoptée à Fort-Lamy (Tchad) la charte constitutive de l'URAC entre le Congo, la Centrafrique et le Tchad qui optaient pour une indépendance en commun, le Gabon se prononçant, lui, pour une accession séparée à la souveraineté internationale [4]. Mais

[1] Haut-Commissariat au Gabon, Rapport pour le mois de février 1960 (du 26 janvier au 25 février), mars 1960, p. 9, MAE, Direction des Affaires africaines et malgaches, Généralités, 1959-1979, carton 1089 INVA/198.

[2] Télégramme chiffré départ N° 20311-20312/DAG, 25 juin 1960, à Haussaire Brazzaville, Fort-Lamy, Bangui, MAE, Archives diplomatiques, Direction des Affaires africaines et malgaches, Généralités, 1959-1979, carton 1089 INVA/198.

[3] « Note sur l'U.R.A.C. (Union des Républiques d'Afrique Centrale) », 21 septembre 1960, MAE, Direction des Affaires africaines et malgaches, Généralités, 1959-1979, carton 1089 INVA/198.

[4] Déclaration suivante des chefs d'État et de gouvernement à cette réunion : « La délégation de la République gabonaise écartant la création d'une nouvelle organisation de caractère étatique a déposé un projet d'Union des anciens États d'Afrique équatoriale qui impliquait l'accès individuel de ces États à la souveraineté internationale tout en maintenant la coopération économique, douanière et monétaire existant entre eux et en leur permettant d'assumer en commun leur défense et d'harmoniser leur politique extérieure. / Cette formule n'ayant pas emporté l'adhésion des autres États, la République Gabonaise a décidé d'accéder seule à la souveraineté internationale. / Pour leur part, les Représentants des Républiques Centrafricaine, du Congo et du Tchad ont décidé d'accéder en commun à la souveraineté internationale,

l'incompatibilité et l'irréductibilité sous-jacentes des projets politiques individuels des États ne permit pas à l'URAC, même réduite à trois, de survivre. Les trois Républiques accèdent séparément à l'indépendance en août 1960 : le Tchad le 11, la Centrafrique le 13, et le Congo le 15. Pour sa part, le colonisateur, instigateur et parrain repenti de l'initiative tardive d'unification politique du grand ensemble que fut l'AEF, ne pouvait que se désoler de la non-viabilité de la voie empruntée par les trois pays pour leur indépendance : « Sans doute l'indépendance des trois États du Congo, du Centrafrique et du Tchad dans l'isolement a-t-elle des conséquences dommageables à la validité de cette indépendance et à la capacité de résistance de ces États aux forces d'attraction de voisins plus puissants[1] ». Il ne pouvait alors que déplorer l'échec de son initiative d'indépendance collective substituée à la formule amoindrie et moins audacieuse de la coopération qu'avaient choisie ces États : « Il est bien dans l'intention et la volonté des gouvernants de maintenir des liens étroits de coopération, mais ces relations n'offrent pas pour chacun d'eux les mêmes garanties qu'une union politique ; la France ne peut exiger cette union ; du moins aura-t-elle fait ce qui lui était possible pour encourager les Gouvernements dans la voie de l'Unité[2] ». Cet échec d'unification politique régionale rend compte de la difficulté des pays africains à se projeter vers un avenir unitaire commun.

La situation en Afrique orientale est, à ce point, identique à celle observée en Afrique centrale. Là aussi, le projet d'une fédération est-africaine entre les territoires du Kenya, du Tanganyika, de Zanzibar et de l'Ouganda qui s'étaient déjà constitué en Marché commun n'a pas prospéré, malgré les efforts du président Nyerere qui y poussait. Cet échec est notamment dû aux réticences de l'Ouganda qui n'admettait pas que les questions de citoyenneté et celles relatives aux affaires extérieures relèvent du ressort exclusif de la fédération[3]. L'avortement

---

en créant l'Union des Républiques d'Afrique Centrale », MAE, Direction des Affaires africaines et malgaches, Généralités, 1959-1979, carton 1089 INVA/198.

[1] « Note sur la position des quatre États d'Afrique Equatoriale quant à leur accession à la souveraineté internationale », Paris, le 30 juin 1960, p. 2., MAE, Archives diplomatiques, Direction des Affaires africaines et malgaches, Généralités, 1959-1979, carton 1089 INVA/198.

[2] *Ibid.*

[3] Voir différentes dans MAE, Archives diplomatiques, Afrique-Levant, 1960-1965, Généralités, carton 49QONT/75, notes et correspondances au sujet l'idée de la Fédération est africaine : conférence de presse de Tom Mboya, janvier 1961dans Times of India, 10 janvier 1961 ; lettre N° 472/AL du Chargé d'Affaires de France

de ce projet de fédération à trois ou à quatre, soutenu par les puissances occidentales suscitait alors les commentaires suivants de la part de l'ambassadeur de France au Tanganyika : « Si la Fédération ne se réalisait pas..., ce serait une déception pour le Haut-Commissariat britannique... Ce sera aussi une déception pour l'Ambassadeur américain...Et aussi, pour le représentant personnel de M Thant à Dar es Salaam, M. Ivan Smith, qui avait multiplié les initiatives afin de faire parrainer par les Nations Unies l'heureux évènement qui se préparait[1] ».

Ainsi, contrairement à l'idée communément admise, les puissances occidentales, bien que non acquises à l'idée d'unité africaine, ont à un moment, et pour des raisons qui leur sont propres, poussé au regroupement des territoires africains accédant à l'indépendance. Ces initiatives n'ont pas abouti à cause du refus de certains leaders africains. Même si le droit international rend possible, à tout moment, la création d'un nouvel État par fusion consentie d'États préalablement existants, il semble plus difficile d'envisager une telle hypothèse entre États anciennement colonisés à cause de la griserie du pouvoir que procurent *« Les Soleils des indépendances[2] »*, moment historique qui voit le pouvoir basculer en théorie des mains du colonisateur à celles des élites africaines. L'exercice du pouvoir entraîne comme conséquences, la consolidation et la sclérose de la souveraineté des États. Les unions d'États entre pays africains furent peu nombreuses et ne s'élargirent jamais à l'horizon géographique continental. Il eut été sans doute plus facile de former un État immédiatement uni, par agrégation, au moment stratégique des indépendances, des divers États nationaux. En raison des choix politiques égoïstes et à courte vue des dirigeants africains au

---

a.i., à Monsieur le Ministre des Affaires étrangères a/s Historique des conversations sur la Fédération est-africaine, Dar es Salaam, 2 juillet 1964 ; lettre N° 457/AL du Chargé d'Affaires de France a.i., à Son Excellence le Ministre des Affaires étrangères, a/s Débat parlementaire pour une réalisation immédiate de la fédération est-africaine, Dar es Salaam, 27 juin 1964 ; lettre N° 448/Al de H. De Bourdeille, Ambassadeur de France au Tanganyika, à Son Excellence Monsieur le Ministre des Affaires étrangères, a/s Débat parlementaire sur la Fédération est-africaine, Dar es Salaam, 23 juin 1964 ; lettre N° 599/AL de H. de Bourdeille, Ambassadeur de France au Tanganyika, à Son Excellence Monsieur le Ministre des Affaires étrangères, a/s Fédération est-africaine, Services communs et Marché commun est-africain, Dar es Salaam, 8 octobre 1963, etc.

[1] Lettre N° 328/AL, Dar es Salaam, 12 mai 1964, de H. Bourdeille, Ambassadeur de France au Tanganyika, à son Excellence Monsieur le Ministre des Affaires étrangères, a/s Relance de l'idée de Fédération, MAE, Afrique-Levant, 1960-1965, Généralités, carton 49QONT/75.

[2] Ahmadou Kourouma, *Les Soleils des indépendances, op. cit.*

sortir de la colonisation, et de la forte pression exercée sur eux par les anciennes métropoles, le désir d'unité africaine n'a pas donné lieu à l'apparition sur la scène internationale d'un État unitaire africain. Pour expliquer cet échec, il faut une fois encore en revenir à l'essentiel, c'est-à-dire à l'obstacle rédhibitoire que constitue la souveraineté pensée et circonscrite dans le cadre des États dits nationaux façonnés par le colonisateur. Le droit international de la souveraineté des États laisse en effet peu de place à la transformation des États-nations en une communauté politique supérieure, sublimée. La supranationalité étatique n'est pas prise en compte par le droit international. On observe ce trait avec les Nations unies. Cette organisation universelle assure la pérennité des États individuels sans possibilité d'évolution de ceux-ci vers une forme de constitutionnalisation d'un État mondial. En serait-il d'ailleurs ainsi que la pertinence de cet hypothétique État mondial serait questionnable, au regard du relativisme découlant de la diversité et du pluralisme des sociétés humaines qu'il faut absolument préserver. On risquerait, autrement, laisser se perpétuer un universalisme hégémonique qui ne profiterait, comme à l'heure actuelle, qu'aux grandes puissances. Au niveau régional, l'Union européenne constitue sans doute l'exemple le plus abouti de construction communautaire. Mais même dans ce cas, le saut qualitatif vers une communauté politique unie n'a pas été franchi à cause de la résistance des États-nations qui la composent. Ses élargissements successifs à d'autres États ne lui ont pas permis d'opérer une révolution institutionnelle quant à la mutation de sa nature essentiellement interétatique en un être politique unique. Et le retrait du Royaume-Uni lors du *Brexit* a mis à nu la difficulté et la fragilité d'une Europe sans perspective ni liant politique : « Le 'Brexit' vient falsifier la thèse d'une progression infinie et irréversible de l'intégration européenne. Il atteste la possibilité empirique d'un retour en arrière[1] ». C'est faire le constat, de manière plus générale, que les regroupements d'États qui se forment un peu partout dans le monde visent à constituer avant tout des ensembles économiques et non pas des collectivités politiques par dépassement des entités nationales existantes.

Au demeurant, l'histoire récente des relations internationales est marquée par une tendance à la désagrégation par le bas des États constitués et non pas par un mouvement d'unification vers le haut de ceux-ci. En 2020, les Nations unies comptaient cent-quatre-vingt-treize

---

[1] Nicolas Leron, *op. cit.,* p. 41.

(193) États membres contre cinquante-un (51) à leur création en 1945. Cette augmentation s'est faite en grande partie par dislocation des États constitués. La désintégration des empires coloniaux a ainsi été suivie au tournant des années 1960 par l'entrée en grand nombre des États nouveaux, notamment africains, au sein de l'Organisation mondiale. Vint ensuite la vague des admissions à l'ONU des États issus des démembrements de l'Union soviétique et de l'ex-Yougoslavie. Ce séparatisme étatique n'a pas non plus épargné l'Afrique dont le projet d'unité continentale, thématique majeure du panafricanisme contemporain, est contrarié par les appétits géopolitiques des grandes puissances.

L'AFRIQUE, UN ENJEU GÉOPOLITIQUE POUR LES GRANDES PUISSANCES JUSTIFIANT UNE ENTRAVE À L'UNITÉ AFRICAINE

Jusqu'à présent a été relevé, mais de façon un peu superficielle, l'opposition des grandes puissances à l'idée du panafricanisme unitaire. Il faut maintenant aller bien au-delà de l'écume des choses et tenter de lier à son fondement conceptuel et politique cette attitude réfractaire des grandes puissances à l'égard de l'unité africaine. Cette prise de distance des Occidentaux par rapport au projet unitaire africain témoigne de la place assignée à l'Afrique dans la géopolitique mondiale. L'agenda des puissances étrangères révèle une instrumentalisation de l'Afrique en tant qu'objet de convoitise, de compétition et de prédation. Il s'agit, au fond, de la continuation du même projet de domination et de sujétion ayant abouti à la colonisation de l'Afrique. Sauf qu'à l'heure des indépendances et des postindépendances, il ne s'agissait plus de compétir pour s'approprier des territoires physiques, mais de se réserver des zones d'influence. Aux explorateurs et cartographes avaient succédé idéologues et géopoliticiens.

Il convient de rappeler que le mouvement unitaire panafricain était né au temps de la Guerre froide. Cette période est marquée par la hantise des pays occidentaux de voir l'Afrique succomber à l'influence du communisme, lui-même polarisé en une opposition entre l'Union soviétique et la Chine : « Les politiques soviétique et chinoise en Afrique noire ont beaucoup de traits communs. L'objectif à long terme de conversion idéologique s'y allie à la même tendance à l'opportunisme née de la rivalité des deux pays, entre eux et avec le monde occidental. Leur but commun est de supplanter un jour l'influence occidentale dans tout le continent et entre-temps de l'affaiblir par tous les moyens qui se présentent[1] ». D'où une stratégie de riposte concertée entre les trois grandes puissances, États-Unis, France, Grande-Bretagne, consistant « au maintien de l'Afrique dans le camp du monde libre[2] ». La menace communiste en Afrique et la nécessité de l'endiguer est un thème récurrent et anxiogène des conversations et des rencontres diplomatiques des puissances occidentales à l'orée des indépendances africaines et après leur survenance[3]. Deux séries de considérations qui se tiennent l'une et l'autre en raison du fond idéologique commun qui les inspire alimentent la crainte des Occidentaux de se voir être évincés du continent africain au profit du bloc communiste particulièrement offensif et conquérant.

On y relève tout d'abord du point de vue militaire l'importance stratégique de l'Afrique que souligne en ces termes le représentant français aux consultations tripartites sur l'Afrique le 16 avril 1959 : « L'Afrique est à la fois un enjeu et une zone de manœuvre pour l'Union soviétique...si l'adversaire, soit par la subversion soit par la satellisation, parvenait à s'implanter en Afrique, la bataille de l'Atlantique serait perdue, l'Europe serait coupée de l'Afrique et ses communications avec le reste du monde fort compromises[4] ». Dans le même genre, est soulignée la stratégie globale de l'Occident que doit piloter un triumvirat constitué des États-Unis, de la France et de la Grande-Bretagne ; elle consiste, selon les propositions de la France, dans le découpage de l'Afrique en grands secteurs militaires : « l'Ouest-Africain, le Nord-Est -Africain et le Sud-Africain, le premier lui étant dévolu en raison de la prépondérance de ses positions dans cette partie du continent, les deux autres pouvant être attribués à la

---

[1] Union de l'Europe occidentale, U.E.O., Note secrète, 27 janvier 1965, Note du Secrétaire Général, Note britannique sur la pénétration sino-soviétique en Afrique au sud du Sahara, p. 2, MAE, Archives diplomatiques, Afrique-Levant, 1960-1965, Généralités, carton 49QONT/76.

[2] Télégramme à l'arrivée N° 2102-2106, Washington, le 21 avril 1959, signé Alphand, « Résumé des conversations sur l'Afrique : France, Américains, Britanniques », MAE, Archives diplomatiques, Afrique-Levant, Généralités, 1942-1970, carton 49QONT/54.

[3] Voir les nombreuses correspondances diplomatiques à ce sujet, notamment la lettre N° 1587/AL du 25 septembre 1959 de Raymond Bousquet, Ambassadeur de France en Belgique, à Monsieur le Ministre des Affaires étrangères, a/s entretiens quadripartites sur les problèmes africains (Bruxelles, 2-4 septembre 1959), MAE, Archives diplomatiques, Afrique-Levant, Généralités, 1952-1970, carton 49QONT/54.

[4] Intervention de M. Joxe, Consultations tripartites sur l'Afrique. Première séance au niveau des ambassadeurs, 16 avril 1959, 11 h 15, p. 4, Département d'État.

Grande-Bretagne[1] ». La France était particulièrement soucieuse de faire admettre à ses interlocuteurs le fait que sa politique était une composante indissociable de la sauvegarde des intérêts occidentaux, et méritait de ce fait d'être soutenue par ses alliés : « L'Occident doit élargir cette recherche de la cohésion politique et de l'unité stratégique au vaste théâtre englobant l'Europe, l'Afrique et les mers qui les entourent, que l'élargissement de la menace communiste, dont les sources se trouvent en Europe et dans le Proche-Orient, ne permet plus de dissocier[2] ». De cette vision des choses découlent pour la Grande-Bretagne la nécessité du maintien des bases militaires en Afrique et la livraison d'armes à certains des pays du continent pour contrebalancer les actions dans ce sens des pays du camp communiste[3].

Vient ensuite l'argument de l'importance stratégique au plan économique de l'Afrique pour l'Occident : « La rupture des relations directes entre l'Europe et l'Afrique priveraient l'Occident de matières premières indispensables[4] ». Même si les ressources économiques du continent africain demeurent de façon prépondérante contrôlées par les puissances occidentales malgré l'offensive communiste[5], la perspective d'un arrêt des approvisionnements et la perte des marchés africains constituent pour celles-ci des motifs d'inquiétude ; le risque est grand en effet de voir les pays africains être tentés de se tourner vers d'autres partenaires dans un monde devenu concurrentiel et ouvert, par l'intrusion sur la scène africaine de nouveaux et tard venus, « puissances dépourvues de traditions africaines comme le Japon, les États-Unis ou l'Union soviétique[6] ». La pénétration récente de ces

---

[1] « Instructions communes pour la délégation française aux conversations de Washington, p. 8, août 1959 », 16 avril 1959, entre Ambassadeurs et Représentants militaires de la Grande-Bretagne, des États-Unis et de la France, MAE, Archives diplomatiques, Afrique-Levant, 1953-1959, Généralités, carton 49QONT/53.

[2] *Ibid.,* p. 5.

[3] Télégramme à l'arrivée N° 2095-99, « Conversations à trois sur l'Afrique. Grande-Bretagne : l'importance stratégique capitale de l'Afrique », MAE, Archives diplomatiques, Afrique-Levant, 1952-1970, Généralités, carton 49QONT/54.

[4] « Instructions communes pour la délégation française aux conversations de Washington, p. 2, août 1959 », 16 avril 1959, entre Ambassadeurs et Représentants militaires de la Grande-Bretagne, des États-Unis et de la France, MAE, Archives diplomatiques, Afrique-Levant, 1953-1959, Généralités, carton 49QONT/53.

[5] « Note sur diverses questions d'actualité en Afrique », Ministère des Affaires étrangères, Sous-Direction d'Afrique, Secret, MAE, MAE, Archives diplomatiques, Afrique-Levant, 1952-1970, Généralités, carton 49QONT/54.

[6] Lettre N° 1147/DAM de l'Ambassadeur de France en Grande-Bretagne, à Son Excellence Monsieur Louis de Guiringaud, Ministre des Affaires étrangères, Londres

puissances en Afrique se ferait au détriment de ces pionniers présents de longue date sur la scène africaine, France et Grande-Bretagne, elles-mêmes sujettes à des rivalités, réminiscences de leurs anciennes luttes coloniales. Les appréciations sur la conférence économique du Caire de décembre 1958, versant économique de celle politique d'Accra, dont le parrainage a été attribué à l'Union des Républiques socialistes soviétiques (URSS) et à l'Égypte en disent long sur les appréhensions des Occidentaux, et particulièrement de la France, de perdre pied en Afrique. Il faut dire que les intentions politiques de celle-ci transparaissaient derrière son thème particulièrement sulfureux : « Dangers émanant des arrangements régionaux tels que le Marché Commun Européen et la Zone de libre-Échange dont le but tend à accorder la préférence aux marchés commerciaux entre les pays adhérents et leurs colonies en Afrique et en Asie ». La conférence était annonciatrice de nationalisations futures et suscitait le désarroi des gouvernements britanniques et français réunis en conclave : « Les deux délégations ont été d'accord pour reconnaître que l'un des buts de la conférence consistait à décourager les investissements occidentaux en éveillant la crainte de nationalisations ultérieures[1] ».

La perception du panafricanisme a donné lieu à des intonations et à des déclinaisons subtiles de la part des puissances étrangères engagées sur le continent africain. Dans une note confidentielle, les Britanniques considéraient que le panafricanisme, dont ils doutaient qu'il puisse aboutir à des formes d'unité politique, pouvait être compatible avec les intérêts du monde occidental, et par conséquent toléré : « Dans le cas de l'aspiration à l'unité politique, traitée au point 6 (a) ci-dessus, il n'y a pas nécessairement conflit entre les objectifs du panafricanisme et ceux de l'Occident[2] ». Le panafricanisme avait de même à leurs yeux l'avantage de contribuer à la prise de conscience d'une « Personnalité africaine » ; il éloignait ainsi les Africains de l'influence communiste et de l'Égypte[3]. Il participait aussi à la dissociation fortement souhaitée

le 7 novembre 1978, MAE, Archives diplomatiques, Direction des Affaires Africaines et Malgaches, 1959-1979, carton 1089 INVA/479.

[1] Procès-Verbal des entretiens ministériels franco-britanniques, p. 6, Paris, 17 mars 1958, MAE, Archives nationales, carton 443QO/52.

[2] "In the case of the urge for political unity, treated at 6 (a) above, there is no necessary conflict between the aims of pan-Africanism and those of the West", Note britannique. Confidential, Pan-African Movements », September 14, 1959, MAE, Archives diplomatiques, Afrique-Levant, 1953-1959, Généralités, carton 49QONT/45.

[3] *Ibid.*

d'avec le mouvement afro-asiatique de Bandoeng jugé trop radical et incontrôlable ; ce à quoi a servi précisément la conférence des États africains indépendants de 1958 à Accra, selon Alan Lennox-Boyd, Secrétaire d'État britannique déclarant en substance, lors des entretiens ministériels franco-britanniques de 1958 : « Le gouvernement britannique ne prenait pas cette conférence pan-africaine trop au tragique et pensait même qu'il pouvait y avoir quelque avantage à voir se développer un mouvement nationaliste dans un cadre purement interafricain, et non dans un contexte afro-asiatique type Bandoeng ou Le Caire[1] ». Dans cette optique, la Grande-Bretagne s'expliquait mal la frilosité de la France face au nationalisme panafricain et son opposition frontale à ce mouvement. Ces divergences d'opinion apparaissent dans ce commentaire sur la même conférence d'Accra vue cette fois-ci par Paul-Marc Henry, Sous-Directeur d'Afrique au ministère français des Affaires étrangères : « Britanniques et Belges peuvent se montrer satisfaits de la conférence d'Accra puisque c'est sur la France que se sont concentrées les attaques[2] », ajoutant : « l'on aurait tort de ne pas prendre au sérieux les projets de M. Nkrumah tendant à la création des États-Unis d'Afrique Occidentale[3] ». Immanuel Wallerstein explique que le comportement différencié de la France et de la Grande-Bretagne à l'égard des regroupements africains résulte de l'acceptation ou du refus de l'indépendance par ces deux pays : « La différence essentielle entre les positions anglaise et française à propos des regroupements en Afrique, c'est le parti-pris des Anglais d'admettre la légitimité d'aspirer à l'indépendance, ce qui leur permit durant la phase de transition, de prévoir l'indépendance et d'adapter leur politique en conséquence – d'où leur point de vue beaucoup plus décontracté que du côté français, quant à l'intégration de l'Afrique[4] ». La Belgique, quant à elle, manifeste son hostilité aux fédérations africaines, redoutant que celles-

[1] Procès-Verbal des entretiens ministériels franco-britanniques, p. 6, Paris, 17 mars 1958, MAE, Archives nationales, carton 443QO/52.

[2] « Note confidentielle du 5 août 1958 a/s des conversations quadripartites (France, Grande-Bretagne, Portugal, Belgique), sur les problèmes d'Outre-mer », Lisbonne, 28-30 juillet 1958, p. 15, MAE, Archives diplomatiques, Afrique-Levant, Généralités, 1952-1970, carton 49QONT/54.

[3] *Ibid.*

[4] Immanuel Wallerstein, *L'Afrique et l'indépendance,* Paris, Présence Africaine, 1966, p. 136.

ci soient le véhicule et le relais du communisme en Afrique[1]. Les États-Unis, confrontés à l'intérieur à l'activisme et au militantisme des mouvements panafricains étaient surtout préoccupés à circonscrire leurs débordements. L'adresse d'un message de sympathie du Secrétaire d'État américain, Dillon, à la conférence de Monrovia avait, comme vu plus haut, déplu à Paris. De la même manière, une démarche avait été entreprise par la France auprès du gouvernement américain pour sonder sa position à l'égard du congrès économique afro-asiatique du Caire, et une instance avait alors été faite pour que les autorités américaines s'opposent à la participation à cette conférence de certaines personnalités et organisations pressenties pour y assister. Les experts américains du Département d'État répondirent que contrairement à la France, les États-Unis ne disposaient pas d'un tel pouvoir, et suggérèrent plutôt à leurs homologues français de noyauter ces assises en y associant des représentants de pays échappant à l'influence du Colonel Nasser et de l'Union soviétique[2]. La réponse dépitée et résignée du gouvernement français fut la suivante : « Quoiqu'en puisse penser le gouvernement américain, une participation quelconque des territoires amis n'est pas de nature à changer le cours des débats ni le style des résolutions. L'expérience démontre que les résolutions amies sont toujours très rapidement emportées par le courant[3] ». Aussi ajoutait-il : « Cette participation apporterait au contraire la caution de ces pays à une conférence dont l'objectif rentre dans le cadre de la guerre froide déclenchée pour saper la solidarité occidentale. Les réponses arrivées jusqu'ici des territoires français (Brazzaville, Dakar, Djibouti, Tananarive) sont négatives[4] ». En fait, les États-Unis se trouvaient dans une position inconfortable car tiraillés entre le soutien aux nationalistes africains au nom de l'anticolonialisme, et la nécessité de ménager les Européens au titre de la solidarité du camp occidental[5]. Le bloc communiste a, en ce qui le concerne, été au départ mal à l'aise avec le

---

[1] « Note a.s. Conversations franco-belges du 20 mai 1959 », Bruxelles, Ambassade de France en Belgique, MAE, Archives diplomatiques, Afrique-Levant, 1952-1970, Généralités, carton 49QONT/54.

[2] Copie d'une correspondance en date du 23 septembre 1958 de l'Ambassadeur de France à Washington, MAE, Archives diplomatiques, carton 443QO/52.

[3] Conférence afro-asiatique du Caire, décembre 1958, Consulat général de France au Congo belge, Léopoldville, 17 juillet 1958, signé Mazoyer, MAE, Archives diplomatiques, carton 443QO/52.

[4] *Ibid.*

[5] Cécile Laronce, *Nkrumah, le panafricanisme et les États-Unis,* Paris, Karthala, 2000, plus particulièrement « La position ambiguë des États-Unis », p. 209-219.

mouvement panafricaniste en raison de sa tendance neutraliste et conservatrice, plutôt que révolutionnaire. Il se méfiait en outre du concept de socialisme africain en ce que niant la lutte des classes, ce dernier contribuait à renforcer le néocolonialisme[1]. Les Soviétiques reviendront cependant sur cette position initiale en considérant que les organisations panafricaines, notamment économiques, étaient un moyen pour les participants à ces regroupements de rompre avec l'héritage colonial[2]. Ce retournement d'attitude se traduira dès lors par l'investissement du mouvement panafricaniste par l'Union soviétique en vue de le contrôler : « La subversion du mouvement panafricain peut donc être considérée comme l'une des offensives les plus importantes de l'Union Soviétique dans les efforts qu'elle déploie en vue de gagner l'Afrique au communisme[3] », ou aussi, « Le panafricanisme ayant rapidement gagné de la force, l'Union soviétique a décidé qu'il serait avantageux de coopérer avec lui et aussi de travailler pour influencer son développement et, éventuellement, de le subvertir[4] ».

Il n'est pas inintéressant, dans cette confrontation des deux blocs, occidental et communiste, de tenter d'expliquer l'attrait que ce dernier exerce sur les pays africains. Cette attirance semble liée aux performances économiques réalisées par l'Union soviétique en relativement peu de temps, passant de l'état d'arriération où elle se trouvait en 1914, au rang de grande puissance mondiale. Cet exemple, de même que celui de la Chine, séduit en Afrique : « Par opposition, on peut observer qu'il n'existe à l'heure actuelle aucun exemple d'un pays sous développé dont le monde occidental ait fait un pays industrialisé ou qui soit sur le point de le devenir[5] ». La nature des rapports inégalitaires entre ces deux blocs de pays est alors ainsi décrite : « Au contraire, l'écart qui existe entre le niveau de vie des pays industrialisés

---

[1] « Communism and African Socialism », July 1965, Brochure, Kenya, MAE, Afrique-Levant, 1960-1965, Généralités, carton 49QONT/76.

[2] Lettre N° 693/DAM de Olivier Wormser, Ambassadeur de France en URSS, à Monsieur Couve de Murville, Ministre des Affaires étrangères, Moscou, 10 avril 1968, MAE, Archives diplomatiques, Direction des Affaires Africaines et Malgaches, 1959-1979, carton 1089 INVA/328.

[3] « La subversion des organisations panafricaines par le bloc communiste », Confidential B (F) N° 2, octobre 1962, MAE, Afrique-Levant, 1960-1965, Généralités, carton 49QONT/76.

[4] *Ibid.*

[5] « Note pour Monsieur Joxe » a.s. « Décolonisation et Sous Développement », Direction des Affaires économiques et financières, 9 avril 1959, MAE, Archives diplomatiques, Afrique-Levant, 1952-1970, carton 49QONT/54.

et celui des pays sous- développés s'accroît et, dans tous les domaines, les progrès des premiers demeurent plus rapides que les progrès des seconds[1] ». Diagnostic implacable, dénonciateur, et accusateur qui place l'Occident au défi de tirer les conséquences de ses politiques d'assujettissement des pays africains : « Si l'on veut que les Africains soient véritablement non alignés, comme ils le désirent et comme les Occidentaux acceptent qu'ils le soient, il faut nécessairement qu'ils s'écartent de l'état d'étroite dépendance dans lequel ils se trouvent encore vis-à-vis de l'Occident après la fin de l'ère coloniale[2] ». Le sous-développement apparaît ainsi comme le terreau de la diffusion des thèses communistes en Afrique ; il donne assise et consistance à la propagande anticoloniale et à la mise en accusation des puissances occidentales au sein des organisations internationales. La diversification des partenaires internationaux est un moyen qui permet aux pays africains de desserrer l'étau de leurs relations asymétriques : « Les Gouvernements africains qui se tournent vers la Chine ou vers l'Union soviétique ne souhaitent pas nécessairement rompre tous leurs liens avec l'Occident. Ils désirent avant tout les équilibrer par d'autres[3] ».

Au regard des développements qui précèdent, on peut dire qu'il existe des nuances mineures entre grandes puissances occidentales quant à la perception du mouvement panafricain unitaire. Celles-ci sont marquées par la souplesse des uns, et par le durcissement des autres. Mais compréhension et bienveillance pour les premiers ne signifient pas pour autant acceptation et approbation des projets africains d'unification politique, ni désir de relâcher la bride coloniale. Britanniques et Français, tout en reconnaissant par exemple les différences de leurs stratégies panafricaines, s'accordaient sur l'essentiel : « Sur le plan international, le postulat qui depuis 1945 domine les rapports franco-britanniques...est que la Grande-Bretagne et la France ont toutes deux un intérêt vital à ce que l'Afrique au Sud du Sahara reste dans le cadre occidental et que ce soient elles-mêmes qui restent chargées de conduire les populations de cette région du monde sur la voie du progrès économique et politique, en liaison étroite

[1] *Ibid.*
[2] Union de l'Europe occidentale, UEO, Secret, 27 janvier 1965, « Note du Secrétaire Général. Note britannique sur la pénétration sino-soviétique en Afrique au sud du Sahara », MAE, Archives diplomatiques, Afrique-Levant, 1960-1965, Généralités, carton 49QONT/76.
[3] *Ibid.*

avec les autres puissances internationales[1] ». Les projets occidentaux visaient donc tous, à quelques nuances près, à annihiler toute prétention de l'Afrique à la maîtrise de son propre destin, et à lui assigner une place subalterne dans la géopolitique mondiale. Aujourd'hui encore, l'Afrique se retrouve sur le devant de la scène internationale en tant que continent convoité par les grandes puissances [2]. La nouvelle géopolitique mondiale[3] née de l'éclatement en 1991 de l'URSS et de l'effondrement de l'alternative communiste a inauguré l'ère d'un monde multipolaire[4] dans lequel l'Afrique, comme au temps des grandes découvertes, de la traite des esclaves et de la colonisation, attise les appétits des grandes puissances mondiales. Déclassée dans les années 1990 par la vague de l'afro-pessimisme, elle est actuellement, par le prisme inversé de l'afro-optimisme par lequel elle est désormais perçue[5], devenue un objet d'intense désir et de rivalité entre grandes puissances, à cause de ses immenses richesses et de sa position stratégique sur la carte géographique mondiale.

Cette pensée du monde sur l'Afrique ne peut prospérer que dans le cadre d'une domination et du maintien de la division politique du continent. Les deux vont de pair. L'unité politique est un obstacle de nature à contrarier les projets hégémoniques des grandes puissances, comme le souligne Immanuel Wallerstein pour ce qui concerne la France : « En refusant d'accepter l'indépendance comme aboutissement final, la France était tout naturellement portée à ressentir une profonde méfiance à l'endroit de l'unité africaine[6] ». Il existe une irréductible incompatibilité entre le plan de sujétion de l'Afrique et celui de l'unité continentale. La génération consciente du panafricanisme l'avait compris. D'où l'adresse pathétique de Nkrumah à ses pairs lors de la tenue de la conférence fondatrice de l'OUA en 1963 : « Unis nous résistons…L'Unité africaine est, avant tout, un

---

[1] « Les relations franco-britanniques en Afrique au Sud du Sahara » (dossier 8), MAE, Archives diplomatiques, Afrique-Levant, 1953-1959, Généralités, carton 49QONT/53.

[2] Elikia M'Bokolo, *L'Afrique au XXe siècle. Le continent convoité,* Paris, Seuil, coll. « Points Histoire », 1985.

[3] Willy Jackson, « La nouvelle géopolitique mondiale », *Histoire générale de l'Afrique,* Volume IX, Paris, Unesco, sous presse.

[4] Willy Jackson, « Vers un monde multipolaire », *Histoire générale de l'Afrique,* Volume IX, Paris, Unesco, sous presse.

[5] Carlos Lopes, *L'Afrique est l'avenir du monde. Repenser le développement,* Paris, Seuil, 2021.

[6] Immanuel Wallerstein, *L'Afrique et l'indépendance, op. cit.,* p. 135.

royaume politique qui ne peut être conquis que par des moyens politiques ». Arme redoutable susceptible de ruiner les plans d'assujettissement de l'Afrique, cette thématique de l'unité continentale ne pouvait qu'être combattue par les forces agissantes contre l'émancipation réelle et substantielle du continent. Tel est le point de vue exprimé par Sékou Touré : « L'Unité Africaine a ses partisans convaincus et ses adversaires décidés. Si elle constitue en effet un moyen décisif qui permettra aux peuples et aux États africains de faire accélérer le mouvement d'émancipation africaine elle est en cela une puissante force anti-impérialiste et anti-colonialiste, un instrument de combat de nos peuples contre les causes de leur misère et de leur retard économique[1] ». Et le leader guinéen de poursuivre : « En raison des immenses perspectives de progrès qu'elle permettra à l'Afrique d'atteindre dans des conditions rapides et efficaces l'Unité africaine est combattue résolument sous de multiples formes par toutes les puissances et les groupes d'intérêts hostiles à la libération totale de l'Afrique[2] ». Il reproduit en cela des prises de positions antérieures sur la nécessité et l'urgence de l'unité africaine dans sa forme politique, en tant qu'elle doit précéder la libération économique : « L'Unité politique est bien la seule riposte à opposer à la colonisation économique qui s'est établie dans les échanges extérieurs et que l'Afrique est appelée à subir au-delà de la dépendance[3] ». En d'autres termes, et dans le lignage de Nkrumah, le politique doit prévaloir sur l'économique et se l'assujettir.

Le mouvement communiste se déclarant ouvertement anticolonial et anti-impérialiste avait pu apparaître comme un allié objectif de l'Afrique dans sa lutte de libération contre les systèmes de l'oppression internationale. L'adversaire était commun à tous les deux. Mais la résilience du camp occidental, combinée à la fois aux contradictions internes du communisme, à son appréciation approximative des réalités africaines, et aux aspirations divergentes des États africains quant au choix de leur modèle de développement n'ont pas permis que prospère

---

[1] Discours de Sékou Touré à la Conférence au sommet des États indépendants d'Afrique à Addis-Abeba, 23 mai 1963, Conférence au sommet des pays indépendants africains, CIAS/GEN/INF/12, 23 mai 1963, MAE, Archives diplomatiques, Afrique-Levant, 1960-1965, Généralités, carton 49QONT/84.

[2] *Ibid.*

[3] Discours de Sékou Touré, Réunion du Comité Directeur de la Conférence des Peuples Africains, Session Extraordinaire, 15 mars 1959, *Nouvelles quotidiennes, Régie Information Agence France-Presse,* République de Guinée, N° 0038, 16 mars 1959, MAE, Archives diplomatiques, Afrique-Levant, 1953-1959, Généralités, carton 49QONT/45.

cette voie de l'internationalisme idéologique. Objet d'opposition de la part de la société internationale, l'unité africaine n'a pas, à ce jour, reçu une consécration en tant que catégorie juridique.

LA SOCIÉTÉ INTERNATIONALE ET SON DROIT, OBSTACLE À L'ÉMERGENCE DE L'UNITÉ AFRICAINE EN TANT QUE CATÉGORIE JURIDIQUE

Soulever le problème de l'unité africaine en tant que catégorie juridique conduit à s'interroger sur l'existence d'un statut spécifique qui lui est applicable et impossible à confondre avec l'un quelconque des autres régimes qui encadrent des phénomènes similaires d'unification politique intéressant le droit international. On relèvera tout d'abord, comme je l'ai indiqué dans des développements précédents, que l'unité africaine est une notion au contenu juridique imprécis. Elle exprime, au travers d'un long cheminement historique complexe, le maximum de l'aspiration à l'émancipation des États africains contre le système international de domination. Ce désir d'affirmation existentielle comporte des aspects politique, économique, social, culturel. L'unité africaine est donc un concept polysémique. Elle est revendiquée par les États malgré leurs diversités. Le colonisateur a voulu voir dans les caractéristiques propres de l'Afrique (géographie, race, langue, etc.) des facteurs objectifs de division : « En dépit de sa masse et même en raison de celle-ci, le continent africain n'a jamais eu d'unité : la géographie imposait, l'histoire a créé des Afriques[1] ». Il est vrai que le pluralisme des sociétés africaines peut sembler déconcertant et apparaître comme un obstacle insurmontable au regard du chantier prométhéen de l'unité africaine. L'identification de l'unité africaine en tant que catégorie juridique est difficile si l'on tient compte des situations particulières de chacun des États africains. La notion d'unité africaine ne renvoie pas, en effet, à l'existence d'une catégorie d'États homogènes. Aussi doit-on se poser la question d'un fondement commun susceptible de justifier et de légitimer une action politique collective des États en faveur de cette unité. Ce substrat est à rechercher précisément dans l'expérience d'une domination subie et partagée, et dans la volonté conséquente de se forger un destin commun et maîtrisé, car imaginé et écrit par soi-même. Revenant sur la conférence d'Accra

[1] MAE, Archives diplomatiques, Afrique-Levant, Lettre N° 185/AL de Monsieur Louis de Guiringaud, Ambassadeur de France au Ghana, à Monsieur le Ministre des Affaires étrangères, a/s Conférence d'Accra, p. 24, carton 49QONT/43.

de 1958, la diplomatie française relève avec justesse et lucidité, malgré le ton condescendant et paternaliste du commentaire, ce qui, malgré leurs différences, rassemble les États africains qui y participèrent : « En commun, cependant, ils ont les faiblesses et les complexes des pays sous-développés, le souvenir d'une domination ou d'une menace européenne et la conviction d'appartenir à un même continent, dont les aspirations et les droits légitimes ne sont pas équitablement reconnus [1] ». Le sang, les larmes et les traumatismes du passé, l'attachement passionnel et patriotique au sol, la perspective et la jouissance de la liberté entrevue, le désir d'affirmation de soi au monde, tels sont les éléments qui soutiennent la dynamique de l'unité africaine. L'unité africaine se construit et trouve sens dans l'action politique volontariste ; elle n'est pas immédiatement donnée comme produit d'un en-soi préexistant et immuable.

L'affirmation de l'unité africaine en tant que catégorie juridique se heurte à l'impossibilité dans laquelle se trouve l'unité de se voir attribuer une personnalité juridique propre en dehors des organisations qui l'incarnent, OUA et UA. Nous avons vu que la personnalité juridique comporte pour une entité la reconnaissance de son aptitude à être titulaire de droits et à être soumis à des obligations dans un ordre juridique donné. Or l'unité africaine n'est pas une entité, elle est un concept. En ce sens, elle est un non-être juridique, un désincarné juridique. Si les préambules et autres dispositions des textes créateurs des organisations africaines comportent des affirmations fondamentales sur l'unité africaine et précisent les modalités de réalisation de ce dessein politique, il n'en demeure pas moins que l'unité africaine elle-même reste un objet juridique non identifié. Elle est une abstraction pure, une idéalité en acte, et se réalisant seulement dans les organisations créées à cette fin. L'unité africaine est de l'ordre du discours. Elle est un songe et une promesse.

Puisque l'unité africaine ne peut s'appréhender que sous le prisme des organisations qui prétendent l'incarner, il faut s'interroger sur la nature juridique de celles-ci. Que sont l'OUA et l'UA au regard du droit international ? L'idéal politique de l'unité inscrit dans leurs traités permet-il de leur accoler une identité juridique et constitutionnelle précise qui qualifierait et définirait le processus de la construction africaine qu'elles symbolisent ? Ces expériences sont-elles de nature fédérale, confédérale ou fonctionnelle ? Le débat doctrinal sur la nature

[1] *Ibid.*

juridique de la construction européenne[1] n'épargne pas non plus le phénomène similaire à l'œuvre sur le continent africain. Cette question eut été résolue si les traités fondateurs de ces organisations avaient, à l'image des constitutions internes définissant la forme de l'État (unitaire, fédéral, confédéral), indiqué de manière explicite leur nature. Or ces traités se distinguent par leur silence sur ce point. Ce mutisme des textes fondateurs n'est pas l'apanage des seules OUA et UA. L'Union européenne ne décline pas non plus ses identités, politique et juridique, et c'est seulement à l'analyse de son système institutionnel et juridique qu'ont pu être élaborées des théories contradictoires de celles-ci[2]. L'étude du système institutionnel et juridique des organisations internationales révèle la nature politique de celles-ci. C'est ainsi qu'on peut affirmer qu'à l'image des Nations unies qui ne sont pas un « super-État[3] » et de l'UE, ce « non-État[4] », l'UA n'est pas un État[5], comme ne le fut pas non plus, hier, l'OUA. S'il est reconnu à l'UE une spécificité en tant que construction juridique originale *sui generis*, il n'en demeure

---

[1] Myriam Benlolo-Carabot, Ulaş Candas, Eglantine Cujos, dir., *Union européenne et droit international,* Paris, Éditions A. Pedone, 2012., plus particulièrement la partie 1, titre 2, « La qualification juridique de l'Union européenne, p. 92-230 ; Jürgen Habermas, « Why Europe needs a constitution », dans E. Oddvar Eriksen, J.E. Fossum, A.J. Mendez, eds., *Developing a Constitution for Europe,* London, Routledge, 2004, p. 19 ; Louis Dubouis, « La nature de l'Union européenne », dans G. Cohen-Jonathan, J. Dutheil de La Rochère, dir., *Constitution européenne, démocratie et droits de l'Homme,* Bruxelles, Bruylant, 2003, p. 84. ; Olivier Dubos, « L'Union européenne : Sphynx ou Énigme ? », dans *Les dynamiques du droit européen en début de siècle. Études en l'honneur de Jean-Claude Gautron,* Paris, Éditions Pedone, 2004, p. 29-55.

[2] Controverses illustrées par la déclaration de Jacques Delors alors président de la Commission de Bruxelles considérant que l'Europe est « un objet politique non-identifié », et l'affirmation contraire de Gérard Duprat, « L'Union européenne, un objet politique identifiable », dans Gérard Duprat, dir., *L'Union européenne. Droit, politique, démocratie,* Paris, PUF, coll. « Politique d'aujourd'hui », 1996, p. 1-13.

[3] CIJ, « Conséquences juridiques pour les États de la présence continue de l'Afrique du Sud en Namibie (Sud-Ouest africain) nonobstant la résolution 276 (1970) du Conseil de sécurité », avis consultatif, 21 juin 1971, op. diss. Gros, *Rec. 1971,* § 35, p. 341.

[4] Helmut Wagner, « La notion juridique de l'Union européenne : une vision allemande », *Note du Cerfa* 30 (a), Comité d'études des relations franco-allemandes (Cerfa), février 2006, Ifri, p. 7.

[5] La CADHP a notamment affirmé que l'UA n'étant pas une entité étatique, elle n'avait pas de ce fait compétence pour se prononcer sur le recours d'un particulier contre cette organisation : cf. « Affaire Denis Atabong Atemnkeng c. Union africaine », Requête N° 014/2021, Jugement du 15 mars 2013, Décision sur la compétence, paragraphes 39 et 40.

pas moins qu'elle remplit, et cela est d'autant plus vrai pour l'OUA et l'UA, les critères généralement distinctifs d'une organisation internationale au sens du droit international : association d'États créée par traité et dotée d'une personnalité juridique propre séparée de celle de ses États membres. On a tenté de voir en l'Union européenne une forme particulière de fédération, notamment par les principes de l'effet direct et de primauté qui caractérisent son ordre juridique, et aussi par ses principes administratifs et constitutionnels, ses éléments constitutifs jusqu'alors reconnus aux seuls États (population, peuple, citoyenneté, nationalité, territoire, gouvernement)[1]. L'histoire de la construction européenne montre cependant que l'identité politique de l'Europe ne dérive pas forcément de son identité juridique. La supranationalité juridique n'entraîne pas automatiquement la supranationalité politique. Érigée en archétype de la construction communautaire, l'UE exerce une influence extérieure certaine sur les processus de même nature qui ont cours dans les autres parties du monde, et notamment en Afrique. Certaines des organisations régionales africaines ont ainsi formellement introduit la règle de la supranationalité dans leur système juridique sans que cela ait pour effet d'engendrer une entité politique entre les États participants. Il en est ainsi de l'Union économique et monétaire ouest-africaine (UEMOA) dont certains de ses actes, frappés des principes de la primauté et de l'effet direct, s'imposent à l'ordre juridique interne des États membres[2]. Dans le même genre, l'OHADA a élaboré un système juridique supranational dont les actes uniformes prévalent sur les droits nationaux auxquels ils se substituent[3], ainsi que la Cour Commune de Justice et d'Arbitrage (CCJA), son organe judiciaire, a eu l'occasion de le préciser dans son interprétation de l'article 10 du Traité. Au sens de cette juridiction, ce dispositif « contient une règle de supranationalité parce qu'il prévoit l'application directe et obligatoire dans les États parties des Actes uniformes et institue, par ailleurs, leur

---

[1] « L'Union européenne comme Fédération », dans Myriam Benlolo-Carabot, dir., *op. cit.*, p. 139-230.

[2] Joseph Issa-Sayegh, « L'ordre juridique de l'UEMOA et l'intégration juridique africaine », dans *Les dynamiques du droit européen en début de siècle.., op. cit.*, p. 663-679. ; Joseph Issa-Sayegh, « L'intégration juridique des États africains dans la zone franc », *Penant,* N° 823, janvier-mars 1997, (1ère partie), p. 5-31, et *Penant,* N° 824, mai-août 1997, (2ème partie), p. 125-163.

[3] Henri Tchantchou, *La supranationalité judiciaire dans le cadre de l'OHADA. Étude à la lumière du système des Communautés européennes,* Paris, L'Harmattan, 2009. ; Jean-Jacques Raynal, « Intégration et souveraineté. Le problème de la constitutionnalité du traité OHADA », *Penant,* N° 823, 2000, p. 5-22.

suprématie sur les dispositions de droit interne, antérieures ou postérieures[1] ». On signalera enfin, pour ne s'en tenir qu'à ces quelques exemples, que les dispositions de la CEMAC, notamment les articles 25 à 39 de son traité, lui confèrent un caractère de supranationalité juridique[2]. Outre que ce mimétisme des organisations africaines baigne dans le formalisme juridique le plus pur, on observe que la supranationalité juridique proclamée n'est pas ici non plus le corollaire de la supranationalité politique, car n'aboutissant à aucune transformation structurelle mettant en cause l'existence individuelle des États participant à ces regroupements. Le système juridique international demeure largement dominé par la statue de commandeur de l'État. La souveraineté qui est attachée à ce dernier est difficilement submersible dans les régimes d'intégration qui ne visent pas l'unification politique, fussent-ils les plus élaborés[3].

Dans la mesure où la souveraineté constitue un verrou dans le processus de formation de l'unité africaine, son irréductibilité n'a pu déboucher sur l'apparition d'une nouvelle forme d'État africain sur la scène internationale. L'horizon d'une possible formation politique supra-étatique a été obstrué par la consistance de la souveraineté. Il n'y a eu ni fédération d'États, ni confédération d'États africains aussi bien au niveau continental qu'à celui régional, hormis les expériences historiques malheureuses de ce type qui n'ont pas subsisté. Sans entrer en profondeur dans les théories de l'État fédéral et de la confédération d'États, on relèvera qu'au cœur de leur différenciation se trouve la problématique de la forme juridique par laquelle sont établies ces modes de gouvernement, mais surtout celle du détenteur de la

---

[1] Avis N° 1/2001, « Questions diverses en rapport avec l'entrée en vigueur du traité OHADA et son application dans les États membres », 30 avril 2001, *Recueil de jurisprudence,* 2003, N° spécial.

[2] Marien Ludovic Ndiffo Kemeto, « Droit communautaire de la CEMAC et Constitution camerounaise : Malaise dans l'ordonnancement des normes », *Revue Juridique et Politique,* N° 2, 2018, p. 147-173, plus particulièrement « Le droit communautaire de la CEMAC n'est donc pas un droit étranger ni même un droit extérieur. Il est le droit propre de chacun des États membres, applicable sur son territoire / tout autant que son droit national, avec cette qualité supplémentaire qu'il couronne la hiérarchie des textes normatifs de chacun » (p. 149-150). ; Emmanuel Moubitang, « La classification des actes unilatéraux des organisations d'intégration économique africaine : cas de la CEMAC et de l'UEMOA », dans Maurice Kamto, Stéphane Doumbè-Billè, Brusil Miranda-Metou, *Regards sur le droit public en Afrique... op.cit.,* p. 441-466.

[3] Vlad Constantinesco, « La souveraineté est-elle soluble dans l'Union européenne ? », *Europe en formation,* 2013/2 (N° 368), p. 119-135.

souveraineté et de l'amplitude du pouvoir exercé par les unités composant le corps politique dans chacun de ces systèmes : « Dans le premier, établie par une constitution, la souveraineté appartient à l'État composé et à lui seul. Les membres, qu'ils se nomment États, province, canton, ou république sont autonomes, ce qui signifie qu'ils exercent librement les compétences dont ils disposent selon la constitution fédérale, sans être soumis à la suprématie de l'État qui les englobe ou à sa tutelle[1] », avec cependant cette nuance qui restreint les compétences des corps constitutifs de l'unité fédérale : « Mais ce dernier, à qui sont réservées, par ailleurs, les compétences extérieures de diplomatie et de défense, conserve cette suprématie dès lors qu'une contradiction surgit, entre lui et un membre dans l'exercice de compétences concurrentes[2] ». Quant à la confédération, ses traits distinctifs sont les suivants : « Dans la seconde, fondée par traité, la règle de l'unanimité dans la prise des décisions, le droit de retrait, le caractère sommaire des institutions atteste de la préservation de la souveraineté des États confédérés qui restent les seuls sujets du droit international[3] ». Malgré des nuances, aussi bien l'ordre fédéral que l'ordre confédéral sont des ordres juridiques étatiques. Or l'on ne saurait assimiler la réalité juridique de l'OUA et de l'UA à celle d'un État, dans la mesure où les États membres de ces regroupements conservent leur souveraineté vis-à-vis des États tiers ainsi que leur personnalité juridique internationale. Le processus unitaire africain n'a pas abouti à une continentalisation de l'État sous la forme d'une fédération ou même d'une confédération[4]. Si l'unité continentale est l'objectif politique auquel ont fini par adhérer peu ou prou l'ensemble des dirigeants africains, la question de la forme architecturale par laquelle celle-ci doit se réaliser continue à faire débat : « [...] il est manifeste que l'approche fragmentaire de l'unité continentale n'a pas porté ses fruits. Après 50 ans, la vision d'une Afrique unie demeure inachevée. En outre, la question de la forme ultime de l'unité continentale, soit celle des États-Unis d'Afrique soit celle d'une confédération d'États ou encore une autre forme, n'a

---

[1] Claude Nigoul, « Voyage en utopie. Essai sur le fédéralisme et les fédéralistes face à la souveraineté », *L'Europe en formation,* Été 2013, N° 368, p. 45.

[2] *Ibid.*

[3] *Ibid.*

[4] Voir les définitions de ces termes dans Jean Salmon, dir., *Dictionnaire de droit international public, op. cit.,* entrée « Fédération », p. 502, et entrée « Confédération », p. 229.

toujours pas été résolue[1] ». Le problème fondamental de la matrice institutionnelle, voire constitutionnelle, de l'unité africaine demeure en suspens, bien que la formule des États-Unis d'Afrique, par son caractère percutant et sa charge hautement symbolique et émotionnelle, se soit imposée dans l'imaginaire collectif et politique de l'opinion publique africaine comme étant seule véritablement représentative de l'aspiration unitaire des peuples africains. Les États-Unis d'Afrique demeurent une virtualité, un rêve avorté. L'Afrique n'a pas expérimenté à l'échelon continental le phénomène de l'unification d'États au sens où le définit le droit international : « On entend par ce terme la formation d'un seul État soit par la voie d'une fusion de deux ou plusieurs États ayant pour résultat la création d'un nouveau sujet de droit international soit par la voie de l'absorption d'un État par un autre dont la personnalité n'est pas affectée par ce changement[2] ». Au plan politique, l'Afrique est le continent le plus fragmenté, avec cinquante-cinq (55) États. Cette dispersion étatique n'est plus seulement le fait de la colonisation qui a tracé au sécateur les frontières africaines, léguant au continent son morcellement actuel. Elle résulte aussi de la persistance de la division de l'Afrique indépendante, qui acte sur une longue durée l'échec du projet politique unitaire. Il n'y a pas d'Afrique politique, et c'est en vain qu'on chercherait à la trouver. La catégorie juridique « États-Unis d'Afrique » n'existe pas, même déclinée sous d'autres formulations juridiques semblables. Il faut donc faire le constat de l'absence de constitutionnalisation de l'unité africaine. De ce point de vue, l'OUA et, à sa suite, l'UA sont des organisations fonctionnelles de coopération interétatique sans véritable ambition ni perspective politique. Ce qu'affirmait un diplomate français à propos de l'OUA est aussi valable « Nolens volens » pour l'UA, bien que cette dernière prétende vigoureusement avoir ouvert un nouveau chemin de l'unité africaine : « Enfin le processus en cours va à contre-courant des idées proclamées en 1963, lors de la création de l'OUA. Il s'agissait alors à l'époque de bâtir l'unité africaine en lui imposant un cadre continental. Sur le fondement de cette philosophie avaient été sacrifiés les groupes de Monrovia et de Casablanca de même que l'UAM. On en revient aujourd'hui à accorder la priorité aux ententes régionales sans pour

---

[1] Commission de l'Union africaine, *Agenda 2063. L'Afrique que nous voulons…op.cit.,* p. 88.
[2] *Ibid.,* entrée « Unification d'États », p. 114.

autant d'ailleurs mettre en cause la fonction de l'OUA[1] » ; ou encore, dans la même pensée, « L'OUA a ainsi été amenée à privilégier l'aspect interétatique de son action au détriment de l'aspiration panafricaniste de ses fondateurs[2] ». Nul n'oserait sincèrement contester le bien-fondé et l'actualité, aujourd'hui encore, de ces déclarations, même s'il convient de ne pas pécher par idéalisation excessive du dessein politique originel de l'OUA et de préciser que le projet qu'elle a porté était vicié dès le départ car découlant d'un panafricanisme inconséquent. Si le processus de réalisation de l'unité africaine est en panne, c'est parce qu'il lui manque une âme, un souffle politique. Au départ projet révolutionnaire d'émancipation, le panafricanisme est allé se dissoudre dans une organisation classique.

Nous venons de voir que l'unité en tant que visée déclarée des États africains est enserrée dans un faisceau d'oppositions fortes : celle des puissances jadis coloniales recyclées, après les indépendances de leurs anciennes possessions, en puissances néo-impériales postcoloniales attardées et endurcies ; celle de la souveraineté, norme fondamentale du droit international et optimum du pouvoir politique revendiqué jalousement par les États africains. Cette situation de mise en difficulté de l'unité africaine interpelle quant à la place de l'OUA et de l'UA dans l'ordre des relations internationales.

L'OUA ET L'UA, L'UNITÉ À L'ÉPREUVE DES RELATIONS INTERNATIONALES

Organisations panafricaines vouées à la réalisation de l'unité continentale, l'OUA et l'UA ne sont pas pour autant isolées de la société internationale avec laquelle elles interagissent. Apprécier la nature des relations que ces organisations entretiennent avec le système international conduit à déterminer leurs moyens d'action dans l'ordre juridique international et à s'interroger sur la cohérence de vue des États

[1] Lettre N° 549/AL de Jean-Pierre Bénard, Ambassadeur de France en Éthiopie, à Son Excellence Monsieur Couve de Murville, ministre des Affaires étrangères, A/s « Regroupements au Sud du Sahara », p. 2-3, MAE, Archives diplomatiques, Direction des Affaires Africaines et Malgaches (DAM), 52-15, Organisations régionales pour l'ensemble de l'Afrique/centrale et équatoriale en particulier, 195-1979, carton 1089INVA/328.

[2] Note de Philippe Orliange N° 2419/DAM, Paris, le 25 octobre 1988, A/s « L'Organisation de l'Unité africaine », MAE, Archives diplomatiques, Direction des Affaires Africaines et Malgaches (DAM), 1984-1988, carton 2210 INVA/134.

africains par rapport aux dossiers internationaux qui les sollicitent particulièrement.

LES MOYENS D'ACTION DE L'OUA ET DE L'UA DANS L'ORDRE JURIDIQUE INTERNATIONAL

Pour agir dans l'ordre international, l'OUA et l'UA doivent disposer de la capacité juridique internationale ainsi définie : « Ensemble des pouvoirs que l'ordre juridique international reconnaît ou accorde aux entités qu'il érige en personnes juridiques…et qui leur permet d'exercer une activité juridique sur le plan international [1] ». Cette capacité juridique est elle-même le prolongement de la personnalité juridique internationale que possèdent ces deux organisations. Ni la Charte de l'OUA ni l'Acte constitutif de l'UA ne comportent cependant aucune disposition attribuant la personnalité juridique à ces organisations. Elle découle donc par défaut et d'une manière générale de la jurisprudence de la CIJ qui reconnaît une personnalité juridique aux organisations internationales *(Réparation des dommages subis au service des Nations Unies, CIJ, Rec. 1949, p.174, p. 179)*. Elle sera néanmoins expressément attribuée à l'OUA à l'article 1er de la Convention sur les privilèges et immunités de cette organisation, laquelle fut adoptée le 25 octobre 1965 à Accra (Ghana). Ayant succédé à l'OUA, l'UA hérite par ricochet de cette personnalité juridique qui leur permet d'établir des relations diplomatiques, de s'insérer, bien que de manière subalterne, dans le réseau des organisations internationales, et de possiblement influer sur l'élaboration des normes du droit international.

La capacité diplomatique de l'OUA et de l'UA

Il convient de poser la question des moyens institutionnels dont disposent l'OUA et l'UA pour accomplir les missions qui leur seraient reconnues en matière de politique extérieure. On dira d'emblée qu'il est difficile d'identifier dans ces deux organisations, une instance dépositaire et détentrice des compétences internationales. L'on est bien loin du schéma de l'UE où existe statutairement la fonction de Haut représentant de l'Union européenne pour les affaires étrangères et la sécurité, instituée par le traité de Lisbonne sur l'Union européenne

---

[1] Jean Salmon, dir., *Dictionnaire de droit international public, op. cit.,* entrée « Capacité juridique internationale », p. 147-148.

(TUE) en ses articles 18 et 27. Héritier du poste de Commissaire européen chargé des relations extérieures ayant fonctionné dans le cadre du traité d'Amsterdam de 1999, le Haut représentant de l'Union européenne pour les affaires étrangères et la sécurité qui a rang de vice-président de la Commission conduit et exécute la politique étrangère et de sécurité commune (PESC) de l'Union à l'élaboration de laquelle il participe ; il préside le Conseil des Affaires étrangères, veille à la cohérence de l'action extérieure de l'Union dont il est le représentant et le porte-parole dans les organisations internationales et au sein des conférences internationales, exerce la tutelle du Service européen pour l'action extérieure (SEAE) et des délégations de l'Union européenne dans les pays tiers et auprès des organisations internationales. Même si la diplomatie et la défense, questions régaliennes par excellence, relèvent encore pour l'essentiel de la compétence des États membres, du moins l'Union européenne a-t-elle mis en place une structure institutionnelle qui assure la visibilité de son action extérieure. Un tel organe n'existe pas dans le système africain, ni hier dans l'OUA ni aujourd'hui dans l'UA. En l'absence d'une telle structure apparue somme toute assez tardivement dans l'histoire de la construction européenne, on peut affirmer que les États africains particulièrement jaloux de leur souveraineté n'entendent pas s'en dessaisir au profit d'un organe quelconque qui les concurrencerait dans le domaine des relations internationales.

Faute d'une instance dédiée spécifiquement aux compétences internationales dans ces organisations, c'est dans la chaîne des responsabilités attribuées à chacun de leurs organes qu'il faut déceler les linéaments d'une possible action internationale. À ce titre, la Conférence des chefs d'État et de gouvernement, organe suprême de définition des politiques et de prise de décision dans chacune de ces organisations, joue un rôle prépondérant en matière d'orientation et de détermination d'une position commune sur les dossiers internationaux, celle-ci pouvant ensuite être exprimée publiquement et défendue par l'action diplomatique auprès des gouvernements tiers, des organisations internationales et dans d'autres arènes internationales par le Président en exercice de cette instance. De la même manière, le Conseil des ministres (OUA) et le Conseil exécutif (UA) composés prioritairement des ministres des Affaires étrangères et ayant pour mission de préparer les dossiers soumis à la Conférence, sont saisis des questions de politique internationale qui interpellent les États membres. Cet intérêt pour l'action extérieure se manifeste de même au niveau des organes administratifs, Secrétariat général (OUA) et Commission (UA), bien qu'aucune disposition des traités ne leur attribue spécifiquement des compétences en matière internationale, ce qui se traduit par l'inexistence d'un portefeuille correspondant dans leurs organigrammes[1]. Les titulaires de ces postes dans l'exercice de leurs fonctions sont néanmoins appelés à prendre position et à s'exprimer au nom de l'organisation qu'ils représentent et dont ils défendent les intérêts sous l'autorité et sur mandat des organes hiérarchiques auxquels ils sont soumis. On signalera cependant que réunis à Syrte (Libye) lors de leur treizième sommet, les chefs d'État et de gouvernement de l'UA étaient parvenus le 3 juillet 2009 à un compromis devant aboutir au remplacement de la Commission par une Autorité de l'Union africaine investie de compétences en matière de politique étrangère et de défense du continent. Le texte adopté à cette occasion indique que cette nouvelle institution sera chargée de « coordonner les positions des États membres de l'Union africaine lors des négociations internationales » et de « parler au nom de toute l'Union africaine au sein des organismes internationaux, notamment dans le domaine de la politique extérieure, sur le mandat des États membres ». Le sujet de la création de ce nouveau dispositif institutionnel a été réactivé lors de la vingtième session ordinaire de la Conférence de l'Union réunie les 27 et 28 janvier 2013 à Addis-Abeba (Éthiopie) ; il a donné lieu à une décision appelant au renforcement de la Commission en attendant la mise en place de l'Autorité[2]. Face à la déshérence de ce projet, au mieux peut-on dire, pour résumer, que l'OUA et l'UA se caractérisent par l'éclatement, la dilution et non par la concentration, la centralisation en un pôle des compétences en matière d'action extérieure, même si on peut voir dans l'UA une personnification de la diplomatie africaine : « [...] la diplomatie africaine est d'abord celle de l'Union africaine. Elle se présente comme l'ensemble des prises de position des organes dirigeants, président en exercice, président de la commission et des États membres sur les questions touchant la vie du continent dans les relations entre les États

[1] La Commission de l'Union africaine est composée de neuf commissaires responsables des secteurs suivants : paix et sécurité ; affaires politiques ; infrastructures et énergie ; affaires sociales ; commerce et industrie ; économie rurale et agriculture ; ressources humaines, science et technologie ; affaires économiques. Par ailleurs, comme dans l'OUA, aucun de ses comités techniques spécialisés n'a reçu compétence en matière d'action extérieure.

[2] Décision Assembly/AU/Dec. 454, Doc. Assembly/AU/8 (XX).

membres et dans les relations avec l'extérieur[1] ». D'où la précision suivante : « Autrement dit, l'Union africaine est la seule institution continentale à même de représenter les intérêts et les points de vue panafricains sur la scène internationale[2] ». N'empêche que l'absence d'une instance centralisatrice de la politique internationale est de nature à contribuer au manque de visibilité et de lisibilité de celle-ci.

On tentera de décrypter les modes d'insertion de l'OUA et de l'UA dans les relations internationales en appréciant leur capacité diplomatique par laquelle elles peuvent s'affirmer comme étant des acteurs internationaux. La diplomatie peut s'entendre des relations établies individuellement entre États, ou collectivement par un groupe d'États réunis au sein d'une institution internationale[3]. Par quels moyens l'OUA et l'UA conduisent-elles une action internationale propre, distincte de celle des États membres ? La capacité diplomatique de l'OUA et de l'UA peut se mesurer par l'usage qu'elles font du droit de légation décomposé en droit de légation actif et en droit de légation passif : « Le droit, pour un État, d'adresser des ministres publics à un autre État, s'appelle le droit de légation actif ; le droit, pour un État, d'agréer les ministres publics que lui adresserait un autre membre de la communauté internationale, s'appelle droit de légation passif. On dit aussi droit d'ambassade, actif et passif[4] ». D'origine coutumière, le droit de légation actif et le droit de légation passif ont été codifiés pour les États par la convention de Vienne sur les relations diplomatiques du 18 avril 1961 entrée en vigueur le 24 avril 1964 ; longtemps controversée[5], leur reconnaissance aux organisations internationales est aujourd'hui admise par assimilation de celles-ci aux États en matière diplomatique : « Les relations internationales dans le cadre des organisations internationales ressemblent, par certains côtés, aux

---

[1] Pierre Dagbo Godé, *La diplomatie africaine. Théorie et Pratique,* Paris, L'Harmattan, 2014, p. 28.
[2] *Ibid.*
[3] Guillaume Devin, *Sociologie des relations internationales,* Paris, La Découverte, « collection Repères », 2018, p. 47-48.
[4] Raoul Genet, *Traité de diplomatie et de droit diplomatique,* tome 2, Paris, A. Pedone, 1931, p. 7, cité par Jean Salmon, dir., *Dictionnaire de droit international public, op. cit.,* p. 375.
[5] *Annuaire de la Commission du droit international 1957, volume I,* comptes rendus analytiques de la neuvième session, 23 avril-28 juin 1957, New York, Nations Unies, 1957.

relations diplomatiques entre États[1] », ou encore : « La diplomatie de conférence a évolué de la même façon que la diplomatie bilatérale[2] » ; mais aussi, « La doctrine contemporaine révèle une tendance sans cesse croissante à appliquer les termes du droit diplomatique aux relations entre les États et les organisations internationales[3] ».

À titre de droit de légation actif, la convention sur les immunités et privilèges de l'OUA ouvre la possibilité pour cette organisation et pour l'UA qui lui a succédée de l'envoi de son personnel fonctionnaire (article 6) et experts en mission (article 7) pour les représenter auprès des États étrangers et des organisations internationales. Ils jouissent à cet effet des privilèges, immunités, exemptions et facilités généralement reconnus aux envoyés diplomatiques et à leur famille, conformément au droit international. Le réseau diplomatique de l'UA appelé à s'étoffer comporte actuellement des représentations permanentes auprès des États étrangers et organisations internationales au travers de ses bureaux de New York (observateur permanent auprès des Nations unies), de Genève (représentation permanente auprès des Nations unies et de l'OMC), de Washington (représentation permanente aux États-Unis), de Bruxelles (mission permanente auprès de l'Union européenne et des États d'Afrique, des Caraïbes et du Pacifique, ACP), du Caire (délégation permanente auprès de la Ligue des États arabes), et de Pékin (mission permanente auprès de la Chine)[4]. Ces postes diplomatiques assument et exercent, au travers de leurs titulaires nommés pour l'UA par le président de la Commission, la fonction diplomatique dans sa double composante traditionnelle : représentation de l'organisation accréditante pour assurer la promotion et la défense de ses intérêts ; fourniture et mise à disposition à celle-ci de toute information relative aux faits et situations survenant dans l'État ou l'organisation accréditaire.

L'exercice du droit de légation passif se traduit pour l'OUA et pour l'UA par deux facultés ; d'une part, la représentation permanente en

---

[1] Commission du droit international, *Deuxième rapport sur les relations entre les États et les organisations internationales,* Document A/CN.4/195 and Add., par M. Abdulah El-Erian, Rapporteur spécial, sujet : Relations entre les États et les organisations internationales, extrait de l'*Annuaire de la Commission du droit international 1967, volume II,* New York, Nations Unies, 1967, p. 154, § 51.

[2] *Ibid.,* p. 154, § 52.

[3] *Ibid.,* p. 159, § 82.

[4] Union africaine, *Guide de l'Union africaine 2020,* Addis-Abeba, Commission de l'Union africaine, 2020, p. 119-120.

leur sein des États membres et, d'autre part, l'accréditation auprès d'elles des États tiers, des organisations internationales et d'autres entités.

La représentation des États membres auprès de l'UA est assurée par le biais du Comité des représentants permanents (COREP), organe statutaire créé par les articles 5/f et 21 de l'Acte constitutif. Le COREP est « composé de représentants et autres plénipotentiaires des États membres » (article 21) ; tous les États membres y sont représentés. Son bureau comprend un président, trois vice-présidents, et un rapporteur. Les pays membres du bureau, dont la durée du mandat est d'un an, constituent aussi les bureaux de la Conférence et du Conseil exécutif. Par ailleurs, un bureau informel de quinze (15) membres agit en soutien au bureau officiel du COREP. Aux termes de l'article 21 de l'Acte constitutif, le COREP est « responsable de la préparation des travaux du Conseil exécutif et agit sur instruction du conseil ». Ses attributions ont été complétées et élargies par son règlement intérieur (article 4) ; elles comportent au plan diplomatique la facilitation de la communication entre la Commission de l'Union africaine et les capitales des États membres. Usant du pouvoir qui lui est attribué par l'article 21 de l'Acte constitutif d'instituer des sous-comités ou groupes de travail en tant que de besoin, le COREP s'est illustré par la création pléthorique de ceux-ci, accentuant ainsi le caractère bureaucratique de l'UA[1]. On peut dire que les États membres disposent au travers de leurs représentants dans cette structure d'un moyen d'orientation et de contrôle des activités de l'Organisation panafricaine.

D'autres entités sont susceptibles de recevoir accréditation auprès de l'Union africaine : ce peut être des États tiers, des organisations internationales intergouvernementales, et des organisations de la société civile ou organisations non gouvernementales. La représentation de ces entités auprès de l'UA relève de deux régimes

[1] Sous-comité sur la supervision générale et la coordination des questions budgétaires, financières et administratives ; Sous-comité sur les questions budgétaires ; Sous-comité sur les questions d'audit ; Sous-comité sur les questions économiques et commerciales ; Sous-comité sur les accords de siège et les accords d'accueil des réunions ; Sous-comité sur la coopération multilatérale et les partenariats stratégiques ; Sous-comité sur le Nouveau Partenariat pour le Développement de l'Afrique (NEPAD) ; Sous-comité sur les programmes et les conférences ; Sous-comité sur les réfugiés, les rapatriés et les personnes déplacées en Afrique ; Sous-comité du Fonds spécial d'assistance d'urgence pour la sécheresse et la famine en Afrique ; Sous-comité sur la réforme des structures.

juridiques différents : celui de membre associé et celui de membre observateur.

Le statut d'associé s'applique à toute « Entité…participant, en vertu de l'acte constitutif ou d'un accord international, à l'activité d'une organisation internationale sans avoir les mêmes droits qu'un membre à part entière[1] ». Ce statut permet à l'entité qui en bénéficie de participer aux travaux de l'organisation, mais ne lui confère pas de droit de vote. Le membre associé échappe à certaines obligations qui pèsent sur le membre plénier, notamment en matière de contribution financière. On soulignera, à titre d'exemple, qu'Haïti a le statut de membre associé auprès de l'UA depuis 2012.

Le statut d'observateur s'entend de la « Qualité reconnue au représentant d'un sujet de droit international ou d'une organisation non-gouvernementale, à un mouvement de libération, ou à une organisation non gouvernementale qui, bien que n'étant pas partie ni à une négociation ni à la convention ni membre de l'organisation internationale concernée, sont autorisées à participer à ses travaux (mais sans droit de vote ni droit d'être partie aux documents négociés ou aux résolutions votées[2] ». Formule de participation restreinte aux travaux d'une organisation internationale, le régime de membre observateur est bien établi dans la pratique internationale[3]. Ce statut plus restrictif théoriquement que celui de l'association permet à des entités qui ne peuvent pas devenir membres de l'organisation de participer aux débats de certains de ses organes. Ainsi comprise, la qualité d'observateur a été distribuée par l'UA à des États[4], à des organisations internationales[5],

---

[1] Jean Salmon, dir., *Dictionnaire de droit international public, op. cit.,* entrée « Associé », p. 104.

[2] *Ibid.,* entrée « Observateur », p. 773.

[3] Résolutions de l'Assemblée générale des Nations unies qui reconnaissent le droit à des États non membres, à des organisations internationales ou à des mouvements de libération nationale d'être observateurs auprès de certains organes principaux ou à des conférences diplomatiques réunies sous les auspices des Nations unies. Á titre d'exemples, résolution 3237 (XXIX) de l'Assemblée générale du 22 novembre 1974, relative au Statut d'observateur pour l'Organisation de libération de la Palestine (OLP) ; résolution 35/167 de l'Assemblée générale du 15 décembre 1980 sur le statut d'observateurs des mouvements de libération nationale reconnus par l'OUA ou la Ligue des États arabes.

[4] États-Unis, premier pays non africain à établir une mission diplomatique auprès de l'UA en 2006 ; Canada depuis 2000, France, Israël en 2021, État qui vit néanmoins ce statut lui être retiré en 2023, etc.

[5] Organisation des Nation unies, Union européenne, Organisation internationale de la francophonie, etc.

à des organisations non gouvernementales[1]. L'accréditation des ONG est soumise à un certain nombre de conditions : enregistrement dans un État africain, corps managérial composé d'une majorité de nationaux africains ou de la diaspora, deux tiers au moins des revenus provenant des contributions des adhérents. Les ONG attributaires de ce statut s'engagent à entretenir des consultations régulières avec l'UA et à déposer auprès d'elle un rapport tous les trois ans sur leur coopération avec cette organisation. En contrepartie, elles peuvent avoir accès aux sessions ouvertes des réunions au sommet et participer, sur invitation, à celles fermées compte tenu de leurs domaines d'intérêt.

On soulignera pour terminer que les formules de l'association et de l'observation auprès des organisations internationales servent souvent d'étapes probatoires et transitoires dans l'attente d'une participation plénière, pour celles des entités éligibles aux critères d'adhésion fixées par ces organisations. Ainsi la Palestine, bénéficiant auprès des Nations unies du statut d'État non membre observateur (résolution 67/19 du 29 novembre 2012), attend-elle que les conditions internationales de son adhésion soient remplies pour qu'elle bénéficie enfin du statut de membre à part entière de l'Organisation.

L'OUA et l'UA, une participation peu influente dans les institutions internationales

Au plan institutionnel, les pays africains sont membres des organisations multilatérales du système mondial. Cette participation de l'Afrique aux instances internationales vise deux objectifs majeurs : d'une part, marquer par sa présence l'intégration du continent au système mondial ; obtenir, d'autre part, une meilleure représentation au sein de celui-ci par des propositions de réformes institutionnelles. Dans cet ordre d'idées, on mentionnera l'existence aux Nations unies d'un Groupe des États d'Afrique[2]. Ce type de forum qui existe aussi dans d'autres organisations (OMC, UNESCO, etc.) permet aux États

---

[1] Épiscopat africain, etc.

[2] André Lewin, « Les Africains à l'ONU », *Relations internationales,* 2006/4, N° 128, p. 55-78. D'autres groupes régionaux d'États membres sont constitués aux Nations unies : Groupe des États d'Asie et du Pacifique ; Groupe des États d'Europe orientale ; Groupe des États d'Amérique latine et des Caraïbes ; Groupe des États d'Europe occidentale et autres États, voir http://www.un.org/fr/hq/dgacm/regionalgroups.shtml, consulté le 12. 08.2020.

africains de coordonner leurs points de vue et de parler d'une seule voix, ou tout au moins de tenter de le faire.

Conscients de sa marginalité en termes d'emprise sur le processus décisionnel des affaires mondiales, l'Afrique tente, en vain jusqu'ici, d'imposer des aménagements institutionnels qui permettraient une meilleure prise en compte de ses intérêts et lui assureraient une pleine participation à la gouvernance mondiale structurée autour de plusieurs pôles[1]. Sa revendication de deux sièges de membres permanents avec droit de veto au Conseil de sécurité des Nations unies et de cinq sièges non permanents[2], ainsi que la fin préconisée du vote censitaire dans les institutions financières internationales (FMI, Banque mondiale) augurent de sa volonté de faire instaurer un nouvel ordre institutionnel international. Faute d'y avoir réussi, autant à cause du verrouillage du système des Nations unies organisé par les grandes puissances, que par l'incohérence de son propre projet unitaire[3], l'Afrique reste intégrée de manière subalterne au système mondial qui consacre l'hégémonie des grandes puissances. Son association décorative aux groupes informels mondiaux n'en fait pas un partenaire égal quant à la conduite des affaires du monde. En 2019 était organisé à Biarritz (France) le sommet du G7, groupe de discussion des sept pays les plus industrialisés du monde (Allemagne, Canada, États-Unis, France, Italie, Japon, Royaume-Uni) auquel furent conviés pour la première fois cinq chefs d'État africains parmi lesquels Al-Sissi de l'Égypte, alors président en exercice de l'UA, et Paul Kagamé du Rwanda son prédécesseur à cette fonction. Des dirigeants africains sont aussi régulièrement invités à participer au Forum économique mondial de Davos (Suisse), véritable kermesse qui réunit le gotha de la pensée libérale autour de la prise de conscience tardive de questions devenues poignantes pour l'humanité. On a du mal à voir en quoi la présence à ces réunions d'invités africains est de nature à leur permettre d'exercer une quelconque influence sur les affaires du monde et à assurer à l'Afrique une crédibilité en termes

---

[1] Alain Dejammet, *L'archipel de la gouvernance mondiale. ONU, G7, G8, G20 ...*, Paris, Dalloz, 2012.

[2] Union africaine, Conseil exécutif, 7ème session extraordinaire, 7-8 mars 2005, Addis-Abeba (Éthiopie), Ext./EX.CL./2 (VII), Position commune africaine sur la réforme des Nations Unies. « Le consensus d'Ezulwini », p. 10, https://www.un.org/fr/africa/osaa/pdf/au/cap_screform_2005f.pdf, visité le 24.08.2020.

[3] Willy Jackson, « L'Afrique membre permanent de l'ONU, un plaidoyer inaudible », 21 juin 2023, https://afriquexxi.info/L-Afrique-membre-permanent-de-l-ONU-un-plaidoyer-inaudible.

de puissance mondiale, même si l'Union africaine a été admise en tant que membre permanent du G20 lors du sommet de ce groupe tenu à New Delhi (Inde) en septembre 2023[1].

La participation de l'Afrique aux institutions internationales doit également s'apprécier par les fonctions de responsabilité de très haut niveau qu'occupent ou ont eu à occuper des ressortissants africains. À ce jour, l'Afrique a donné deux Secrétaires généraux à l'Organisation des Nations unies : Boutros Boutros-Ghali, Égypte (1992-1996) ; Kofi Annan, Ghana (1997-2006). D'autres éminentes personnalités africaines ont occupé des postes de hauts fonctionnaires dans le système des agences spécialisées des Nations unies en tant que Directeurs généraux ou Secrétaires généraux : ainsi par exemple du Sénégalais Jacques Diouf à la FAO ; de l'Égyptien Mohamed El Baradei à l'AIEA (Agence internationale de l'énergie atomique) ; de l'Algérien Taïeb Chérif à l'OACI (Organisation de l'aviation civile internationale) ; du Sénégalais Ahmadou Makhtar Mbow à l'UNESCO ; du Togolais Gilbert Houngbo, Président du FIDA (Fonds international du développement agricole) ; de l'Éthiopien Tedros Adhanom Ghebreyesus, Directeur général de l'OMS ; de la Gambienne Fatou Bensouda, Procureure de la CPI ; du Sénégalais Makhtar Diop désigné Directeur général de la SFI (Société financière internationale), une institution de la Banque mondiale chargée des investissements privés ; et de la Nigériane Ngozi Okonjo-Iweala, première femme portée en 2021 à la tête de l'OMC etc.[2]. L'accession à ces responsabilités constitue sans aucun doute un motif de fierté pour l'Afrique qui voit ainsi reconnu le talent de ses enfants ; mais il s'agit avant tout de cas de réussite professionnelle personnelle n'ayant aucune incidence réelle ni immédiate sur la nécessaire transformation espérée d'un système international vrillé et travaillant à rebours des intérêts des peuples du monde, et africains particulièrement. Profitent seuls de ce système, les élites africaines mondialisées. L'Afrique demeure globalement un acteur mineur du système international à la formation duquel elle n'a pas participé parce que mis en place alors qu'elle n'était pas encore sujet du droit international ; d'où sans doute son incapacité à faire évoluer les institutions qui en émanent car conçues pour servir les desseins hégémoniques des grandes puissances. Au demeurant, la

---

[1] « L'Union africaine intègre officiellement le G20 », *Jeune Afrique,* 9 septembre 2023, https://www.jeuneafrique.com/148&267/politique/lunion-africaine-integre-officiellement-le-g20/, consulté le 10.09.2023.

[2] Pour plus de détails, voir André Lewin, *op. cit.*

cohésion affichée sous forme d'appartenance à un groupe cache souvent mal les dissensions entre les États, ce qui se traduit par des divergences d'opinion et par des votes différents dans ces instances internationales. En témoigne la difficulté du continent africain à s'entendre sur le choix d'un candidat lors du vote du 17 juin 2020 aux Nations unies qui devait désigner à partir de janvier 2021 son représentant au siège de membre non permanent du Conseil de sécurité, siège que se disputaient Djibouti et le Kenya[1].

La cohérence de groupe des pays africains peut être concurrencée par l'appartenance et l'affiliation de ces derniers à d'autres sous-groupes internationaux dont les désignations internationales sont autant de critères de différenciation, d'inclusion pour les uns et d'exclusion pour les autres. Tous n'appartiennent pas au Groupe des pays émergents dénommé BRICS, structure institutionnelle qui ne comptait que l'Afrique du Sud comme pays africain[2], situation qui atteste de la marginalisation de l'Union africaine par rapport à la dynamique enclenchée par cette catégorie de pays émergents[3]. Tous ne sont pas non plus membres de l'Organisation des États d'Afrique, des Caraïbes et du Pacifique (ACP) instituée par l'Accord de Georgetown (Guyana) du 6 juin 1975 destiné à continuer dans un cadre rénové la coopération entre les ACP et l'Union européenne[4]. Dans ces différents regroupements institutionnels se développent et s'expriment des solidarités particulières basées sur la défense d'intérêts communs définis dans les objectifs de leurs textes fondateurs. Si les BRICS ont été considérés comme une réponse de ses pays membres visant à constituer un bloc face à la mainmise de certaines grandes puissances (États-Unis et Union

---

[1] https://www.dw.com/fr/lafrique-divisee-autour-dun-siege-au-conseil-de-securite-/a-53848854, consulté le 12.08.2020. Le Kenya remporta cette élection.

[2] Le sigle BRICS est un acronyme anglais qui désignait à l'origine les cinq pays, Brésil, Russie, Inde, Chine, Afrique du Sud qui se réunissent depuis 2011 en conférence diplomatique annuelle. Six nouveaux pays, Argentine, Égypte, Éthiopie, Arabie Saoudite, Iran et Émirats arabes unis, ont intégré ce groupe en janvier 2023 lors du sommet de Johannesburg.

[3] Mouloud Boumghar, « La difficile émergence de l'Union africaine dans les relations du continent avec les économies émergentes », dans Lucie Delabie, Mouloud Boumghar, Rémy Hernu, *La place des pays émergents.., op. cit.,* p. 265-275.

[4] Raymond Ebalé, « La stratégie commune Afrique-Union européenne », dans Guy Mvelle, Laurent Zang, dir., *L'Union africaine quinze ans après,* tome 2, Paris, L'Harmattan, 2017, p. 251-275 ; Adam Abdou-Hassan, « La place de l'Union africaine dans l'architecture des relations euro-africaines », *Revue juridique et politique,* 2019, N° 3, p. 283-309.

européenne notamment) sur le processus de la mondialisation, l'association ACP-UE peine, elle, à se départir de l'image de regroupement néocolonial constitué en 1957 à la naissance de la Communauté européenne qui entendait par ce moyen de l'association se réserver des marchés captifs, particulièrement en Afrique[1]. Pris dans l'engrenage des structures existantes, les pays africains n'ont pas innové en suscitant par exemple la création d'organes institutionnels inédits et alternatifs de contestation de l'ordre mondial dominant, comme le firent par exemple les pays latino-américains avec l'Alliance Bolivarienne pour les Peuples de notre Amérique (ALBA). Organisation de coopération se prévalant des idées de Simon Bolivar, l'ALBA est née le 14 décembre 2004 à La Havane (Cuba) par une déclaration conjointe des présidents Hugo Chavez et Fidel Castro en réaction contre le projet de zone de libre-échange des Amériques (ZLEA) soutenu par les États-Unis. L'ALBA-TCP (Alliance Bolivarienne pour les Peuples de notre Amérique-Traités de Commerce des Peuples) est entrée en vigueur le 28 avril 2005 et a connu depuis des fortunes diverses en raison des changements politiques intervenus dans la région et qui ont entraîné le retrait de la Bolivie et de l'Équateur de ce regroupement[2].

La capacité normative internationale de l'OUA et de l'UA, réalité ou fiction ?

L'action internationale de l'OUA et de l'UA s'affirme et se mesure aussi, en dehors de leurs relations diplomatiques, à l'aune de leur capacité normative. En quoi les pays africains rassemblés dans ces organisations influencent-ils le système juridique international ? De quelle manière ces dernières participent et contribuent-elles au développement du droit international ? Cette capacité à influencer

---

[1] Maurizio Carbonne, ed., *The European Union in Africa. Incoherent policies, asymetrical partnership, declining relevance ?*, Manchester and New York, Manchester University Press, 2013. ; Charles Zorgbibe, *Paix et guerres en Afrique. Les chemins de l'Union africaine,* tome 2, Paris, François Bourin Éditeur, 2010, plus particulièrement à partir de la page 47 : UE/ACP, du « pacte colonial à la mondialisation ». ; Gemdev ; Gabas, Jean-Jacques, dir., *L'Union européenne et les pays ACP. Un espace de coopération à construire,* Paris, Karthala, 1999.

[2] En étaient au départ membres : Antigua et Barbuda, Bolivie, Cuba, Dominique, Équateur, Nicaragua, Sainte-Lucie, Saint Vincent et les Grenadines, Venezuela. Y ont statut d'observateurs : Haïti, Iran, Paraguay, Uruguay, Syrie.

l'ordre juridique international est-elle réelle ou simplement présumée ? L'OUA et l'UA contribuent-elles à l'élaboration des normes du droit international ?

On peut considérer le droit international africain sous deux aspects : celui de ses effets dans l'ordre juridique interne des États africains et celui de sa capacité à modifier, au plan externe, les normes juridiques universelles. Affirmant l'existence d'un droit public africain, Abdulqawi A. Yusuf décline cette problématique en ces termes : « Ce droit public africain établit un cadre normatif pour la réalisation des objectifs politiques, sociaux et économiques du panafricanisme...Certains aspects de ce droit public ont cependant une vocation universelle dans la mesure où ils peuvent influencer l'adoption de règles similaires sur le plan international[1] ».

La doctrine semble partagée sur la positivité des règles juridiques édictées par les organisations panafricaines, OUA et UA. Considérant la dynamique normative de l'OUA, Maurice Kamto est par exemple amené à déclarer : « En vérité, derrière les clivages et les antagonismes des groupes qui tendent à affaiblir l'Organisation continentale, se développe une tendance affirmée à la réalisation de l'unité africaine par l'harmonisation voire l'unification des comportements juridiques des États africains à travers l'unité normative[2] ». Il existerait donc un ordre juridique africain indépendant des États et découlant de l'activité normative propre de l'OUA. D'où la perplexité par le fait que le même auteur soutient parallèlement que les résolutions, socle d'une « politique juridique commune des États africains[3] », qui forment « une catégorie normative à part, située dans un no man's land juridique entre le non-droit et le droit[4] » n'offrent pas « en raison de leur fluidité, c'est-à-dire de leur inconsistance juridique[5] », « un terrain sûr pour apprécier la dynamique juridique de l'Organisation panafricaine depuis sa création[6] ». Ces affirmations contradictoires de l'auteur mettent en doute l'existence de cet ordre juridique dont la réalité lui semble pourtant acquise. Le statut du droit international africain issu de l'UA est de même incertain, au regard de ses effets aléatoires en droit interne

[1] Abdulqawi A. Yusuf, *Panafricanisme et droit international, op. cit.,* p. 149.
[2] Maurice Kamto, « La dynamique normative dans le cadre de l'OUA », dans Maurice Kamto, Jean-Emmanuel Pondi, Laurent Zang, *L'O.U.A....op. cit.,* p. 183.
[3] *Ibid., p. 183.*
[4] *Ibid., p. 184.*
[5] *Ibid., p. 183.*
[6] *Ibid., p. 184.*

des États africains : « L'œuvre juridique de l'U.A. est elle-même difficile à interpréter. Elle a élaboré et adopté certains textes d'ordre juridique dont l'importance est fondamentale. Mais ces textes sont, soit des résolutions non obligatoires, soit des conventions obligatoires, mais non appliquées[1] ». Si le droit public africain est constitué d'un ensemble de règles hors sol, c'est-à-dire n'entraînant pas d'obligation de comportement pour ses destinataires, alors il n'est tout simplement plus le droit dont la caractéristique principale est justement d'assujettir les entités aux règles qu'il édicte. On tomberait alors dans la catégorie déjà évoquée du droit déclamatoire, sans effet pratique. L'enjeu est de taille : en effet si le droit international africain était disparate autant dans sa formation que dans son application, ce serait tout simplement l'œuvre de construction unitaire qui serait rendue impossible, irréalisable. Or là où il y'a un projet politique cohérent, correspond de même une expression juridique cohérente.

La capacité normative de l'OUA et de l'UA comporte une dimension externe, relative tout d'abord à leur capacité conventionnelle qui s'entend de l'ensemble des pouvoirs reconnus par l'ordre juridique international et qui permet à une entité de conclure des accords internationaux. Cette capacité conventionnelle atteste de la reconnaissance de ces organisations panafricaines par les autres sujets et acteurs internationaux, ainsi que de leur vitalité par l'exercice des compétences internationales. Dans le système de l'OUA valable aussi pour l'UA, il convient de distinguer parmi ces conventions, « celles qui sont conclues par les États membres sous les auspices de l'OUA et dont le Secrétaire général est le dépositaire[2] », et « celles auxquelles l'OUA est elle-même partie avec des États ou d'autres organisations internationales [3] ». Cette deuxième catégorie d'accords est particulièrement éclairante sur le degré d'autonomisation et d'initiative de l'OUA en matière d'action internationale. Usant de ce pouvoir international, l'OUA et l'UA ont, en tant que sujets et acteurs de la vie internationale, conclu des accords avec des États et des organisations internationales.

---

[1] Essè Amouzou, *Mouammar Kadhafi et la réalisation de l'Union africaine,* Paris, L'Harmattan, 2012, p. 174.
[2] Document CM/1376 (XLIV) Part. II, Rapport du Secrétaire général, Addis-Abeba, juillet 1986, p. 48, cité par Maurice Kamto, « La dynamique normative dans le cadre de l'OUA », *op. cit.,* p. 185.
[3] *Ibid.*

La contribution normative de l'OUA et de l'UA se manifeste aussi possiblement dans le pouvoir de ces organisations d'impacter et d'influencer le système normatif universel. Les règles du droit international africain induisent-elles une adaptation voire un changement des normes du droit international général ? Existe-t-il une spécificité normative africaine dont on peut dire qu'elle a contribué à faire évoluer le système juridique international ? Là aussi la doctrine semble hésitante. Un auteur comme Adulqawi A. Yusuf affirme, porté par un enthousiasme panafricaniste, que le droit public africain a favorisé l'émergence de règles et principes novateurs qui ont profondément transformé le droit international universel. Reprenant Pierre-François Gonidec, il distingue deux catégories de normes africaines qui auraient eu un impact sur l'évolution du droit international commun : d'une part, les normes novatrices et originales, spécifiques au droit public africain ; d'autre part, celles qui améliorent et perfectionnent les règles juridiques existantes. Blaise Tchikaya n'est pas loin de penser la même chose lorsqu'il considère que l'Union africaine est une construction juridique originale ; à quoi Alain Pellet qui a préfacé son ouvrage lui répond qu'il n'existe pas de spécificité de l'UA par rapport aux autres expériences en cours[1]. Les arguments à l'appui de ces thèses reposent sur la normativité et l'universalité dont sont revêtues les règles issues du droit de la décolonisation et du droit du nouvel ordre économique international. Il est cependant difficile d'extraire l'apport proprement africain à ce droit nouveau dans la mesure où il a été élaboré au sein de coalitions plus larges expressives, à l'image du mouvement tiers-mondiste, de la révolte des peuples dominés en quête de leur émancipation. Il y'a eu un écho africain de ces problématiques globales. Sans doute existe-t-il une patte, une griffe africaine de ce droit tenant compte des réalités politiques, économiques et sociales africaines car « la règle juridique, par sa nature sociale, reflète les caractéristiques du milieu qu'elle régit[2] ».

La question de l'empreinte possible du droit international africain sur le droit international global soulève la problématique plus générale de l'articulation du régionalisme juridique avec l'universalisme

[1] Préface du livre de Blaise Tchikaya, *Droit de l'Union africaine…, op. cit.,* p. 8. ; Blaise Tchikaya développe la même idée dans « Le régionalisme africain en droit international », *International Law Regional Perspective,* sur https://www.legal.un.org/avl/ls/Mubiala_IL.html, consulté le 14.08.2020.

[2] Joseph-Marie Bipoun-Woum, *Le droit international africain. Problèmes généraux. Règlement des conflits,* Paris, LGDJ, 1970, p. 4.

juridique[1]. Il est indéniable, comme le rapporte Jean-Claude Gautron, que les normes de droit régional passent dans le droit universel[2], la plupart des règles du droit international étant par exemple issues du droit régional européen. En découle-t-il que le droit public africain dont l'existence est questionnée se soit exporté au niveau universel ? Il faudrait d'abord que ce droit fasse la preuve de sa singularité et de son particularisme par rapport aux autres ordres juridiques existants. On a considéré que huit des seize principes fondamentaux énumérés à l'article 4 de l'Acte constitutif de l'UA sont d'origine proprement africaine et constituent des innovations juridiques inédites dans le droit international universel[3]. Il s'agit de la participation des peuples africains aux activités de l'Union ; du droit de l'Union d'intervenir dans un État membre sur décision de la Conférence, dans certaines circonstances graves, à savoir les crimes de guerre, le génocide et les crimes contre l'humanité ; du droit des États membres de solliciter l'intervention de l'Union pour restaurer la paix et la sécurité ; de la promotion de l'autodépendance collective dans le cadre de l'Union ; du respect des principes démocratiques des droits de l'homme, de l'état de droit et de la bonne gouvernance ; de la promotion de la justice sociale pour assurer le développement économique équilibré ; du respect du caractère sacro-saint de la vie humaine et la condamnation et le rejet de l'impunité, des assassinats politiques, des actes de terrorisme et des activités subversives ; de la condamnation et du rejet des changements anticonstitutionnels de gouvernement. Au lieu de rechercher dans ces énoncés une originalité, une spécificité africaine intrinsèque, ne convient-il pas plutôt d'y voir la codification et la formulation endogène de principes et de valeurs intemporels inscrits dans la conscience humaine et que le droit a la charge d'inscrire dans la vie sociale ? Il faut

---

[1] Société française pour le droit international (SFDI), *Régionalisme et universalisme dans le droit international contemporain,* Colloque de Bordeaux 1976, Paris, Pedone, 1977.

[2] « Le régionalisme juridique s'évade...de son cadre géographique, dans lequel il était mal contenu, pour contribuer à un moment donné à la formulation du droit de la société internationale dans son ensemble », écrit-il, dans Société française pour le droit international (SFDI), *Régionalisme et universalisme dans le droit international contemporain,* Colloque de Bordeaux 1976, Paris, Pedone, 1977, p. 41.

[3] Abdulqawi A. Yusuf, *Panafricanisme et droit international, op. cit.,* p. 149 et suivantes.

se garder de succomber au militantisme juridique lui-même adossé au régionalisme politique[1].

De ce rapide survol des moyens d'action de l'OUA et de l'UA dans l'ordre international, on retiendra que ces organisations exercent une capacité diplomatique au travers du droit de légation actif et passif, bien que leur action internationale soit diluée par l'absence d'une structure spécifiquement affectée aux missions extérieures ; leur capacité normative se traduit, quant à elle, par leur présence dans les institutions internationales sur lesquelles elles n'ont pas de prise, et par un pouvoir discuté et controversé d'impacter le droit international universel par transmission à celui-ci de règles d'origine et de source authentiquement et exclusivement africaine.

L'OUA ET L'UA, LA POLITIQUE ÉTRANGÈRE PRISE EN OTAGE PAR LES POSITIONS DIVERGENTES DES ÉTATS

La question se pose de savoir si dans leur démarche unitaire les pays africains regroupés au sein de l'OUA puis de l'UA adoptent des positions communes face au reste du monde et aux problèmes internationaux. C'est en substance le problème que soulevait Charles Zorgbibe dans un entretien avec Jean Ping, alors Président de la Commission de l'Union africaine : « Existe-t-il une identité africaine dans le domaine diplomatique, une vision du monde propre à l'Afrique, une manière africaine de négocier, de résoudre les conflits ?[2] ». L'indigence de la réponse apportée à cette question si cruciale est à souligner : « il y'a nécessairement une identité africaine en matière diplomatique car la situation est la même pour tous les États africains, ce qui nous conduit à des comportements identiques, parallèles[3] ». En accréditant l'idée d'un essentialisme diplomatique africain fondé sur la parenté de situations similaires, l'auteur semble sous-estimer les facteurs individuels qui entrent en compte dans la détermination de la politique extérieure des États. Doudou Thiam qui fut ministre des Affaires étrangères du Sénégal considérait aussi que le vécu identique des pays africains détermine les grandes lignes de leur politique étrangère, leurs problèmes communs (décolonisation, sous-

[1] Charles Zorgbibe, « Régionalisme et universalisme », *Le Monde diplomatique,* juillet 1977, p. 20.
[2] Charles Zorgbibe, *Paix et guerres en Afrique. Les chemins de l'Union africaine... op. cit.,* p. 333.
[3] *Ibid.,* p. 335.

développement) faisant naître des aspirations pareillement communes (nationalisme africain, rêve d'unité politique)[1]. On verra qu'il n'en est rien en réalité. La politique étrangère se définit au carrefour de multiples interactions et contradictions : désir de puissance des États, rapports de force internationaux, ambitions personnelles, puissance ou impuissance économique et militaire, considérations de politique intérieure, etc. Il convient, dans cette perspective, d'examiner les ressorts idéologiques contradictoires de la politique étrangère des États africains ; seront alors ensuite exposées quelques-unes de ses manifestations divergentes.

Les ressorts idéologiques contradictoires de la politique étrangère de l'OUA et de l'UA

L'idéologie est à considérer ici comme symbolisant un système de pensée, un ensemble d'idées qui structurent et préfigurent une vision du monde qu'il incombe ensuite à l'action politique d'amener à l'existence. L'idéologie est la représentation mentale d'un réel projeté. Sous cet angle, les déterminants idéologiques de la politique étrangère africaine sont multiples. On y trouve des éléments d'ordre politique et d'autres relevant du domaine économique. Mais d'une façon générale, la politique étrangère africaine était marquée à l'origine du sceau de la colonisation occidentale et du positionnement différencié des États africains pour mettre fin à ce régime d'oppression et construire leur unité. Les relations internationales africaines se définissaient autour de ce double objectif de l'indépendance et de l'unité continentale. Mais si les desseins politiques étaient bien identifiés, les chemins qui mènent à leur réalisation divergeaient, du fait que l'OUA et l'UA sont des conglomérats d'États souverains dont chacun conduit sa politique étrangère en fonction de ses intérêts propres qui peuvent ne pas coïncider avec ceux du groupe pris dans son ensemble. Ce risque de dispersion existe parce que ces organisations ne sont pas précisément des États où l'unité de la décision et de l'action politique extérieure est assurée par un pouvoir politique centralisé. C'est sans doute dans la sphère des relations extérieures, domaine par excellence du pouvoir régalien, que se manifeste avec le plus de prégnance la prétention des États africains à un usage exclusif de leur souveraineté à laquelle ils

[1] Doudou Thiam, *La politique étrangère des États africains... op. cit.*, p. 5.

n'ont pas renoncé en adhérant à ces organisations. Il semble alors abusif, de ce point de vue, de considérer qu'aussi bien l'OUA que l'UA ont chacune une politique extérieure intrinsèque, se déterminant en dehors de l'influence incidente des États qui les composent. Les choix idéologiques opposés des États africains face à ce diptyque de l'indépendance et de l'unité couronnent la politique extérieure africaine de son caractère ambivalent. Des perceptions du monde contrastées ne pouvaient en effet aboutir qu'à un tiraillement en matière de définition et de conduite de la politique étrangère.

Le désir de liberté inhérent au genre humain suscita un mouvement de révolte chez les peuples africains contre le système d'oppression coloniale auquel ils étaient assujettis. La dialectique de la domination et de l'émancipation est au cœur de la rencontre conflictuelle entre l'Occident et l'Afrique. Aussi l'indépendance devint-elle le mot d'ordre de la lutte politique des peuples africains gagnés par « la contagion de l'émancipation universelle[1] ». Mais au moment des décolonisations se posa la question de la consistance et de la nature de cette indépendance : avec ou sans le colonisateur, en collaboration ou en rupture radicale avec lui[2] ? Quelles relations diplomatiques postcoloniales entretenir avec les anciens maîtres ? La réponse à ces questions révéla une ligne de fracture idéologique entre les leaders politiques africains. Certains, comme succombant au syndrome et à l'énigme de la servitude volontaire[3] ne se rallièrent d'ailleurs que tardivement à l'idée même de l'indépendance qu'ils avaient combattue par des manœuvres diverses. Aussi ne la concevaient-ils que dans le maintien d'étroites relations d'allégeance aux anciennes métropoles par la création, d'une part, de regroupements interafricains nostalgiques du temps colonial ou par l'adhésion, d'autre part, à des formules d'association dissymétrique préconisées par les ex-colonisateurs. Ces querelles autour de la forme de l'indépendance ont pour fondement la distinction idéologique entre réformistes et progressistes, entre modérés et révolutionnaires[4].

---

[1] MAE, Afrique-Levant, 1953-1959, AOF, Afrique occidentale française, « Situation politique, économique et sociale de l'A.O.F. en 1956 », 15 mai 1956, p. 16, carton 34QO/11.

[2] Sylvain C. Anignikin, « Les élites africaines et l'indépendance : le cas des 'évolués' du (Bénin) », *Outres-Mers. Revue d'histoire,* 2010, tome 97, N° 368-369, p. 21-35.

[3] Étienne de La Boétie, *Discours de la servitude volontaire* (1576), Paris, Larousse, coll. « Petits Classiques Philosophie », 2014.

[4] Yves Benot, *Idéologies des indépendances africaines,* 2e éd. augmentée et mise à jour, Paris, Maspero, 1972.

Pour le premier groupe, il était nécessaire que les liens avec les anciennes métropoles fussent sauvegardés dans la nouvelle architecture politique des regroupements africains. Aussi Senghor, Président du Sénégal, pouvait-il se réjouir, lors de la dépolitisation de l'UAM qui allait la transformer en UAMCE, que les liens avec la France aient été maintenus, ne voyant dans la nouvelle organisation qu'une « concession de façade aux exigences de l'esprit d'Addis-Abeba sans pour autant compromettre la nature profonde de l'U.A.M. [1] », francophile. Son ministre des Affaires étrangères, Doudou Thiam, animé par les mêmes dispositions proclamait qu'il « s'emploierait personnellement à préciser dans le texte définitif de la Charte la mention de la coopération avec l'ancienne métropole[2] ». Le Président Hamani Diori du Niger suggérait, lui, la tenue d'une conférence à laquelle participeraient les États du Maghreb et de la zone franc, prélude aux yeux de Senghor de ce « Commonwealth à la française » dont il se disait être le chantre. Dans son zèle militant, ce dernier aurait réussi à convaincre les Présidents Ahmadou Ahidjo du Cameroun et Moktar Ould Daddah de Mauritanie, réticents au départ, « d'organiser la coopération multilatérale avec la France en vue de préserver les liens de la francophonie[3] ». Il semble que les dirigeants de l'UAM, craignant d'être déclassés, aient succombé au chantage à la coopération exercé indirectement sur eux par le Général de Gaulle lors d'une conférence de presse du 31 janvier 1964 où il s'était exprimé en ces termes : « La France peut se porter vers d'autres pays qui, dans d'autres continents, sont plus ou moins en cours de développement…et qui peuvent vouloir nous associer à leur progrès[4] ». Houphouet Boigny célébrait de son côté, les vertus d'une « indépendance dans une parfaite amitié avec la France » ; de retour de la conférence d'Addis-Abeba fondatrice de l'OUA, il considérait que l'UAM était une réalité intangible dans le paysage du regroupement politique panafricain : « …à Addis-Abeba nous avons décidé de mettre en place un plus grand ensemble africain qui aura des organismes similaires à ceux de l'UAM. Mais nous

---

[1] MAE, Archives diplomatiques, Lettre N° 143 bis de Lucien Paye, Ambassadeur Extraordinaire et Plénipotentiaire, Haut Représentant de la République Française, à Son Excellence Monsieur Couve de Murville, Ministre des Affaires étrangères, Dakar, le 21 mars 1964, a.s. De l'U.A.M. à l'U.A.M.C.E. (3 mars-10 mars 1964) – Préparatifs et contexte de la conférence, p. 29.

[2] *Ibid.*

[3] *Ibid.*

[4] *Ibid.*

ne pouvons lâcher la proie pour l'ombre. Notre organisation existe. Il nous faut rechercher comment l'intégrer dans un ensemble plus vaste. Nos frères africains seront inspirés en ne détruisant pas ce qui existe mais en l'améliorant et en le mettant à la disposition de tous[1] ». Dans la géopolitique des ensembles régionaux africains, l'apparentement et l'ancrage de l'UAM au Groupe de Monrovia au détriment de celui de Casablanca jugé hostile à ses intérêts ne pouvait alors que satisfaire et apaiser les craintes de l'ancien colonisateur : « les aspirations à l'unité africaine ont influencé la politique du groupe sur deux points principaux : alignement sur les positions les plus radicales en matière de décolonisation et progression dans la voie du regroupement de Monrovia[2] ».

La mouvance radicale de l'indépendance insistait par contre sur la nécessité d'une rupture avec les anciens colonisateurs. Le refus de la Guinée d'accéder à l'indépendance dans le cadre de la Communauté française est symptomatique de cette tendance. Sékou Touré justifiait ainsi ce choix d'une dissociation d'avec la France, puissance colonisatrice : « Il n'y a pas de liberté sans dignité. Nous préférons la liberté dans la pauvreté à la richesse dans l'esclavage ». Ce à quoi lui répondit de Gaulle, acerbe et menaçant : « L'indépendance est à la disposition de la Guinée, mais la France en tirera toutes les conséquences ». Par son « non », la Guinée se démarquait des « États africains d'expression française ...parvenus à l'indépendance à la suite d'un processus normal d'évolution en plein accord avec la puissance qui les avait administrés et avait facilité leur accession à la Souveraineté internationale[3] ». C'est donc avec la fierté pour son pays d'avoir, visionnaire, anticipé l'irréversibilité de l'indépendance et l'impossibilité de sa pleine jouissance dans le cadre de l'association

[1] MAE, Archives diplomatiques, Télégramme à l'arrivée Affaires étrangères N° 458, Tananarive, le 28 juin 1963. Déclaration faite lors d'une conférence de presse à Tananarive (Madagascar).

[2] MAE, Archives diplomatiques, Note a/s *« L'Union Africaine et Malgache et le Groupe de Monrovia »*, 28 juin 1963, p. 5, Afrique-Levant, 1960-1965, Généralités, carton 49QONT/79.

[3] MAE, Archives diplomatiques, Télégramme chiffré N° 520 à 522 bis du 22 juin 1960 de Ambafrance, Yaoundé, signé Benard, félicitations au ministre camerounais des Affaires étrangères Monsieur Okala après sa prise de position énergique à la conférence des chefs d'État africains à Addis-Abeba où il avait justifié le recours de son pays à l'aide des troupes françaises et apparaissant à cette occasion comme le porte-parole des États amis de le France, carton Afrique-Levant, 1960-1965, Généralités, 49QONT/83.

avec le colonisateur que le ministre des Travaux publics, Président de la délégation de Guinée à la conférence des États indépendants d'Afrique, affirme : « Aujourd'hui, moins d'un an après cet évènement significatif que représente le Référendum organisé par le Général de Gaulle, les territoires qui ont été ainsi mystifiés et qui avaient cru à la Communauté réalisent maintenant leur tragique erreur, et réclament ouvertement leur indépendance[1] ». Dans cette Afrique en ébullition où les choix du présent étaient lourds de conséquences pour l'avenir, il fallait opérer un retour sur soi, nécessaire prise de conscience oppositionnelle à toute tentative d'engloutissement, ainsi que le souligne Nkrumah : « Quelques-uns d'entre nous, je pense, ont besoin qu'on leur rappelle que l'Afrique est un continent en soi. Ce n'est pas une extension de l'Europe ou d'un autre continent. Nous voulons donc développer notre propre communauté et une Personnalité Africaine[2] ». Dans cette optique, il faut faire preuve de vigilance pour discerner le subterfuge et le danger que représentent les indépendances piégées, sous contrôle. L'indépendance authentique est orientée vers la libération au plan national des peuples asservis et, une fois ceux-ci constitués en États, à la réalisation de l'unité continentale. Le leader ghanéen l'affirme avec force : « Cette décade est la décade de l'indépendance africaine. En avant pour l'indépendance. Aujourd'hui l'indépendance. Demain les États-Unis d'Afrique[3] ». Il est en phase en cela avec Sékou Touré : « ...en même temps que nous choisissions notre indépendance, nous placions cette indépendance dans les perspectives d'une Afrique libre et unie et nous la mettions à la disposition de l'indépendance et de l'unité de l'Afrique...Nous définissons l'indépendance de la Guinée comme étant à la disposition de l'indépendance africaine[4] ». En d'autres termes, l'indépendance ne se fractionne pas, elle se cumule. Tel est le sens de la radicalité de l'indépendance qui commande que soit fustigé et brocardé un rassemblement du type UAM vecteur et perpétuateur de l'influence française. Les délégués de la Guinée et du Nigéria à la conférence des

---

[1] MAE, Archives diplomatiques, Afrique-Levant, 1953-1959, Généralités, carton 49QONT/44, p. 20.

[2] MAE, Archives diplomatiques, Deuxième Conférence d'Accra, Conférence des Peuples africains, Discours de Nkrumah à l'ouverture de la Conférence, Afrique-Levant, 1953-1959, Généralités, carton 49QONT/44.

[3] *Ibid.*

[4] MAE, Archives diplomatiques, Afrique-Levant, 1953-1959, Généralités, carton 49QONT/45.

ministres des Affaires étrangères de l'OUA tenue en 1963 à Dakar qualifièrent cette organisation d'être un « affront à l'unité africaine » et une « honte » pour le continent[1]. Si ces affrontements verbaux sont le signe manifeste d'oppositions idéologiques consommées, ils témoignent aussi de l'âpreté d'un débat non moins fondamental qui a agité les leaders africains après la création de l'OUA : quel sort réserver aux organisations qui l'ont précédée sur la scène du regroupement panafricain ? Fallait-il prononcer leur dissolution, leur maintien parallèlement à l'OUA, ou leur intégration à cette dernière ? Il y a eu un flottement de la doctrine et de la pratique au début de la création de l'OUA qui s'est ensuite stabilisé, d'une part, autour de la reconnaissance à cette dernière d'une compétence générale à l'image de celle qu'assument les Nations unies ; d'autre part, de la coexistence avec elle, de regroupements régionaux spécialisés. La philosophie de l'UA se situe dans le même sillage.

Pour ce qui concerne l'association des États africains aux formules d'intégration imaginées par les métropoles pour maintenir ces derniers dans leur giron, il n'est point besoin d'y insister longuement. Dans l'espace francophone, il s'agit principalement de l'Union française et, après elle, de la Communauté française. La zone anglophone se distingue quant à elle par l'expérience du Commonwealth britannique, alors qu'au niveau européen prévaut le modèle d'association des pays africains à la Communauté européenne. Ici aussi se superposent les joutes et les clivages idéologiques qui séparent les deux Afriques, l'une docile, pondérée et l'autre réfractaire, rebelle. Ces formules d'association ont été jugées à l'aune des convictions idéologiques de chaque camp. Dans son acceptation d'une vassalisation extérieure, Houphouët-Boigny accordait par exemple une prime de bonne conduite à la France dans les efforts de ce pays de s'inféoder ses anciens territoires : « Les Anglais, quels qu'ils soient, n'ont jamais désiré une union véritable avec les Africains. Nous sommes persuadés que les Français métropolitains le désirent et en toute franchise, nous préférons

[1] Lettre N° 354/DAM/CP du 11 août 1963, de Lucien Paye, Ambassadeur Extraordinaire et Plénipotentiaire, Haut Représentant de la République Française, à Son Excellence Monsieur Maurice Couve de Murville, Ministre des Affaires étrangères a/s Conférence des ministres des Affaires étrangères de l'Organisation de l'Unité Africaine, Dakar, 2-11 août 1963, MAE, Archives diplomatiques, Afrique-Levant, 1960-1965, Généralités, carton 49QONT/84.

cela[1] ». Au front contre le Commonwealth britannique, on retrouve la Guinée dont le ministre, Camara Damatang, invitait lors de la dix-huitième session du Conseil des ministres de l'OUA en 1972, tous les États anglophones à rompre toute allégeance au Royaume-Uni, et à prendre exemple sur la Guinée qui, en 1958, avait « au nom du véritable panafricanisme » refusé de conserver le moindre lien avec la France[2]. Concernant l'association Afrique-CEE, on mentionnera le soutien apporté par Senghor, alors député du Sénégal, à cette initiative : « Ces idées d'accord Europe-Afrique je les ai défendues depuis 15 ans...Les territoires d'Afrique n'ont que faire d'une liberté et d'une indépendance théorique. Aussi éloigné d'une indépendance périmée que d'un nationalisme agressif je suis partisan d'une Fédération Europe-Afrique dans l'égalité des droits et des devoirs[3] ». Cette prise de position est à opposer, d'une part, à la charge contre la CEE lors de la réunion à Tanger (Maroc) de la Commission économique pour l'Afrique, attaque ayant suscité un projet de riposte franco-belge[4] ; d'autre part, à celle de M. Kibaki, Secrétaire exécutif du Kenya African National Union (KANU), pour qui l'éventualité d'une association de l'Afrique orientale à la CEE entérinée par le Tanganyika, le Kenya, et l'Ouganda constituerait « une solution néo-colonialiste destinée à faire obstacle à l'industrialisation de l'Afrique et à la constitution d'un Marché Commun Pan-Africain [5] ». Le processus d'association des États africains à la CEE aboutira à la signature à Yaoundé (Cameroun), le 20 juillet 1963, de la première convention liant pour cinq ans dix-huit États africains et malgache associés (EAMA) et les six États de la CEE. Cet accord de libéralisation des échanges est assorti d'une compensation financière des Six par l'entremise du Fonds européen de développement (FED) et par les prêts de la Banque européenne de développement

[1] Lettre N° 5242 du Ministre de la France d'Outre-Mer, à Monsieur le Ministre des Affaires étrangères, objet : déclaration de M. Houphouët-Boigny, député de la Côte d'Ivoire, MAE, Archives diplomatiques, Afrique-Levant, 1953-1959, AOF, carton 34QO/11.

[2] Télégramme N° 558/563 du 20 février 1972, MAE, Direction des Affaires Africaines et Malgaches (DAM), Généralités, 1959-1979, carton 1089 INVA/423.

[3] Télégramme à l'arrivée N° 85/86, Dakar, 8 novembre 1950, MAE, Archives diplomatiques, K Afrique, 1944-1952, Généralités, carton 49Q0/37.

[4] Télégramme à l'arrivée N° 566-568, signé Bousquet, Bruxelles, 31 décembre 1959, MAE, Archives diplomatiques, Afrique-Levant, Généralités, 1952-1970, carton 49QONT/54.

[5] Télégramme à l'arrivée N° 202, Nairobi, 5 septembre 1962, MAE, Archives diplomatiques, Afrique-Levant, 1960-1965, Généralités, carton 49QONT/75.

(BED). Ce dispositif est prolongé en 1969 par la convention de Yaoundé II et à partir de 1975 par celles de Lomé, elles-mêmes supplantées à partir de 2000 par les accords de Cotonou.

En guise de synthèse de ces courants idéologiques de la politique étrangère des pays africains, je convoquerai au débat deux auteurs déjà fréquentés. Pour Doudou Thiam, deux facteurs contradictoires impactaient la politique internationale des États africains devenus indépendants : le micro-nationalisme et le macro-nationalisme. Ces deux tendances s'opposent en ce que la première est un « repli sur soi » et apparaît comme un obstacle à la réalisation de la « Grande Nation africaine » accomplie seulement dans le cadre du panafricanisme. Faisant cette distinction, il relève dans une belle formule « une rivalité très vive entre les leaders politiques dont la plupart préfèrent rester les premiers en province que les seconds à Rome[1] ». Évoquant le même problème de la philosophie politique des relations internationales africaines, Pierre Dagbo Godé distingue trois conceptions de celles-ci : l'anti-impérialiste, trempée dans l'action révolutionnaire de masse et la lutte armée ; la révolutionnaire prônant la rupture des liens coloniaux en vue de la réalisation de l'unité continentale africaine ; enfin, la réformiste et réactionnaire qui rassemble les élites politiques africaines, véritables relais de l'impérialisme et du néocolonialisme sur le continent[2]. Quels que soient cependant les nuances et les dégradés des situations et des analyses, on retiendra que la politique internationale des États africains est soumise à des doctrines contraires dont l'enjeu politique est la vision que les leaders ont de l'indépendance et de l'unité du continent dans son ensemble. Ces oppositions théoriques aboutissent, au plan pratique, à des prises de position divergentes des États sur les dossiers internationaux, soulevant ainsi la question de la crédibilité de l'OUA et de l'UA en matière de diplomatie continentale unitaire.

Le positionnement divergeant des États africains sur les dossiers de politique étrangère

Une politique étrangère orientée vers la réalisation de l'unité en tant qu'objectif partagé doit pouvoir se traduire au plan de sa mise en œuvre par l'homogénéité des positions des États membres appelés à parler

---

[1] Doudou Thiam, *La politique étrangère des États africains... op. cit.*, p. 16.

[2] Pierre Dagbo Godé, *La diplomatie africaine..., op. cit.*, p. 53-54.

d'une même voix sur la scène internationale. Toute attitude discordante contribue à saper les fondements d'une identité diplomatique internationale distinctive, c'est-à-dire d'une diplomatie continentale commune. Or se dresse ici l'écueil structurel déjà relevé de la souveraineté des États ; celui-ci limite le pouvoir d'action des organisations internationales, de l'UA en l'occurrence : « L'Union africaine ne peut faire que ce que les États membres lui permettent de faire. Elle ne peut exercer plus de puissance que les États membres qui l'ont créée ; l'efficacité de la diplomatie africaine dépendant avant tout de l'attitude des États membres[1] ».

Il est bien évident qu'en politique internationale se télescopent et se superposent des considérations de politique intérieure et de politique extérieure[2]. Sous cet angle, l'étude de la diplomatie africaine sous l'égide de l'OUA et de l'UA comporte, d'une part, l'examen des relations des États africains entre eux et, d'autre part, celui des rapports entre l'Afrique et la société internationale[3]. J'ignorerai ce premier aspect qui concerne particulièrement les conflits interafricains, notamment les différends frontaliers, et les procédures pour les résoudre ; leur existence même est le signe évident de l'absence d'unité entre pays africains. Je m'intéresserai en priorité à la perception que les États africains réunis dans l'OUA et dans l'UA ont de leurs rapports avec le reste du monde car c'est dans ce domaine qu'est susceptible de s'exprimer le mieux leur cohésion diplomatique. Il serait néanmoins ardu sinon impossible d'examiner tous les dossiers internationaux qui interpellent particulièrement les États africains et, à travers eux, l'OUA et l'UA. Ne seront donc considérés que quelques cas éclairants qui se révèlent souvent être, sous l'apparence de positions consensuelles, des sujets de forte opposition et de discorde entre États.

Vient tout naturellement à l'esprit l'épineuse question de la discrimination raciale et de l'apartheid, objet d'une condamnation

---

[1] *Ibid.,* p. 137.

[2] Doudou Thiam, *ibid.,* p. 1.

[3] Pierre Dagbo Godé, *ibid.,* p. 137. ; Willie E. Abraham résume en ces mots ces deux aspects indissociables de la politique étrangère africaine : « La politique étrangère de l'Afrique peut être scindée en deux parties : d'une part, une politique étrangère concernant l'Afrique elle-même, et visant à renforcer l'unité de ce continent ; d'autre part, une politique étrangère concernant le reste du monde, marquée par un neutralisme résolu. », « The Foreign policy of Africa might be broken into two parts : a foreign policy as regards Africa herself, and directed towards increasing unity in that continent, and, as regards the rest of the world, a foreign policy based on a studious neutralism. », dans *The Mind of Africa,* Liverpool and London, 1962, p. 186.

vigoureuse aussi bien de la part des Nations unies[1] que de l'OUA[2], et relayée abondamment dans les discours des hommes politiques africains. Or derrière cet unanimisme de façade se sont développées des pratiques de côtoiement du régime odieux de l'apartheid, de dialogue avec un système mis au ban de la société internationale par divers moyens : boycott politique, économique, militaire, aérien, culturel, sportif, etc. Ce positionnement ambigu a suscité de nombreuses diatribes entre États africains, et la cohésion de l'OUA en a, en son temps, été affectée. On en donnera pour preuve les échanges pour le moins musclés et discourtois entre délégués africains lors de la dix-septième session ordinaire du Conseil des Ministres de l'OUA en juin 1971. Le représentant de la Côte d'Ivoire, Assouan Usher, y fut vivement pris à partie par Eline Winga, ministre tanzanien des Affaires étrangères auquel se joignit son homologue brazzavillois, Auxence Ickonga, pour « exprimer le mépris de l'Afrique à ceux qui proposent, à l'instar de la Côte d'Ivoire, de conclure un pacte avec l'apartheid et le colonialisme[3] ». Piqué au vif, le ministre ivoirien se laissa aller à cette réponse peu diplomatique : « Je ne tiens pas à relever ici l'état de mes collègues…Qu'ils sachent cependant, ces apprentis sorciers, que je leur ferai passer l'envie d'imposer leur loi. Quant aux autres, qui suivent béatement ou par démagogie les élucubrations des progressistes au rabais, je ne peux que leur signifier mon mépris[4] ». Le ministre éthiopien des Affaires étrangères, Ketena Yifrou, qui voulait défendre l'honneur de son souverain présent dans la salle en tant qu'hôte de la conférence, et de celui de ses collègues se fit traiter d'être « un agent américain » par un Dahoméen ; ce dernier en remit une couche en

---

[1] Á titre d'illustration, Résolutions 392 (1976) du 19 juin 1976, 417 (1977) du31 octobre 1977, 418 (1977) du 4 novembre 1977 du Conseil de sécurité ; résolution 3068 (XXVIII) du 30 mars 1973 de l'Assemblée générale sur l'état de la Convention internationale sur l'élimination et la répression du crime d'apartheid.

[2] Résolution CM/Res. 935 (XL) adoptée lors de la quarantième session du Conseil des ministres en 1984, de condamnation du régime raciste de l'Afrique du Sud et de certains pays du camp occidental (États-Unis, Grande-Bretagne, Israël) ainsi que les sociétés multinationales et les institutions financières internationales pour leurs opérations et leurs liens avec l'Afrique du Sud.

[3] Lettre N° 718/AL de Robert Mazeyrac, Chargé d'Affaires de France a.i. en Éthiopie, à son Excellence Monsieur Maurice Schumann, Ministre des Affaires étrangères, Addis-Abeba, 28 juin 1971, a/s *« Les XVI[è] et XVII[è] sessions ordinaires du Conseil des Ministres et la VIII[è] Conférence des Chefs d'État et de Gouvernement de l'OUA, 11-23 juin 1971 »*, p. 7., MAE, Archives diplomatiques, DAM, Direction des Affaires Africaines et Malgaches, Généralités, 1959-1979, carton 1089 INVA/423.

[4] *Ibid.*

ajoutant : « Votre pays est la 52ème étoile sur le drapeau des États-Unis[1] ». Le narrateur de cette scène ubuesque ajoute que des travées, étaient scandés des cris de « Sales arabes ». Belle ambiance unitaire autour d'un sujet prétendument consensuel ! La Tanzanie avait, quant à elle, franchi un nouveau pas dans sa croisade contre la politique de dialogue avec l'Afrique du Sud en demandant de remettre en cause l'appartenance à l'Organisation panafricaine des États n'appliquant pas les résolutions établissant les modalités de la lutte de libération[2]. Ainsi, au mépris des résolutions et autres documents de l'Organisation, à l'exemple du Manifeste de Lusaka (Zambie) adopté en 1969 et qui condamnait la politique d'apartheid, certains États continuaient-ils de mener des politiques à l'encontre de la parole officielle de l'OUA sur ce dossier. Atteste de ces contradictions ce témoignage : « Tout le monde (sauf la Côte d'Ivoire, le Malawi), se rallie à un discours de combat contre l'Afrique du Sud. Tous s'accordent pour stigmatiser la pusillanimité des Occidentaux face à la République sud-africaine (à part le Zaïre, la Tunisie, l'Égypte ou la Côte d'Ivoire, qui expriment parfois leurs réserves sur des textes trop virulents)[3] ». Les contacts avec les dirigeants sud-africains ont été maintenus, et certaines prises de position comme celle de Moussa Traoré, alors Président en exercice de l'OUA, déclarant que le président sud-africain « Pieter Botha n'est pas le diable[4] », ont contribué à semer le doute quant à la cohérence de la ligne politique de l'Afrique à l'égard de la lutte contre l'apartheid ; d'où l'embarras d'Idé Oumarou, Secrétaire Général de l'OUA à propos de cette déclaration du président malien. Aussi est-on fondé à conclure que par-delà les incriminations officielles, la politique anti-apartheid de l'OUA était prise dans l'étau des contradictions des politiques étrangères de ses États membres. Contestée au-dedans sur sa ligne

---

[1] *Ibid.*, p. 8.

[2] Lettre N° 335/AL de Jean Desparmet, Ambassadeur de France en République Unie de Tanzanie, à Son Excellence Monsieur le Ministre des Affaires étrangères, Dar es Salaam, le 22 juin 1971, a/s. « *La Tanzanie, le dialogue et la réunion du Conseil ministériel de l'OUA* », MAE, Archives diplomatiques, DAM, Direction des Affaires Africaines et Malgaches, Généralités, 1959-1979, carton 1089 INVA/423.

[3] « Note A/S l'OUA et l'Afrique australe », par Olivier Caron, p. 3, MAE, Archives diplomatiques, Direction des Affaires Africaines et Malgaches, 1984-1988, carton 2210 INVA/134.

[4] Lettre N° 487/DAM du 18 novembre 1988 de l'Ambassadeur de France en Côte d'Ivoire, à Monsieur le Ministre d'État, Ministre des Affaires étrangères, a/s « Réactions de l'OUA face aux récents développements en Afrique australe », MAE, Direction des Affaires Africaines et Malgaches, 1984-1988, carton 2210 INVA/134.

politique de bannissement de l'Afrique du Sud, l'OUA n'avait d'autre stratégie que celle de l'internationalisation du conflit par l'appel au dehors de l'opinion publique : « Confrontée à une faible capacité d'action sur le terrain, l'OUA continuera à fonder ses espoirs sur une mobilisation de l'opinion internationale pour faire pression sur les gouvernements occidentaux. La prise de contact avec les organisations noires américaines (Congressional Black Caucus, notamment), s'inscrit dans cette perspective[1] ». Lorsque s'écroule le système de l'apartheid par la libération de Nelson Mandela le 11 février 1990 après vingt-sept années d'incarcération, et son accession au pouvoir en 1994 en tant que premier Président noir de l'Afrique du Sud, ces dissensions des États africains quant à leur politique sud-africaine sont mises sous silence. L'heure n'était pas au souvenir des divergences passées, mais à l'euphorie de la célébration du présent victorieux. L'histoire est faite, elle, du rappel de la mémoire oubliée et refoulée.

Un autre point de tension entre les positions officielles de l'OUA et la politique de ses États membres est lié au non-respect de la neutralité idéologique formulée expressément dans sa Charte en tant que principe de l'Organisation, par « Affirmation d'une politique de non-alignement à l'égard de tous les blocs » (article III/7). L'OUA est créée en 1963 dans un climat international de guerre froide marqué par la rivalité idéologique des camps communiste et capitaliste. Elle avait réussi à réaliser un compromis en fédérant les différents courants idéologiques antérieurs du nationalisme panafricain. On se serait donc attendu que l'adoption de cette clause de neutralité se traduise par la fin des affrontements idéologiques entre États africains et par l'expression d'une politique extérieure à égale distance des deux blocs antagonistes. Mais il apparut très vite que l'accord d'Addis-Abeba était un compromis bancal à l'ombre duquel infusaient des désaccords profonds traduits par des termes antinomiques du langage politique : Afrique modérée, Afrique extrémiste ; Afrique réactionnaire, Afrique révolutionnaire, etc. Ces désignations ont été forgées et accolées aux Africains par le colonisateur ; elles lui servaient, dans sa propagande idéologique, à catégoriser les tendances du panafricanisme pour ensuite exprimer son approbation ou jeter le discrédit sur telle ou telle obédience, au gré de ses propres intérêts. La querelle de l'unité africaine, en sommeil mais non éteinte, est comme un volcan

---

[1] « Note A/S l'OUA et l'Afrique australe », par Olivier Caron, p. 4, MAE, Direction des Affaires Africaines et Malgaches, 1984-1988, carton 2210 INVA/134.

imprévisible susceptible d'entrer en éruption à tout moment. Elle a ressurgi, comme je l'ai signalé, lors de la naissance de l'Union africaine en 2002. Même si les États africains se retrouvaient tous dans les tribunes du mouvement des pays non alignés, nébuleuse idéologique ayant perdu au fil du temps son identité originelle par le fait que s'y côtoient des États à tendance modérée et d'autres plus radicaux, il n'empêche que les politiques extérieures de ces États africains sont demeurées assujetties au prisme de leur référentiel politique. Loin d'être, comme espéré, un facteur d'unité continentale, le non-alignement a plutôt consacré et accentué la division des États africains et révélé l'impuissance de l'OUA à assurer le respect de ses principes directeurs ainsi qu'à maintenir en son sein la cohésion autour de sa ligne politique. L'Union africaine est, elle, née dans un environnement international marqué par l'affaiblissement de l'alternative tiers-mondiste et par l'hégémonie de la mondialisation néolibérale. Cette nouvelle donne augure-t-elle pour cette organisation le temps d'un nouveau cycle africain dans les relations internationales contemporaines ou va-t-elle, au contraire, consacrer l'absorption de son action extérieure dans la dynamique des rapports asymétriques unipolaires ? La pression exercée sur les pays africains, même les plus réticents au départ comme le Nigéria et le Bénin, pour ratifier les accords portant création de la ZLECAF, préfigurent du choix assumé d'un arrimage de l'Afrique au type de la mondialisation en cours. Dans ce contexte, le discours du non-alignement, s'il était maintenu, risque, par disparition d'une opposition doctrinaire, ne relever que du verbalisme.

Il existe d'autres sujets internationaux où l'OUA a peiné à imposer des positions uniformes à ses États membres. Les relations de l'Afrique avec Israël relèvent de ce cas. Suite à la guerre du Kippour en 1973, l'OUA avait, par solidarité avec les pays arabes et la cause palestinienne, préconisé dans une résolution présentée par l'Égypte, la rupture des relations diplomatiques avec l'État hébreu accusé par ailleurs de soutenir la politique d'apartheid de l'Afrique du Sud. Trois États africains, le Malawi, le Lesotho et le Swaziland, refusèrent d'appliquer cette décision de l'organisation panafricaine, tandis que beaucoup d'autres continuaient à entretenir officieusement des liens avec Israël, notamment dans les domaines économique, commercial et de la sécurité. Le retour de Tel-Aviv en Afrique sera acté dans les années 1980 avec le rétablissement de ses relations diplomatiques avec les pays sub-sahariens[1]. La désillusion des États africains quant aux gains attendus de la coopération avec les États arabes y aura beaucoup contribué, certains comme le Zaïre de Mobutu suggérant même en 1984 la création contestée d'un bloc négro-africain sous la dénomination de Ligue des États-négro africains (LENA)[2]. Israël a entrepris depuis une offensive de charme en Afrique devenue pour l'État hébreu un enjeu géopolitique majeur, notamment pour le soutien escompté des pays africains dans les institutions internationales. Plusieurs pays africains[3] ont ainsi assisté, sujet à controverses, à l'inauguration des nouveaux locaux diplomatiques des États-Unis à Jérusalem. Le Soudan du Sud, le Togo et l'Ouganda ont annoncé vouloir y transférer leurs ambassades, malgré le statut international de cette ville qui la préserve et assure sa neutralité diplomatique, et malgré de même la position officielle de l'UA soulignant l'illégalité d'un tel transfert[4]. Le Maroc a, quant à lui, normalisé ses relations diplomatiques avec Israël en décembre 2020, et le Soudan était en voie de le faire, en contrepartie d'une aide financière des États-Unis[5].

Un autre exemple d'entorse par les États de la position officielle de l'Union africaine en matière de politique extérieure est fourni par les dessous et les enjeux de la reconnaissance par Israël, le 17 juillet 2023, de la souveraineté du royaume du Maroc sur le Sahara occidental. Au sens des Nations unies, le peuple de ce territoire non-autonome, a vocation à exercer son droit à l'autodétermination. Malgré la faiblesse de son engagement dans ce sens marquée notamment par le fait qu'elle

---

[1] Léon César Codo, « L'Afrique noire et Israël : inversion d'une dynamique diplomatique », *Politique africaine,* N° 30, juin 1988, p. 50-68.

[2] République Française, Note N° 2419/DAM, A/S : « L'Organisation de l'Unité africaine », p. 4, Ministère des Affaires étrangères, Direction des Affaires africaines et malgaches, Sous-Direction d'Afrique Centrale et Orientale, MAE, Archives diplomatiques, Direction des Affaires africaines et malgaches (DAM), 1984-1988, carton 2210 INVA/134.

[3] Angola, Cameroun, République du Congo, Côte d'Ivoire, Éthiopie, Kenya, Nigéria, Rwanda, Soudan du Sud, Tanzanie, Zambie, République du Soudan.

[4] « Déclaration de l'Union africaine sur la décision américaine de reconnaître Jérusalem comme capitale de l'État d'Israël », https://www.peaceau.org/fr/article/declaration-de-l-union-africaine-sur-la-decision-americaine-de-reconnaitre-jerusalem-comme-capitale-de-l-etat-d-israel, 7 décembre 2017, consulté le 31/07/2023.

[5] « Israël et le Soudan sur la voie de la normalisation de leurs relations », *Le Monde Afrique,* 2 février 2023, https://www.lemonde.fr/afrique/article/2023/02/.02/israel-et-le-soudan-sur-la-voie-de-la-normalisation-de-leurs-relations_6160323_3212.html, consulté le 31/07/2023.

s'est déchargée sur les Nations unies pour le règlement de ce conflit[1], la position de principe de l'UA dans ce dossier est constante : appel au dialogue des deux parties, exercice du droit du peuple sahraoui à disposer de lui-même. L'OUA/UA s'est positionnée comme le garant du plan de règlement du conflit du Sahara occidental signé par les deux parties en 1991. Celui-ci a conduit au déploiement de la Mission des Nations Unies pour l'organisation d'un référendum au Sahara occidental (MINURSO) avec missions de superviser le cessez-le-feu et d'organiser un référendum d'autodétermination du peuple du Sahara occidental[2]. L'acte de reconnaissance par Israël de la marocanité du Sahara occidental, résultat de la vitalité de la diplomatie du royaume chérifien, participe donc du court-circuitage de la parole officielle de l'UA, et du processus d'une longue et inefficace implication des Nations unies dans le règlement de ce conflit. Il faut dire que le dossier du Sahara occidental est un motif de discorde entre États africains, et aussi de la communauté internationale[3]. L'Algérie n'a pas manqué de renvoyer dos à dos le Maroc et Israël en considérant que la situation prévalent au Sahara occidental était identique à celle de l'annexion des territoires palestiniens par Israël[4].

On mentionnera de même le problème de la continentalité de l'Afrique, de la récupération et de la défense de son intégrité territoriale

---

[1] Nombreuses sont les prises de position de l'UA dans ce sens, à l'exemple de la résolution du Conseil de paix et de sécurité du 9 mars 2021 appelant « le Conseil de sécurité des Nations unies à assumer pleinement ses responsabilités et à prendre toutes les mesures nécessaires pour résoudre pleinement le conflit au Sahara occidental et trouver une réponse efficace aux questions relatives au respect des droits de l'homme et à l'exploitation illégale des ressources naturelles du territoire », https://www.spsrasd.info/news/fr/articles/2021/03/18/32141.html, consulté le 31/07/2023. ; Ndubuisi Christian Ani, Liesl Louw-Vaudran, « AU limits its role in Western Sahara crisis. A restricted role for the African Union could set a bad precedent for other conflict situations », ISS Today, Institute For Security Studies, *ISS PSC Report,* 11 september 2018, https://issafrica.org/iss-today/au-limits-its-role-in-western-sahara-crisis, consulté le 31.07.2023.

[2] *Ibid.*

[3] Voir les débats suivants : « Quatrième Commission : l'Afrique divisée sur la question du Sahara occidental », 69e session, 6e séance, matin, 13 octobre 2014 ; Assemblée générale, Comité spécial de la décolonisation, « Le Comité des 24 débat de la question du Sahara occidental », AG/COL/3370, 13 juin 2023, 5e et 6e séances plénières, matin et après-midi.

[4] « Sahara occidental. Pour l'Algérie, Israël et le Maroc sont 'deux colonisateurs qui se soutiennent' », https://www.courrierinternational.com/article/sahara-occidental-pour-l-algerie-israel-et-le-maroc-sont-deux-colonisateurs-qui-se-soutiennent, 18 juillet 2023, consulté le 31.07.2023.

dans l'optique du parachèvement de sa décolonisation. On rappellera que quelques-uns des territoires qu'elle considère comme relevant de sa souveraineté lui sont encore disputés par certaines anciennes puissances coloniales. Cette revendication de son unité organique est un axe majeur de la politique extérieure de l'OUA et de l'UA qui génère des frictions avec les États étrangers décidés à conserver *« Les confettis de l'empire*[1] », ces terres lointaines d'outre-mer, vestiges historiques d'un passé colonial révolu. La politique française a toujours été d'en réclamer la possession. Ainsi de Djibouti, anciennement désigné Territoire français des Afars et des Issas : « Djibouti est et doit rester français. Il ne peut être question d'abandonner, dans le présent ou dans l'avenir, notre souveraineté sur ce territoire...Il n'est pas davantage question de faire passer ce territoire sous l'autorité du Ministère des Affaires étrangères, ce qui supposerait qu'il aurait perdu dans une mesure quelconque son caractère de territoire national, ce qui n'est et ne peut être le cas[2] ». Mais aussi des Comores pour lesquels une pression fut exercée sur les États africains pour que ce sujet soit exclu des débats du Comité de décolonisation : « Dans l'éventualité d'un débat sur les Comores lors de la prochaine réunion du comité de décolonisation, il conviendrait que vous rappeliez à vos interlocuteurs habituels notre opposition à ce que cette question soit abordée[3] ». Les Comores accèderont à l'indépendance, amputées de l'île de Mayotte qui s'était prononcé pour son rattachement à la France lors d'un référendum contesté. L'OUA n'a eu de cesse depuis lors de réclamer la restitution de Mayotte aux Comores : « Nous réaffirmons notre solidarité avec le peuple comorien dans sa revendication de l'Ile comorienne de Mayotte. À cet effet, nous continuerons à œuvrer pour que, conformément aux résolutions de l'ONU, de la Conférence Islamique et du Mouvement des Pays Non-Alignés, la France restitue dans les meilleurs délais, l'Ile de Mayotte à la République Fédérale Islamique des Comores[4] ». Cette revendication de l'unité des Comores est également relayée par les

[1] Jean-Claude Guillebaud, *Les confettis de l'empire ...* , Paris, Seuil, 1976.

[2]« Note du 1er janvier 1952 A/s Politique française en Afrique Orientale », MAE, Archives diplomatiques, K Afrique, 1944-1952, Généralités, carton 49QO/37.

[3] Télégramme au départ, 28 mars 1969, signé Lebel, MAE, Archives diplomatiques, Direction des Affaires Africaines et Malgaches, Généralités, 1959-1979, carton 1089 INVA/380.

[4] Déclaration d'Addis-Abeba des chefs d'État et de Gouvernement à l'occasion du 25ème anniversaire de l'OUA », AHG/Decl.1 (XXIV).

nationalistes comoriens[1]. Les développements récents autour de la question de Mayotte montrent que ce litige continue d'empoisonner les relations entre les Comores et la France[2]. L'île de la Réunion fait de même l'objet d'une dispute territoriale entre l'OUA et la France. Revendiquant l'appartenance de ce territoire à l'Afrique, le Comité de libération de l'OUA lors de sa trente-unième session à Dar-es-Salaam (Tanzanie) demandait au Comité ad hoc créé à cette fin de « recommander les mesures appropriées à prendre pour hâter l'indépendance de la Réunion[3] ». L'OUA allait préciser sa position : « La question de l'Ile de la Réunion n'est qu'un exemple classique d'occupation coloniale et doit être traitée comme telle…Le mensonge français selon lequel les Réunionnais préféreraient l'esclavage à la liberté est dénuée de fondement[4] ». Un parallèle est alors fait relativement à un autre cas disputé : « Le même prétexte a été utilisé par la France dans le cas de Djibouti. La France avait sorti le même refrain lors de la question de l'indépendance des Comores dont une partie est maintenant sous l'occupation illégale du colonialisme français[5] ». Contre cette position officielle de l'OUA, il est intéressant de mentionner la voix discordante du ministre nigérien des Affaires étrangères défendant la thèse de l'appartenance de la Réunion à la France[6]. D'autres territoires occupés par des puissances étrangères font également l'objet d'une revendication africaine, notamment les Iles Canaries, sous occupation espagnole, dont la treizième session du Comité de libération réuni à Alger en 1968 a eu à affirmer le caractère

---

[1] Idriss Mohamed Chanfi, *Le combat pour Mayotte comorienne,* Thiais, Éditions Cœlacanthe, 2021.

[2] Jérôme Talpin, *« Les Jeux des îles de l'océan indien, nouvelle source de discorde entre les Comores, Mayotte et Paris »,* https://www.lemonde.fr/politique/article/2023/09/14/les-jeux-des-iles-de-l-ocean-indien-nouvelle-source-de-discorde-entre-les-comores-mayotte-et-paris_6189414_823448.html, consulté le 15.09.2023

[3] Note N° 419/AEN, 29 juin 1978 adressée au Ministre nigérien des Affaires étrangères, MAE, Archives diplomatiques, Direction des Affaires Africaines et Malgaches (DAM), Généralités, 1959-1979, carton 1089 INVA/457.

[4] Rapport du Secrétaire de la Commission Permanente de la Politique générale et l'information, Dars-es-Salaam, 29 mai 1978, OUA, Doc. LC. 31/Doc.3, MAE, Archives diplomatiques, Direction des Affaires Africaines et Malgaches (DAM), Généralités, 1959-1979, carton 1089 INVA/457.

[5] *Ibid.*

[6] Note N° 419/AEN, 29 juin 1978 adressée au Ministre nigérien des Affaires étrangères, MAE, Archives diplomatiques, Direction des Affaires Africaines et Malgaches (DAM), Généralités, 1959-1979, carton 1089 INVA/457.

africain[1]. D'autres cas, à l'exemple déjà signalé des Îles Éparses, font l'objet de disputes territoriales. L'impuissance de l'Afrique sur ces dossiers territoriaux se révèle, d'une part, dans l'empêtrement de l'OUA puis de l'UA dans le jeu diplomatique où le rapport de force leur est défavorable ; d'autre part, dans le silence et le profil bas des États dont aucun n'a à ce jour exprimé frontalement son opposition à ces puissances étrangères quant au fait accompli de leur occupation des territoires africains disputés. Ces comportements sont en même temps symboliques du clientélisme diplomatique qui caractérise les États africains au plan de leurs relations internationales. Aussi attend-on dubitatif et avec circonspection, comme symbole de sa détermination à récupérer ses territoires occupés, de voir la suite vigoureuse, politique, diplomatique et éventuellement judiciaire, que l'Afrique, celle des États individuels et celle du regroupement panafricain, entend réserver à l'avis consultatif sur les *« Effets juridiques de la séparation de l'archipel des Chagos de Maurice en 1965, avis consultatif, CIJ, Recueil 2019, p. 95 »* dans lequel il est demandé au Royaume-Uni de mettre fin à son administration dans ce territoire[2]. Faute d'une action décisive et forte allant dans le sens de la reprise de ces territoires non encore récupérés, la vitupération de l'Afrique risque de n'être qu'une rhétorique stérile.

Un autre point de friction quant à l'harmonisation des politiques étrangères des États africains réside dans la question du leadership continental qui conférerait à son bénéficiaire une influence incontestable au plan international. Il s'agit d'un sujet clivant et récurrent de la vie politique africaine. Plusieurs pays ont été accusés, déjà au début des années soixante, de se disputer un rôle dirigeant en Afrique, à l'exemple du Libéria, « République Africaine ayant une

---

[1] Comités et Mouvements de libération, OUA, Comité de coordination pour la libération de l'Afrique (Comité des vingt-et-un), MAE, Archives diplomatiques, Direction des Affaires Africaines et Malgaches (DAM), Généralités, 1959-1979, carton 1089 INVA/457.

[2] Sur la présence contestée de la France dans les territoires de l'Océan Indien, voir Ligue Panafricaine-Umoja, « Non à la politique de repositionnement de l'impérialisme français dans la partie africaine de l'Océan Indien », https://www.lp-umoja.com/2019/11/07/non-a-la-politique-de-repositionnement-de-limperialisme-francais-dans-la-partie-africaine-de-locean-indiens/, consulté le 26.12.2020 ; Said Bouamama, « Un îlot de pauvreté dans un océan de misère : l'œuvre négative du colonialisme français à Mayotte », dans *Contretemps. Revue de critique communiste*, https://www.contretemps.eu/colonialisme-francais-mayotte/, 3 avril 2018, visité le 26.12.2020.

grande expérience politique », du « Ghana plus développé », ou de « [l']Égypte à la civilisation millénaire [1] ». Ces prétentions à l'hégémonie se traduisent dans les années 1970 par la tentative de constitution d'un directoire à trois en Afrique autour du Congo-Kinshasa, de l'Éthiopie et du Nigéria, projet hégémonique symbolisant un reflux momentané du panafricanisme progressiste : « Cette relative éclipse favorise les ambitions de quelques chefs d'État qui aspirent maintenant à prendre la relève pour infléchir la politique de l'OUA dans un sens conforme aux intérêts des modérés[2] ». Il serait cependant dangereux pour l'unité africaine de voir les États céder à l'illusion et à l'orgueil de la puissance individuelle car, ainsi que le souligne Sékou Touré, « Le Nigéria est sans doute plus riche que la Guinée mais infiniment plus pauvre que l'Afrique, et ce dont nous avons besoin en commun, c'est la richesse de l'Afrique[3] ». La fragmentation de la puissance contribue donc à la faiblesse de l'Afrique. L'unité africaine se fonde alors, comme l'indique le Président Tubman du Libéria, sur un contrat politique et non sur une volonté de domination d'un pays sur un autre : « La nécessité pour une meilleure coopération entre nous est évidente. Mais toute forme d'unité doit être une adhésion volontaire. À défaut d'accord librement consenti, toute forme d'union politique n'est que domination impérialiste [4] ». La problématique du leadership africain s'est aujourd'hui polarisée autour de la représentativité de l'Afrique au Conseil de sécurité des Nations unies. Plusieurs pays se bousculent à la porte de ce conclave des puissants au cas où son entrée

[1] Propos extraits du discours de bienvenue du Président du Libéria à la conférence des chefs d'État africains, Monrovia, 8 mai 1961, Lettre N° 127/AL, de Gabriel Morand, Ambassadeur de France au Libéria, à Son Excellence Monsieur le Ministre des Affaires étrangères, Monrovia, le 20 mai 1961, MAE, Archives diplomatiques, Afrique-Levant, 1960-1965, Généralités, carton 49QONT/80.

[2] Lettre N° 552/AL de Robert Mazeyrac, Chargé d'Affaires de France a.i. en Éthiopie, à Son Excellence Monsieur Maurice Schumann, Ministre des Affaires étrangères, Addis-Abeba, 17 mai 1971, p. 2, MAE, Archives diplomatiques, Direction des Affaires Africaines et Malgaches (DAM), Généralités, 1959-1979, carton 1089 INVA/423.

[3] Discours à la Conférence des Peuples africains, session extraordinaire, 15 avril 1959, MAE, Archives diplomatiques, Afrique-Levant, 1953-1959, Généralités, carton 49QONT/45.

[4] Propos extraits du discours de bienvenue du Président du Libéria à la conférence des chefs d'État africains, Monrovia, 8 mai 1961, Lettre N° 127/AL, de Gabriel Morand, Ambassadeur de France au Libéria, à Son Excellence Monsieur le Ministre des Affaires étrangères, Monrovia, le 20 mai 1961, MAE, Archives diplomatiques, Afrique-Levant, 1960-1965, Généralités, carton 49QONT/80, p. 10.

s'ouvrirait pour y laisser siéger, avec statut de membres permanents ayant droit de veto, d'autres pays en dehors de « la bande des cinq[1] », grands vainqueurs de la Deuxième Guerre mondiale. L'Afrique du Sud, l'Égypte, le Nigéria, le Sénégal, et bien d'autres pays encore ne font pas mystère de leurs prétentions onusiennes. Le consensus d'Ezulwini déjà mentionné par lequel l'Afrique réclame au moins deux sièges de membres permanents avec droit de veto et cinq autres non permanents au Conseil de sécurité n'a fait qu'attiser les convoitises et raviver les rivalités entre pays candidats au rôle de leadership continental. Ce bal des ambitieux et la cacophonie qui en découle laissent douter d'une représentation et d'une défense homogène des intérêts de l'Afrique dans ce cénacle où le vote des États africains, par ailleurs soumis à la pression des grandes puissances, se caractérise par son éparpillement. Au demeurant, les aspirations africaines pour une meilleure représentation au Conseil de sécurité apparaissent comme une agitation inutile et une perte de temps au regard du verrouillage de la procédure d'amendement de la Charte qui requiert le vote positif de tous les membres permanents du Conseil de sécurité (articles 108 et 109). Les propositions pour l'élargissement de cet organe des Nations unies préservent la rente que les grandes puissances se sont octroyés au sein de l'organisation mondiale et n'entament en rien la nature impériale de celle-ci[2]. Une participation efficace de l'Afrique à la gouvernance politique et économique mondiale, pour son propre bénéfice et celui de la communauté internationale dans son ensemble, suppose préalablement résolu le problème de l'articulation du panafricanisme avec l'universalisme.

L'analyse des relations internationales africaines à laquelle nous venons sommairement de procéder révèle une tendance inversée par rapport à l'objectif d'unité poursuivi, ou tout au moins proclamé, par les États africains. L'unité africaine a échoué à passer le test des relations internationales. Par ailleurs, le droit de la société internationale contribue à maintenir la division politique de l'Afrique. Il faut y voir un effet de la souveraineté, principe qui participe de la décentralisation et de la déterritorialisation de la décision politique par la multiplication des centres de pouvoir individuels. Loin de sublimer

---

[1] Monique Chemillier-Gendreau, « La bande des cinq », *Vacarme 01,* hiver 1997, p. 40, publié le 4 février 1997 sur https://www.vacarme.org/article725.html.

[2] Romuald Sciora, « Réforme du Conseil de sécurité de l'ONU, la bonne blague », https://www.iris-france.org/152343-reforme-du-conseil-de-securite-de-l-ONU-la-bonne-blague, 3 décembre 2020, consulté le 21.10.2021.

et d'apaiser les contradictions dans le processus de construction unitaire, les souverainetés multiples les révèlent et les accentuent : « Les difficultés que rencontrent les États africains lorsqu'il s'agit de donner un contenu concret à l'idéal panafricain reflètent les divisions profondes qui les opposent entre eux : division linguistique (francophones et anglophones) ethnique (arabes et noirs) politique (modérés et extrémistes) économique (partisans et adversaires de l'association au Marché commun[1] ». Mais il n'en demeure pas moins qu'au-delà de ces clivages tendanciels qui s'expriment de nos jours encore sous différentes formes, c'est l'idéal panafricain lui-même qui constitue de tout temps un épouvantail pour les puissances étrangères.

Des enseignements doivent être tirés de l'examen des interrelations entre le panafricanisme et le droit international. La nature juridique du panafricanisme a été mise en relief par une démarche consistant à faire dialoguer les acteurs de ce mouvement avec les buts qu'ils poursuivent. Aussi a-t-on pu croiser, dans les trois âges historiques du panafricanisme, la société civile panafricaine et son engagement pour la défense des droits civiques ; les peuples colonisés et leur revendication de l'indépendance ; enfin, les États africains et leur quête de l'unité continentale. La reconnaissance juridique du panafricanisme s'opère avec l'apparition sur la scène internationale des États africains, seules entités parmi ces acteurs à posséder la personnalité juridique internationale.

On retiendra que la société civile panafricaine, constituée des Afro-descendants esclavagisés, des peuples africains continentaux, et des courants de l'émancipation universelle, a néanmoins joué un rôle primordial dans l'élaboration des normes du droit international, notamment en matière de droits de l'homme ; on regrettera cependant que cette société civile mobilisée à travers un vaste réseau d'organisations non gouvernementales ait eu peu d'emprise dans l'application de ces droits dont le bénéfice pour les individus demeure encore trop souvent soumis à l'arbitraire de l'État.

---

[1] « Note a/s : Évolution politique de l'Afrique », Paris, le 1er avril 1964, p. 10, MAE, Archives diplomatiques, Afrique-Levant, 1960-1965, Généralités, carton 49QONT/79. ; voir aussi : « Malgré les appels à l'unité, des clivages demeurent : entre modérés et progressistes ; entre Noirs et Arabes ; entre francophones et anglophones », Note N° 2419/DAM, de Jean-Paul Taix , Paris, le 25 octobre 1988, MAE, Archives Diplomatiques, Direction des Affaires Africaines et Malgaches, 1984-1988, carton 2210 INVA/134.

Les peuples colonisés n'ont pas moins eu un impact sur le droit international, par la trace qu'ils ont laissé sur le droit de la décolonisation. Le droit des peuples à disposer d'eux-mêmes dans sa double déclinaison politique et économique est une belle conquête des luttes anticoloniales, bien que son efficacité soit questionnée, au regard des situations persistantes d'injustice et de forte inégalité qui caractérisent les sociétés humaines contemporaines, autant au plan national qu'à celui international.

Après leur indépendance, les États africains se sont donnés, quant à eux, pour objectif, la réalisation de l'unité continentale. Mais ce projet reste englué dans les ambiguïtés idéologiques inscrites dans les textes fondateurs des deux organisations panafricaines, OUA et UA. Le principe de la souveraineté agissant à contresens de l'idéal commun est le symbole le plus expressif de ces divergences doctrinales et politiques[1].

Enserré dans un nœud de contradictions internes et d'oppositions externes, le panafricanisme semble plus que jamais à bout de souffle. La question de sa consistance et de sa crédibilité demeure posée dans un monde où la problématique de l'émancipation des peuples africains est aujourd'hui confrontée à de nouvelles formes de domination apparues dans le sillage de la mondialisation

[1] Leila J. Farmer, « Sovereignty and African Union », *Journal of Pan African Studies,* March 2012, Vol. 4, Issue 10, p. 93-105.

CONCLUSION GÉNÉRALE

LE PANAFRICANISME, UN PROJET EN DEVENIR

J'ai situé cette réflexion sur le panafricanisme à la confluence du politique et du droit. Le panafricanisme est politique, en tant qu'essence et en tant qu'activité pratique[1]. Dans son essence il est un en-soi, une représentation du monde, une utopie émancipatrice. Mais il est aussi une praxis en tant que l'utopie vise à la réalisation de son pensé. Le droit intervient alors dans cette problématique, car investi de la mission, qu'il peut remplir ou pas, de mise en forme de l'intentionnalité politique. En ce sens, le panafricanisme a vocation à être un construit politique assujetti à la capacité du droit à mobiliser un ensemble de techniques et de procédés propres, de nature à réaliser le projet politique. Droit et politique sont consubstantiellement interreliés.

J'ai montré que la définition du panafricanisme en tant que notion juridique et politique était incertaine, du fait de ses multiples et parfois contradictoires interprétations, mais aussi du fait de l'indétermination des contours géographiques de l'Afrique. Un effort de systématisation conceptuelle m'a alors conduit à identifier trois moments historiques reliés à des problématiques spécifiques mobilisant des acteurs dédiés autour de chacune d'elles.

Le panafricanisme a pris naissance dans les sociétés du triangle infernal (Amériques, Caraïbes, Europe) où avaient été déportés les peuples africains esclavagisés. Il est alors expressif de la révolte des Noirs contre leurs conditions de vie déshumanisantes et se traduit par un projet politique de liberté se résumant dans la revendication des droits civiques, à égalité avec la population blanche esclavagisante. Il est vite devenu un internationalisme par globalisation de cette protestation et la constitution d'une société civile internationale autour de la thématique de l'égalité raciale. Le panafricanisme se transforme ensuite en une dénonciation, parfois feutrée, parfois virulente, du colonialisme par les peuples africains dominés. Il a alors pour horizon politique la décolonisation et l'indépendance qui seront acquises,

[1] On distingue alors *le* politique pour la première acception, de *la* politique pour la deuxième. Sur cette différenciation, voir notamment Julien Freund, *L'essence du politique,* coll. « Philosophie politique », Paris, Éditions Sirey, 1965 ; Étienne Tassin, « Épuisement de la politique, invention du politique », *La Mazarine,* n° 4, mars 1998, « L'épuisement du politique », Paris, Éd. du Treize mars, p. B1-7.

négociées, ou arrachées par des luttes révolutionnaires, dès la fin des années 1950 par les pays africains. Le panafricanisme est enfin pris en charge par les États africains indépendants et se donne, depuis lors, comme objectif politique la réalisation de l'unité d'un continent morcelé par la colonisation.

J'ai ensuite confronté, dans une approche dialectique, le dessein politique du panafricanisme avec le droit international. Trois entités, société civile panafricaine, peuples colonisés, États africains, jouent un rôle majeur en tant qu'acteurs dans l'histoire du panafricanisme. Seul l'État est cependant investi de la qualité de sujet de droit international qui lui confère la plénitude des droits et obligations dans cet ordre juridique. L'action de la société civile est marquée notoirement par la mutation de la thématique des droits civiques en celle des droits de l'homme par laquelle les revendications des peuples africains acquièrent une dimension d'universalité. La lutte des peuples colonisés, quant à elle, impactera le panafricanisme et le droit international des principes et normes du droit de la décolonisation, déclinés en droit des peuples à disposer d'eux-mêmes pour leur émancipation politique, économique, sociale et culturelle. La territorialisation en Afrique du panafricanisme dans sa prise en charge prépondérante par les États africains représente une nouvelle étape marquée par la contradiction forte entre, d'une part, l'existence individuelle des États et, d'autre part, le projet politique unitaire continentalisé.

De l'examen de ses trois âges historiques, il ressort que le panafricanisme est confronté à la problématique de la domination et de l'émancipation. Les luttes politiques du panafricanisme sont depuis l'origine des luttes libératrices de l'oppression collective. Il s'est alors agi, dans l'hypothèse de ce travail, de voir si le panafricanisme, projet politique d'émancipation substantielle des peuples africains contre les différentes formes d'oppression auxquels ils ont été soumis, a été légitimé et impulsé par le droit international. Par certains aspects, le droit a participé au succès des luttes panafricaines, notamment en matière de droits civiques, de droits de l'homme et d'accession des peuples africains à l'indépendance, même si ces acquis restent des conquêtes imparfaites et inachevées. Dans son expression ultime et contemporaine, le panafricanisme vise à former un sujet politique africain uni. Ce projet ambitieux d'unification en une communauté politique supérieure de l'ensemble des États africains est fortement mis à mal. La souveraineté, norme majeure du droit international, revendiquée par chacun de ces États y fait obstacle. La crise du projet politique unitaire africain est aussi une crise du droit international.

Si mon point d'accroche du panafricanisme est prioritairement centré sur l'examen des interactions entre politique et droit, je n'évacue pas pour autant les enjeux économiques de ce phénomène. Le panafricanisme doit marcher sur les deux jambes du politique et de l'économique. On ne peut en effet prétendre sérieusement rassembler et unir un groupe humain, quel qu'il soit, dans un dessein politique commun en éliminant l'idée d'une solidarité économique de ses membres. Cette problématique interpelle particulièrement les pays africains. Alors, si les processus d'intégration régionale en cours en Afrique doivent avoir un sens, c'est à favoriser l'émergence d'espaces économiques viables, au lieu d'être des relais de politiques excentrées[1]. Ces derniers doivent contribuer, d'une part, à ériger des systèmes productifs compétitifs permettant de satisfaire prioritairement les besoins des populations ; d'autre part, à consolider l'indépendance économique des pays africains. Des États stratèges et patriotiques, usant au besoin du levier de la planification, auront à cœur de délimiter les compétences entre la sphère du public et celle du privé, avec l'objectif de ne pas se voir être spoliés de la décision politique dans le domaine économique. Essentielle à cet effet est la question monétaire en raison de son importance dans la politique économique et en matière de souveraineté. L'appartenance à la Zone franc est alors perçue comme un joug exercé sur les pays africains qui en sont membres[2]. Les tentatives pour s'en délier dans le cadre d'un panafricanisme minimaliste ouest-africain ont vite fait d'être récupérées par le parrain français[3]. Dans ce contexte, on est en droit de se poser la question de la pertinence du discours de l'émergence, nouvelle potion économique des institutions internationales vendue à moindres frais aux pays africains. Ne s'agirait-il pas plutôt d'un mirage aux alouettes[4] ?

---

[1] Makhtar Diouf, *Économie politique de l'intégration économique. Espace Afrique,* Dakar, L'Harmattan, 2021.

[2] Kako Nubupko, Martial Ze Belinga, Brune Tinel, Demba Moussa Dembele, dir., *Sortir l'Afrique de la servitude monétaire. Á qui profite le franc CFA ?,* Paris, La Dispute, 2016.

[3] Kako Nubupko, « Du franc CFA à l'eco en Afrique de l'Ouest », *Études,* 2021/3 (Mars), p. 19-32, https://www.cairn.info/revue-etudes-2021-3-page-19.htm, consulté le 27.02.2021 ; « Urgent motion de rejet de la transition du FCFA vers l'ECO », https://www.youtu.be/bii6MUaQ6HI, consulté le 27.03.2021.

[4] Willy Jackson, Issiaka Mandé, « La ruée africaine vers l'émergence : entre stratégies communes de développement et concurrences étatiques », à paraître dans la *Revue*

On lie généralement l'échec du panafricanisme à des causes exogènes, posture confortable qui permet aux Africains de se dédouaner à moindre frais de leurs propres responsabilités historiques. Ainsi est-il de bon ton et de bon aloi, aujourd'hui, de vitupérer contre le néocolonialisme, notamment occidental, devenu le bouc émissaire de tous les maux africains. Non pas que le néocolonialisme historique ait complètement disparu ou qu'il ait abandonné le secret espoir de reconquérir le terrain qu'il a perdu en Afrique ; mais il est aujourd'hui concurrencé et débordé par des formes nouvelles de domination qui ont investi ce continent. Celles-ci sont bien plus graves et plus pernicieuses que le néocolonialisme classique. Elles attestent des difficultés du néocolonialisme historique dans un monde devenu global.

Le redéploiement du capitalisme, la « dé-pôlarisation » du capital financier mondial, de l'occident anciennement seul maître du jeu néocolonial, vers d'autres centres de pouvoir économique augurent d'une nouvelle géopolitique de la domination mondiale. Les néocolonialismes anciens sont aujourd'hui remplacés par des colonialismes récents et bouillonnants. L'Afrique est-elle par exemple résignée à être une colonie économique de la Chine ? Quelle est la réponse du panafricanisme face à l'offensive de ce pays au travers de son initiative commerciale globale des « Nouvelles Routes de la Soie[1] » ? Ce projet pharaonique qui vise à positionner la Chine en tant que première puissance mondiale à l'horizon 2049 n'est pas sans risques[2]. De plus en plus contesté à cause de ses retombées économiques incertaines et de ce qu'il est perçu comme un symbole du nouvel impérialisme chinois[3], il enregistre depuis peu la désaffection

---

Interventions économiques, 2023. ; François Giovalucci, « Et si l'Afrique émergente était une fable ? », https://lemonde.fr/afrique/article/2018/08/29/et-si-l-afrique-emergente-etait-une-fable_5347638_3212.html, consulté le 27.03.2021.

[1] Lancé en 2013 par le Président Xi Jinping, cette initiative est encore désignée « China's Belt and Road Initiative » (BRI), « One Belt One Road » (Une ceinture, une route).

[2] World Bank Group, *Belt and Road Economics. Opportunities and Risks of Transport Corridors,* Washington DC, International Bank for Reconstruction and Development/The World Bank, Washington DC, 2019. ; Ximena Sampson, « La recette chinoise pour conquérir le monde d'ici 2049 », https://ci.radio-canada.ca, publié et mis à jour le 28 août 2019, consulté le 01.09.2021.

[3] Tanguy Struye de Swielande, Kimberly Orinx, *La Chine et les Nouvelles Routes de la Soie. Une politique impériale ?*, Louvain, PUL, 2019.

de certains pays[1]. Par ailleurs, l'accaparement des terres agricoles africaines par des investisseurs étrangers publics (Chine, Corée du Sud, Arabie saoudite, etc.) et privés (fonds d'investissement) témoigne, selon l'Organisation des Nations unies pour l'alimentation et l'agriculture (FAO), d'un véritable néocolonialisme[2]. L'occident néocolonial à bout de souffle économiquement n'est donc plus l'adversaire principal. Le capitalisme délocalisé et diffus l'est devenu en bousculant les néocolonialismes historiques. L'Afrique est aujourd'hui le terrain d'affrontement de nouveaux acteurs de la prédation internationale. S'y bousculent, en dehors de la Chine, d'autres prétendants à la puissance mondiale ou régionale, tels que la Russie, l'Inde, le Japon, le Brésil, la Turquie, etc.[3], en recherche de parts de marché et de positions géopolitiques stratégiques. Le panafricanisme semble avoir renoncé à être un pôle de résistance contre ces nouvelles intrusions étrangères, ces nouveaux capitalismes sournois, conquérants et envahissants[4]. La croyance en un développement accéléré axé sur des investissements en infrastructures n'est pas une solution. Vendu aux pays africains par leurs nouveaux partenaires, ce modèle contribue en réalité à la sujétion économique de l'Afrique. Sous l'éblouissement de quelques réalisations (sièges des institutions gouvernementales, complexes sportifs, autoroutes, etc.), qui alourdissent leur

---

[1] Olivier Arifon, « Dix ans après, les Nouvelles Routes de la soie sont-elles dans l'ornière ?, https://www.telos-eu.com/fr/politique-francaise-et-internationale/dix-ans-apres-les-nouvelles-routes-de-la-soie-sont.html, consulté le 16.05.2023 ; Isabelle Labeyrie, « L'Italie se retire des nouvelles routes de la soie, le projet chinois se transforme en impasse », https://www.francetvinfo.fr/replay-radio/le-monde-est-a-nous/l-italie-se-retire-des-nouvelles-routes-de-la-soie-le-projet-chinois-se-transforme-en-impasse_6022007.html, consulté le 08.09.2023.

[2] Henri Fotso, « La course aux terres agricoles, une bombe à retardement en Afrique ?, https://dw.com/fr/la-course-aux-terres-agricoles-une-bombe-à-retardement-en-Afrique/a-49991886, 12.08.2019, consulté le 26.08.2021.

[3] Philippe Hugon, « Les nouveaux acteurs de la coopération en Afrique », *Revue internationale de politique de développement,* 1/10, p. 99-118, https://doi.org./10.4000/poldev.118, consulté le 30.08.2021.

[4] Thierry Pairault, « Pax sinica : ce que la Chine veut (vraiment) en Afrique », 17.08.2021, https://www.lepoint.fr/afrique, consulté le 30.08.2021 ; Y.Y. Kueh, *Pax Sinica. Geopolitics and Economics of China's Ascendance,* Hong Kong University Press, 2012. ; Alice Ekman, dir., *La Chine dans le monde,* Paris, CNRS Éditions, 2018.

endettement[1], les pays africains ont renoncé à penser une solution globale de rechange à leurs problèmes de développement. Nécessité s'impose donc à eux de refonder une coopération bilatérale et multilatérale mutuellement bénéfique afin que les travers dénoncés hier quand il s'agissait des anciens parrains néocoloniaux ne soient pas reproduits aujourd'hui dans le cadre de la nouvelle ruée vers l'Afrique que permet le déploiement du capitalisme débridé. De même convient-il d'interroger en termes de défaillance du panafricanisme, le recours par certains pays africains en crise sécuritaire (Centrafrique, Mali, etc.) à des agences militaires privées, notamment la Société Wagner inféodée à la Russie dans la recherche par ce pays de nouvelles positions géopolitiques dans le monde, et singulièrement en Afrique[2].

Un autre défi de grande ampleur auquel est confronté le panafricanisme en dehors du canal traditionnel de la domination occidentale est le terrorisme djihadiste. Globalisé, celui-ci n'épargne plus guère les pays africains[3]. Face à ce fléau aux ramifications tentaculaires, les réponses des pays africains en matière de sécurité collective paraissent bien dérisoires[4], et viennent se superposer à leur difficulté endémique à résorber les conflits interafricains[5].

Au total, la domination du capitalisme et l'intégrisme djihadiste apparaissent aujourd'hui comme étant les deux principales forces agissantes et perverses qui forment barrage à un possible et souhaitable universalisme humain[6]. L'humanité est en soupir d'une communauté politique mondiale certes diversifiée, mais néanmoins pacifiée autour de valeurs partagées. On attend du panafricanisme qu'il contribue à tracer des chemins d'espoir vers cet « en-commun universel ». Mais

---

[1] Julien Bouissou, « En Zambie, la dette 'cachée' vis-à-vis de la Chine », *Le Monde,* 29 septembre 2021 ; Julien Bouissou, « Comment la Chine tient les pays en développement par la dette », *Le Monde,* 29 septembre 2021.

[2] « Quatre choses à savoir sur le groupe paramilitaire russe Wagner et ses missions opaques en Afrique », https://www.francetvinfo.fr/monde/afrique/politique-afrique, 17/09/2021, consulté le 20.10.2021.

[3] Marc-Antoine Pérouse de Montclos, *L'Afrique, nouvelle frontière du djihad ?,* Paris, La Découverte, 2018.

[4] Amandine Gnanguênon, « La sécurité collective en Afrique : une coopération à géométrie variable », 12 décembre 2019, https://theconversation.com, consulté le 30.08.2021.

[5] Jean-Pierre Barthélémy Mpouando, *Les limites de l'Union africaine dans la résolution des conflits. Compétences, objectifs, institutions et opérations,* Paris, L'Harmattan, 2018.

[6] Sophie Bessis, *La double impasse. L'universel à l'épreuve des fondamentalismes religieux et marchand,* Paris, La Découverte, coll. « Cahiers libres », 2014.

peut-être n'a-t-il pas lui-même été suffisamment défini en tant que notion pour donner lieu à la perspective d'une communauté politique panafricaine emboîtée à une communauté politique universelle ?

S'il est indiscutable que le panafricanisme a germé sur le terreau d'une histoire commune d'oppression des peuples africains, il faut cependant se garder d'accréditer l'idée selon laquelle la domination est un critère racial. Ce serait autrement passer sous silence la domination intra-africaine, celle d'hier et celle d'aujourd'hui qu'ont subi et que subissent encore les couches sociales africaines subalternisées. La complicité des élites africaines dans la situation historique et contemporaine détestable de l'Afrique doit être mise à nu. Elle est notamment engagée par leur insertion dans les réseaux de la corruption, fléau qui entremêle pouvoirs locaux et hommes d'affaires étrangers[1]. Six décennies après les indépendances, il serait irresponsable de ne tenir pour seuls comptables des déboires africains que les puissances étrangères. Le mal politique ne résulte pas forcément, comme l'a décrit Hannah Arendt en 1963 relativement au nazisme[2], de la monstruosité intrinsèque d'un système totalitaire ; il procède aussi de la multiplicité des tâches besogneuses accomplies au quotidien par des agents subalternes dont le zèle témoigne de leur collaboration complice avec une philosophie politique perverse. La politique doit être purgée aussi bien des grandes que des petites mains africaines qui font obstacle à la mise en œuvre de l'idéal panafricain. Réenchanter le panafricanisme exige alors de repenser les rapports de l'Afrique à elle-même, d'une part, et les rapports de l'Afrique au monde, d'autre part, dans une démarche de fécondation intellectuelle innovante[3].

---

[1] Simon Piel, « Dans une affaire de corruption en Afrique, la justice française refuse le plaider-coupable de Vincent Bolloré », https://www.lemonde.fr/societe/article/2021/02/26/corruption-en-afrique-vincent-bollore-plaide-coupable_6071276_3224.html, consulté le 26.03.2021 ; Joan Tilouine, « Accusé de corruption, Dan Gertler s'engage à 'partager' avec ses 'frères et sœurs' congolais », https://www.lemonde.fr/afrique/article/2020/11/17accuse-de-corruption-dan-gertler-s-engage-a-partager-avec-ses-freres-et-s-urs-congolais_6060101_3212.html, consulté le 26.03.2021.

[2] Hannah Arendt, *Eichmann à Jérusalem. Rapport sur la banalité du mal,* Paris, Gallimard, 1966.

[3] Kako Nubukpo, *L'urgence africaine. Changeons le modèle de croissance,* Paris, Odile Jacob, 2019. ; Ibrahim Assane Mayaki, *L'Afrique à l'heure des choix. Manifeste pour des solutions panafricaines,* Paris, Armand Colin, 2018.

Le panafricanisme est en débat et en devenir[1]. Il continue de susciter un grand engouement parmi les peuples africains et de marquer leur imaginaire collectif[2], car perçu par eux comme étant un levier possible de transformation et d'amélioration de leurs conditions d'existence. Le désir de panafricanisme est transgénérationnel ; il est porteur de l'idéal de liberté, d'émancipation et d'égalité des peuples africains : « D'un point de vue élémentaire, la libération noire correspond à un monde dans lequel les personnes noires peuvent vivre en paix, sans être constamment menacées par l'adversité sociale, économique et politique d'une société pour qui la vie de la majorité d'entre elles n'a presque aucune valeur. Elle correspond à un monde dans lequel la vie des noirs compte[3] ». Mais le panafricanisme est aussi un mouvement trans-racial en ce qu'il véhicule un message d'humanité et de fraternité universelle : « […] s'il est vrai de dire que si les Afro-Américains se libèrent, tout le monde sera libéré avec eux, ils ne peuvent cependant se libérer tout seuls. En ce sens, la libération noire est tributaire d'un projet global de libération humaine et de transformation sociale[4] ». Le panafricanisme est de ce fait mis au défi de se concevoir comme une pensée globale articulée à deux mondes, africain et extra-africain. C'est seulement ainsi qu'il pourra apparaître comme un élément de la diversité dans un cosmopolitisme à venir.

Mais dans sa représentation contemporaine, le panafricanisme est devenu une pensée articulée à un seul lieu géographique. En effet, le territoire politique de l'imaginaire panafricain a été rétréci puisqu'il ne concerne plus guère que l'Afrique continentale, à l'exclusion des autres mondes africains non continentaux. Un effort d'inventivité s'impose

---

[1] Lazare V. Ki-Zerbo, Jean-Jacques N. Sène, dir., *L'idéal panafricain contemporain. Fondements historiques, perspectives futures,* Dakar, Codesria, 2016.

[2] Reiland Rabaka, ed., *Routledge Hanbook of Pan-Africanism,* London, Routledge, 2020. ; Thinking Africa, *Conversations africaines : Sur la paix, la démocratie et le panafricanisme,* Congo Lobi Lelo, 2020. Samia Nkrumah, « Le XXIe siècle est celui de l'unification de l'Afrique », https://www.lepoint.fr/afrique/ghana-samia-nkrumah-le-xxie-siecle-est-celui-de-l-unification-de-l-afrique-page-2-12-07-2018-2235702_3826.php, consulté le 30.12.2020 ; Thierno Monenembo, « La désunion, l'autre péril africain », https://www.lepoint.fr/afrique/tierno-monenembo-la-desunion-l-autre-peril-africain-28-03-2019-2304367_3826.php, consulté le 30.12.2020. ; Gauz, « Panafricanisme : la panne africaniste », https://www.jeuneafrique.com/mag/1094312/politique/tribune-panafricanisme-la-panne-africaniste/, 09.01.2021.

[3] Taylor Keeanga-Yamahtta, *Black Lives Matter. Le renouveau de la révolte noire américaine,* Marseille, Agone/Contre-feux, 2017, p. 330.

[4] *Ibid.*

donc pour penser en globalité le fait panafricain. La notion de communauté politique, esquissée plus haut, et entendue comme étant une association de peuples africains libres se projetant dans une destinée commune dans le respect de leurs différences, est de nature à répondre à cette exigence de renouvellement de la perspective panafricaine. La prise de conscience du caractère de communauté politique des peuples africains doit se matérialiser dans un pacte politique ouvert en libre adhésion à toutes les composantes panafricaines existantes, continentales et diasporiques, dans des formes d'association repensées. Un effort de clarification politique du projet panafricain est alors nécessaire pour que le droit joue efficacement son rôle d'accompagnement du dessein politique. Tissés ensemble, droit et politique sont de nature à œuvrer à la refondation attendue du panafricanisme.

Paris, septembre 2023

BIBLIOGRAPHIE SÉLECTIVE

Les références des ouvrages ou documents consultés sont mentionnées en notes infrapaginales. Vu leur grande quantité, j'ai évité d'en faire une recension exhaustive qui aurait contribué à significativement augmenter le nombre de pages de cet ouvrage. Ne sont donc signalés ici, que quelques éléments bibliographiques relatifs aux théories et doctrines politiques et juridiques, ainsi que ceux se rapportant plus spécifiquement à l'Afrique et au panafricanisme.

DOCTRINES ET THÉORIES POLITIQUES ET JURIDIQUES

APOSTOLIDIS, Charambolos, *Doctrines juridiques et droit international. Critique de la connaissance juridique,* Paris, Eyrolles, 1991.

ARENDT, Hannah, *Les origines du totalitarisme. Volume 2. L'impérialisme,* Paris, Fayard, coll. « Points », 1982.

ARENDT, Hannah, *Eichmann à Jérusalem. Rapport sur la banalité du mal,* Paris, Gallimard, 1966.

BAILLEUX, Julie, *Penser l'Europe par le droit. L'invention du droit communautaire en France,* Paris, Dalloz, 2014.

BENCHIKH, Madjid, CHARVIN, Robert, DEMICHEL, Francine, *Introduction critique au droit international,* Lyon, Presses universitaires de Lyon, 1986.

BENLOLO-CARABOT, Myriam, CANDAS, Ulaş, CUJOS, Eglantine, dir. *Union européenne et droit international,* Paris, Éditions A. Pedone, 2012.

BESSIS, Sophie, *La double impasse. L'universel à l'épreuve des fondamentalismes religieux et marchand,* Paris, La Découverte, coll. « Cahiers libres », 2014.

BOUTAYEB, Chahira, dir. *La constitution, l'Europe et le droit. Mélanges en l'honneur de Jean-Claude Masclet,* Paris, Publications de La Sorbonne, 2013.

BOYLE, James, ed., *Critical Legal Studies,* Hong Kong, Singapore, Sydney, Aldershot, Darthmouth Publishing Company Limited, 1992.

CASTRO HENRIQUES, Isabel, SALA-MOLINS, Louis, *Déraison, esclavage et droit : les fondements idéologiques et juridiques de la traite négrière et de l'esclavage,* Paris, Unesco, 2002.

CHEMILLIER-GENDREAU, Monique, *Introduction générale au droit,* Paris, Eyrolles, 1990.

CHEMILLIER-GENDREAU, Monique, *Humanité et souverainetés. Essai sur la fonction du droit international,* Paris, La Découverte, 1995.

CHEMILLIER-GENDREAU, Monique, *De la guerre à la communauté universelle. Entre droit et politique,* Paris, Fayard, 2013.

CHEMILLIER-GENDREAU, Monique, *Un autre droit pour un autre monde. Comment sortir des impasses du droit international contemporain ?,* Paris, Éditions Pedone, 2019.

CHEMILLIER-GENDREAU, Monique. *Régression de la démocratie et déchaînement de la violence,* Paris, Textuel, 2019.

CLASTRES, Pierre, *La société contre l'État,* Paris, Éditions de Minuit, 1974.

COMBACAU, Jean, SUR, Serge, *Droit international public,* 8e édition, Paris, Montchrestien, 2008.

COMMAILLE, Jacques, *À quoi sert le droit ?,* Paris, Éditions Gallimard, coll. Essais Folio, 2015.

COMMAILLE, Jacques, DUMOULIN, Laurence, ROBERT, Cécile, dir. *La juridicisation du politique,* Paris, LGDJ, Lextenso, coll. « Droit et société », 2010.

CORTEN, Olivier, DUBUISSON, François, KOUTROLIS, Vaios, LAGERWALL, Anne, *Une introduction critique au droit international,* Bruxelles, Éditions de l'Université de Bruxelles, 2017.

DAILLIER, Patrick, FORTEAU, Mathias, PELLET, Alain, *Droit international public,* 8è édition, Paris, LGDJ, 2009.

DELABIE, Lucie, *Approches américaines du droit international. Entre unité et diversité,* Paris, Éditions Pedone, 2011.

DE SWIELANDE, Tanguy Struye, ORINX, Kimberly, *La Chine et les Nouvelles Routes de la Soie. Une politique impériale ?*, Louvain, PUL, 2019.

DUPRAT, Gérard, dir., *L'Union européenne. Droit, politique, démocratie,* Paris, PUF, coll. « Politique d'aujourd'hui », 1996.

DUPUY, Pierre-Marie, KERBAT, Yann. *Droit international public,* 14e édition, Paris, Dalloz, 2018.

DUPUY, Pierre-Marie, *Ordre juridique et désordre international,* Paris, Éditions Pedone, 2019.

DUPUY, Pierre-Marie, *Droit international public,* 9e édition, Paris, Dalloz, 2008.

FIRMIN, Joseph-Anténor, *De l'égalité des races humaines : anthropologie positive,* Paris, Cotillon, 1885. ; GreatSpace Independant Publishing Platform, 2016.

FREUND, Julien, *L'essence du politique,* coll. « Philosophie politique », Paris, Éditions Sirey, 1965.

FRYDMAN, Benoît, dir., *La société civile et ses droits,* Bruxelles, Bruylant, 2004.

GANSHOF, François-Louis, *Le Moyen-Âge. Histoire des relations internationales,* Paris, Hachette, 1953, tome 1.

GLISSANT, Édouard, *Tout-Monde,* Paris, Gallimard, 1995.

HABERMAS, Jürgen, *Droit et démocratie. Entre faits et normes,* Paris, Gallimard, NRF Essais, 1997.

HEGEL, G. W. F, *La raison dans l'histoire. Introduction à la philosophie de l'histoire,* Paris, UGE, 1965.

HEGEL, G. W. F., *Principes de philosophie du droit ou droit naturel et science de l'État en abrégé,* 1821, Paris, Vrin, 1989.

ISMARD, Paulin, *La cité et ses esclaves. Institution, fictions, expériences,* Paris, Seuil, coll. « L'univers historique », 2019.

JACKSON, Willy, *Intégrations économiques internationales. Idéologies, méthodes institutionnelles et dynamiques spatiales,* Paris, Classiques Garnier, 2023.

KANTOROWICZ, Ernst, *Les deux corps du roi,* Paris, Gallimard, NRF, 1989.

KRYNEN, Jacques, *L'Empire du roi. Idées et croyances politiques en France, XIIIe-XVe siècle,* Paris, Gallimard, NRF, 1993.

KENNEDY, David, *International Legal Structures,* Baden-Baden, Nomos, 1987.

KOLB, Robert, *Réflexions de philosophie du droit international. Problèmes fondamentaux de droit international public : théorie et philosophie du droit international,* Bruxelles, Bruylant, Éditions de l'Université de Bruxelles, 2003.

KOSKENNIEMI, Martti, *La politique du droit international,* Paris, Éditions Pedone, 2007.

KOSKENNIEMI, Martti, *From Apology to Utopia. The Structure of international Legal Argument.* Reissue with a new Epilogue, Cambridge, Cambridge Unversity Press, 2005.

LACHS, Manfred, *Le monde de la pensée en droit international. Théories et pratiques,* Paris, Economica, 1989.

LACROIX, Justine, *L'Europe en procès. Quel patriotisme au-delà des nationalismes ?,* Paris, Les Éditions du Cerf, 2004.

LE FUR, Louis, *Précis de droit international public,* 4e édition, Paris, Librairie Dalloz, 1939.

LOUVILLOIS, Frédéric, *Libertés fondamentales,* 2e édition, Paris, Flammarion, coll. « Champs université », 2016.

MARTINEZ, Jenny S., *The Slave Trade and the Origins of International Human Rights Law,* Oxford University Press, 2011.

MASCLET, Jean-Claude, RUIZ-FABRI, Hélène, BOUTAYEB, Chahira, RODRIGUEZ, Stéphane, dir., *L'Union européenne, Union de droit, Union des droits. Mélanges en l'honneur du Professeur Philippe Manin,* Paris, Éditions A. Pedone, 2009.

PRATT, Valéry, *Nuremberg, les droits de l'homme, le cosmopolitisme. Pour une philosophie du droit international,* Lormont, Le Bord de l'Eau, 2018.

REGARD, Caroline, dir., *Aux limites du droit,* Paris, Mare et Martin, 2016.

RIST, Gilbert, *Le développement. Histoire d'une croyance occidentale,* 4e édition revue et corrigée, Paris, Les Presses de la Fondation nationale des sciences politiques, 2012.

SALA-MOLINS, Louis, *Le Code noir ou le calvaire de Canaan,* Paris, PUF, 2002.

SALMON, Jean, dir., *Dictionnaire de droit international public,* 8e édition, Paris, LGDJ, 2009.

TASSIN, Étienne, « Épuisement de la politique, invention du politique », *La Mazarine,* n° 4, mars 1998, « L'épuisement du politique », Paris, Éd. du Treize mars, p. B1-7.

TRAVERSO, Enzo, *L'histoire comme champ de bataille. Interpréter les violences du XXe siècle,* Paris, La Découverte/Poche, 2012.

TRAVERSO, Enzo, *Le passé, mode d'emploi. Histoire, mémoire politique,* Paris, La Fabrique Éditions, 2005.

TSESIS, Alexander, *We Shall Overcome. A History of Civil Rights and the Law,* New Haven & London, Yale University Press, 2008.

VAUCHEZ, Antoine, *L'Union par le droit. L'invention d'un programme institutionnel pour l'Europe,* Paris, Presses de la Fondation nationale des sciences politiques, 2013.

VERHOEVEN, Joe, *Droit international public,* Louvain-la-Neuve, Larcier, 2000.

WALLERSTEIN, Immanuel, *L'universalisme européen. De la colonisation au droit d'ingérence,* New York, The New Press, Paris, Éditions Demopolis, 2006.

AFRIQUE ET PANAFRICANISME

ADI, Hakim, SHERWOOD, MARIKA, *Pan-African History. Political Figures from Africa and the Diaspora since 1787,* New York, London, Routledge, 2003.

AJALA, Adekunle, *Pan-Africanism : Evolution, Progress an Prospects,* London, Andre Deutsh Limited, 1973.

AMAO, Olufemi, *African Union Law. The Emergence of a Sui Generis Legal Order,* Routledge, 2018.

AMAO, Olufemi, OLIVIER, Michèle, MAGLIVERAS, Konstantinos D., eds., *The Emergent African Union Law. Conceptualization, Delimitation and Application,* Oxford University Press, USA, 2022.

AMSELLE, Jean-Loup, *L'Occident décroché ! Enquête sur les postcolonialismes,* Paris, Pluriel, 2011.

ANDERSON, Caroll, *Eyes off the Prize. The United Nations and the African American Struggle for Human Rights, 1944-1955,* Cambridge University Press, 2003.

ASSANE MAYAKI, Ibrahim, *L'Afrique à l'heure des choix. Manifeste pour des solutions panafricaines,* Paris, Armand Colin, 2018.

AYODELE LANGLEY, Jabez, *Pan-Africanism and Nationalism in West Africa 1900-1945. A Study in Ideology and Social Classes,* Oxford, Clarendon Press, 1973.

BARSAC, Tessa, *La Cour africaine de justice et des droits de l'homme,* Paris, Pedone, 2012. (CEDIN, coll. « Perspectives internationales », n° 32).

BASTIDON, Cécile, GHOUFRANE, Azzedine, SILEM, Ahmed, dir., *Zone de libre-échange continentale et intégration régionale en Afrique,* Paris, L'Harmattan, 2020.

BENOT, Yves, *Idéologies des indépendances africaines,* 2e édition augmentée et mise à jour, Paris, Maspéro, 1972. (Cahiers libres, 234-235).

BOUKARI-YABARA, Amzat, *Africa Unite ! Une histoire du panafricanisme,* Paris, Éditions La Découverte, 2014.

BOUKARI-YABARA, Amzat, *Walter Rodney (1942-1980). Un historien engagé. Les fragments d'une histoire de la révolution panafricaine,* Paris, Présence Africaine, 2018.

COQUERY-VIDROVITCH, Catherine, *Les routes de l'esclavage. Histoire des traites africaines, VIe-XXe siècle,* Paris, Albin Michel, 2021.

DABIRE, Kader Stéphane, *Le panafricanisme : analyse de l'histoire d'un mouvement fédéraliste,* Mémoire de Maîtrise en Science politique, Université du Québec à Montréal, 2017.

DAGBO GODE, Pierre, *La diplomatie africaine. Théories et Pratiques,* Paris, L'Harmattan, 2014.

DECRAENE, Phillipe, *Le panafricanisme,* 2e édition, Paris, Presses universitaires de France, 1961. (Que sais-je ? 847).

DIOP, Cheikh Anta, *Nations nègres et cultures, de l'antiquité nègre égyptienne aux problèmes culturels de l'Afrique noire,* Paris, Présence africaine, 1954, 2000.

DIOP, Cheikh Anta, *Antériorité des civilisations nègres : mythe ou vérité historique ?,* Paris, Présence africaine, 1967.

DIOUF, Makhtar, *Économie politique de l'intégration économique. Espace Afrique,* Dakar, L'Harmattan, 2021.

DUJARDIN, Stéphanie, *L'Union africaine : un ordre juridique panafricain refondé par les États en quête de nations,* Thèse de Droit public, Université Paris I Panthéon-Sorbonne, 2006.

ELGAS, *Les bons ressentiments. Essai sur le malaise postcolonial,* Paris, Riveneuve, 2023.

FILA-BAKABADIO, Sarah, *Africa On My Mind. Histoire sociale de l'*afrocentrisme *aux Étatss-Unis,* Paris, Les Indes Savantes, 2016.

FOE, Nkolo, « Les politiques de la philosophie en Afrique. Émancipation, postcolonialissme, herméneutique et gouvernance », *Diogène,* 2011/3-4, n° 235-236, p. 174-191.

FOE, Nkolo, *Le postmodernisme et le nouvel esprit du capitalisme. Sur une philosophie globale d'Empire,* Dakar, Néma/Codesria, 2008.

FONGOT, Kini-Yen Kinni, *Pan-Africanism : Philosophy and Socio-Economic Anthropology for African Liberation and Governance. Caribbean and African American Contributions,* Langaa, RPCIG, 2015.

GEISS, Imanuel, *The Pan-African Movement,* London, Methuen an Co Ltd, 1974.

GONIDEC, Pierre-François, « Existe-t-il un droit international africain ? », *RADIC (Revue africaine de droit international et comparé),* 5, 1993, p. 243-259.

KABA, Lanciné, *Nkrumah et le rêve de l'unité africaine,* Paris, Dakar, Éditions Chaka, 1991.

KAMTO, Maurice, PONDI, Jean-Emmanuel, ZANG, Laurent, *L'O.U.A. Rétrospective et perspectives africaines,* Paris, Economica, 1990.

KAMTO, Maurice, DOUMBE-BILLE, Stéphane, METOU, Brusil Miranda, *Regards sur le droit public en Afrique. Mélanges en l'honneur du Doyen Joseph-Marie Bipoun Woum,* Paris, L'Harmattan, 2016.

KEEANGA-YAMAHTTA, Taylor, *Black Lives Matter. Le renouveau de la révolte noire américaine,* Marseille, Agone/Contre-feux, 2017.

KHIARI, Sadri, *La contre-révolution coloniale en France. De de Gaulle à Sarkozy,* Paris, La Fabrique Éditions, 2009.

KIKI EDOZE, Rita, GOTTSCHALK, Keith, *The African Union's Africa : New Pan-African Initiatives in Global Governance,* Michigan, Michigan State University Press, 2014.

KIVEN, Tunteng, *From Pan Negroism to African Paramountcy. The Role of Kwame Nkrumah,* Montréal, Québec, Institut universitaire des Hautes études internationales, Université de Genève, Vanier College Press, 1979.

KI-ZERBO, Joseph, *Histoire de l'Afrique noire. D'hier à demain,* Paris, Hatier, 1972.

KI-ZERBO, Lazare V., SENE, Jean-Jacques N., dir., *L'idéal panafricain contemporain. Fondements historiques, perspectives futures,* Dakar, Codesria, 2016.

KONE KATINAN, Justin, *Idéologie, conscience et combat politique en Afrique,* Paris, L'Harmattan, 2018.

LABRECQUE, Georges, *Les différends territoriaux en Afrique. Règlement juridictionnel,* Paris, L'Harmattan, coll. « Logiques juridiques », 2006.

L'Afrique et le droit international. Variations sur l'organisation internationale. En l'honneur de Raymond Ranjeva. Liber Amicorum, Paris, Éditions A. Pedone, 2013.

LARA, Oruno-Denis, *La naissance du panafricanisme. Les racines caraïbes, américaines et africaines du mouvement au XXe siècle,* Paris, Maisonneuve & Larose, 2000.Q

LE FLOCH, Guillaume, dir., La Cour africaine des droits de l'homme et des peuples, Paris, Éditions A. Pedone, 2023.

LEGUM, Colin, *Le panafricanisme à l'épreuve de l'indépendance,* traduit de l'anglais par Jacqueline Hardy, Paris, Éditions Saint Paul, 1965.

MANGEON, Anthony, « Du moment panafricain à « l'afropolitanisme contemporain ». Lectures croisées de W.E.B. Du Bois, Joseph Casely Hayfford, Alain Locke et Kwame Anthony Appiah », dans Guillaume Bridet, Virginie Brinker, Sarah Burnautzki, Xavier Garnier, dir. *Dynamiques actuelles des littératures africaines.*

Panafricanisme, cosmopolitisme, afropolitanisme, Paris, Karthala, 2018.

MBELE, Charles Romain, *Essai sur le postcolonialisme en tant que code de l'inégalité,* Yaoundé, Néma/Éditions Clé, 2010.

MBELE, Charles Romain, *Panafricanisme ou postcolonialisme. La lutte en cours en Afrique,* Paris, L'Harmattan, 2015.

MBEMBE, Achille, « Afropolitanisme », *Africultures,* 2006/1, n° 66, p. 9-15.

MBEMBE, Achille, *De la postcolonie. Essai sur l'imagination politique dans l'Afrique contemporaine,* Paris, Karthala, 2000.

MOUZET, Aurélia, *Moïse et la Terre promise. Le mythe et les imaginaires de l'Atlantique noir,* Paris, Classiques Garnier, coll. « Perspectives comparatistes », n° 129, 2023.

MOYEN, Léandre Serge, *L'impossible État fédéral africain. Les droits fondamentaux à l'épreuve des identités culturelles nationales,* Paris, L'Harmattan, 2022.

MUDIMBE, Vumbi Yoka, *The Invention of Africa. Gnosis, Philosophy and the Order of Knowledge,* Bloomington and Indianapolis, Indiana University Press, 1988.

MUDIMBE, Vumbi Yoka, *The Idea of Africa,* Bloomington and Indianapolis, Indiana University Press, London, James Currey, 1994.

MUDIMBE, Valentin-Yves, *L'invention de l'Afrique. Gnose, philosophie et ordre de la connaissance,* Paris, Présence Africaine, 2021.

NKRUMAH, Kwame, *L'Afrique doit s'unir,* Paris, Payot, 1964.

NKRUMAH, Kwame, *Le consciencisme,* Paris, Présence Africaine, 1964. 2009.

NKRUMAH, Kwame, *Neo-Colonialism. The Last Stage of Imperialism,* London, Heinemann, 1965. Traduction française, *Le néocolonialisme. Dernier stade de l'impérialisme,* Paris, Présence Africaine, 2009.

NKRUMAH, Kwame, *Revolutionary Path,* London, Panaf Books Ltd, 1973.

NUBUPKO, Kako, ZE BELINGA, Martial, TINEL, Brune, DEMBELE DEMBA Moussa, éd., *Sortir l'Afrique de la servitude monétaire. À qui profite le franc CFA ?,* Paris, La Dispute, 2016.

NUBUPKO, Kako, *L'urgence africaine. Changeons de modèle de croissance,* Paris, Odile Jacob, 2019.

OIF (Organisation internationale de la francophonie), *Le mouvement panafricaniste au vingtième siècle,* Paris, OIF, 2007.

OLISANWUCHE ESEDEBE, Peter, *Pan-Africanism : the Idea and Movement, 1776-1963,* Washington D. C., Howar Universsity Press, 1982.

PADMORE, George, *Panafricanisme ou communisme ? La prochaine lutte pour l'Afrique,* traduit de l'anglais par Thomas Diop, Paris, Présence Africaine, 1960.

POPO, Klah, *Yovodah et Panafricanisme. Résister pour survivre. S'unir pour renaître,* Paris, Anibwe Éditions, 2012.

REDKEY, Edwin S., Black Exodus. *Black Nationalist and Back-to-Africa Movements, 1890-1910,* New Haven and London, Yale University Press, 1969.

ROSSATANGA-RIGNAULT, Guy, ENONGOUE, Flavien, *L'Afrique existe-t-elle ? À propos d'un malentendu persistant sur l'identité,* Chennevières-sur-Marne, Éditions Dianoïa, Libreville, Éditions Raponda-Walker, 2006.

RABAKA, Reiland, ed. *Routledge Handbook of Pan-Africanism,* London, Routledge, 2020.

SCHRAMM, Katharina, *Africa Homecoming. Panafrican Ideology and Contested Heritage,* London, Left Coast Press, 2010.

SINDJOUN, Luc, *Sociologie des relations internationales africaines,* Paris, Karthala, 2002.

SOW, Idrissa, *La fonction judiciaire dans les systèmes communautaires de l'UEMOA et de la CEDEAO,* Dakar, L'Harmattan Sénégal, 2021.

TALL, Saidou Nourou, *Droit des organisations internationales africaines. Théorie générale. Droit communautaire comparé. Droit de l'homme. Paix et sécurité,* Paris, L'Harmattan, 2015.

TCHIKAYA, Blaise, *Droit de l'Union africaine. Principes, institutions et jurisprudence,* Paris, LGDJ, 2019.

THIAM, Doudou, *La politique étrangère des États africains. Ses fondements idéologiques, sa réalité présente, ses perspectives d'avenir,* Paris, PUF, 1963.

THINKING AFRICA, *Conversations africaines. Sur la paix, la démocratie et le panafricanisme,* Congo Lobi Lelo, 2020.

TOURAY, Omar Alieu, *The African Union. The First Ten Years,* Lanham, Boulder, New York, London, Rowman & Littlefield, 2016.

UNION AFRICAINE, *Guide de l'Union africaine,* Addis-Abeba, Commission de l'Union africaine, 2020.

WADE, Abdoulaye, *Un destin pour l'Afrique,* Paris, Éditions Karthala, 1989.

WILSON, Cécilia Emma, *Afropolis,* Paris, Les Indes savantes, 2022.

WILLIAMS, David, *I Freed Myself. African American Self-Emancipation in the Civil War Era,* New York, Cambridge University Press, 2014.

YAKEMTCHOUK, Romain, *L'Afrique en droit international,* Paris, LGDJ, 1971.

YUSUF, Abdulqawi A., *Panafricanisme et droit international,* Leiden, Boston, Académie de droit international de La Haye, Brill, Nijhoff, 2017.

YUSUF, Abdulqawi A., Ouguergouz Fatsah, dir. *L'Union africaine. Cadre juridique et institutionnel. Manuel sur l'Organisation panafricaine,* Paris, Éditions Pedone, 2013.

ZORGBIBE, Charles, *Paix et guerres en Afrique. Les chemins de l'Union africaine,* tome 2, Paris, François Bourin Éditeur, 2010.

INDEX DES NOMS DE PERSONNES

INDEX THÉMATIQUE

TABLE DES MATIÈRES

Structures éditoriales du groupe L'Harmattan

L'Harmattan Italie
Via degli Artisti, 15
10124 Torino
harmattan.italia@gmail.com

L'Harmattan Hongrie
Kossuth l. u. 14-16.
1053 Budapest
harmattan@harmattan.hu

L'Harmattan Sénégal
10 VDN en face Mermoz
BP 45034 Dakar-Fann
senharmattan@gmail.com

L'Harmattan Cameroun
TSINGA/FECAFOOT
BP 11486 Yaoundé
inkoukam@gmail.com

L'Harmattan Burkina Faso
Achille Somé – tengnule@hotmail.fr

L'Harmattan Guinée
Almamya, rue KA 028 OKB Agency
BP 3470 Conakry
harmattanguinee@yahoo.fr

L'Harmattan RDC
185, avenue Nyangwe
Commune de Lingwala – Kinshasa
matangilamusadila@yahoo.fr

L'Harmattan Congo
219, avenue Nelson Mandela
BP 2874 Brazzaville
harmattan.congo@yahoo.fr

L'Harmattan Mali
ACI 2000 - Immeuble Mgr Jean Marie Cisse
Bureau 10
BP 145 Bamako-Mali
mali@harmattan.fr

L'Harmattan Togo
Djidjole – Lomé
Maison Amela
face EPP BATOME
ddamela@aol.com

L'Harmattan Côte d'Ivoire
Résidence Karl – Cité des Arts
Abidjan-Cocody
03 BP 1588 Abidjan
espace_harmattan.ci@hotmail.fr

Nos librairies en France

Librairie internationale
16, rue des Écoles
75005 Paris
librairie.internationale@harmattan.fr
01 40 46 79 11
www.librairieharmattan.com

Librairie des savoirs
21, rue des Écoles
75005 Paris
librairie.sh@harmattan.fr
01 46 34 13 71
www.librairieharmattansh.com

Librairie Le Lucernaire
53, rue Notre-Dame-des-Champs
75006 Paris
librairie@lucernaire.fr
01 42 22 67 13

www.ingramcontent.com/pod-product-compliance
Lightning Source LLC
LaVergne TN
LVHW011158061026
849535LV00003B/779
* 9 7 8 2 3 3 6 4 1 0 2 6 5 *